2015年
国内外油气行业发展报告

孙贤胜　钱兴坤　姜学峰　主编

石油工业出版社

内 容 提 要

本书是中国石油集团经济技术研究院数十位专家和研究骨干在全面跟踪国内外油气行业发展，剖析重大事件和热点问题的基础上，形成的对年度及未来几年油气行业发展态势的基本认识和判断。

本书可为行业、政府、企业以及研究机构等了解行业状况、把握行业发展趋势提供参考。

图书在版编目（CIP）数据

2015年国内外油气行业发展报告 / 孙贤胜，钱兴坤，姜学峰主编.
北京：石油工业出版社，2016.1
ISBN 978-7-5183-1135-4

Ⅰ．2…
Ⅱ．①孙… ②钱… ③姜…
Ⅲ．①石油工业—工业发展—研究报告—中国—2015 ②天然气工业—工业发展—研究报告—中国—2015 ③石油工业—工业发展—研究报告—国外—2015 ④天然气工业—工业发展—研究报告—国外—2015
Ⅳ．①F426.22 ②F416.22

中国版本图书馆CIP数据核字（2016）第012127号

出版发行：石油工业出版社
（北京安定门外安华里2区1号　100011）
网　址：www.petropub.com
编辑部：（010）64523738　图书营销中心：（010）64523633
经　销：全国新华书店
印　刷：北京中石油彩色印刷有限责任公司

2016年1月第1版　2016年1月第1次印刷
889×1194毫米　开本：1/16　印张：23
字数：560千字

定价：500.00元
（如出现印装质量问题，我社图书营销中心负责调换）

《2015年国内外油气行业发展报告》

编　委　会

前　言

2015 年，世界油气行业步入景气周期低谷。全球油气供给能力显著超出消费需求，油气市场发生 21 世纪以来最严重的供应过剩，价格超低位运行；中国油气市场整体需求乏力，供给充足；国内外石油公司经营面临困境，业绩大幅下滑，纷纷开源节流、降本增效以应对行业寒冬。2016 年作为“十三五”起步之年，油气行业及石油公司面对新起点、新格局、新挑战，将在低油价与改革中前行。

作为首批入选国家高端智库建设试点单位，中国石油集团经济技术研究院自 2008 年以来每年组织数十位专家和研究骨干跟踪分析国内外油气行业发展，剖析重大事件和热点问题，形成对油气行业发展态势的认识和判断，以此编写出版《国内外油气行业发展报告》，为行业、政府、企业以及研究机构等了解行业状况、把握发展趋势提供参考。

2015 年，我们对本报告的编写形式和篇幅构架做了较大的调整，以进一步压缩篇幅、提升质量。编写形式方面，要求更加注重数据图表的作用，文字进一步精练，从而更加形象直观、简明扼要地展现年度特点和趋势，同时各章节对本年度重大事件进行回顾与分析。篇幅构架方面，主体报告由 2014 年的 7 篇 16 章 43 节调减为 7 篇 12 章 32 节，专题报告由原来的 8 个缩减到 5 个。其中，综合篇为本书的总报告，浓缩提炼形成了对国内外油气行业发展特点和趋势的总体判断；宏观环境篇包括 2 章，主要分析国内外宏观经济、能源行业及油气政策的特点和趋势,增加了环境保护、节能减排等内容；油气市场篇包括 4 章，主要分析国内外原油、成品油和天然气市场及价格的特点和趋势，国内外油气储运的特点和趋势，增加了同品质原油价格走势、不同地区成品油价差，以及用油行业的分析；油气生产篇分为 2 章，主要分析国内外油气勘探开发、炼油化工、工程技术等专业领域的特点和趋势；国际合作篇分为 2 章，主要分析中国企业在海外五大合作区的投资环境、国内对外油气合作以及全球油气并购市场的特点和趋势，增加了资源国的投资风险指标；石油公司篇包括 3 章，重点分析国际石油公司、国家石油公司、技术服务公司和国内石油公司的经营状况和战略动向，分析对象不仅增加了独立石油公司，也增加了公司的数量；专题分析篇包括 5 个专题，分别对“十二五”我国油气行业发展和国内石油公司取得的成就，以及我国油品质量升级存在的问题、天然气市场发展空间和“一带一路”油气合作面临的机遇与挑战等进行了深入分析，提出了相关建议。

本书主编孙贤胜、钱兴坤和姜学峰组织了全书框架设计，并与副主编们共同组织编写和审定工作。李建青、连建家对总报告进行了审改。刘克雨、朱和、周勇、卢思忠等专家指导并审核了全书内容，在此一并表示感谢。

由于时值岁末年初，许多统计数据还无法获取，部分数据为中国石油集团经济技术研究院根据日常监测估计的数据，请读者朋友在使用时注意。此外，受编者水平所限，书中难免存在不尽如人意之处，我们真诚地希望能够听到您的意见和建议，使我们在今后的编写中不断提高。

编者

2016 年 1 月

目　录

—— 综合篇 ——

—— 宏观环境篇 ——

—— 油气市场篇 ——

—— 石油公司篇 ——

—— 专题分析篇 ——

—— 附　录 ——

综　合　篇

2015年国内外油气行业发展概述及2016年展望

核心判断：2015年，油气行业步入景气周期低谷，总体仍延续了原油、成品油、天然气供大于求，油价、气价两跌的“三大两跌”趋势。世界经济复苏缓慢，主要经济体货币和财政政策取向分化。石油输出国组织（简称欧佩克）成员国增产保市场，美国非常规油气生产展现了较好的韧性，并未如预期减速，全球油气产量逆势增长，油气市场严重供大于需，价格低位运行。低油价对主要资源国的影响显现。国外石油公司油气产量不降反升，经营业绩大幅下降，一体化公司抗风险优势凸显；石油公司普遍采取控投资、控风险、控成本、控人员和控大事故，保上游投资、保现金流、保科技创新和保股东分红的“五控四保”措施。中国经济承压运行，稳中趋缓。中国石油消费持续中低速增长，对外依存度首破60%；首次大规模淘汰落后炼油能力，产能依然明显过剩；成品油供需宽松程度加剧，净出口连续3年大幅递增。天然气消费增速创10年新低，供需总体宽松，但淡季压产旺季紧缺。国内非常规油气生产取得重大突破；“一带一路”沿线油气合作取得新进展；三大石油公司生产指标稳中有增，经营业绩大幅下滑。油气领域改革加速推进，从局部的“点式改革”转向涵盖行业、企业和政府的全产业链三维“立体式改革”。

2016年，油气行业困境依旧。全球石油供需再平衡尚需时日，国际油价继续低位运行；大量新建液化天然气（LNG）项目产能集中投放，天然气资源过剩加剧。美国成为新的油气出口国，对国际油气市场的影响力进一步增强；世界油气行业重组并购活动趋于活跃，行业格局调整值得关注。中国石油需求增速减缓，成品油需求继续呈现“汽快煤高柴低”的特征，三大油品供应过剩加剧，净出口超过2500万吨；中国天然气需求将突破2000亿立方米，资源供应总体充足，但季节性供需矛盾仍存；原油进口权和成品油出口权放开，以及炼厂审批权的下放，将使市场竞争愈加激烈，乙烯新增产能将全部来自煤基烯烃。油气行业改革方案出台，将加快全行业市场化改革进程。

一、2015年全球油气行业发展概述

1. 新兴经济体普遍减速，世界经济复苏依然艰难

2015年，世界经济处于金融危机后深度调整期，全球经济增速放缓，估计GDP增长3.0%，较2014年放缓0.4个百分点。主要经济体延续分化走势，发达国家温和复苏，其中，美国经济增长表现抢眼，估计全年增长2.6%；欧洲经济温和复苏，估计全年增长1.5%；日本经济复苏艰难，估计全年增长0.8%。受大宗商品价格下滑、金融政策收紧以及内部结构失衡等内外部因素的共同影响，新兴经济体经济增长普遍减速。估计2015年印度经济增速可达7.3%，首超中国。俄罗斯、巴西经济萎缩加剧，估计全年增速分别为-3.8%和-3%。中国经济增速继

续放缓，估计全年国内生产总值（GDP）增长6.9%。此外，美国联邦储备委员会（简称美联储）加息使新兴市场本币贬值及资本外流压力加大，提高了部分新兴市场国家债务风险和通货膨胀压力。

2. 世界能源消费增速继续放缓，非化石能源所占比例持续上升

2015年，全球一次能源消费总量估计为127.6亿吨油当量，增长0.7%。其中，煤炭下降3.5%，石油、天然气分别增长1.8%和2.7%，核能和水能分别增长3.3%和1.7%，其他可再生能源大幅增长8.5%。国际能源市场整体呈现供给充足、需求乏力局面，尤其是化石能源供给能力显著超出需求。

化石能源在全球一次能源消费结构中的比重继续下降，从2010年的86.5%下降到2015年的85.6%。其中，煤炭和石油的比重分别下降1.4个百分点和0.2个百分点，天然气比重上升0.7个百分点。非化石能源比重提高，其中，核能比重相比2010年下降0.7个百分点至4.7%，水能比重增长0.3个百分点至7.0%，风能、太阳能等其他可再生能源供应成本下降明显，竞争优势开始显现，所占比重由2010年的1.4%上升到2015年的2.7%，提高1.3个百分点。

3. 世界石油供需宽松程度进一步加大，国际油价跌破金融危机低点

2015年，西得克萨斯轻质原油（WTI）和布伦特原油期货均价分别为48.76美元/桶和53.60美元/桶，同比分别下降47.52%和46.11%，其中，布伦特油价在12月22日达到36.11美元/桶，创2008年金融危机以来新低。WTI与布伦特价差显著收窄，受美国原油出口解禁影响，年底一度出现反转。

世界石油市场发生21世纪以来最严重的供应过剩，全年供大于需达170万桶/日。受低油价对需求的刺激和发达国家经济复苏影响，世界石油需求大幅提高170万桶/日，达到9440万桶/日，其中经济合作与发展组织（简称经合组织，OECD）国家石油需求增速由负转正，增长45万桶/日。世界石油供应大增260万桶/日，达到9610万桶/日，其中欧佩克国家坚持保市场份额策略，供应增长130万桶/日；非常规油气生产展现了较好的韧性，美国页岩油平均生产成本从60美元/桶降至40美元/桶，盈亏平衡点下移，产量未如市场预期出现下降，但增量由上一年的125万桶/日下降到63万桶/日。

美元升值加剧了油价的下跌，据测算，2015年美元指数升值17%，对以美元计价的国际油价的降幅贡献超过了1/3。投机在市场中的影响减弱，投机者净多持仓与油价的关系由2008年的提前 3～4 个月转为基本同步，投机者从市场行情的制造者变为跟随者和扰动者。供需宽松环境下重大事件对市场的冲击不具持续性，2015年历次事件对油价的逆向影响都未超过一周。

4. 世界天然气消费增速回升，需求增长驱动由亚太转向欧美；供需宽松，三大市场气价明显下跌

2015年，全球天然气消费量估计为3.48万亿立方米，增长2.7%，增速较2014年提高

2.3 个百分点。受经济放缓、冬季偏暖、气价竞争力不足以及日本和韩国核电重启等因素影响，亚太地区天然气消费增速降至 1.2%；得益于气价下跌，欧洲天然气消费结束了 2011 年以来连续下降的趋势，大幅增长 5.8%；在美国的拉动下，北美地区天然气消费增长 3.8%；中东地区天然气消费连续 2 年高速增长。2015 年，全球天然气产量估计为 3.67 万亿立方米，增长 2.4%，除欧洲和俄罗斯外，各地区天然气产量均有不同程度增长。全球天然气供需明显宽松，买方市场特点突出。

2015 年，全球新增 LNG 产能约 2000 万吨/年，总产能达 3.25 亿吨/年，增长 5.2%。亚洲 LNG 需求疲软、进口下降，过剩资源主要流向欧洲，英法德等主要国家 LNG 进口大幅反弹。拉丁美洲 LNG 消费快速增长，有望成为新的需求增长点。埃及由 LNG 出口国转为进口国，巴基斯坦、约旦和波兰首次步入 LNG 进口国行列。

天然气价格大幅下跌。Henry Hub 全年均价为 2.62 美元/百万英热单位，同比大跌 39.7%；英国 NBP 全年均价 6.63 美元/百万英热单位，同比下跌 13.8%。受油价下跌和市场基本面宽松影响，日本进口 LNG 全年均价估计为 10.7 美元/百万英热单位，同比大跌 34%；其中，LNG 现货全年均价 7.46 美元/百万英热单位，暴跌 46.9%。亚洲天然气市场灵活性增加，目的地限制、照付不议比例、价格公式等长贸合同条款出现松动，中国、新加坡、日本争建亚洲天然气交易市场。

5. 全球油气产量逆势增长，上游资本支出和工程技术市场规模双降

2015 年，全球油气储量保持增长态势，估计石油剩余储量达 2416 亿吨，增长 0.8%；天然气剩余储量达 194 万亿立方米，增长 0.5%。全球油气产量继续增长，分别为 42.8 亿吨和 3.67 万亿立方米，分别增长 2.8%和 2.4%。

全球油气发现主要集中在非洲地区的深水和超深水领域，特别是埃及地中海、安哥拉海域和毛里塔尼亚的塞内加尔海域，并以天然气发现居多。近年来，全球油气勘探投资效率持续走低，油气发现规模和新增储量不断下降。

全球油气领域资本支出继续大幅下降。据巴克莱银行估计，2015 年油气上游资本支出为 5300 亿美元，同比减少 22%。受此影响，工程服务市场规模为 3365 亿美元，大幅下降 25%，其中钻井与完井服务市场是下降幅度最大的板块，降幅为 26%。北美地区动用钻机数量下降 54%；海上勘探开发活动放缓，浅海各类型海上钻机钻井日费降幅为 10%～20%。

低油价下，美国页岩油气勘探开发的热潮有所消退，油气储量价值持续缩水，石油企业债务大幅上升，再融资能力下降，处于破产或重组之中的中小企业数量不断增加。

6. 世界原油加工能力增长放缓，加工量创历史新高，炼油毛利显著改善；乙烯供应偏紧，石脑油生产乙烯成本大幅下降

2015 年，由于中国大规模淘汰落后产能，世界炼油能力仅净增 2600 万吨/年，显著低于上年，总能力达 48.33 亿吨/年。北美炼油商继续扩充页岩油加工能力，新增能力 1080 万吨/

年。“一带一路”国家继续推进炼油项目建设，中东炼油业继续扩能，努力提高清洁油品生产能力。

2015年，全球原油加工量7940万桶/日，增长2.7%，再创历史新高。炼厂平均开工率约为84%，比上年提高约1个百分点。其中，北美炼厂开工率基本稳定，为87.8%；西欧和亚太OECD国家炼厂开工率大幅上升，分别由2014年的79.4%和77.4%升至85.2%和81.7%；受中国影响，亚太非OCED国家炼厂平均开工率仅为81%，在各大区中最低。

世界炼油毛利明显好于上年。西北欧布伦特油裂化毛利平均为7.55美元/桶，增幅达125%；美国炼油毛利增长20%以上，墨西哥湾HLS/LLS、中部WTI原油裂化毛利分别为9.50美元/桶、16.98美元/桶；新加坡迪拜原油裂化毛利为6.19美元/桶，增长50%以上，毛利水平在全球三大炼油中心中垫底。

2015年，世界乙烯产能净增616.5万吨/年，总产能达1.59亿吨/年，中东在世界乙烯生产中的地位进一步提升。世界乙烯需求增长490万吨，市场供应仍然偏紧。乙烯价格随油价波动频繁，装置开工率略有回升，平均达85%左右。其中，北美开工率保持95%的较高水平，中东、西欧和亚太开工率分别为86%、82%和83%。低油价使油基乙烯生产成本大幅降低，乙烷裂解相对优势有所减弱，40美元/桶左右的油价已使煤制烯烃亏损。

7. 全球主要油品供需持续宽松，成品油贸易稳定增长；美国成品油出口继续扩大，中东首次成为柴油净出口地区，亚太地区汽煤柴油持续过剩

2015年，全球成品油需求总量估计为8177万桶/日，供给总量为8272万桶/日，富余95万桶/日，比上年有所扩大。其中，汽油、石脑油供需基本平衡，柴油、航空煤油、残渣燃料油均供过于求。欧洲、非洲、拉丁美洲主要油品存在少量缺口，其他地区总体过剩。

2015年，美国、欧洲、新加坡三大市场成品油库存均有所增加。其中，美国汽油和馏分油库存分别增长3.8%和14.8%；欧洲汽油和柴油库存增长约3.7%；新加坡轻质馏分油和中质馏分油库存分别增长5.6%和4.0%。世界三大地区成品油价格水平总体下降40%左右。除纽约港、鹿特丹汽油价格波动幅度较大外，其余地区油品价格波动相对平稳。

全球成品油贸易格局出现新变化。美国持续出口成品油，2015年汽柴煤油净出口量达116.3万桶/日，增长17.6%；欧洲柴油进口增加、汽油出口减少；中东成为柴油净出口地区，汽油仍需进口；亚太地区汽柴煤油供需持续宽松，过剩量达100万桶/日，以柴油过剩为主，区内主要国家出口贸易竞争愈发激烈。

8. 资源国投资风险明显上升，多国调整政策应对危机

2015年，低油价对油气资源国的影响逐步显现，俄罗斯和中亚、中东、拉丁美洲等地区主要产油国出口收入大幅下降，财政紧张、货币贬值、外汇储备缩水，部分国家经济增速大幅放缓甚至陷入衰退，特别是中东、西非地区恐怖活动增加，资源国经济、社会、安全和政治风险明显上升。

为应对危机，资源国采取多种政策和措施吸引外资并减轻企业负担。伊朗积极修改合同，放宽在投资、工作量、开发期、成本回收、报酬等条款方面的限制，突破了原有回购合同模式的限制；墨西哥、乌干达、安哥拉等国放宽招标限制、有针对性地给予难开采区域财税优惠。俄罗斯、哈萨克斯坦、英国、印度尼西亚等国通过降低特定地区和特定资源的开采税、收益税和取消部分税费减轻企业负担。

部分资源国为减轻财政负担，减少补贴、增加税收、出售资产以筹措资金渡过难关。以沙特阿拉伯为代表的多个资源国调高国内能源价格，减少补贴；俄罗斯调整国内矿产资源开采税，计划由 776 卢布/吨增至 950 卢布/吨；俄罗斯已累计出售油气资产超过 100 亿美元，包括部分战略性资产，改变了不对外出售战略资产的政策。哈萨克斯坦将实施私有化计划，向国际投资者出售多家国有企业股份。

9. 国外石油公司经营业绩大幅下降，一体化公司抗风险优势显现；降成本、压投资、调结构以及裁员成为普遍做法；出现大型公司并购

2015 年，国外石油公司的油气产量、原油加工量、油品销售量等生产指标普遍保持增长势头，但国际油价大幅下跌重创各类石油公司业绩。埃克森美孚、壳牌、BP、雪佛龙和道达尔等 5 家国际大石油公司，以及俄罗斯石油公司、俄罗斯天然气工业股份公司、挪威国家石油公司、巴西国家石油公司、马来西亚国家石油公司、墨西哥国家石油公司等 6 家国家石油公司的营业收入、净利润分别下降 40%和 70%左右；康菲、阿纳达科等 10 家独立石油公司营业收入下降 45%左右，全部陷入亏损；斯伦贝谢、哈里伯顿等 7 家技术服务公司收入下降幅度接近 30%，多数公司亏损。得益于下游利润增长，国际石油公司和国家石油公司的业绩表现好于其他公司，一体化抗风险优势显现。

2015 年，国际石油公司应对行业寒冬，控制投资、控制高风险项目、控制成本、控制人员和控制重大事故，突出核心业务，保上游投资、保现金流、保科技创新和保股东回报。5 家国际大石油公司投资降幅 15%左右，计划削减运营成本 82 亿美元；国际大石油公司应对挑战采取减人不减薪的策略，相比之下国家石油公司是减薪不减人。斯伦贝谢等 7 家技术服务公司资本支出下降近 40%，裁减人员近 7 万人，在极端困难的情况下，技术服务公司保持研发投入强度基本不降，仍保持在 2%～3%。

2015 年石油行业再次出现巨型并购。出于强化优势考虑，壳牌以 700 亿美元收购 BG，以提高在深水、LNG 等领域的竞争能力；斯伦贝谢以 124.3 亿美元收购 Cameron 公司，一体化服务能力进一步提升。陶氏化学公司和杜邦公司宣布对等合并，合并后的公司市值超过 1300 亿美元，成为化工行业第一大公司。

10. 美国成为重要的油气生产和出口国，俄罗斯武装介入叙利亚，石油地缘政治格局出现新变化

2015 年，中东地区局势更为动荡。俄罗斯选择难民潮困扰欧洲、美国反恐成效不大的有

利时机强势介入叙利亚的反恐战争，以摆脱乌克兰危机困境，并巩固和提升在中东地区的影响，占领道义制高点，期间俄罗斯客机遭恐怖袭击坠毁、法国受到 ISIS 的恐怖袭击，俄罗斯借机拉欧反恐，挑战美国反恐主导权。土耳其为实现其战略利益，依仗北约，击落俄罗斯战机，使得中东局势更加复杂，对全球石油市场产生深远影响。

美国成为重要的石油生产和出口国，开始对油气行业和市场产生重大影响。美国解除长达 40 年的原油出口禁令、加大成品油出口以及成为新的 LNG 出口国将极大改变全球油气供应格局。作为世界油气市场新的调节器，美国左右全球能源市场的资源能力显著提升，将重塑世界石油地缘政治格局。

二、2015 年中国油气行业发展概述

1. 中国经济承压运行，结构调整初现成效

2015 年，中国 GDP 估计增长 6.9%，增速为 20 世纪 90 年代以来最低。全年经历了股市动荡、大宗商品价格暴跌、人民币大幅贬值等重大事件，居民消费价格指数（CPI）和生产者物价指数（PPI）分化加剧，工业生产低位徘徊。国内投资增速显著回落，外贸下降幅度较大，消费成为拉动经济首要力量。全年固定资产投资增长 10.3%，对 GDP 增速贡献率下降至 41.9%；外贸出口下降 2.8%，对 GDP 增速贡献率为-1.5%；消费品零售总额增长 10.7%，对 GDP 增速贡献率上升至 59.6%。

2015 年，中国经济结构调整呈现一些积极变化。非必需品消费比重明显提升，全国网上零售额增长 34.5%，通信器材增长 33.0%。贸易结构优化转型，在出口负增长的情况下，机电产品出口增长 0.1%，占同期出口总值 57.6%，船舶、航空航天等资本品出口已具备一定优势。工业生产迈向中高端，资源类、高耗能等传统行业增速放缓。随着“一带一路”辐射范围的不断扩大和深入，中国对沿线泰国、孟加拉、巴基斯坦等国出口均呈两位数增长。

2. 能源消费出现负增长，能源结构进一步改善

2015 年，随着中国经济增速放缓和结构优化，一次能源消费出现 30 年来首次负增长，全年一次能源消费总量估计为 42.4 亿吨标准煤，增速为-0.5%。其中，煤炭消费量为 39.6 亿吨，下降 3.8%；电力消费增速降至 0.8%，为改革开放以来最低水平。能源结构进一步优化，煤炭占一次能源消费比重降至 63.8%，比上年下降 2.2 个百分点；石油、天然气比重分别升至 18.0%和 5.9%；非化石能源消费比重升至 12.3%，较上年提高 1.1 个百分点，其中水能、核能和其他可再生能源分别占 8.7%、1.3%和 2.3%。中国已成为世界可再生能源利用的第一大国。

煤炭、火电等行业产能过剩凸显。全国煤炭产能已超 40 亿吨，在建项目规模超过 10 亿吨，产量仅 37 亿吨左右，行业亏损面达 80%以上；火电设备平均利用小时由上年的 4550 小时降至 4200 小时左右。可再生能源发展受需求低迷、调峰能力弱等因素限制，利用效率低的问题较为突出，全年弃风率、弃光率分别达到 15%和 10%。

3. 石油消费持续中低速增长，对外依存度首破60%，成品油净出口量连续3年大幅递增

2015年，石油表观消费量估计为5.43亿吨，比上年增加0.25亿吨，剔除新增石油储备和库存因素，估计实际石油消费增速为4.4%，较上年增加0.7个百分点。石油净进口量3.26亿吨，增长5.8%，增速比上年高0.04个百分点。石油对外依存度达到60.6%。

2015年，成品油表观消费量（国家统计局口径，下同）估计为3.18亿吨，增长5.3%。成品油消费呈“汽快煤高柴低”的特点，全年汽油表观消费量为1.16亿吨，增长10.1%；柴油表观消费量1.74亿吨，增长0.8%；煤油表观消费量0.28亿吨，增长17.2%。汽油成为拉动国内油品需求增长的主要驱动力。中部地区是成品油消费增长的主要地区，汽油需求增速呈现中部地区低、东西部地区高的态势，柴油增速出现中部正增长、东西部负增长的分化走势。

2015年，成品油产量估计为3.37亿吨，增长6.6%，国内市场供需宽松程度加剧，全年成品油净出口1973万吨，增长32.0%。其中，汽油、柴油和煤油出口比重分别为25.1%、32.2%和42.7%。近年来，国内炼油主体多元化趋势明显，中国石油化工股份有限公司（以下简称中石化）、中国石油天然气股份有限公司（以下简称中石油）市场份额连年下滑，2015年与2010年相比，中石化、中石油原油加工量所占比例分别下降3.7个百分点和4.3个百分点。

4. 天然气消费增速创10年新低，供应总体过剩，淡季压产冬季供应紧张；气价改革持续推进

2015年，受国内经济增速放缓、气候温和、气价缺乏竞争力等因素影响，天然气需求增速明显放缓，估计全年表观消费量1910亿立方米，增长3.7%，创近10年新低。国内天然气产量受压产影响，估计全年产量1318亿立方米（不含煤层气），增长3.5%，增速较上年下降3.1个百分点。天然气进口量624亿立方米，增长4.7%，管道气和LNG进口量分别占56.7%和43.3%，对外依存度升至32.7%。全年天然气总体供应过剩，但受季节性用气不均衡、储气库工作气量不足等因素影响，淡季被迫压产，冬季仍面临调峰保供压力。

2015年，中国长输管道建设稳步推进，新增输气支干线约2700千米。LNG接收站利用负荷从2014年的48.7%降至47.4%，LNG接收能力过剩问题开始显现。广汇能源、新奥能源、华电集团等企业正在积极布局LNG业务。

天然气价格改革提速。国家分别在2015年4月和11月两次调整价格，实现了存量气和增量气价格并轨，大幅下调非居民用气门站价格，积极推进石油天然气交易中心建设，为市场形成价格创造条件。

5. 国内油气储量继续稳定增长，产量增速油增气降，非常规油气取得重大突破

2015年，尽管上游投资缩减，但受储量增长高峰期惯性影响，全年有近50项重要油气发现，新增原油、天然气地质储量分别超十亿吨、万亿立方米。非常规油气勘探进展引人注

目，落实页岩油、致密油储量亿吨以上；页岩气勘探取得重要突破，涪陵、长宁和威远页岩气田新增探明地质储量 4373 亿立方米。新增储量品质变差，“十二五”期间低渗透和超低渗透储量在新增油、气探明地质储量中的比重分别达 70%和 90%以上。

2015 年，中国油气产量继续稳定增长，估计原油产量达 2.14 亿吨，增长 2%，天然气产量 1318 亿立方米（不含煤层气），增长 3.5%，天然气产量增速因淡季压产明显放缓。老油田稳产难度越来越大，单纯依靠工作量的传统方式实现稳产难以为继，大庆油田较上年减产 150 万吨。非常规油气进入规模化勘探和工业化开发阶段。中石油在陕北姬塬发现了中国第一个亿吨级大型致密油田——新安边油田，并已建成 100 万吨/年产能，致密油正式进入中国储量序列，致密气约占全国天然气产量的 30%；中石化涪陵页岩气田一期建成 50 亿立方米/年产能，全国页岩气年产量约 50 亿立方米。

6. 中国炼油能力首次下降，过剩依然严重，乙烯产能继续增长，煤(甲醇)基烯烃成为新增产能主力

截至 2015 年底，中国炼油总能力为 7.1 亿吨/年，净减 1037 万吨/年。其中，新增能力 3020 万吨/年，淘汰落后产能 4057 万吨/年，包括中石化关闭产能 250 万吨/年以及地方炼厂（以下简称地炼）为取得进口原油双权而淘汰的 3807 万吨/年。按照合理开工率计算，目前中国炼油能力仍过剩 1 亿吨/年。全年原油加工量估计为 5.22 亿吨，增长 3.8%。全国炼厂平均开工率为 75.4%，较上年略有回升，但明显低于 84%的国际平均水平。其中，主营炼厂开工率为 86.2%，地炼开工率为 31.4%。中石化、中石油原油加工量占全国的份额为 75.0%，较上年下降 2 个百分点。整个东部地区主营炼厂和少数地炼积极推进炼厂技改和质量升级，已具备生产国Ⅴ标准车用汽柴油的能力。

2015 年，中国乙烯总产能达到 2200.5 万吨/年，增加 160 万吨/年，增长 7.8%。非石油基乙烯生产能力已占总产能的 15.4%和新增产能的 75%。全年生产乙烯 1750 万吨，增长 2.7%。由于煤（甲醇）基烯烃在低油价下开工不足，乙烯装置总体开工率降至 80%，比上年下降 3.5 个百分点。油价大跌利好以石脑油为原料的乙烯生产。

7. 海外油气权益产量稳定增长；国有石油企业调整海外资产，民营企业加快“走出去”；“一带一路”油气合作取得新进展

2015 年，中国石油企业海外油气权益产量估计为 1.5 亿吨油当量，增长 6%。其中，中石油、中石化和中国海洋石油有限公司（以下简称中海油）权益产量分别为 7300 万吨、4000 万吨和 2350 万吨油当量。

2015 年，三大石油公司转变海外业务发展思路，通过调整投资节奏，压缩低效产量，优化资产结构等措施提质增效。中石油调整优化油砂、LNG 等项目方案设计，转让深水和管道项目部分股权。中石化压减低效产量 115 万吨。中海油继续推动尼克森资产的深入整合。民营企业加快“走出去”，全年海外并购投资金额达 30 亿美元，再创新高，投资以上游项目为重点，主

要在中亚俄罗斯地区收购油气资产，部分企业通过收购非常规油气资产进入美国等发达国家。

中国企业乘推动“一带一路”战略之势，加快海外油气全产业链合作布局。在中亚俄罗斯地区，中国公司与俄油、俄气签署了包括上中下游各领域的多项协议或谅解备忘录；完成了一系列资产收购，其中包括丝路基金收购亚马尔 LNG 项目 9.9%的股权，中石化收购西布尔炼化公司 10%的股权，华信公司收购俄远东地区三个油气区块及哈国油国际公司下属企业 51%的股权。此外，三大石油公司还与阿联酋、越南、印度尼西亚等“一带一路”国家签署了多项油气合作协议。

8. 三大公司经营业绩大幅下滑，生产指标稳中有增；降本增效积极应对低油价，转型升级努力适应新常态

2015 年，中石油、中石化、中海油采取各种措施确保生产平稳运营，生产指标小幅增长。1—9 月，三家公司合计原油产量增长 5.5%、天然气产量增长 3.4%，原油加工量和成品油销售量均小幅增长；受国际油价大幅下跌和国内油气市场需求增长放缓等因素影响，三大公司经营业绩大幅下滑。1—9 月，中石化、中石油、中海油销售收入同比分别下降 25.62%、27.36%和 33.43%，中石油、中石化净利润同比分别下降 68.14%和 47.82%，中海油上半年净利润同比下降 56.14%。国内三大公司经营业绩下降幅度与国际大石油公司大致相当。

三大公司开源节流、降本增效，压减投资、调整资产结构，发挥一体化优势，积极应对低油价带来的冲击。三大公司前三季度资本支出降低 1/3 以上，上半年单位油气操作成本均有不同程度下降。同时深化改革，积极实施管理创新和技术创新，继续推进专业化重组整合，着力低碳绿色可持续发展，调结构转方式促升级，适应新常态。抓住“十三五”发展机遇，积极谋划，调整部署，整合资源，拓展市场，发展国际油气合作，谋求新发展。

9. 油气行业改革从局部点式转向覆盖行业、企业和政府三维的全产业链“立体式改革”

2015 年，油气上中下游各领域的改革加速推进。启动了矿权制度改革，新疆 6 个油气勘查区块实行勘查开采招标试点，突破了资源品种、勘探阶段和企业资质 3 个限制；原油进口使用权和进口资质逐步放开，13 家地炼获得进口原油配额 5518.88 万吨/年，其中 7 家企业同时具有原油非国营贸易进口资质；天然气价格经过两次调整，实现了非居民用增量气与存量气价格并轨，整体降低了非居民气价水平，试点放开直供用户价格；推动建立上海石油天然气交易中心，为实施市场决定价格的机制打下了基础。

继续转变政府管理方式，全面清费立税，加大简政放权，推行市场准入的负面清单制度，加强对过程和事后的监管；出台《关于深化国有企业改革的指导意见》，完成了国有企业改革的顶层设计，将国有企业界定为商业类和公益类，分类施策。随着改革加速推进，各种矛盾逐步暴露，迫切需要建立和完善有效的监管体系和社会保障制度，为改革护航，避免因放开而出现失控，因减员而影响安定。

三、2016年国内外油气行业发展展望

1. 世界石油市场宽松局面难以明显缓解，国际油价反弹乏力

2016年，世界石油需求增速放缓。预计全球GDP增速为3.2%，较2015年小幅回升0.2个百分点。美国经济复苏基础日益稳固，欧元区经济略有好转，发达国家石油需求仍然疲弱。新兴经济体中印度一枝独秀，其他国家经济发展速度继续放缓，拉动石油需求增长的动力不足。世界石油需求增速下降，预计增长110万桶/日，较上年降低60万桶/日。中国、印度、美国将是石油需求增长的主要来源。

2016年，世界石油供应继续增长，基本面仍将宽松。美国非常规石油生产在超低油价下的抗跌性仍然较强，欧佩克限产政策难产，伊朗解禁后出口增加，美国放开原油出口，加剧供应过剩的市场心理预期，供需再平衡尚需时日。预计世界石油供应增长70万桶/日，其中欧佩克国家增长120万桶/日，非欧佩克国家下降50万桶/日。全球原油贸易进一步东移，主要资源国在亚洲市场的竞争更加激烈。

宽松的供需基本面决定了国际油价仍将低位徘徊。预计2016年国际油价同比下降，WTI和布伦特原油价格接近，期货年均价格为40～50美元/桶。如果中东地区局部战争或资源国局势动荡造成供应中断，美国非常规油气产量超预期下降，欧佩克转变态度采取限产保价的政策，则全年均价有可能反弹至55～65美元/桶。若新兴和发达经济体部分国家爆发经济危机，资源国大幅增产，特别是伊朗和美国原油出口高于预期，届时世界石油供应过剩加剧，年均价格不排除下跌至40美元/桶以下。

2. 全球天然气产能大增，供需宽松程度加剧，价格仍将低位运行

2016年，预计全球天然气需求约为3.55万亿立方米，增长2%；天然气产量3.76万亿立方米，增长2.5%。北美需求平稳增长，增幅3%，美国LNG首次出口，或致其国内供应侧收紧，气价触底反弹，预计Henry Hub全年均价3美元/百万英热单位左右。欧洲燃气电厂经济性增强，发电用气带动需求增长5%，供应依然充裕，气价低位振荡，预计英国NBP全年均价为6美元/百万英热单位左右。亚洲需求小幅增长2%，其中中国和印度受气价下调和环保力度加大影响，天然气需求增速反弹，但日本、韩国核电重启降低LNG需求；与油价挂钩的日本LNG进口平均价格预计在8美元/百万英热单位左右，现货价格在7美元/百万英热单位左右。

LNG市场供过于求矛盾加剧。按计划2016年全球将有7个大型LNG液化项目投产，新增产能5000万吨/年。预计东北亚现货市场需求有限，LNG过剩资源继续“西流”。资源过剩或将导致更多的违约、转售以及合同复议，市场的灵活性增强。

3. 世界炼油、乙烯能力继续增长，炼油毛利有望保持较好水平，市场上原油过剩将转变成油品过剩，部分煤基烯烃和乙烷裂解项目建设被推迟

2016年，世界炼油总能力预计达48.7亿吨/年，净增4100万吨/年。其中，新增炼油能力8000万吨/年，主要来自印度、美国和中国；淘汰炼油能力约3900万吨/年，主要来自中

国、日本和欧洲。炼油毛利有望继续维持较好水平，但低油价刺激下世界原油加工量不断增加，石油市场上的原油过剩将转变成油品过剩，使炼油毛利承压，总体水平可能低于2015年。未来几年，美国炼油业扩张步伐可能有所放缓，中东部分炼化项目被迫延期，欧洲、日本等成熟市场的炼油能力将继续调减。世界汽柴油供需结构性矛盾将更加突出，多数地区柴油过剩。各国对油品质量和环保要求日趋严格，车用燃料继续升级换代，船用燃料油硫含量要求将更加苛刻。

2016年，预计全球乙烯需求增长约500万吨，达1.53亿吨，亚太地区仍将是世界乙烯需求增长的主要动力；新增乙烯产能约380万吨/年，总产能接近1.6亿吨/年。世界乙烯生产将继续保持北美、亚太、中东三足鼎立的格局，中东地区在世界乙烯生产中的地位仍将继续提高。未来几年，全球乙烯产能增长将因老装置淘汰、煤基烯烃产能增势减缓而放缓。中东地区新建乙烯装置将更多采用较重质的混合原料，美国以外地区乙烯原料轻质化和多元化进程可能放缓。随着美国一批新建乙烯装置在2017—2018年集中建成投产，亚洲和欧洲以石脑油为原料的乙烯业将面临严峻挑战。

4. 中国石油需求继续平稳增长，三大油品供应过剩加剧，净出口将突破2500万吨

2016年，中国GDP预计增长6.7%。在乘用车保有量继续增长、新型城镇化不断推进及原油储备不断增加的背景下，预计石油需求增长4.3%，表观消费量达到5.66亿吨。石油对外依存度上升至62.0%。

中国成品油需求增长继续呈现“汽快煤高柴低”的特征。受结构调整稳步推进、传统产业深度调整影响，成品油需求增速下降。预计2016年中国成品油需求为3.30亿吨，增长3.9%。其中，汽油、柴油、煤油表观消费量分别为1.25亿吨、1.75亿吨和0.31亿吨，需求增速总体均有下降，分别为7.4%、0.4%和12.2%。

政府放开原油进口权的影响开始显现。随着更多的地炼获得进口原油，地炼原油加工量将有显著提高。2016年，国内原油加工量预计为5.49亿吨，成品油产量3.56亿吨，增长5.5%。其中，汽油、柴油、煤油产量分别为1.30亿吨、1.86亿吨和3995万吨，分别增长7.4%、3.3%和10.6%。国内成品油供需盈余继续扩大，成品油出口（尤其是柴油出口）将呈现出常态化和规模化的特点，预计2016年中国成品油净出口将达到2500万吨，增长31.0%。

5. 中国天然气需求突破2000亿立方米，总体依然过剩，季节性供需矛盾仍存

价格下调和环保趋严将拉动天然气需求增速回升。预计2016年中国天然气表观消费量为2050亿立方米，增长7.3%。其中，城市燃气消费量为827亿立方米，增长9.1%；发电用气量约为319亿立方米，增长8.7%；工业燃料用气量为611亿立方米，增长6.1%；化工用气量293亿立方米，增长3.7%。天然气在一次能源消费结构中所占比重达到6.4%。

2016年，预计天然气供应稳定增长，总量达到2080亿立方米。国产气供应量将达1390亿立方米，增长5.5%，低气价将制约煤层气、页岩气和煤制气的生产。进口量保持较快增长，预计全年进口天然气690亿立方米，增长10.6%，占消费量的比例为33.7%。其中，LNG进口2160万吨（约合300亿立方米），增长11.1%。2016年LNG长贸协议陆续进入窗口期，资源增量将超过700万吨，资源过剩问题突出，国内储气调峰能力不足，夏季限产、冬季限供的问题仍可能发生。

6. 中国炼油能力略有增长，市场竞争更趋激烈；乙烯新增产能将全部来自煤基烯烃

2016年，预计中国净增炼油能力900万吨/年，总炼油能力达到7.2亿吨/年，增长1.3%。其中，新增炼油能力3000万吨/年，淘汰落后产能2100万吨/年。全年原油加工量为5.49亿吨，增长5.3%，增量主要来自获得原油进口使用权的地炼，主营炼厂原油加工量占比进一步下降。国内成品油资源过剩将进一步加剧，炼厂开工率仍维持低位，成品油市场竞争更加激烈。炼油行业结构调整、质量升级继续推进，以去产能为主的供给侧改革面临挑战。

2016年，中国乙烯总产能将达到2430.5万吨/年，增长10.5%。尽管低油价使多个项目推迟，但新增能力仍达230万吨/年，且均来自煤制烯烃。预计乙烯产量达到1835万吨，增长4.9%。

7. 油气行业覆盖全产业链的“立体改革”将全面展开

“十三五”期间，中国将继续深化油气行业体制机制改革，构建有效竞争的市场结构和市场体系。2016年，《石油天然气体制改革总体方案》即将出台，油气行业改革将进一步打破行政垄断、管住自然垄断、放开竞争环节。各项改革将在试点的基础上逐步推进，实施细则和配套政策的制定将是2016年的重头戏。

在行业改革方面，上游勘探开发领域将围绕矿权制度推进改革，重点集中在提高矿权持有成本、加快矿权流转、建立储量交易市场、建立健全勘探开发监管体系等方面；油气储运领域将按照网运分开的既定思路，逐步推动管道业务分离分立，在条件成熟的情况下成立独立的管网公司；油气流通领域继续放宽原油进口和成品油出口限制，更多的企业将获得进口原油使用权和非国营贸易进口资质，各类主体成品油出口配额进一步增加；价格形成机制方面，成品油价格可能率先放开，天然气价格按照管住中间、放开两头的思路，严格管输费的管理，完善石油和天然气交易中心的功能，逐步推进油气价格的市场形成。

在国有企业改革方面，改变国有资产管理方式，从管人、管事、管资产向管资本转变，上市企业进一步完善现代企业制度，加快企业内部专业化重组，企业办社会的职能将逐步剥离。

在政府管理方面，改革仍将集中在公开审批流程、改变审批方式、完善负面清单管理、变事前审批为事后监管、实行分类定责考核、加大清费立税力度等方面。同时继续完善行业监管体系，健全油气法律体系。

宏观环境篇

第一章　国内外能源行业发展状况

2015年，世界经济处于金融危机后深度调整期，主要经济体走势分化，全年经济增速小幅降至3.0%。2016年，在中国和美国两大经济体带动下，世界经济复苏步伐将小幅加快至3.2%。2015年，中国经济总体平稳，但增速下降、风险上升，估计全年GDP增长6.9%。2016年，中国经济需求侧延续疲软，但产业结构优化、供给侧改革和创新驱动将逐步发力，预计2016年经济增长6.7%。2015年，估计全球一次能源消费增长约0.7%，其中煤炭消费下降3.5%。能源结构趋于清洁化，2015年天然气占一次能源消费比重比2010年上升0.7个百分点，水电和其他可再生能源比重分别上升0.3个百分点和1.3个百分点。2015年，估计中国一次能源消费下降约1.1%，为30年来首次负增长。电力消费增长0.8%，为改革开放以来最低增速。煤炭消费占一次能源消费比重由上年的66%降至63.8%，非化石能源消费比重由11.2%升至12.3%，石油、天然气比重分别升至18%和5.9%。

第一节　国内外宏观经济状况与走势分析

一、世界经济状况与前景分析

2015年，全球经济增长乏力，世界贸易遭遇寒冬，贸易增速低于GDP增速，大宗商品价格普跌，全球性通缩风险加大。2016年，世界经济复苏步伐将小幅加快。

1. 2015年全球经济增速下降，复苏步伐迟缓

2015年，全球经济增速放缓，综合估计增长3.0%，较2014年放缓0.4个百分点（图1-1-1）。新兴经济体增速总体放缓，部分国家进入负增长，以美国为代表的发达国家经济复苏稳健，增速提升。

1）发达国家引领经济复苏，新兴国家经济增长减速

2015年，全球经济发展不均衡现象突出，发达国家温和复苏，其中美国经济增长表现强劲，引领全球复苏，欧元区经济复苏温和，日本经济复苏艰难，在经历2015年一季度的强劲增长后陷入衰退（图1-1-2）。估计2015年，美国、欧元区和日本经济增速分别为2.6%、1.5%和0.8%。

2015年，受大宗商品价格下滑、金融条件收紧以及内部结构失衡等内外部因素的影响，除印度外，新兴经济体经济增长普遍减速。印度经济前三季度增长均超7%，增速首超中国，南非面临较大下行压力，经济增速持续放缓，而俄罗斯和巴西经济萎缩加剧（图1-1-3）。

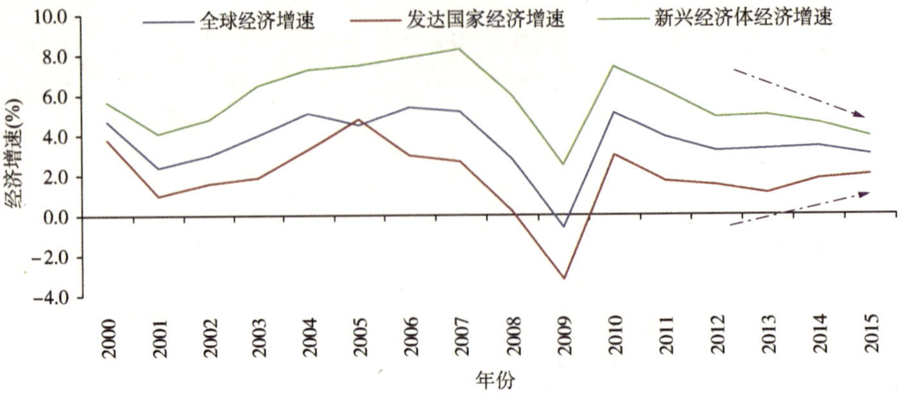

图1-1-1　2000年以来全球经济增速

数据来源：国际货币基金组织（IMF）官方网站

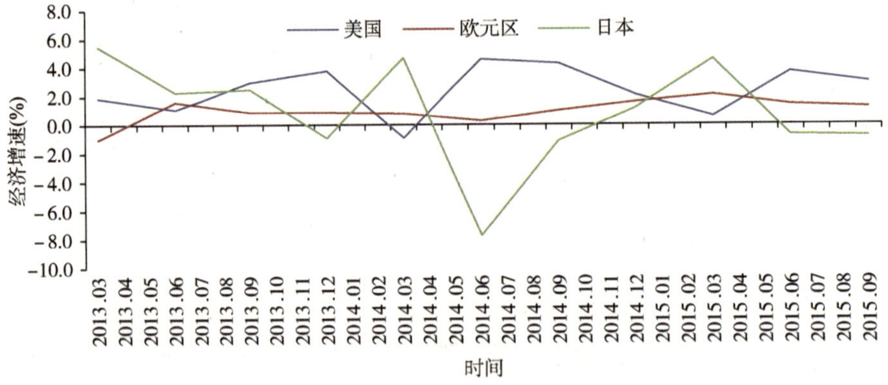

图1-1-2　主要发达国家经济增速

数据来源：wind 资讯

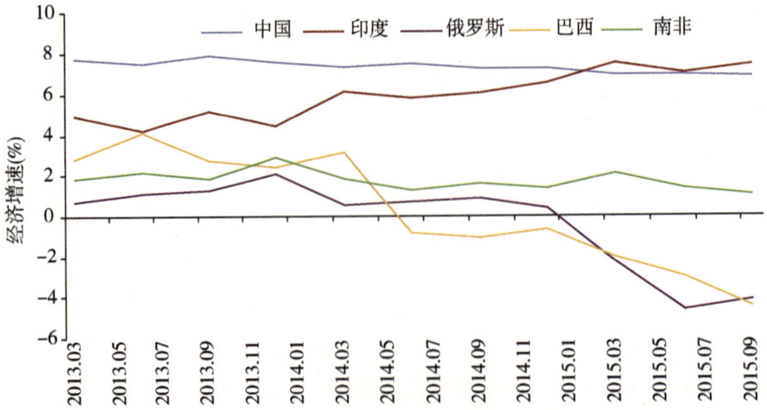

图1-1-3　金砖国家经济增速

数据来源：wind 资讯

2）全球贸易遭遇寒冬，进出口贸易活动显著降温

OECD 最新估计，2015 年全球贸易增速为 2%，低于全球经济增速，同比下降 1.4 个百分点，创下近 50 年最差纪录。2015 年以来波罗的海干散货指数（BDI）持续振荡下行至 478，较 2014 年底回落 38.9%（图 1-1-4）。

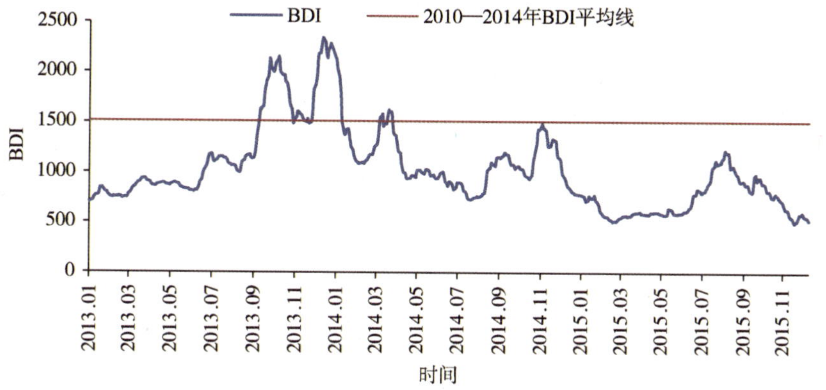

图1-1-4　波罗的海干散货指数BDI

数据来源：路透社

除个别国家外，多数国家贸易活动整体走低。发达国家出口同比增速略有放缓，新兴经济体出口同比增速下滑显著，全球贸易延续萎缩趋势（图 1-1-5、图 1-1-6）。

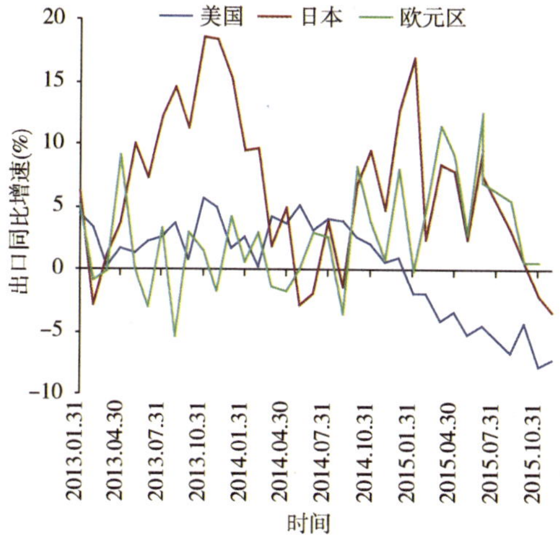

图1-1-5　主要发达国家出口同比增速

数据来源：wind 资讯

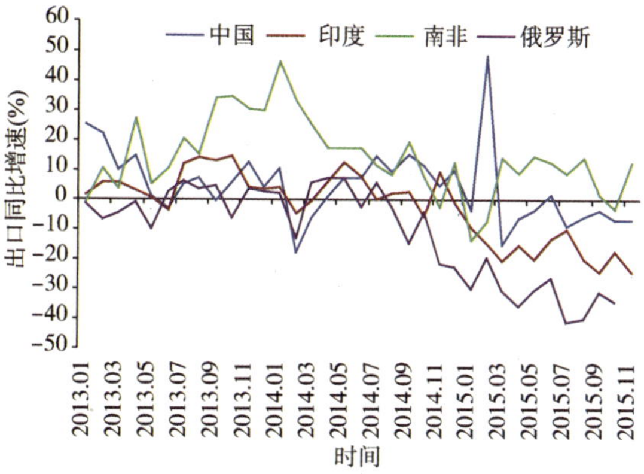

图1-1-6　主要新兴经济体国家出口同比增速

数据来源：wind 资讯

3）大宗商品价格持续下行，全球性通缩风险加大

2015 年以来，全球大宗商品价格普跌（图 1-1-7）。截至 12 月 31 日，2015 年 CRB 综合现货指数平均为 410.16，较 2014 年平均降 14.1%。其中，原油下跌 47.5%；铜下跌 19.5%；大豆下降 22.2%；黄金下降 8.5%。商品价格普遍持续下降，全球性通缩风险深入蔓延。

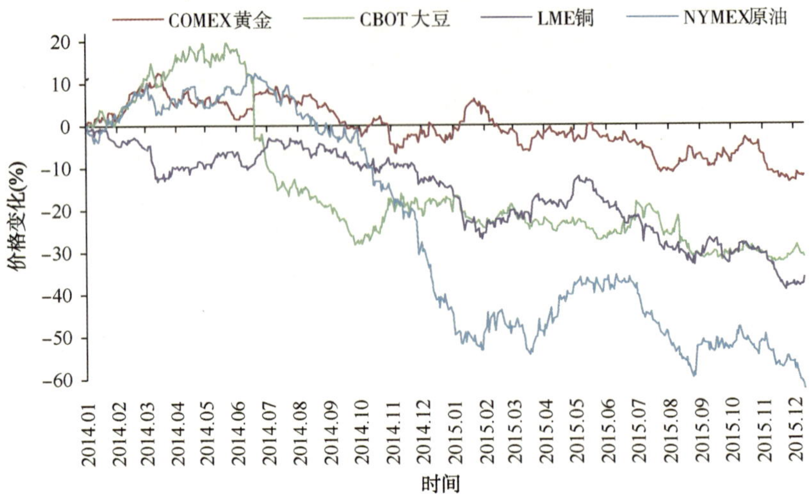

图1-1-7　2014年以来大宗商品价格变化情况

数据来源：路透社

2. 美联储加息外溢效应增加新兴市场压力

美国在 2014 年 10 月底彻底结束维持了近 6 年的量化宽松政策。2015 年 12 月 16 日，美联储宣布将联邦基金利率上调 25 个基点至 0.25%～0.50%，这是美联储 9 年多以来的首次加息，如不出现重大意外，美国将从此步入新一轮加息周期。美联储加息使新兴市场本币贬值及资本外流压力加大，全球进入资本流动新阶段（图 1-1-8）。

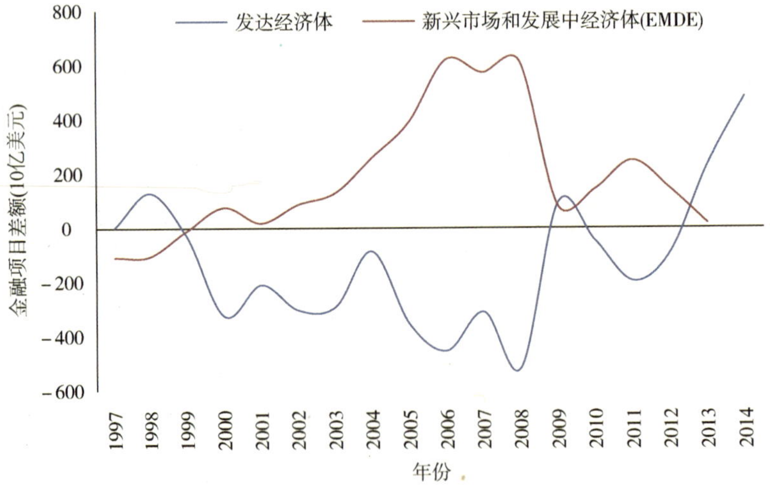

图1-1-8　发达经济体与新兴经济体金融项目差额变动情况

数据来源：wind 资讯

美联储加息提高了部分新兴市场国家偿债风险。首先，经济增长严重恶化的国家，如巴西和俄罗斯；其次，外汇储备低于未偿债务的国家，包括南非、土耳其、阿根廷和墨西哥等国；再次，少数存在贸易逆差的国家，主要是南非和土耳其。综合来看，南非、土耳其、阿根廷和巴西等国债务风险相对较大。而中国、马来西亚、印度、印度尼西亚和菲律宾等国发生系统性风险的可能性较小。

3. 2016 年全球经济延续缓慢复苏，但风险加大

2016 年，世界经济复苏仍将缓慢，美国成为拉动全球经济复苏的主要动力。综合预计，2016 年全球 GDP 增速为 3.2%，低于各主要国际机构的平均预测值，较 2015 年小幅回升 0.2 个百分点（表 1-1-1）。

表1-1-1　主要国际机构对2015年经济增长估计和2016年预测　　单位：%

国家或地区	联合国		IMF		世界银行		OECD		平均值	
	2015年	2016年	2015年	2016年	2015年	2016年	2015年	2016年	2015年	2016年
全球	2.4	2.9	3.1	3.6	2.4	2.9	2.9	3.3	2.7	3.3
美国	2.4	2.6	2.6	2.8	2.5	2.7	2.4	2.6	2.5	2.7
欧元区	1.9	2.0	1.5	1.6	1.5	1.7	1.5	1.6	1.6	1.8
日本	0.5	1.3	0.6	1.0	0.8	1.3	0.6	1.0	0.6	1.2
中国	6.8	6.4	6.8	6.3	6.9	6.7	6.7	6.5	6.8	6.5
巴西	-2.8	-0.8	-3.0	-1.0	-3.7	-2.5	-3.1	-1.2	-3.2	-1.4
俄罗斯	-3.8	0	-3.8	-0.6	-3.8	-0.7	-4.0	0.4	-3.9	-0.4
印度	7.2	7.3	7.3	7.5	7.3	7.8	7.2	7.3	7.3	7.5
南非	2.5	3.0	1.4	1.3	1.3	1.4	1.9	2.2	1.7	1.8

美国经济复苏基础日益稳固，美联储将继续推进货币政策正常化进程。欧元区结构性问题制约经济复苏步伐，通货紧缩风险加大了欧元区宽松加码概率。日本经济复苏仍将反复，日元贬值空间有限下宽松货币政策空间不大。多数新兴经济体国家遭受痛苦的经济转型和美元回流双重影响。如果各类风险交织演化为全球性的货币危机、债务危机，世界经济复苏进程可能再度受挫。

二、中国经济状况与走势分析

2015 年，中国宏观经济呈现“一平一降一升”特点，即经济运行总体平稳，但增速下降，系统性风险上升，估计全年 GDP 增长 6.9%。2016 年，改革红利释放仍将有限，内外部环境风险较大，中国经济增速仍将继续放缓，预计全年 GDP 增速为 6.7%左右。

1. 2015 年中国经济承压运行，增长稳中趋缓

2015 年，中国经济承受下行压力，走势前高后低，估计全年经济增长 6.9%，略低于 7.0% 的目标（图 1-1-9、图 1-1-10）。上半年中国经济走势平稳，一、二季度同比均增长 7.0%。下半年以来，股市动荡、大宗商品价格暴跌、人民币大幅贬值等事件迭出，进出口增速显著下跌，CPI 和 PPI 分化加剧，工业生产低位徘徊。三季度 GDP 增速 6.9%。四季度在低基数效应、稳增长效应和季节因素共同作用下，经济增速在低位企稳。

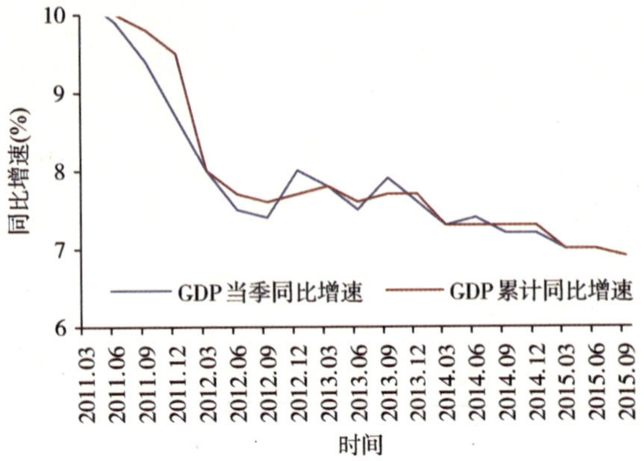

图1-1-9 中国GDP当季与累计同比增速

数据来源：wind 资讯

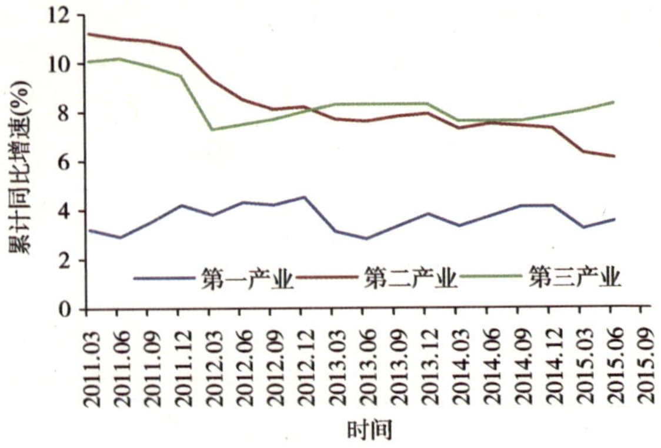

图1-1-10 三大产业GDP累计同比增速

数据来源：wind 资讯

1）投资增速持续下滑

2015 年，国内固定资产投资估计同比增长 10.3%，较 2014 年下降 5.4 个百分点，投资对 GDP 增速贡献率为 41.9%，较 2014 年回落 6.7 个百分点（图 1-1-11）。1—11 月，固定资产投资 497182 亿元，同比增长 10.2%，增速较 2014 年同期回落 5.6 个百分点（图 1-1-12）。投资增速显著回落是 2015 中国经济增长放缓的重要原因。

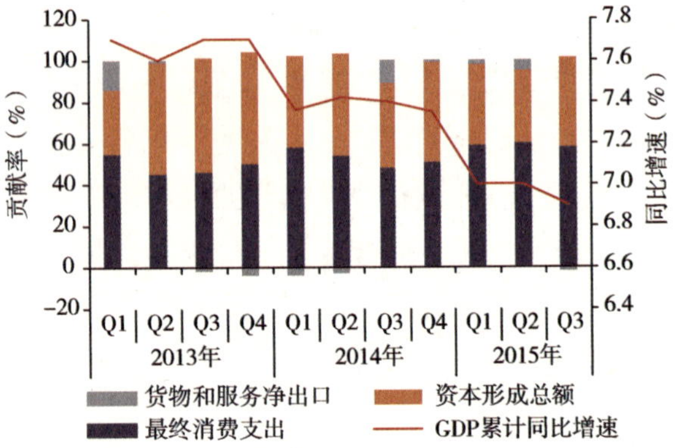

图1-1-11 “三驾马车”对GDP的贡献率

数据来源：wind 资讯

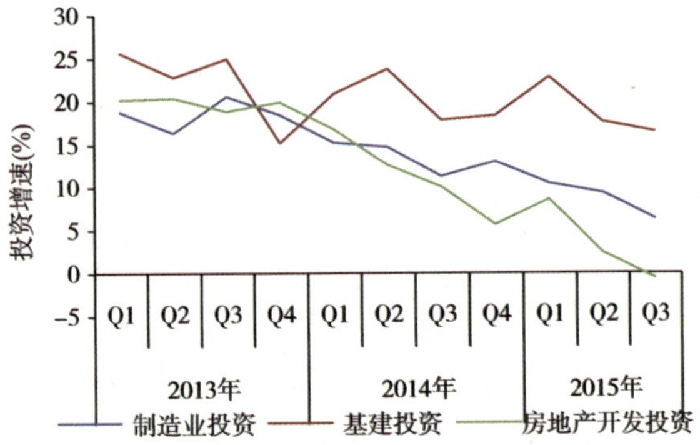

图1-1-12 三大主要投资季度增速

数据来源：wind 资讯

2）外贸下降幅度较大

2015 年，中国进出口总额为 39586 亿美元，同比下降 8.0%（图 1-1-13）。其中，出口额为 22766 亿美元，同比下降 2.8%；进口额 16821 亿美元，同比下降 14.1%。估计 2015 年外贸对 GDP 增速贡献率为-1.5%，较 2014 年下降 1.7 个百分点。另外，中国对发达国家出口同比中枢下移，对美国出口同比中枢已经由危机前的 27%降至 10%左右（图 1-1-14）。

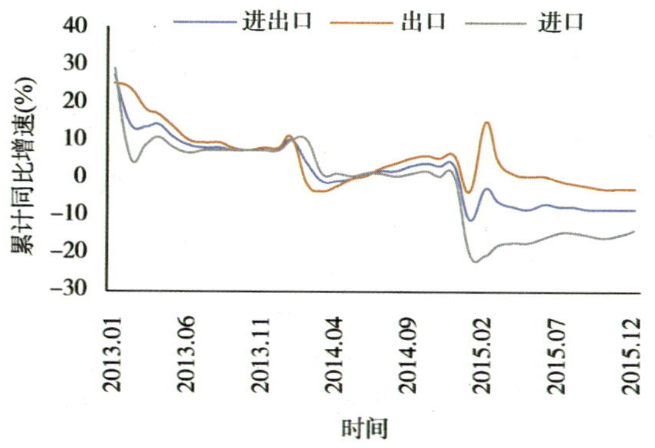

图1-1-13　中国进出口额累计同比增速

数据来源：wind 资讯

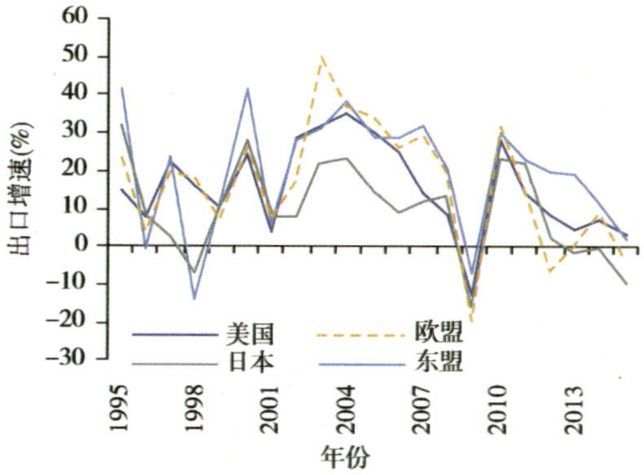

图1-1-14　中国对主要国家或地区出口增速

数据来源：wind 资讯

3）消费增速稳中有降

2015 年 1—11 月，社会消费品零售总额为 272296 亿元，同比名义增长 10.6%，增速较 2014 年同期下降 1.4 个百分点（图 1-1-15、图 1-1-16）。估计全年消费品零售总额同比增长 10.7%，较 2014 年增速低 1.3 个百分点。全年消费需求对 GDP 增长贡献率为 59.6%，较 2014 年提升 8.4 个百分点。值得注意的是，消费对 GDP 增速贡献提升主要因投资贡献相对下降，从历史上看，中国消费增速与 GDP 增速高度正相关，即高经济增速带来高消费。

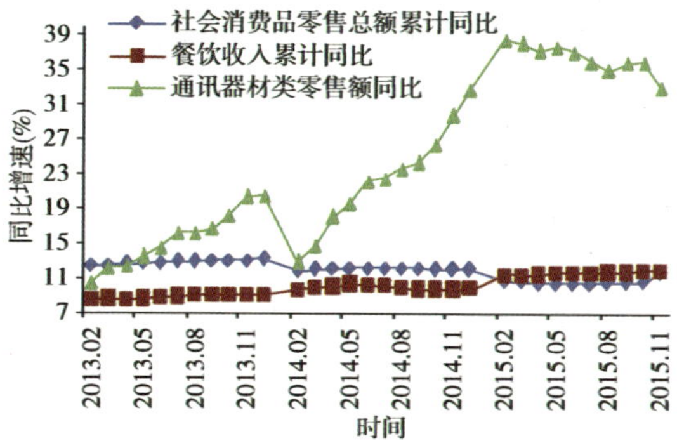

图1-1-15　社会消费品与通信器材零售及餐饮收入同比增速

数据来源：wind 资讯

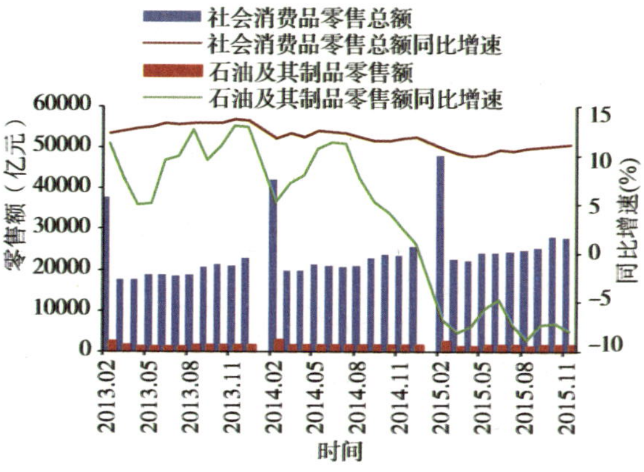

图1-1-16　社会消费品与石油及其制品消费同比增速

数据来源：wind 资讯

4）工业生产乏力，柴油消费增速下行

2015 年 1—11 月，规模以上工业增加值同比增长 6.1%，增速较 2014 年同期回落 2.2 个百分点。工业企业利润和国有企业利润持续负增长（图 1-1-17），1—11 月，工业企业利润同比下降 1.9%，增速较 2014 年同期回落 7.2 个百分点；国有企业利润同比下降 9.5%，增速较 2014 年同期大幅回落 14.0 个百分点。工业用油及运输业用油需求直接反映工业生产情况，2015 年以来柴油消费延续低迷，增长区间继续下行（图 1-1-18）。

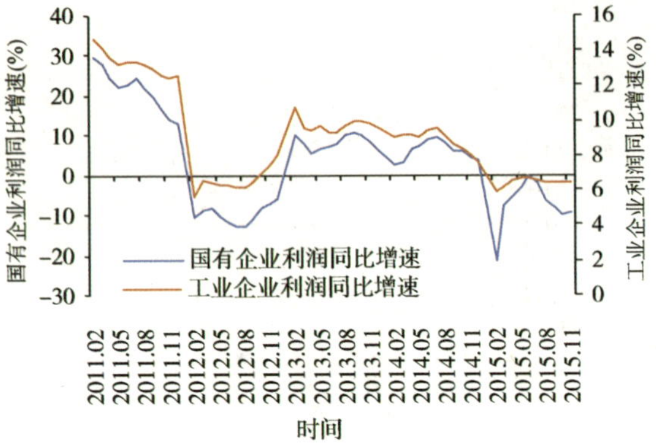

图1-1-17 工业企业利润与国有企业利润同比增速

数据来源：wind 资讯

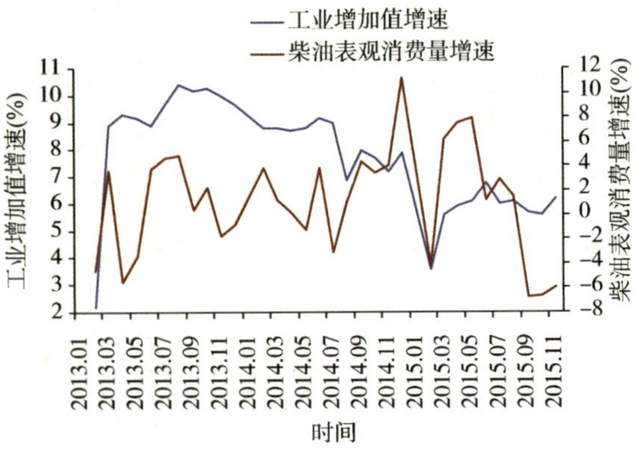

图1-1-18 工业生产与柴油表观消费增速

数据来源：wind 资讯

5）宽松货币政策难以向实体经济有效传导

2015年央行共计5次降准降息，政策针对性增强，同时货币政策不断创新，货币投放较多地采用购买国债、政策性银行再贷款以及地方债纳入国库现金管理抵押品等方式。然而，受金融部门收紧信贷的影响，中国民间（如温州）融资利率居高不下，官方利率持续下行（图1-1-19），显示宽松货币政策向实体经济有效传导不足，加之资本外流风险增大，短期流动性总体趋紧，传统货币政策空间有限。

财政政策方面，结构性减税和增加支出，以及盘活和统筹使用沉淀的存量财政资金仍是财政政策发力的重点。但由于工业企业利润和土地出让收入均有下降，地方财政收入减少，政府融资平台投资能力受限，地方政府可用于投资建设的财力明显不足。

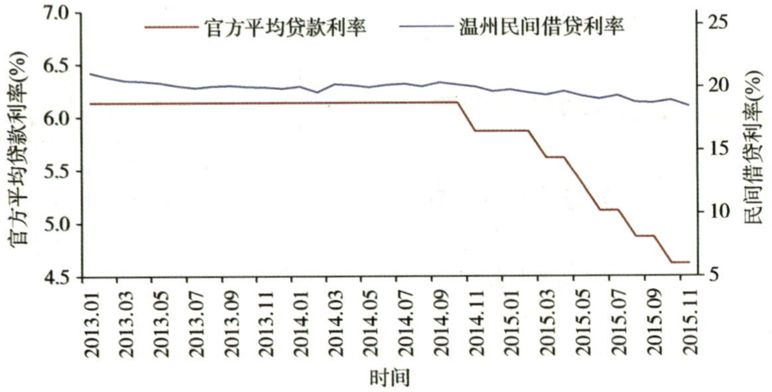

图1-1-19 官方平均贷款利率与民间借贷利率走势对比

数据来源：wind 资讯

2. 中国经济呈现一些积极变化

2015年，经济结构调整进程有所加快，经济表现不乏亮点，国内实际需求优于表观：一是产业结构不断优化，由工业主导向服务业主导转变的趋势更加明朗；二是转型升级势头良好，在“大众创业、万众创新”等政策推动下，新动力加快孕育；三是居民人均可支配收入保持较快增长，消费需求稳中向好。

1）消费结构升级正在进行

近年来，中国非必需品消费所占比例明显提升，2014 年已升至 44%，表明消费升级步伐稳健。同时，新兴消费蓬勃发展（图 1-1-20、图 1-1-21），主要体现在：网络购物消费增速表现亮眼，2015 年 1—11 月全国网上零售额同比增长 34.5%；通信器材消费增长迅猛，2015 年 1—11 月同比增长 33.0%，增速较 2014 年提高 3.3 个百分点。

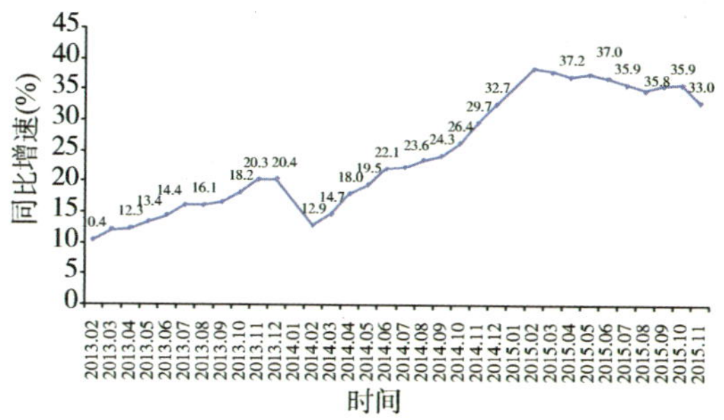

图1-1-20 通信器材消费同比增速

数据来源：wind 资讯

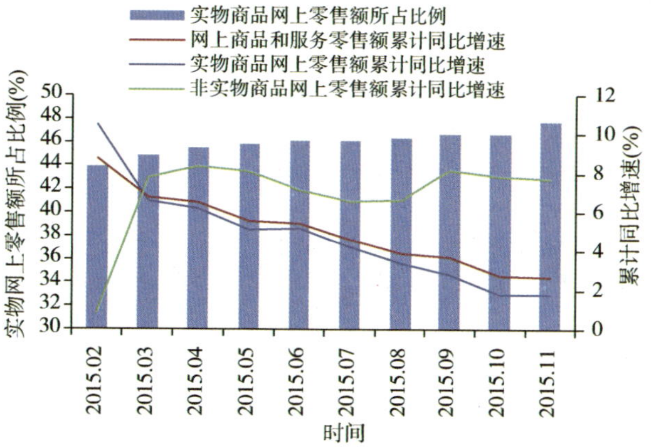

图1-1-21 网上零售额累计同比增速及所占比例

数据来源：wind 资讯

2）贸易结构优化转型

中国贸易方式不断优化，一般贸易出口额保持增长（图 1-1-22）。2015 年，中国一般贸易出口额占出口总额的 53.5%，较 2014 年提升 2.1 个百分点。其中，一般贸易出口额增长 1.2%，高于出口总体增速 4.0 个百分点。同时，主要出口产品不断升级。2015 年，中国机电产品出口增长 0.1%，占同期出口总值的 57.6%（图 1-1-23）。其中，计算机通信技术、手机等出口呈现快速增长，船舶、航空航天等其他领域的资本品出口也表现出一定优势。

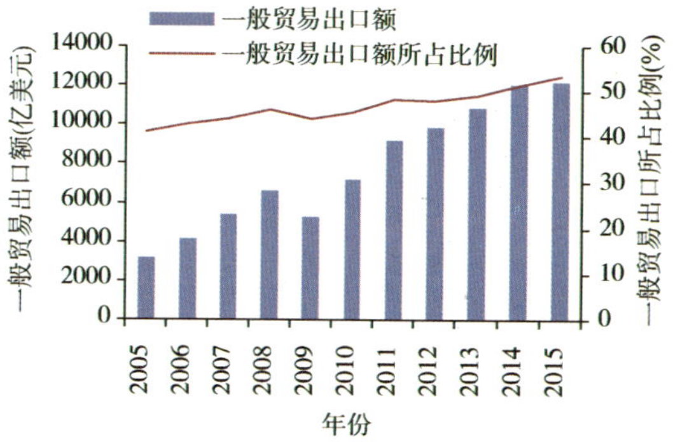

图1-1-22 一般贸易出口额及所占比例

数据来源：wind 资讯

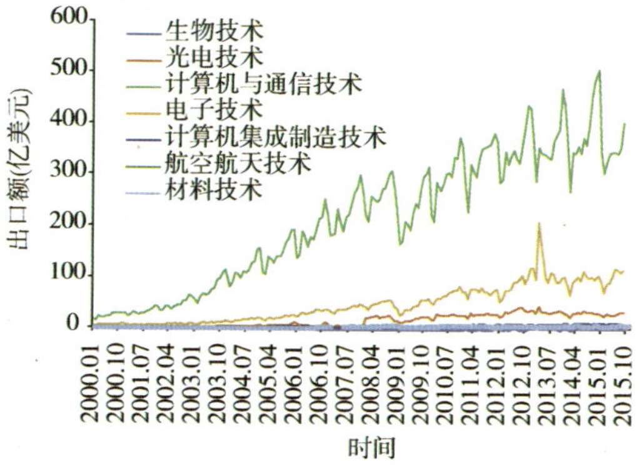

图1-1-23 中国高新技术产品和机电产品出口额

数据来源：wind 资讯

3）实际进口增速跌幅较小

2015 年，在进口的主要大宗商品中，原油进口金额同比下降 41.1%，进口数量同比增长 8.8%；铁矿砂及其精矿进口金额同比下降 38.3%，进口数量同比增长 2.2%；大豆进口金额同比下降 13.6%，进口数量同比增长 14.5%（图 1-1-24、图 1-1-25）。大宗商品价格暴跌是导致进口金额持续下跌的主要因素，剔除价格影响，中国实际进口增速仅下滑 3.8%，明显好于名义增速。

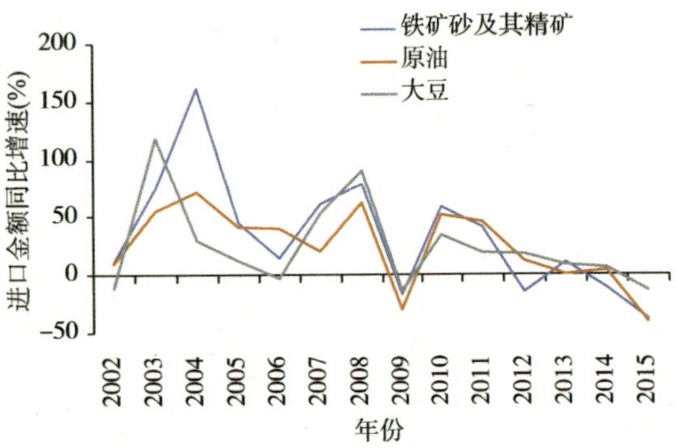

图1-1-24　中国主要大宗商品进口金额同比增速

数据来源：wind 资讯

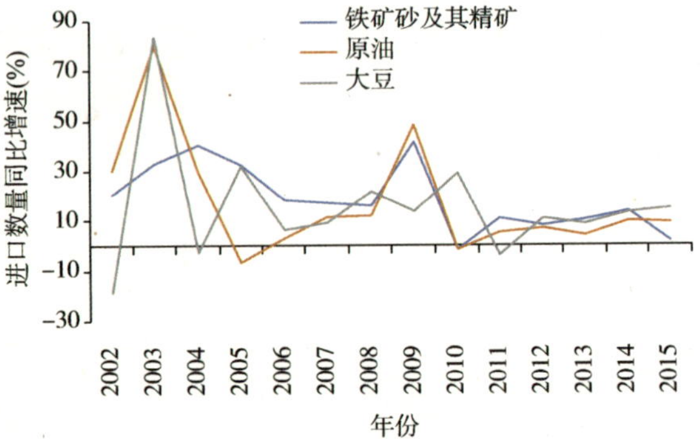

图1-1-25　中国主要大宗商品进口数量同比增速

数据来源：wind 资讯

4）工业生产迈向中高端

2015 年，工业生产呈现增长分化、结构优化的运行特征（图 1-1-26）：一是采矿和高耗能传统行业增速明显放缓；二是金属制品业、计算机通信和其他电子设备制造业等装备制造业平稳增长；三是高新技术产业增长较快。工业生产结构的不断优化将加大对实体经济的支撑力度。

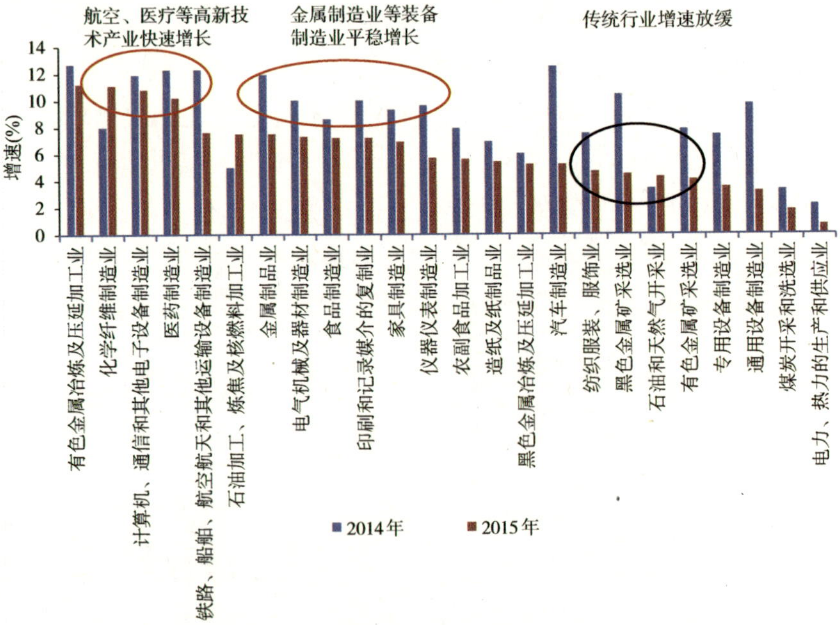

图1-1-26　2014—2015年1—11月工业分部门增速

数据来源：wind 资讯

5）对“一带一路”沿线国家出口额增长较快

2015 年 1—11 月，中国对泰国出口额同比增长 13.5%，增速较 2014 年同期上升 10.4 个百分点；对孟加拉国出口额同比增长 20.1%，较 2014 年同期上升 1.6 个百分点；对巴基斯坦国家出口额同比增长 24.6%，较 2014 年同期上升 4.3 个百分点（图 1-1-27）。中国对“一带一路”沿线国家出口所占比例增加，2015 年中国对东盟出口所占比例为 12.2%，较 2014 年上升 0.6 个百分点（图 1-1-28）。随着“一带一路”辐射范围的不断扩大和深入，这将对外贸起到持续提振作用。

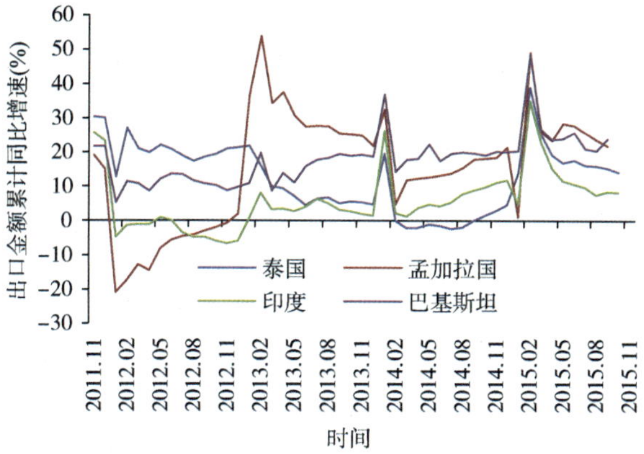

图1-1-27　中国对“一带一路”主要合作伙伴出口金额增速变化

数据来源：wind 资讯

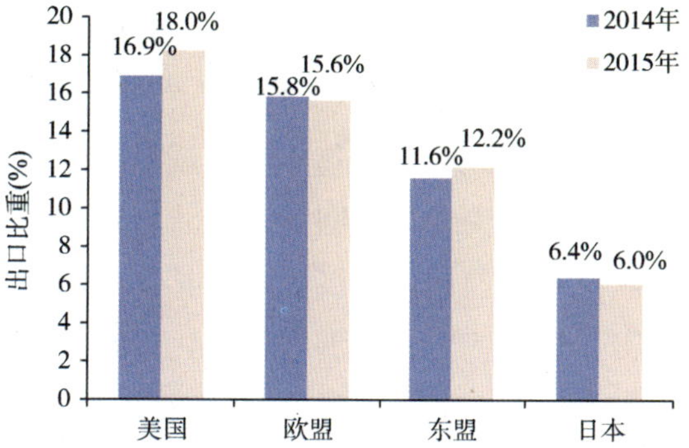

图1-1-28　中国对主要国家或地区出口比重

数据来源：wind资讯

3. 2016 年中国宏观经济稳中求进，预计全年 GDP 增长 6.7%

2016 年是“十三五”开局之年，供给侧改革逐步推进，宏观政策以稳为主。经济增长稳中求进，短期看需求侧延续疲弱，供给侧改革红利释放仍需时日，货币政策宽松面临资本外流及本币贬值压力，积极的财政政策面临落实不易与背书风险加大的两难选择。从总体上看，2016 年宏观经济继续放缓，预计全年增长 6.7%。

1）三大需求延续疲弱，拉动经济回暖乏力

2016 年，投资与进出口增速难有显著改观（表 1-1-2），消费增长虽被寄予厚望，但对稳定经济独木难支。

表1-1-2　“三驾马车”增速及对GDP累计同比贡献率的估计和预测

项　目	2015年		2016年	
	贡献率（%）	增速（%）	贡献率（%）	增速（%）
GDP	—	6.9	—	6.7
消费	59.6	10.7	61.8	10.4
投资	41.9	10.3	36.6	10.0
净出口	-1.5	-1.1	1.6	2.5

投资增速将继续下行，拖累经济增长，预计投资增长区间下移至 10.0%。其中，房地产市场去库存压力较大，制造业持续深度调整，基建投资将保持平稳增长。

进出口额增速延续低迷，拉动经济作用有限，预计出口额增长 2.2%左右，进口额将增长 2.0%。2016 年，全球贸易活跃程度继续下降，中国对外贸易出现减速换挡的阶段性变化，但是国际市场份额有望保持稳定，中国进出口额增速在低基数效应下小幅回升。

消费延续平稳增长，预计社会消费品零售总额增长 10.4%。2016 年，居民就业和收入情况平稳，“互联网+”深度推进以及促进消费政策等因素仍有利于消费需求释放，消费对 GDP 的贡献率将超过 60%。

2）需求侧管理效果受限，供给侧改革尚待发力

中国经济货币化速度过快导致的机制性障碍使宽松货币难以传导至实业，积极的财政政策受落实不易和背书风险的约束，因此需求侧管理效果受到抑制。2015 年以来，央行 5 次降息降准、发改委新批基建项目规模超过 2 万亿，但投资依然低迷，需求刺激效果收效甚微。此外，国内消费增速回落，但跨境消费仍然增长迅速，国内供需错位明显。

针对目前国内经济潜在增长率下降，总需求内生性动力不足的问题，供给侧改革的落点是实体经济，更加强调结构优化：一是有效化解过剩产能，促进产业优化重组；二是降低企业成本；三是化解房地产库存；四是防范金融风险，加快形成功能健全的股票市场。2016 年，供给侧改革将以更大力度稳增长，兼顾长期利益和短期利益，通过减税、价格改革、简政放权等助实体经济做强。

3）宏观经济先行指数先降后升，年度后期有望企稳

中国石油集团经济技术研究院建立的宏观经济景气指数系统包括宏观经济先行指数、宏观经济一致指数和宏观经济滞后指数。与国家统计局公布的宏观经济景气指数相比，中国石油集团经济技术研究院开发的宏观经济景气指数加入了反映能源行业和用油行业发展的指标，如发电量、煤炭产量、乙烯产量、汽车产量等，可以反映能源行业面临的经济景气状况（图 1-1-29）。

2015 年以来，宏观经济先行指数走势先降后升，持续处于偏冷区间（图 1-1-30）。截至 11 月，宏观经济先行指数为 29.12，较年初回升 2.6，但仍处于偏冷区间。宏观经济先行指数领先于经济增长 5～6 个月，宏观经济先行指数走势预示未来国内经济下行压力仍然较大，但后期有望弱势企稳。

4）综合预计 2016 年国内经济增长 6.7%

2016 年将是中国经济风险累积较大的一年。改革红利释放仍将有限，经济潜在增长率缺乏有力支撑。“三驾马车”内生性动力不足，需求侧的管理收效欠佳，供给侧的改革尚待发力。但是，“一带一路、京津冀协同发展、长江经济带”三大经济战略，主导产业群以及“走出去”等战略仍为中国经济带来较大的发展机遇。

综合预计，2016 年经济增长 6.7%，为 1991 年以来最低水平，接近潜在增长率，宏观经济底部可期（图 1-1-31）。其中，4 个季度增速分别为 6.8%、6.7%、6.6%和 6.7%。

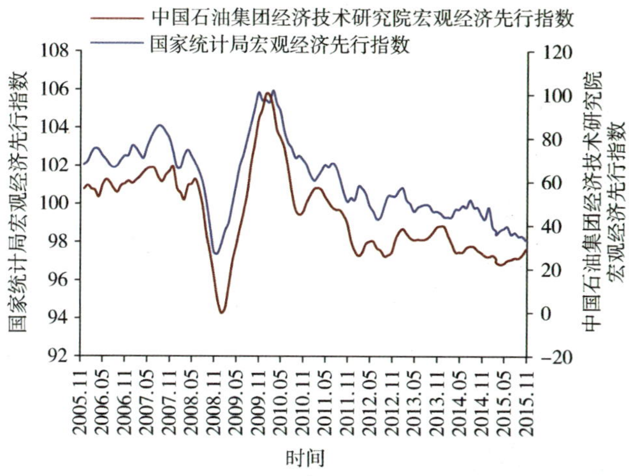

图1-1-29　国家统计局与中国石油集团经济技术研究院宏观经济先行指数

数据来源：国家统计局、中国石油集团经济技术研究院

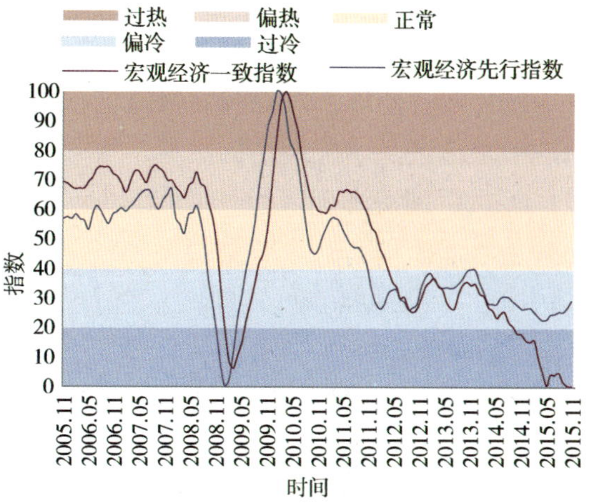

图1-1-30　中国石油集团经济技术研究院宏观经济先行指数与一致指数

数据来源：中国石油集团经济技术研究院

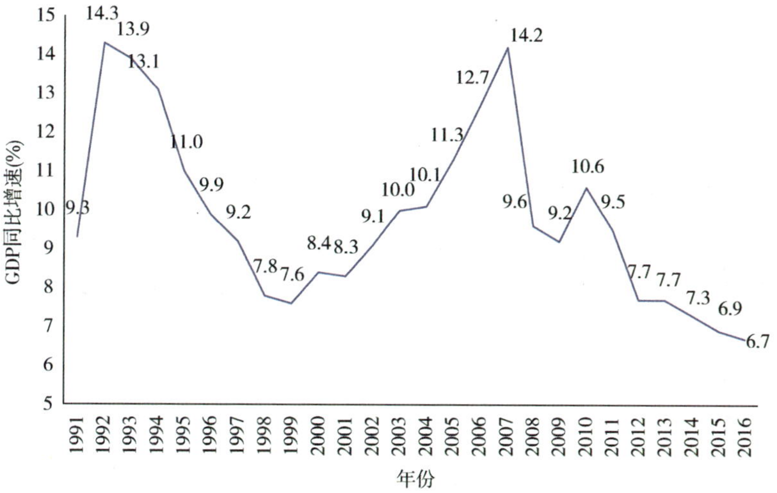

图1-1-31　20世纪90年代以来中国经济增速

数据来源：中国石油集团经济技术研究院

（本节撰写人：吴春芳　李春霞　杨丹娜）

第二节　世界能源行业发展状况

2015年，全球经济低速增长带动能源需求增速放缓，尤其是化石能源呈现出供给充足而需求乏力的局面，国际化石能源价格低迷，能源结构进一步优化。越来越多国家的能源发展重心转向清洁能源，可再生能源发展速度加快，发电成本下降明显，竞争优势逐渐显现。全球温室气体减排效果明显，二氧化碳排放开始呈现下降趋势。

一、世界能源消费增长放缓，能源消费结构进一步优化

2015年，全球一次能源消费量估计达到127.6亿吨油当量，同比增长0.7%（图1-2-1）。其中，中东地区是增长最快的区域，增长3.4%，其次，非洲地区增长1.4%，欧洲及欧亚大陆增长1.4%，中南美洲地区增长0.4%，北美地区增长0.4%,亚太地区仅微增0.1%。新兴经济体中，印度一次能源消费继续保持较快增长，估计增长5.2%。发达经济体中，估计欧盟能源消费增长1.6%，美国下降0.4%（图1-2-2）。

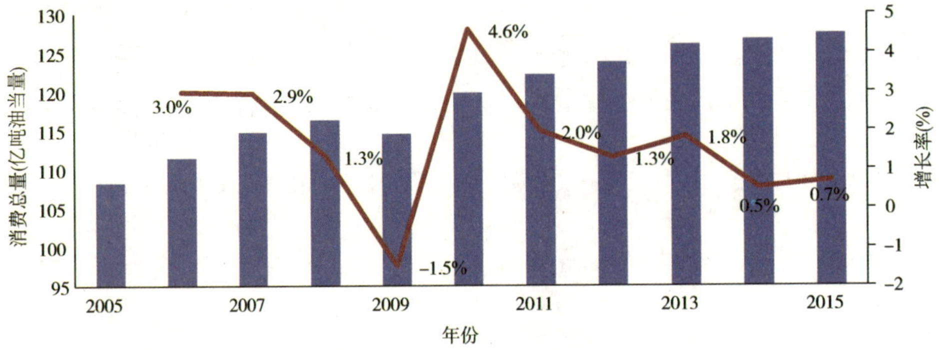

图1-2-1　2005—2015年全球能源消费总量及增长率

数据来源：中国石油集团经济技术研究院

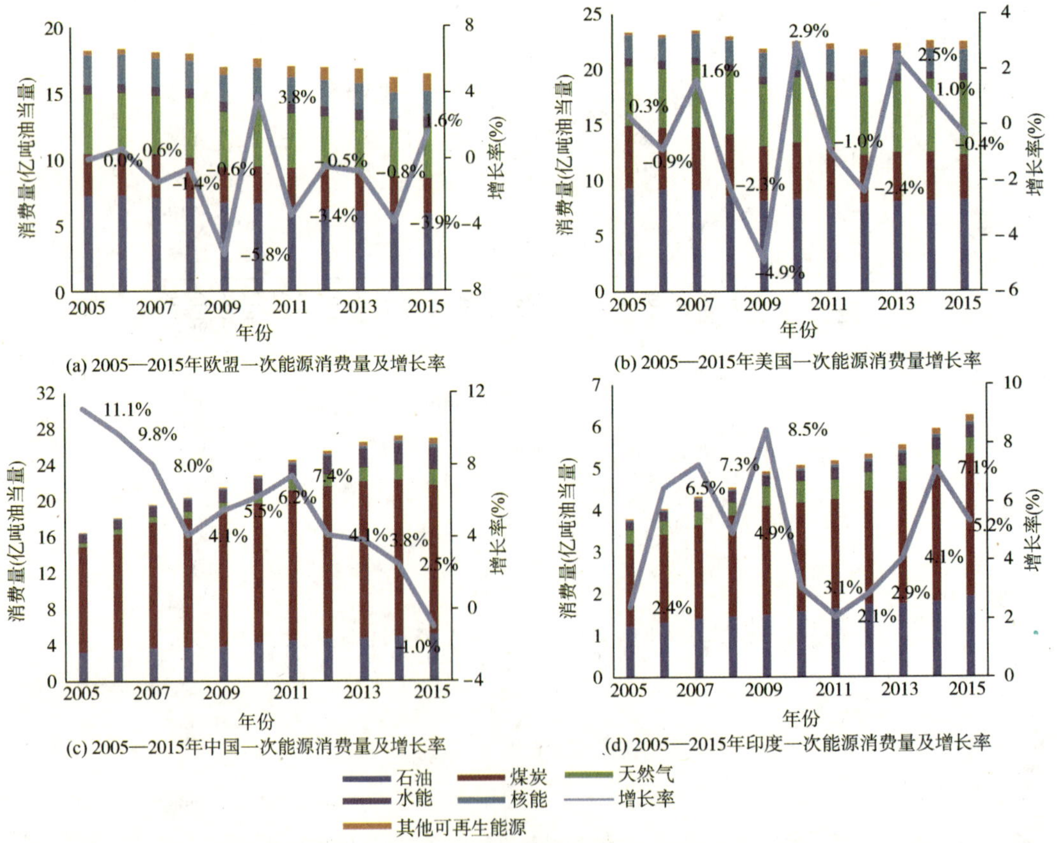

图1-2-2　2005—2015年全球主要经济体一次能源消费总量及增长率

数据来源：中国石油集团经济技术研究院

随着煤炭消费的下降和清洁能源的持续增长，全球能源消费结构进一步优化。化石能源消费占一次能源消费比重从 2010 年的 86.5%下降到 2015 年的 85.6%（图 1-2-3）。其中，煤炭和石油的比重分别下降 1.4 个百分点和 0.2 个百分点，天然气消费比例上升 0.7 个百分点。非化石能源中，核能下降 0.7 个百分点，水能上升 0.3 个百分点，其他可再生能源的消费比例上升最快，由 2010 年的 1.4%上升到 2015 年的 2.7%，增长了近一倍。

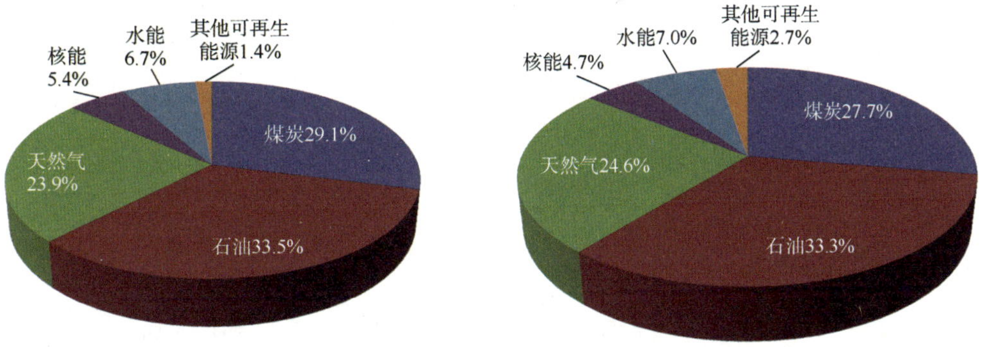

(a) 2010年　　(b) 2015年

图1-2-3　2010年和2015年世界能源消费结构

数据来源：中国石油集团经济技术研究院

由于资源禀赋及经济发展程度不同，各地区能源结构差异明显，但整体呈现清洁化趋势。得益于页岩气的快速发展，北美地区 2015 年清洁能源消费占一次能源消费比重比 2010 年提高了 5.5 个百分点，提高最快达到 48.0%，其中天然气所占比例为 30.8%，非化石能源所占比例为 17.2%；欧亚大陆清洁能源消费所占比例最高，达到 53.7%，其中天然气所占比例为 34.8%，非化石能源所占比例为 20.8%。亚太地区清洁能源消费所占比例为 22.6%，天然气和非化石能源所占比例分别为 12.3%和 10.3%，煤炭和石油仍占一次能源消费 77.4%。中南美洲清洁能源消费所占比例为 50.4%，依托其丰富的水资源，水能消费占到了 24.2%，天然气消费占 22.0%（表 1-2-1）。

表1-2-1　2010年和2015年世界不同地区能源消费结构

项　目		北美		中南美洲		欧洲及欧亚大陆		中东		非洲		亚太地区	
		2010年	2015年	2010年	2015年	2010年	2015年	2010年	2015年	2010年	2015年	2010年	2015年
所占比例（%）	石油	37.3	36.5	45.3	45.8	30.1	29.6	49.7	47.4	42.9	43.7	28.4	28.6
	煤炭	20.2	15.5	4.0	3.8	16.8	16.8	1.4	0.9	25.3	23.2	50.4	48.8
	天然气	26.9	30.8	21.0	22.0	34.8	32.9	48.4	51.0	24.5	25.9	11.5	12.3
	核能	8.2	8.4	0.8	0.8	9.2	9.3	0.0	0.1	0.7	0.7	3.0	1.7
	水能	5.7	5.8	27.0	24.2	6.7	6.9	0.5	0.6	6.3	5.9	5.8	6.6
	其他可再生能源	1.7	3.0	1.8	3.5	2.4	4.6	0.0	0.0	0.3	0.6	0.9	2.0

数据来源：中国石油集团经济技术研究院。

二、化石能源消费降速明显，价格持续低迷

2015 年，全球化石能源消费增速继续放缓，估计全年消费量为 109.3 亿吨油当量，仅微增 0.3%。全球只有中东地区和非洲化石能源消费增速较高，估计全年分别增长 3.4%和 1.6%。欧洲及欧亚大陆结束了连续 4 年的化石能源消费下降的趋势，估计消费增长 1.1%。中南美洲化石能源消费下降 0.3%；北美地区化石能源消费出现较大幅度下降，估计下降 0.4%。亚太地区化石能源消费首次出现下降，估计下降 0.4%（图 1-2-4）。

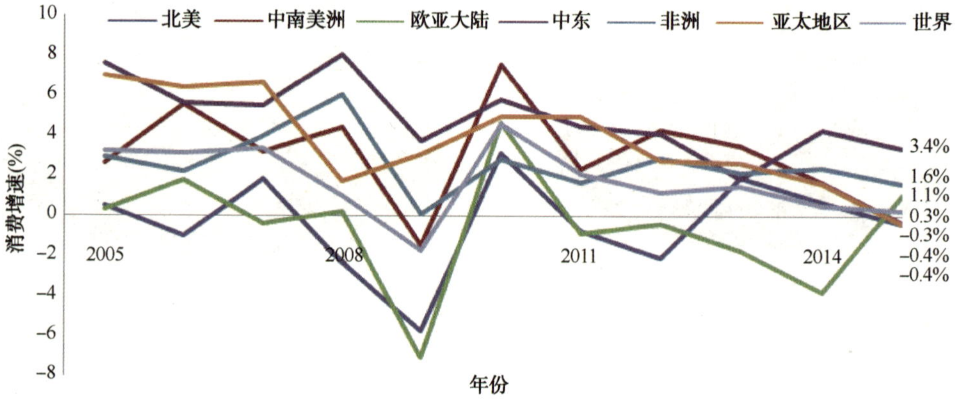

图1-2-4　2005—2015年全球化石能源消费变化

数据来源：中国石油集团经济技术研究院

2015 年，煤炭消费量遭遇断崖式下降，估计全年消费量为 35.5 亿吨油当量，同比下降 3.5%（图 1-2-5）。亚太地区煤炭市场受到中国煤炭消费需求显著下降的影响，估计煤炭消费需求下降 2.9%。北美地区受到天然气价格大幅下降等因素影响，煤炭需求下降幅度最大，估计全年下降 10.4%。欧洲及欧亚大陆煤炭消费下滑的势头放缓，估计增速为 −0.5%。

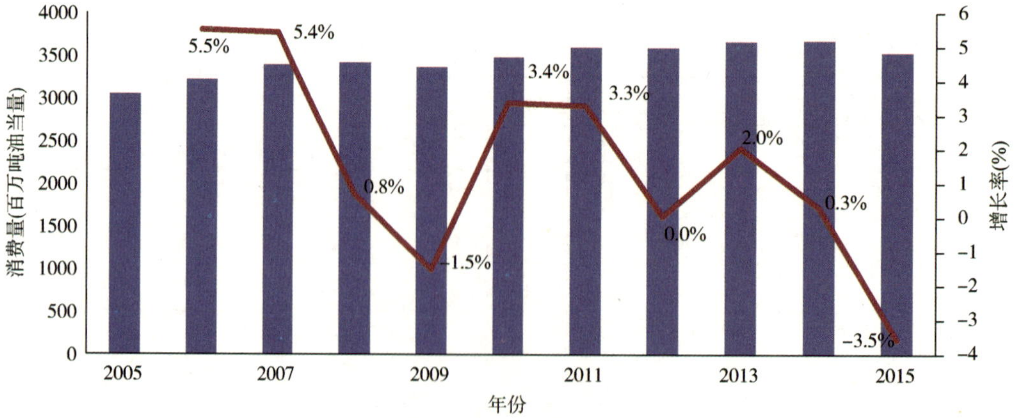

图1-2-5　2005—2015年全球煤炭消费量及增长率

数据来源：中国石油集团经济技术研究院

分国家看，印度在低煤价和经济高速增长的推动下，煤炭需求依然保持快速增长，估计需求将增长 5.0%。美国用煤量持续下降，估计煤炭消费同比下降 9.0%，创 1989 年以来的新低（图 1-2-6）。

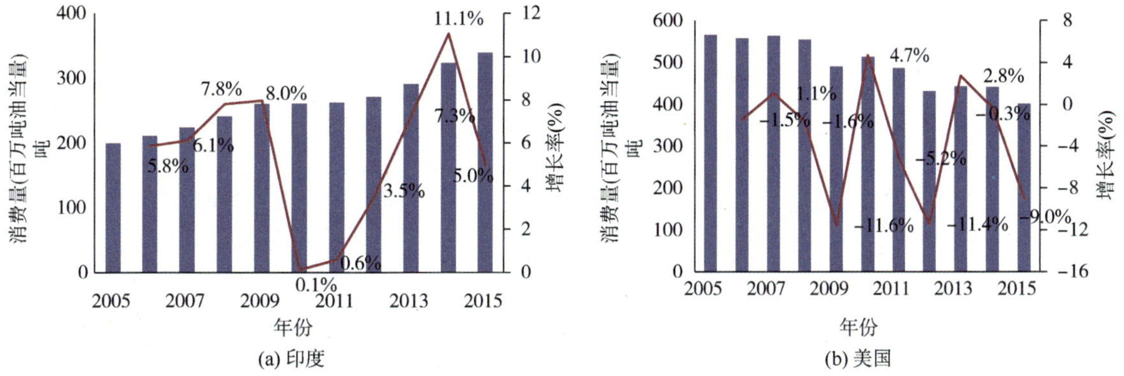

图1-2-6　2005—2015年印度和美国的煤炭消费量及增长率

数据来源：中国石油集团经济技术研究院

主要煤炭生产国产量及出口量下降明显。2015 年，美国煤炭产量估计下降 9.0%，煤炭出口降至 2009 年以来的新低。印度尼西亚全年煤炭产量下降约 20.0%，政府基准煤定价由年初的 54.4 美元/吨下跌至 46.2 美元/吨，跌幅达 15.0%。国际主要港口动力煤价格也持续下降。2015 年 11 月，澳大利亚纽卡斯尔港动力煤价格指数为 52.25 美元/吨，较 2014 年同期下降 10.87 美元，跌幅 16.8%；南非理查德港动力煤价格为 57.94 美元/吨，较 2014 年同期下降 9.07 美元，跌幅 13.5%；欧洲 ARA 港市场动力煤价格为 53.21 美元/吨，较 2014 年同期下降 22.09 美元，跌幅 29.3%（图 1-2-7）。

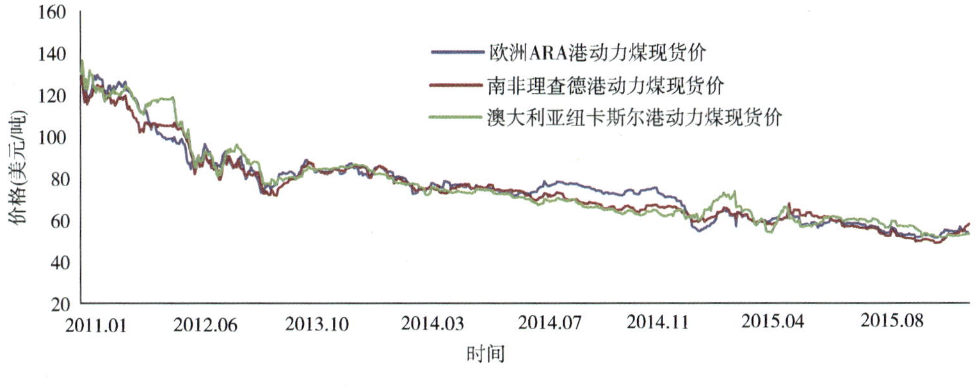

图1-2-7　2011—2015年世界三大煤炭港口动力煤价格趋势

数据来源：wind 资讯

三、非化石能源加速发展，发电成本下降明显，竞争优势逐渐显现

2015 年，以太阳能、风能和核能为代表的非化石能源在全球取得长足发展，利用成本进一步下降，与传统化石能源相比竞争优势逐渐显现。

1. 太阳能发电累计和新增装机容量创新高

2015 年，全球光伏发电呈跨越式发展势头，全球光伏累计装机容量估计达 2.2 亿千瓦，比上年增长 18.1%，是 7 年前的 13.5 倍（图 1-2-8）。光伏市场发展主要动力来自中国、日本、美国和德国等传统市场，以及英国、印度和智利等新兴光伏市场，2015 年全球光伏累计装机容量排名前十位的国家累计装机容量之和占全球累计装机容量的 90.0%（图 1-2-9）。欧洲光伏累计装机容量占全球累计装机容量的 45.7%，亚太地区占 36.3%。

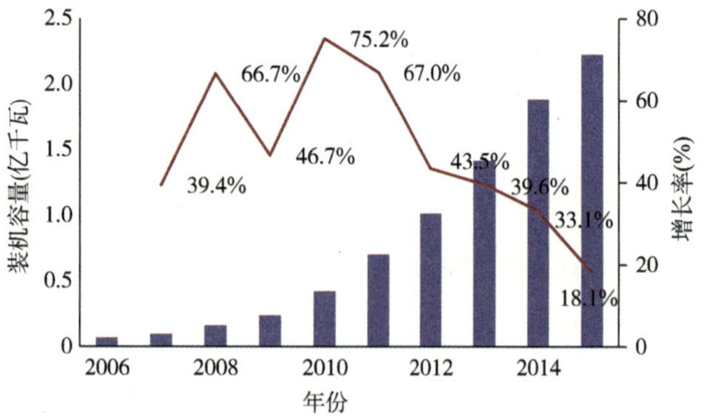

图1-2-8　2006—2015年全球光伏累计装机容量及增长率

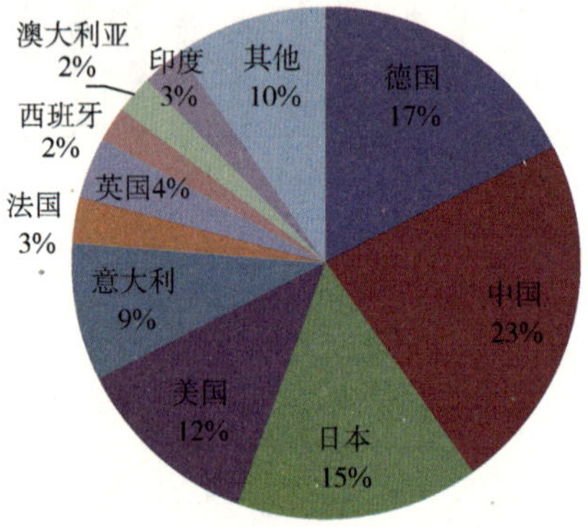

图1-2-9　2015年全球光伏累计装机容量前十位国家

数据来源：彭博新能源财经、中国石油集团经济技术研究院

2015 年，全球光伏新增装机容量达 5750 万千瓦，同比增长 22.3%，保持高速增长态势（图 1-2-10）。亚洲依然是全球最主要的光伏市场，新增装机容量所占比例达 54.1%；北美洲超越欧洲成为全球第二大光伏市场，新增装机容量所占比例达到 16.0%；欧洲光伏市场新增光伏装机容量所占比例为 10.3%。

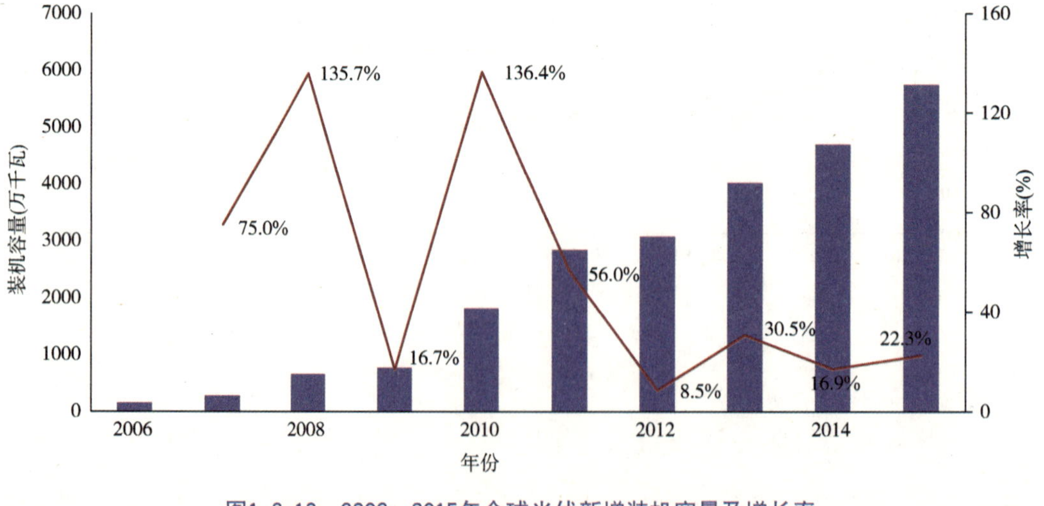

图1-2-10　2006—2015年全球光伏新增装机容量及增长率

数据来源：彭博新能源财经、中国石油集团经济技术研究院

2015 年，排名前十位的国家新增装机容量总和占全球新增装机容量的 82.7%。日本光伏市场延续快速增长的势头，估计新增装机容量同比增长 15.5%。美国光伏市场表现超过预期，估计同比增长 30.2%。英国光伏市场继续快速增长，估计新增装机容量同比增长 52.6%，首次超过德国成为欧洲新增装机容量最大的国家。受到政府减少可再生能源补贴政策的影响，德国光伏市场新增装机容量同比下降 6.6%（图 1-2-11）。

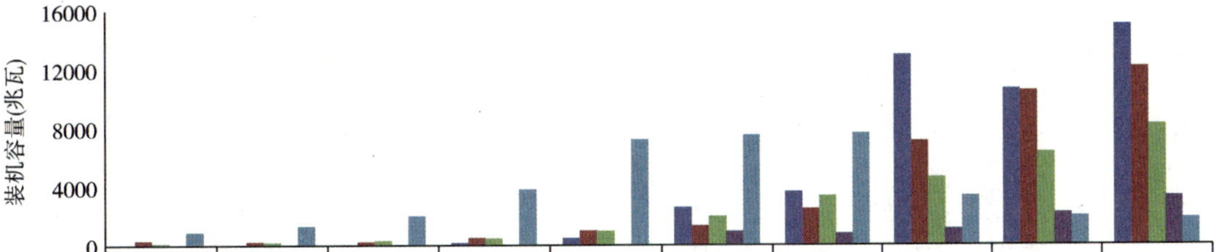

	2006年	2007年	2008年	2009年	2010年	2011年	2012年	2013年	2014年	2015年
中国	10	20	40	160	486	2568	3630	12920	10600	15000
日本	287	211	226	484	992	1296	2464	7092	10481	12100
美国	98	167	297	438	929	1934	3311	4621	6312	8200
英国	3	4	4	4	38	920	771	1082	2162	3300
德国	854	1274	1956	3802	7199	7485	7604	3304	1927	1800

图1-2-11　2006—2015年全球主要国家新增光伏装机容量

数据来源：彭博新能源财经、中国石油集团经济技术研究院

2015 年，全球光热发电累计装机容量为 580 万千瓦，同比增加 133 万千瓦，增长 29.8%。光热发电市场美国一枝独秀，新增装机容量达到 92.2 万千瓦，占全球新增装机容量的 69.3%（图 1-2-12）。

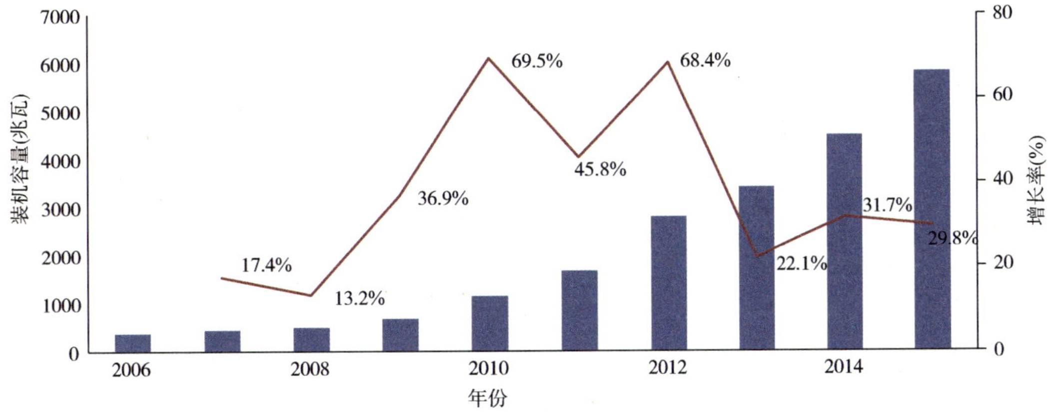

图1-2-12　2006—2015年全球光热发电累计装机容量及增长率

数据来源：彭博新能源财经、中国石油集团经济技术研究院

2. 风电市场强劲上涨，亚太市场独领风骚

2015 年，估计全球累计风电装机容量 4.3 亿千瓦，较 2014 年增长 15.3%，是 2006 年装

机容量的 5.7 倍（图 1-2-13），主要分布在中国、英国、德国和印度等国。全球风电累计装机容量前十位的国家占全球风电装机市场的 84.1%（图 1-2-14），这些国家主要分布在亚太地区、欧洲和北美地区，装机容量分别占全球装机容量的 38.9%、23.6%和 20.2%。

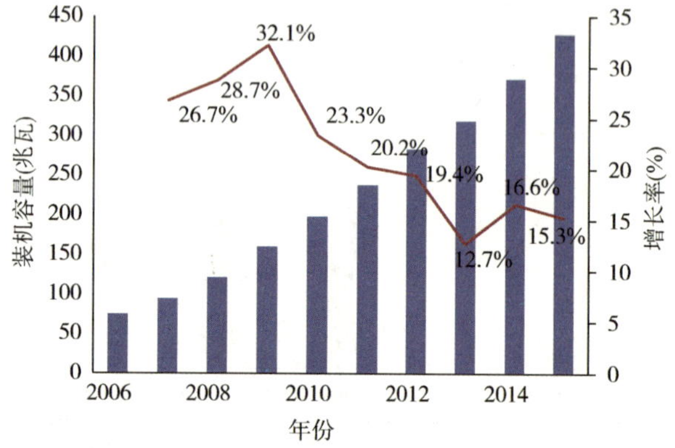

图1-2-13　2006—2015年全球风电累计装机容量及增长率

数据来源：彭博新能源财经、中国石油集团经济技术研究院

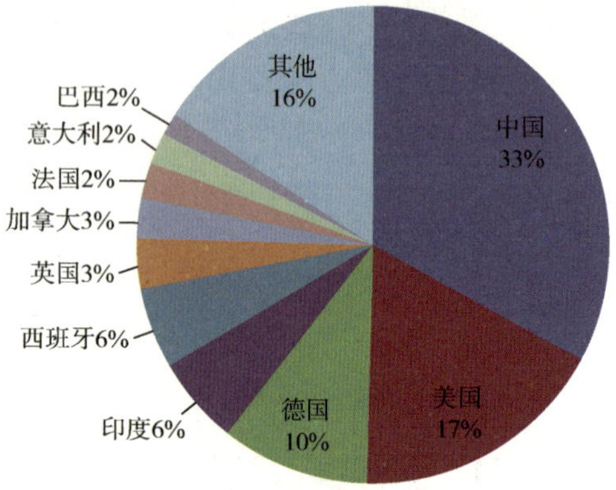

图1-2-14　2015年全球风电累计装机容量前十位国家

数据来源：彭博新能源财经、中国石油集团经济技术研究院

2015 年，全球新增风电装机容量 5670 万千瓦，同比增长 7.9%（图 1-2-15）。亚太市场的新增装机容量继续保持全球首位，占全球市场的 52.4%；北美市场份额提高至 19.1%；欧洲市场份额与上年基本持平，占 13.4%。全球风电新增装机前十位的国家中，中国市场依旧保持快速增长态势，在全球新增装机容量中占 45.9%。随着风电成本下降以及政策利好，2015 年风电成为美国可再生能源中最抢眼的能源，新增装机容量占到全球新增装机容量的 15.9%。过去两年，印度政府恢复了发电量激励政策和加速折旧法，2015 年风电装机容量快速增长，占全球新增装机容量的 5.5%（图 1-2-16）。

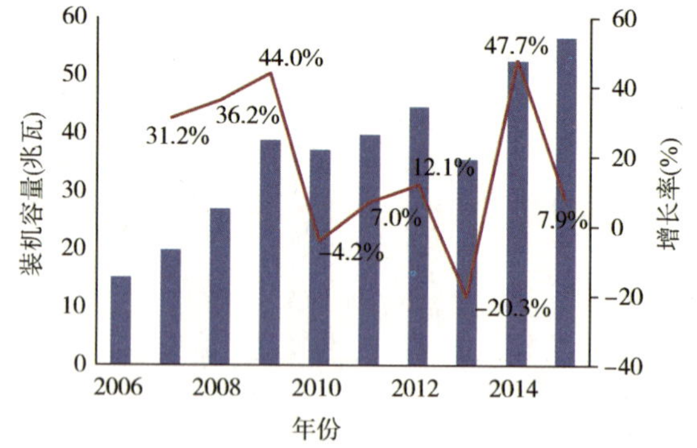

图1-2-15　2006—2015年全球风电新增装机容量及增长率

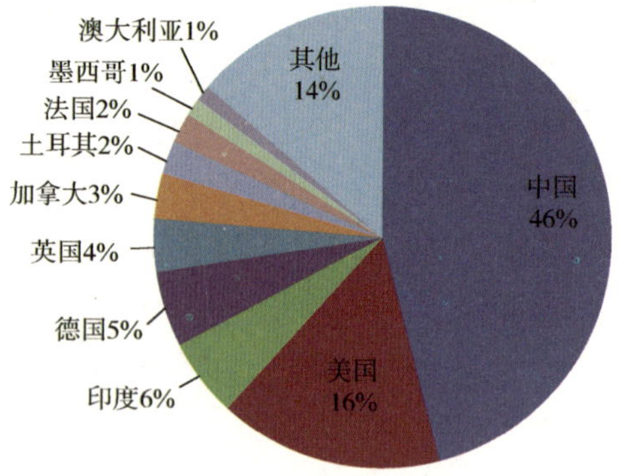

图1-2-16　2015年全球风电新增装机前十位国家

数据来源：彭博新能源财经、中国石油集团经济技术研究院

3. 核电开始复苏，在建装机亚太为主

世界核电 2014 年开始复苏，2015 年实现快速增长。截至 2015 年 6 月，全球 16 个国家

和地区共有 437 个反应堆在运行，装机容量达到 38.0 亿千瓦（图 1-2-17）。已运行的反应堆主要分布在欧亚大陆、北美地区和亚太地区，其中欧亚大陆有 186 个反应堆，装机容量占 43.3%；北美地区有 118 个反应堆，装机容量占到 29.7%；亚太地区拥有 117 个反应堆，装机容量占到 24.9%。

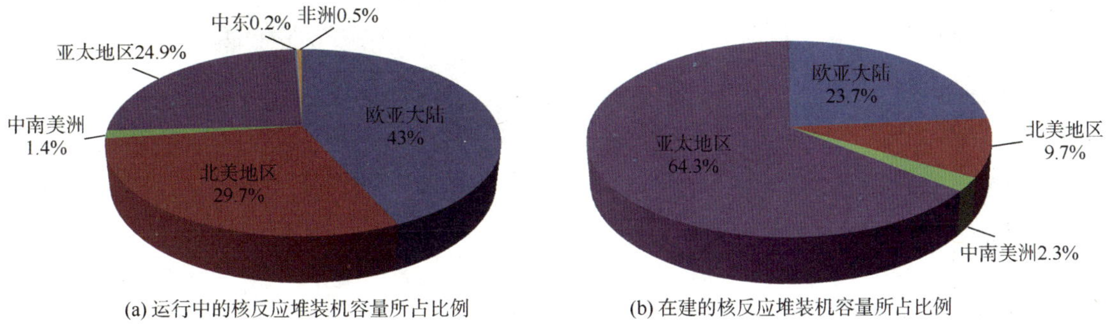

图1-2-17　2015年6月全球各地运行/在建核反应堆装机容量所占比例

数据来源：世界核能协会、中国石油集团经济技术研究院

目前在建的有 66 个核反应堆，装机容量达到 6.9 亿千瓦。其中，39 个集中在亚太地区，装机容量占到 64.3%；15 个集中在欧亚大陆，装机容量占 23.7%；2 个分布在中南美洲，装机容量占 2.3%。

随着核电站相继建成投产，铀的需求量也在增长，但各区域需求存在差异。2015 年，世界铀需求同比增长 1.5%，达到 6.7 万吨。其中，中南美洲的铀需求量增长最快，增长 50.7%；其次是亚太地区，增长 20.5%。欧洲受部分国家弃核政策影响，铀的需求量减少 5.6%；北美地区铀的需求也下降 1.9%。中东地区铀需求增长 1.1%；非洲未有新建项目投产，铀需求量与 2014 年持平。

4. 可再生能源成本下降明显，在部分国家逐渐显现竞争优势

随着技术进步、生产成本和融资成本的不断降低，2015 年可再生能源与化石能源发电成本的较量已经发生显著变化，风电成为新型发电形式中成本最低的选择，太阳能光伏发电成本以每年 15%的速度下降，可再生能源发电的平准化电力成本（简称 LCOE[1]）持续下降，其竞争优势逐渐显现。

2015 年，全球陆上风电的 LCOE 降至 83 美元/（兆瓦•时），太阳能光伏降至 122 美元/（兆瓦•时）。海上风电平均降至 174 美元/（兆瓦•时），但仍显著高于陆上风电和太阳能光伏发电。生物质能发电成本稳定于 134 美元/（兆瓦•时）。美洲、欧洲、非洲和中东地区的核电成本上升，分别增至 261 美元/（兆瓦•时）和 158 美元/（兆瓦•时）。

亚太地区的可再生能源发电成本仍明显高于全球平均水平，光伏 LCOE 目前为 150 美元/（兆

---

[1] LCOE=（资本支出+总运营成本的净现值）/总电力成本的净现值，计算公式来自国际能源署（IEA）。

瓦·时）。随着低成本的中国太阳能组件赢得更大的市场份额，亚太地区光伏的 LCOE 中期最低可能降到 120 美元/（兆瓦·时）。然而，煤电更高效超临界技术的使用越来越普遍，而且煤价大幅下降，亚洲燃煤发电的 LCOE 最低，不到 40 美元/（兆瓦·时）（图 1-2-18）。

图1-2-18　2015年全球不同区域不同能源品种发电成本比较

数据来源：彭博新能源财经

英国和德国的陆上风电已具备与天然气、煤炭发电竞争的能力。英国陆上风电成本平均为 85 美元/（兆瓦·时），低于燃气和煤炭发电的 115 美元/（兆瓦·时）；德国陆上风电为 80 美元/（兆瓦·时），亦分别低于燃气和煤炭发电的 118 美元/（兆瓦·时）和 106 美元/（兆瓦·时）。中国陆上风电成本为 78 美元/（兆瓦·时）、光伏发电成本则为 109 美元/（兆瓦·时），低于燃气发电的 113 美元/（兆瓦·时），但高于煤炭发电的 44 美元/（兆瓦·时）。美国煤炭和燃气相对便宜，发电成本为 65 美元/（兆瓦·时），分别低于陆上风电和光伏发电的 80 美元/（兆瓦·时）和 107 美元/（兆瓦·时）（图 1-2-19）。

四、全球发电量快速增长，发电结构趋于清洁化

2015 年，全球发电量快速增长，全年发电量 23.9 万亿千瓦时，增长 1.9%，较 2014 年加快 0.4 个百分点，其中化石能源的发电量自 2010 年以来首次下降，下降 0.7 个百分点至 1.2%。核电结束连续 4 年的下跌，实现 3.3%的正增长；水电微增 1.7%；风能、太阳能和生物质能为代表的可再生能源发电量增长 8.5%，为增速最快发电来源（图 1-2-20）。

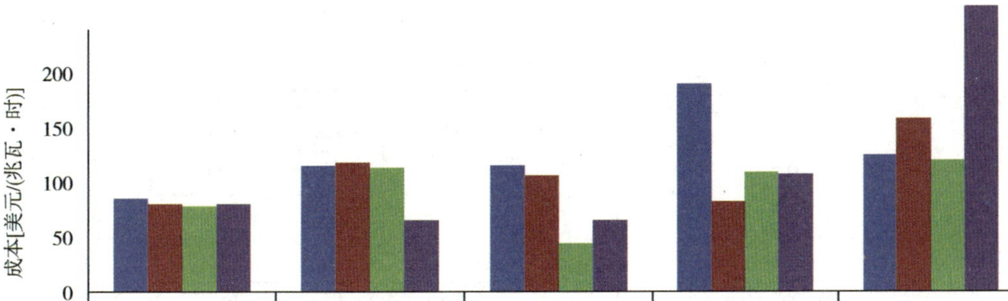

	陆上风电	燃气发电	煤炭发电	光伏发电	核电
英国	85	115	115	190	125
德国	80	118	106	82	158
中国	78	113	44	109	120
美国	80	65	65	107	261

图1-2-19　2015年主要国家LCOE比较

数据来源：彭博新能源财经

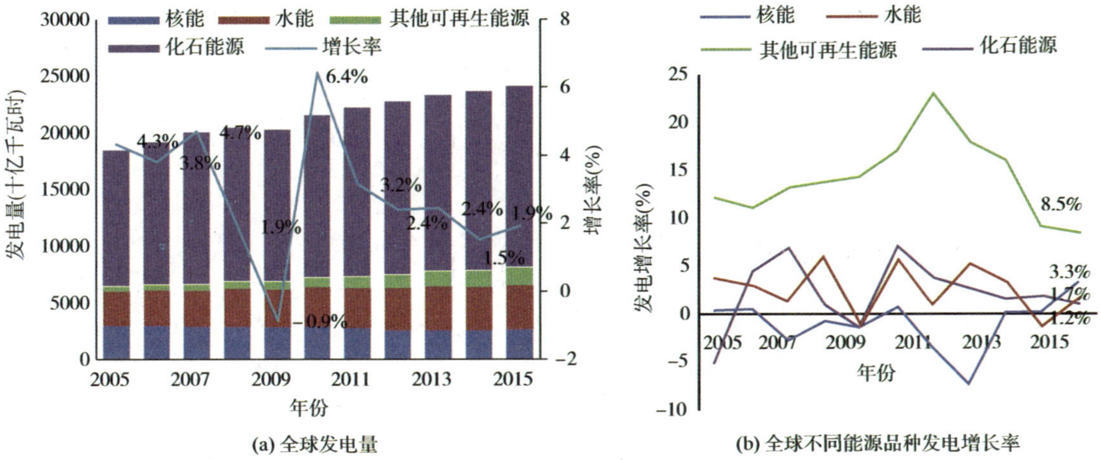

图1-2-20　2005—2015年全球发电量及不同能源品种发电增长率

数据来源：中国石油集团经济技术研究院

各个地区的电力供应结构发生了明显变化。化石能源发电所占比重均出现不同程度的下降，北美地区下降最为明显，下降 1.2 个百分点，中南美洲下降 1.1 个百分点，欧洲及欧亚大陆下降 0.9 个百分点，亚太地区下降 0.3 个百分点。非化石能源发电在各地区表现不同，北美地区核能所占比重上升 0.6 个百分点，其他可再生能源上升 0.4 个百分点；中南美洲其他可再生能源上升 0.4 个百分点，水能上升 0.6 个百分点；欧洲及欧亚大陆其他可再生能源也上升 0.6 个百分点，水能上升 0.3 个百分点；亚太地区核能和其他可再生能源均上升 0.3 个百分点（表 1-2-2）。

表1-2-2 2014—2015年不同区域发电结构

项目		北美地区		中南美洲		欧洲及欧亚大陆		亚太地区	
		2014年	2015年	2014年	2015年	2014年	2015年	2014年	2015年
发电比重（%）	核能	19.0	19.6	1.7	1.8	22.2	22.2	3.5	3.8
	水能	13.5	13.6	55.0	55.6	16.3	16.6	14.6	14.4
	其他可再生能源	6.5	6.9	7.6	8.0	10.4	11.0	4.0	4.3
	化石能源	61.1	59.9	35.7	34.6	51.1	50.2	77.8	77.5

数据来源：中国石油集团经济技术研究院。

五、温室气体减排效果显著，温室气体排放首现下降

2015 年全球温室气体减排效果明显，二氧化碳排放开始呈现下降趋势，主要国家的温室气体排放强度已经连续下降，全球开始朝着巴黎气候大会的目标前进。

1. 全球温室气体减排效果显著，燃煤排放减排效果最为明显

2015 年，全球温室气体减排效果明显，二氧化碳排放开始呈现下降态势，2015 年排放 345.4 亿吨，同比减少 0.3%。其中，煤炭减排效果最为明显，燃煤减少二氧化碳排放 4.0%，石油和天然气的二氧化碳排放分别微增 1.8%和 2.7%（图 1-2-21）。

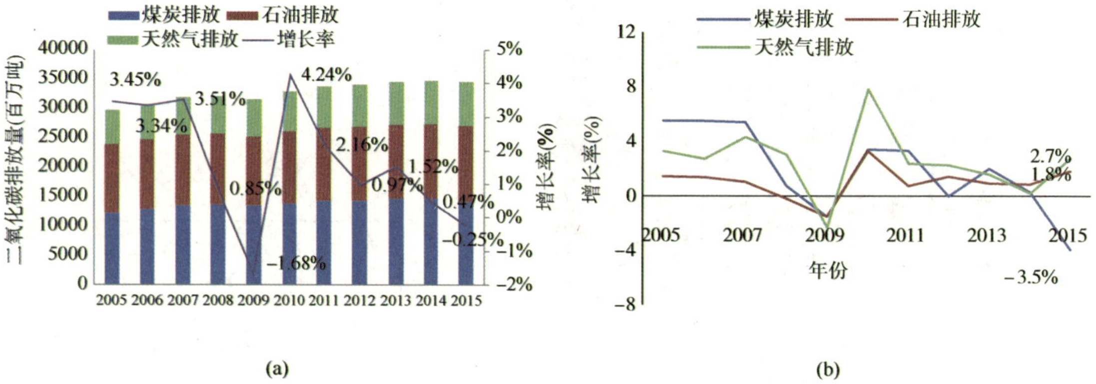

图1-2-21 2005—2015年全球不同种类化石能源二氧化碳排放量及增长率

数据来源：中国石油集团经济技术研究院

世界主要的能源消费国和地区同时也是温室气体排放最多的国家和地区，其中中国、美国、印度和欧盟的二氧化碳排放占到全球排放的 60%以上。2015 年由于中国和美国煤炭消费大幅减少，温室气体排放分别下降了 2.1%和 0.8%；欧盟 2015 年煤炭消费与上年基本持平，温室气体排放微增 0.7%；印度经济快速发展，能源消费随之增加，温室气体排放呈现上升趋势，2015 年二氧化碳排放增长 5.3%，但是较 2014 年增速下降 2.8 个百分点。

中国二氧化碳排放所占比例由 2014 年的 25.6%下降到了 2015 年的 25.1%；美国所占比例减少了 0.1 个百分点，至 16.6%；欧盟微增 0.1 个百分点至 10.8%；印度增加了 0.3 个百分点至 5.9%（图 1-2-22）。

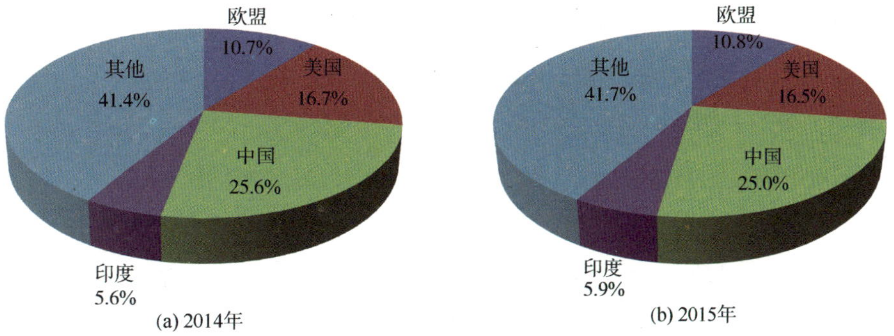

图1-2-22　2014年和2015年世界主要国家二氧化碳排放所占比例

数据来源：中国石油集团经济技术研究院

2. 巴黎气候大会达成广泛共识，全球对气候问题更加关注

全球温室气体排放带来的气候变化已经成为当今人类社会面临的共同挑战，引起全球各国高度关注。2015 年，巴黎气候大会就气候问题达成了具有全球约束力的协议，提出要把全球平均气温较工业化前水平升高控制在 2 摄氏度之内，并为把升温控制在 1.5 摄氏度之内而努力。全球 195 个国家中已有 183 个国家正式提交有关开展温室气体减排等气候行动的“国家自主贡献预案”，相关提交方所排放的温室气体占到全球排放总量的近 95%（图 1-2-23）。

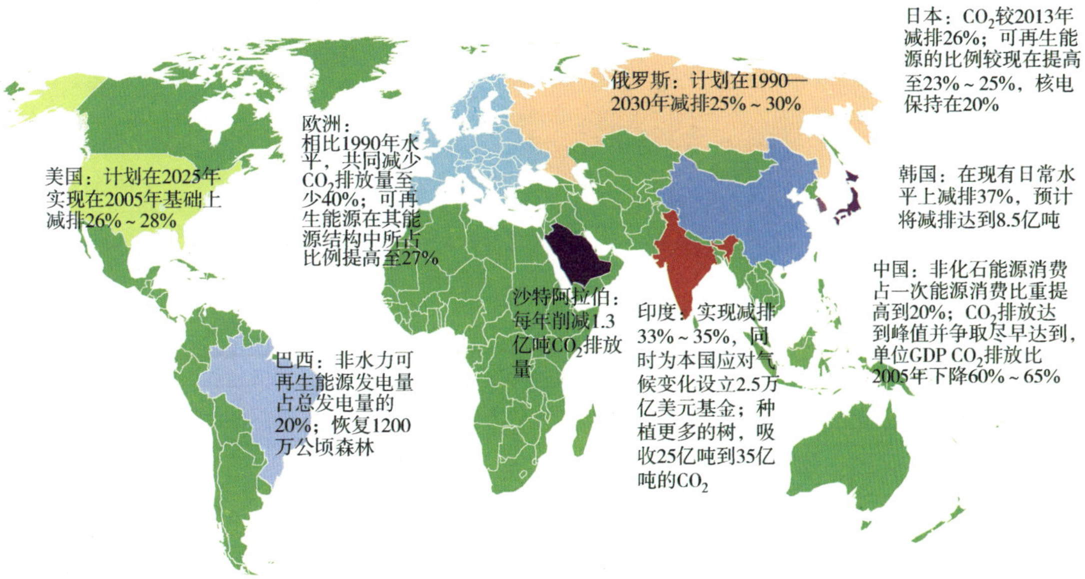

图1-2-23　2015年世界主要国家减排目标

数据来源：中国石油集团经济技术研究院

（本节撰写人：闫　勇）

第三节　中国能源行业发展状况

2015年，随着中国经济驱动力的转变和经济结构的升级，能源消费总量30年来首次出现负增长，电力消费增速降至1%以下，为改革开放以来最低增速。能源结构继续改善，煤炭消费比重下降，天然气比重上升，非化石能源消费比重略有上升。但产能过剩现象突出，煤、油价格持续回落。能源行业发展进入换挡期和转型期，清洁、低碳、安全、高效成为未来能源发展重点。

一、能源消费负增长，能源结构优化加速

1. 能源消费总量下降，能源结构继续改善

2015年，估计中国能源消费总量为42.1亿吨标准煤（表1-3-1），增速为-1.1%。其中，煤炭消费39.6亿吨，下降3.8%；石油表观消费5.4亿吨，增长4.8%；天然气消费1910亿立方米，增长3.7%；非化石能源增长8.9%。煤炭占一次能源消费比重大幅下滑，由66%降至63.8%；石油、天然气所占比例略有增长，分别升至18%和5.9%；非化石能源所占比例升至12.3%，较上年提高了1.1个百分点（图1-3-1）。

表1-3-1　中国能源消费总量及能源结构

年　份	能源消费总量（亿吨标准煤）	能源结构（%）			
		煤炭①	石油	天然气	水能、核能、风能
2010	36.06	69.2	17.4	4.0	9.4
2011	38.70	70.2	16.8	4.6	8.4
2012	40.21	68.5	17.0	4.8	9.7
2013	41.69	67.4	17.1	5.3	10.2
2014	42.60	66.0	17.1	5.7	11.2
2015	42.12	63.8	18.0	5.9	12.3

① 未考虑煤炭热值的变化。

数据来源：国家统计局、中国石油集团经济技术研究院。

2. “十二五”能源目标基本完成

2015年是“十二五”的收官之年，从当前能源行业数据看，“十二五”规划中有关能源方面的任务目标基本完成：估计2015年单位GDP能耗较2011年下降17.2%，实现了“十二五”规划中关于单位产值能耗降低16%的目标；单位二氧化碳排放较2010年下降24%左右，

超额完成了 17%的下降目标；2015 年，非化石能源消费比例估计达到 12.3%，规划中 11.4%的目标也已完成。

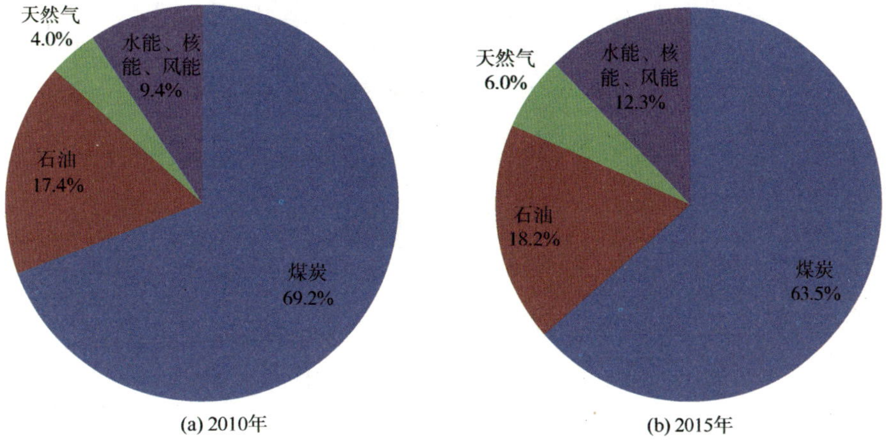

图1-3-1　2010年与2015年中国能源结构对比

数据来源：国家统计局、中国石油集团经济技术研究院

但是，部分规划目标未能实现，有待"十三五"继续发力。例如，"十二五"规划中煤层气产量目标为 300 亿立方米，其中地面开发为 160 亿立方米，煤矿瓦斯抽采 140 亿立方米，而 2015 年上半年，全国煤层气抽采量仅为 88.8 亿立方米，其中，地面煤层气产量仅为 21.1 亿立方米，与规划目标相差甚远；2015 年底，估计中国抽水蓄能已投产的产能约为 2274 万千瓦，并且总体运行效率不高，"十二五"3000 万千瓦装机规模的目标难以实现；国家能源局《中国生物质发电建设统计报告 2014》显示，截至 2014 年底，全国累计并网生物质发电装机 947.7 万千瓦，年均增速约为 18%；估计 2015 年底，全国累计并网生物质发电装机约为 1120 万千瓦，与"十二五"1300 万千瓦的目标存在差距。

二、煤炭产销继续负增长，寒冬期仍将持续

1. 煤炭产销负增长，产能过剩严重

2015 年，估计全国煤炭产量 37.3 亿吨，较上年下降 3.6%；煤炭消费量 39.6 亿吨，较上年下降 4.9%（图 1-3-2）；全年铁路煤炭发运 19.8 亿吨，较上年下降 13%；估计煤炭行业全年固定资产投资较上年下降 17%。估计全年动力煤和炼焦煤进口量分别为 6680 万吨和 4720 万吨，较上年同期分别下降 41%和 21%；煤炭进口总量约 2 亿吨，较上年下降 30%；估计年底全国重点电厂煤炭库存为 7800 万吨左右（图 1-3-3），虽较上年同期有所下滑但仍处于较高水平；行业产能过剩严重。由于经济下行压力短时间难以缓解，环保问题日益严峻，水泥钢铁等高耗煤行业景气下滑，电力需求增速放缓，多重因素导致煤炭需求在 2015 年大幅下降，煤炭价格低位徘徊，预计行业低谷仍将持续一段时间。

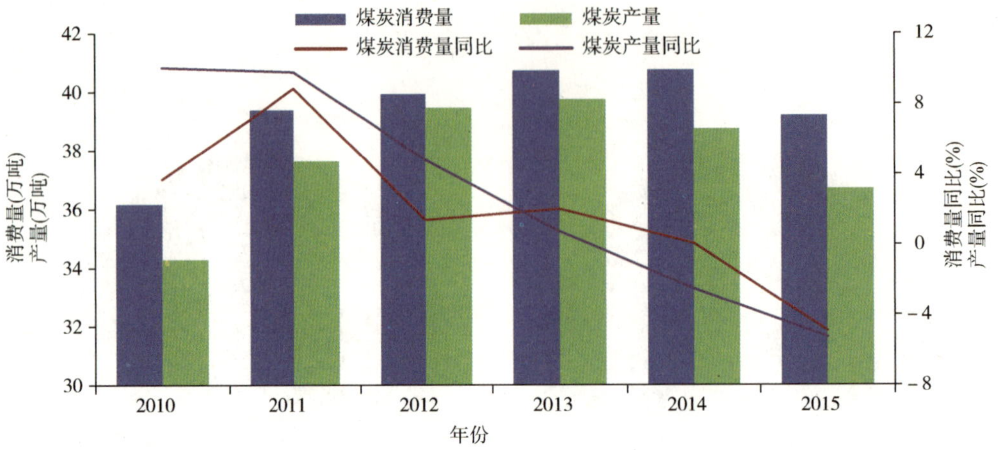

图1-3-2　2010—2015年煤炭生产、消费情况

数据来源：国家统计局、中国石油集团经济技术研究院

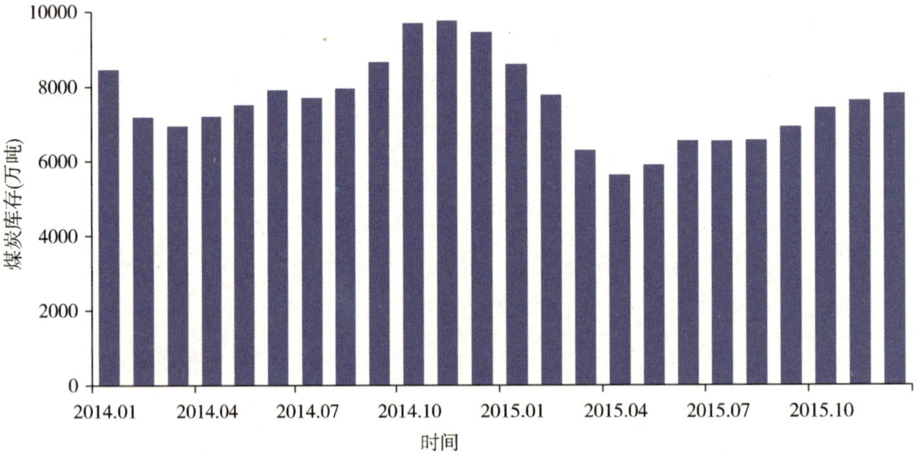

图1-3-3　重点电厂煤炭库存

数据来源：煤炭工业协会、中国石油集团经济技术研究院

2015 年 11 月，中国煤炭市场景气指数为-45.2 点，较年初降低 6.6 点，该指数全年在低位徘徊，冬季采暖期有小幅回升，但升幅有限。估计全年指数平均值为-46.3 点，是发布该指数以来数值最低的年份；煤炭供求平衡指数为-32.4 点，较年初下降 6.8 点，过剩局面有所加剧（图 1-3-4）。煤炭市场景气指数和供求平衡指数同样反映出中国煤炭行业的困难处境。

2. 煤炭价格下跌，行业大面积亏损

2015 年，煤炭价格大幅回落，秦皇岛 5500 大卡动力煤价格从年初的 510 元/吨降至年末的 360 元/吨，降幅达 30%（图 1-3-5），已跌破大部分企业的生产成本。煤炭价格的走低虽加重了行业的亏损程度，但对淘汰落后产能、企业重组转型等有一定的推动作用。

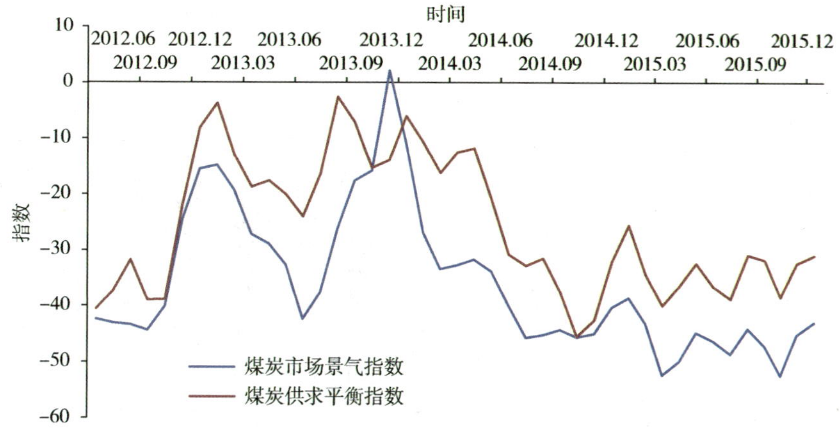

图1-3-4　煤炭市场景气指数及供求平衡指数走势

数据来源：煤炭工业协会、中国石油集团经济技术研究院

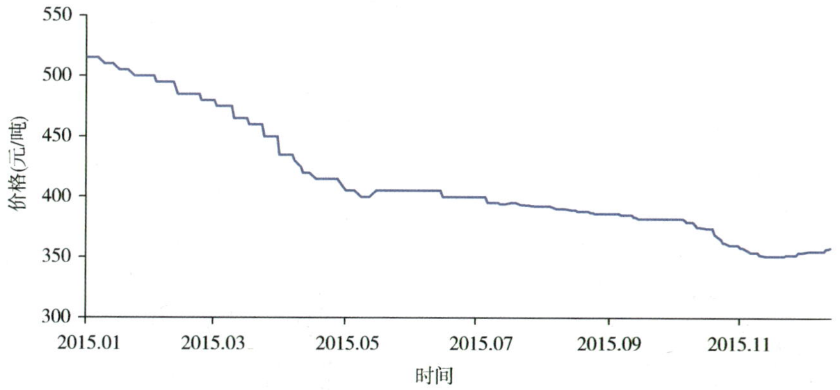

图1-3-5　秦皇岛5500大卡动力煤价格走势

数据来源：wind资讯、中国石油集团经济技术研究院

2015年，估计全国规模以上煤炭企业实现利润295亿元，亏损额达到820亿元，大中型煤炭企业亏损面达到80%左右（图1-3-6）。面对煤炭行业景气水平的持续走低，2014年7月起，国家发展与改革委员会（简称国家发改委）牵头建立煤炭行业脱困联会制度，2015年11月19日已是第43次，引导煤炭行业“严控增量、优化存量”，加快淘汰落后产能，促进煤电协调发展，提升煤炭清洁化利用水平等。

三、发电结构优化明显，用电增速大幅下滑

1.发电结构向清洁化转型

2015年，估计中国全社会发电量较上年增加0.1%，增速较上年下滑3个百分点，为近30年来的最低值。其中，火电较上年下降2.6%，发电结构所占比例由77%降至74.6%；水电发电量增加3.5%，结构所占比例由17.4%升至18.1%；核电增加30%，结构所占比例由2%升至3%；风电增加20%，结构所占比例由2.9%升至3.2%；其他可再生能源（包括光伏、光热、生物质能等）结构所占比例由0.7%升至1.1%。火电所占比例下降，非化石能源增长迅速，“十二五”期间发电能源结构得到明显优化（图1-3-6、图1-3-7）。

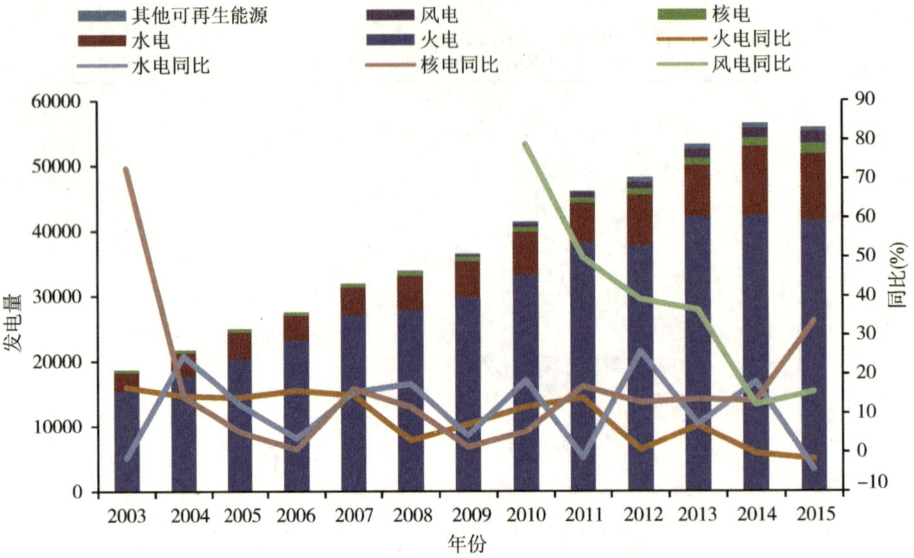

图1-3-6　2003—2015年各品种发电量及同比

数据来源：国家统计局、中国石油集团经济技术研究院

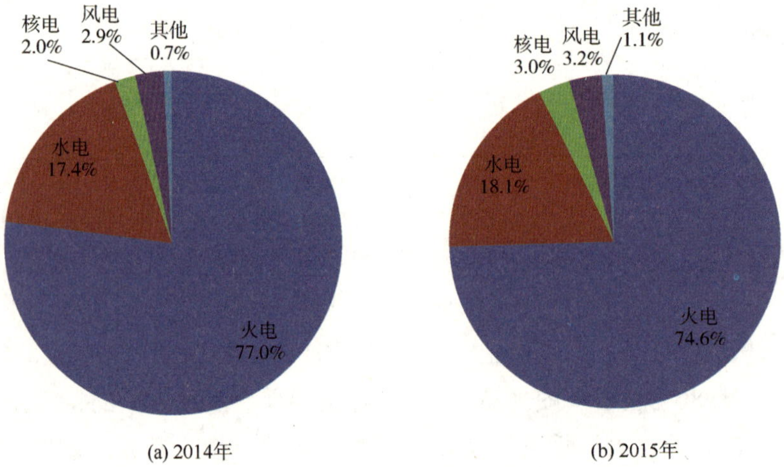

图1-3-7　2014年与2015年发电结构

数据来源：国家统计局、中国石油集团经济技术研究院

2015年，全国6000千瓦及以上电厂装机容量估计达到14.2亿千瓦，同比增长9.7%；其中火电较上年增加6.9%，水电增长6.4%，核电增长45%，风电增长27%。全年火电发电小时数较上年减少约430小时，水电减少约100小时，核电和风电分别减少110小时和150小时。估计电力行业全年固定资产投资增长15%，在利用小时数连续下降的情况下，需要避免新的过剩。

2. 用电量增速大幅下滑，用电结构轻型化

2015年，估计全国用电量仅增长0.8%，为改革开放以来最低水平。估计中国第二产业用电量较上年减少1.1%，而2014年增加3.7%，用电所占比例为71.7%，较上年减少1.9%；

轻工业用电增加 1.3%，增速较上年减少 2.9 个百分点；重工业用电减少 1.6%，而上年增加 3.6%（图 1-3-8）。随着中国经济下行和产业结构调整带来的压力，高耗能行业（水泥、钢铁、有色金属、化工）增速放缓或开始下滑，能源需求发生较大改变，增速下降明显。2015 年，水泥行业用电量较上年下降 10.1%，而 2014 年增加 3.3%；钢铁行业用电量下降 8.4%，而 2014 年增加 1.8%。这两个行业是电力消费下滑最严重的行业。高耗能行业是结构调整的重点领域，预计能源消费水平逐渐回落。

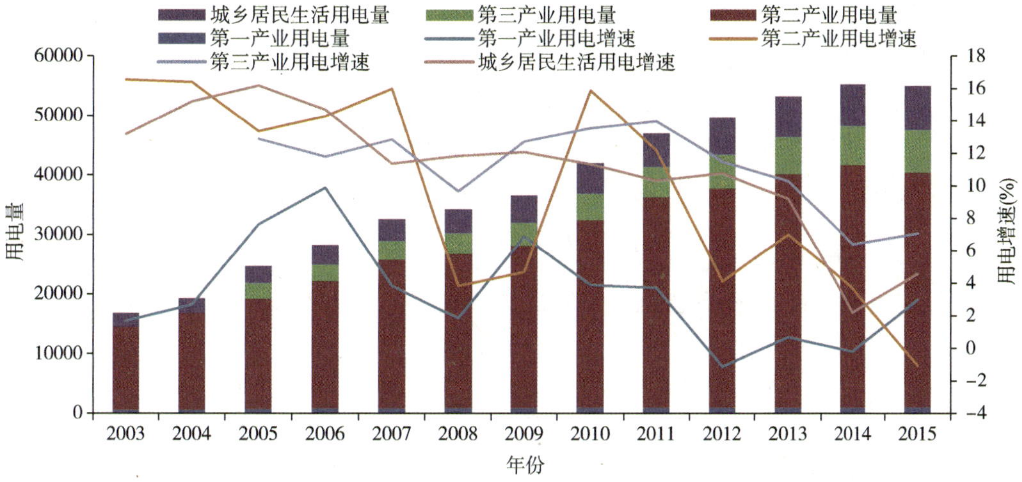

图1-3-8　2003—2015年各产业用电量及城乡居民生活用电量及增速

数据来源：国家统计局、中国石油集团经济技术研究院

2015 年，第三产业用电量估计较上年增加 7.3%，增速提升 0.7 个百分点；占全国用电量的 12.8%（图 1-3-9），用电所占比例较上年增加 0.59%。全年全国用电量 0.8%的增速中，第三产业上拉了 0.9%，居民消费上拉了 0.45%，而第二产业下拉了 0.55%，第三产业对全国用电增长的贡献率达到 76.3%，反映出第三产业对经济发展的贡献加大。

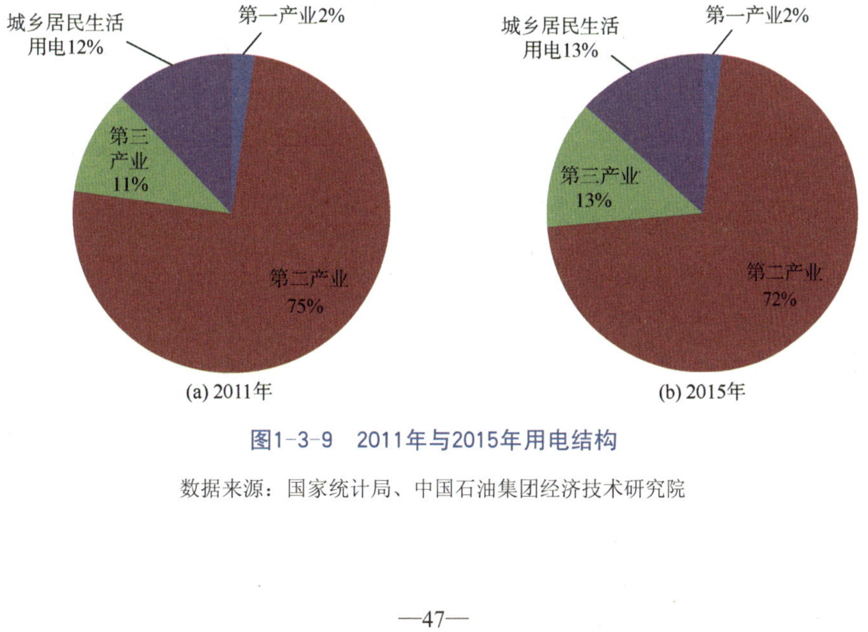

图1-3-9　2011年与2015年用电结构

数据来源：国家统计局、中国石油集团经济技术研究院

3. 充电桩成为行业投资热点

2015年下半年，关于充电桩建设的政策密集出台，国家发改委发布《电动汽车充电基础设施发展指南》，计划"十三五"期间全国将建设1.2万座充电站、480万个充电桩，预计设备投资规模将超过1400亿元。充电桩目标强于市场预期，充换电站首次获得详细分解指标，这将对充电设施的投资产生强力的推动作用。

当前国内已经建成充电站723座，充电桩2.8万个，充电设施与新能源汽车保有量比例维持在1:4左右的水平，而标配为1:1，充电桩的建设滞后是新能源汽车发展的软肋。在国家大力发展充电设施的政策引导下，新能源汽车行业有望迎来高速发展时期。

四、新能源行业步入发展稳定快车道

1. 光伏发电快速增长，光热项目进入示范阶段

2015年，中国新增太阳能发电装机容量约1500万千瓦，继续保持全球第一，总装机量仅次于德国位居世界第二。新增装机中分布式光伏约占一半。估计全年光伏发电量为390亿千瓦时，较上年增长70%左右。

2015年9月，国家能源局发布了《关于组织太阳能热发电示范项目建设的通知》，决定组织一批太阳能热发电示范项目建设，预计第一批示范项目将在2017年底建成，单机容量不低于5万千瓦。光伏发电具有储能和调峰的作用，优势突出，未来具有较大的发展潜力。

2. 核电开始加速

2015年，中国共核准8台核电机组，开工6台，是日本核事故后规模最大的一年。在运核电机组27台，装机容量2700万千瓦左右，较"十二五"初期装机容量翻一番还多。截至目前，中国在建核电机组24台，装机容量2636万千瓦，在建规模世界第一。

预计"十三五"期间，每年新上核电项目将达6～8个，至2020年，核电装机容量将升至5800万千瓦。按单台机组150亿元的投资总额计算，市场规模最高可达6000亿元。目前新建核电机组多为第三代核电技术，在福清等新建项目中采用中国具有自主知识产权的核电技术"华龙一号"，较国内在运核电机组效率提高5%～10%，且在经济性、安全性等方面有较大提高。预计"十三五"期间，核电将成为中国发展非化石能源的主要力量。

3. 风电行业仍处于快速发展阶段

2015年，估计中国风电装机容量达1.15亿千瓦左右，新增并网装机1700万千瓦，同比增长26%；完成投资1100亿元。"十二五"期间，中国风电装机容量年均增长29%。2015年，中国风电平均利用小时数约为1780小时，弃风现象仍较为严重，当前弃风率在15%左右。弃风率受需求低迷、调峰能力受限等因素影响较大，今后发展应重利用、轻规模。

4. 互联网+成为能源行业发展新动力

2015年中期，国家能源局正式确定《能源互联网行动计划大纲》，预计方案可在2016年发布，能源互联网有望在“十三五”期间成为行业发展的新动力。能源互联网是综合运用先进的电力电子技术、信息技术和智能管理技术，将大量由分布式能量采集装置、分布式储存装置和各种类型负载构成的新型电力网络、石油网络、天然气网络等能源节点互联起来。其核心是多能互补、高效转换、多方参与，以智能电网和储能技术为核心，促进能量流和信息流有机融合，使能源发展摆脱资源、时空和环境约束，实现可再生能源和分布式能源的大规模利用和共享，以清洁和绿色方式满足能源需求。能源互联网将推动中国能源生产、消费、体制变革和能源结构的调整。

五、热点分析：能源供给侧结构性改革的紧迫性

中国经济进入新常态后，单纯依赖刺激需求已无太大增长空间，且容易造成未来更大程度的产能过剩。中央领导多次提出，在适度扩大总需求的同时，要着力加强供给侧结构性改革，提高供给体系质量和效率。对于能源行业来说，一方面要加快结构调整，化解产能过剩，加快淘汰落后产能；另一方面要促进清洁低碳能源发展，以能源的清洁化利用促进中国生态文明建设。

据中国煤炭工业协会提供的数据，当前，全国煤炭产能在40亿吨左右，在建产能11亿吨左右，原煤产量37亿吨左右，过剩明显，矿区亏损面占八成以上。此外，炼油产能7.1亿吨，加工量5.2亿吨，按85%的正常开工率计算过剩1亿吨左右；火电利用小时数由2010年的5000小时降至2015年的4200小时左右。与此同时，中国清洁能源利用出现低水平的“过剩”现象，天然气消费增速大幅放缓，可再生能源发展出现程度不一的弃水、弃风、弃光现象，全年弃风率、弃光率估计分别达到15%和10%。

化解产能过剩要同时做好减法和加法。根据国家发改委数据，今年已淘汰落后火电机组423万千瓦，淘汰落后煤矿超过1000处，产能超过7000万吨。此外，地炼为取得进口原油进口权和使用权而淘汰3800万吨/年炼能。目前情况下，在煤炭、炼油、煤电等项目审批建设环节，新上产能应以淘汰落后产能为条件, 还应防止审批权下放后的地方能源投资冲动,避免出现新的过剩。同时，努力提高煤炭科学产能比重和炼化深加工能力。可再生能源利用需要统筹考虑送端、受端和电力系统的稳定性，不以追求规模为目的，而以提高利用效率为原则，同时解决补贴不到位、不及时的机制问题。大规模发展天然气发电，大幅提高调峰能力，既可促进环境改善，也是解决可再生能源利用率低的有效途径。

（本节撰写人：刘　畅）

第二章　国内外油气政策分析

资源国积极调整政策，通过减补贴、降税收、增优惠等方式应对低油价带来的冲击。消费国继续推进低碳发展，促进清洁能源利用，资源国也顺应形势制订了可再生能源投资计划。国内油气领域以价格改革、扩大准入、建设交易市场为代表的市场化改革措施相继出台，管网改革和国有企业改革也开始预热。“十三五”期间，油气产业的市场化改革将加快推进，构建有效竞争的市场结构和市场体系，实施细则和配套政策的制定将是2016年的重头戏。

第一节　世界主要国家油气及相关能源政策分析

2015年，低油价导致传统油气资源国财政收入下降，被迫通过多种方式增收节支。推进低碳发展是主要消费国的政策基点，也在成为油气生产国的重要选项。巴黎气候大会上《巴黎协定》的达成，将推动全球清洁能源的开发与利用。

一、资源国调整政策应对低油价

在低油价严重冲击下，2015年资源国油气出口收入下降，政府财政承压，迫使资源国调整油气政策。2015年，减补贴、降税收、增优惠成为资源国油气政策调整的主基调。

1. 取消补贴，减少支出

2015年，估计欧佩克国家油气出口净收入下降47.9%，财政收入锐减18.5%（图2-1-1）。多年来财政收入一直盈余的资源国政府不得不面临预算赤字的压力。目前油价水平已经大大低于他们的财政收支平衡点（表2-1-1），卸掉巨额补贴的包袱是资源国减轻财政压力的主要方式。

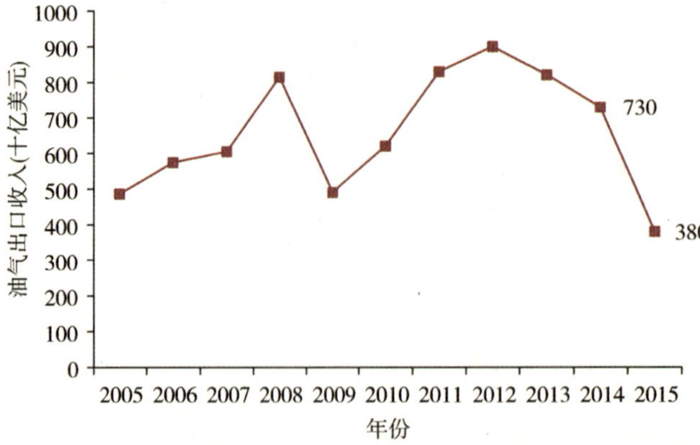

图2-1-1　2005—2015年欧佩克国家油气出口收入（不包括伊朗）

数据来源：美国能源信息署（EIA）能源展望

表2-1-1 主要中东国家财政收支平衡油价与财政缓冲可持续年限

国 家	财政收支平衡油价（美元/桶）					财政缓冲可持续年限
	2008—2012年平均	2013年	2014年	2015年	2016年	
阿联酋	67.4	69.4	78.4	72.6	67.5	30年
卡塔尔	58.5	60.0	56.3	55.5	57.8	25年
科威特	41.4	43.6	56.0	49.1	51.8	25年
伊朗	84.3	115.8	94.2	87.2	70.4	＜10年
沙特阿拉伯	67.4	89.0	105.7	105.6	95.8	5年
阿尔及利亚	95.1	108.1	133.8	96.1	93.0	5年
阿曼	69.4	98.3	108.2	94.7	97.5	4年
也门	—	214.8	160.0	314.0	304.0	＜5年
利比亚	80.6	110.8	206.0	269.0	207.6	＜5年
巴林	99.0	125.3	122.5	107.0	105.0	＜5年
伊拉克	99.5	114.6	112.5	81.0	75.9	1年

数据来源：IMF 地区经济展望。

注：财政缓冲可持续年限（Fiscal Buffers）指假定没有财政调整和政府借款的情形下，直到政府总资产变为负值花费的年限。也门在 2015 年和 2016 年为石油净进口国。

高油价时期，能源价格补贴是资源国的一项国民福利，而在油价低迷时期，资源国政府也因此背上了沉重负担。据 IMF 估计，中东北非地区每年用于石油、天然气和电力等行业的能源补贴约为 2000 亿美元。沙特阿拉伯每年花费 1070 亿美元投入国内能源补贴，其中石油补贴 860 亿美元，天然气补贴 100 亿美元。大量补贴支撑着国内低油价，沙特阿拉伯国内汽油零售价格只有 0.15 美元/升（约 1 元人民币/升），也使政府财政承受重大压力，尤其是在政府财政收入锐减的情况下，高额补贴难以维持。为减少补贴，沙特阿拉伯政府 2015 年 12 月 28 日宣布将 91 号汽油价格上调 66.7%至 0.75 里亚尔/升，95 号汽油价格上调 50%至 0.9 里亚尔/升（1 沙特里亚尔=0.2668 美元），每百万英热单位的天然气国内价格从 0.75 美元升至 1.25 美元，并将上调水、电等其他能源价格。

其他中东和非洲国家也纷纷制定能源补贴改革措施（表 2-1-2）。

表2-1-2 部分国家近两年出台的能源补贴政策改革情况

国 家	能源补贴改革措施
阿联酋	2015年1月提高了电价标准，8月取消了汽油、柴油补贴，汽油、柴油零售价格根据国际市场价格每月调整
卡塔尔	2014年已将柴油价格提高了50%
科威特	将柴油和煤油价格提高到之前的3倍，正在研究提高电价的方案
阿曼	2015年1月将工业用天然气价格提高到之前的2倍
巴林	自2015年4月1日起，每年4月1日上调国内工业用天然气价格25美分，直至2021年达到每百万英热单位4美元为止

续表

国　家	能源补贴改革措施
埃及	2014年7月起，新政府宣布部分减少燃料补贴，将其从占国家支出比例由20%缩减至13%，提高市场燃油价格，并在未来5年完全取消能源补贴
安哥拉	自2015年起削减燃油补贴，2014年9月上调汽油、柴油零售价格25%，12月进一步将两类油品价格上调20%
尼日利亚	2015财年预算案中，将燃油补贴降为零，从而减少支出210亿奈拉
印度尼西亚	政府在2015年预算中将能源补贴由276万亿印尼盾（约226.2亿美元）削减至81万亿印尼盾（约66.4亿美元），并计划在2016年降低电力和煤气补贴

2. 调整税收政策，减轻企业税赋，促进油气生产

2015 年，资源国油气行业税收政策调整以减为主。

1）调减出口关税

俄罗斯政府大幅降低石油出口关税（图 2-1-2）。自 2015 年 1 月 1 日起，俄罗斯总统普京签署的《石油行业税收修订法》生效。年初俄罗斯出口关税就下调了 40%至 170.2 美元/吨，此后随着油价下降，出口关税不断调整，2015 年 12 月已降至 88.4 美元/吨，并计划在 2018—2019 年进一步降低关税同盟国家石油及轻油产品出口关税。俄罗斯调整油气税收对国内石油出口商有利，但减少了财政收入，增加了政府压力。

俄罗斯为了弥补降低出口关税导致的财政预算缺口，增加国内矿产资源开采税，预计未来 3 年，俄罗斯的石油开采税将从 776 卢布/吨增至 950 卢布/吨。

图2-1-2　俄罗斯石油出口关税

2015 年，哈萨克斯坦原油出口关税从 80 美元/吨降至 60 美元/吨，降幅达 25%，汽油、润滑油等油品的出口关税从 112.59 美元/吨降至 60 美元/吨。伍德麦肯锡预测，下调出口关税使哈萨克斯坦财政收入减少 7 亿美元，未来 5 年共减少 43 亿美元。

2）调减企业税负

油价大幅下跌严重打击了油气开采企业的积极性，公司利润受到挤压。资源国政府通过降低石油企业税赋，减轻企业负担，保证本国油气生产。税率调减指向明确，并非普降。

俄罗斯对在远东优先发展区投资的外国投资者实行优惠政策，对本国企业最初 5 年免征利润税、财产税、土地税和进出口关税，本国和外国公司将享受 10 年的矿产开采税减免；对位于伊尔库茨克和雅库特地区 Gazprom 公司生产的天然气，自 2018 年 1 月 1 日起商业性生产之后的 15 年内免征矿产开采税，管道和天然气开采设备免征资产税。哈萨克斯坦计划 2016—2017 年对矿产资源公司免征股息税；对 39 家低利润油气公司降低开采税，该措施将降低这些企业 8%的税赋。

此外，英国、印度尼西亚等国也出台了优惠政策，促进本国油气生产。英国在 2015 年财政预算中将 2015—2016 年企业所得税率降至 20%，附加税削减 10 个百分点降至 20%，适用某些老油田的石油收益税从 50%降至 35%。印度尼西亚取消勘探区域 0.5%的“土地与建筑物税”；哥伦比亚能源矿产部计划对海上区块合同给予 25%的优惠，并免除相应的增值税和关税，推动海上油气勘探作业。

为缓解低油价下政府收入减少的压力，也有一些国家调增税收，而这种税收调增多在终端消费环节。如肯尼亚《新增值税法案》规定，包括汽油、航空汽油、航空煤油、煤油及柴油等在内的油品将缴纳 16%的增值税，可为政府增加 1.53 亿美元的财政收入。肯尼亚政府还计划从下一财年将车辆燃油税由目前的 9 先令/升（约 0.096 美元/升）提高至 18 先令/升（约 0.193 美元/升），借以弥补高达 48 亿美元的资金缺口。卢旺达政府决定从 2015 年 7 月 1 日起，开征燃油设施税，从每升汽油、柴油中征收 32.73 卢旺达法郎，占燃油价格的 5%。

3）政策优惠吸引外资

为了吸引投资、提高本国油气产量，部分资源国政府放宽区块许可招标的条款限制、有针对性地给予非常规资源等难开采区域提供财税优惠，增强油气公司投资信心。

墨西哥政府在 2015 年 7 月的首轮 14 个浅水区块油气招标中，取消了投标公司的区块数量限制，勘探阶段成本回收将增加 25%，若证实油气发现具有商业价值，成本回收可达 125%；将油气勘探期从 3 年增至 4 年，期满后可延长两年，探井义务工作量由 2 口减至 1 口。伊朗政府积极修改财税条款吸引外国投资，引入新石油合同替代回购合同，将合同期限延长至 20～25 年，不再要求确定的投资上限；允许境外石油公司与伊朗石油公司组建合资公司，共同参与油气开发；作业者在更高的投资回报率下，根据油田开发风险系数、投入产出比和油气价格变化情况获得浮动报酬费。

俄罗斯《2030 年前能源战略规划》计划在东西伯利亚、远东、极地周围，以及北冰洋大陆架地区建立新的油气综合体，政府针对这些地区出台了相应的优惠措施。乌干达、安哥拉等资源国都纷纷通过给予非常规、深水、边际油田等难开采区域优惠政策，吸引投资，开发本国非常规油气资源（表 2-1-3）。

表2-1-3 部分资源国对难开采区域的优惠措施

国家	具体措施
俄罗斯	（1）远东和东西伯利亚区域陆上地质勘探许可证期限从5年延至7年；内部海洋区域、领海和大陆架区块勘探期限延长至10年； （2）对俄罗斯大陆架和难开采区域萨哈林-2号液化气生产项目实施矿产资源开采税减半
乌干达	边境区域Albertine Graben招标中，取消项目投资阶段18%的增值税和预提税，合同成本回收上限规定为60%～70%，矿区使用费根据产量确定，签字费修改为可谈判条款
安哥拉	延长两个新区块Lower Congo和Kwanza Basins勘探期至4年，签字费、工作计划、工作量等都为竞争性可谈条款，不再固定
乌克兰	对天然气区块减半征收矿区使用费，将深度5000米以上的矿区使用费由29%降至14%
印度	印度边际油田招标中，允许许可证持有者开发常规和非常规资源，不用缴纳石油税，生产期长达20年并可延期

税收具有明显的杠杆作用，资源国调减企业税收，不但可减轻企业负担，提高生产者的积极性，而且指向性非常明确，是针对特定地区特定资源勘探开发。而调增终端用户税收则是以政府增收和促进理性消费为主要宗旨，这也预示了未来一段时期资源国税收政策调整的基本走向。

二、定目标、调政策，促清洁能源发展

在油价低位运行的背景下，油气消费国并未回归依赖油气，而是继续发展可再生能源替代传统化石能源；油气资源国顺应形势，相继制定明确的可再生能源发展政策。

1. 积极制定减排目标

为实现联合国应对气候变化的要求，全球多国积极制定减排目标，推动低碳发展。

1）欧盟提出长期减排目标

欧盟一直是低碳发展的倡导者。2015 年，欧洲在促进减排方面又有新进展。2015 年初，欧盟委员会递交一份政策草案，提出到 2050 年温室气体排放量比 2010 年减少 60%的长期目标。随后，欧盟碳市场改革草案获批，将于 2021 年启动。

2）美国出台新的减排计划

2015 年 8 月，奥巴马政府公布《清洁电力计划》的最终方案，要求美国发电企业到 2030 年温室气体排放量在 2005 年基础上减少 32%，意味着将减少 8.7 亿吨二氧化碳排放。环境保护署将指导美国各州完成减排任务，要求各州发展可再生能源和天然气，提高能效，推广碳捕获和封存等技术。该计划已于 2015 年 12 月 22 日正式生效。

3）亚太国家积极制定减排目标

2015 年 7 月，日本政府明确了 2030 年温室气体排放新目标，将比 2013 年削减 26%，将

通过节能减排以及植树造林等措施来实现。韩国宣布到 2030 年，温室气体排放总量在目前水平上减排 37%，约 3.147 亿吨。2015 年初，韩国还启动了全球第二大碳交易市场，并对 525 个国家的大型企业碳排放量进行限制。印度向联合国提交减排计划，表示到 2030 年，投入 2.5 万亿美元的资金实现减排 33%～35%，同时设立应对气候变化基金。此外，印度自 2014 年起对汽油和柴油收取二氧化碳排放税，分别为 60 美元/吨和 42 美元/吨。

制订减排计划、提出减排目标、推进减排措施已不再仅是发达国家所关注的，尽管在减排责任和义务上仍有分歧，新兴经济体和大多数发展中国家也积极参与其中。不仅油气消费国制定了减排目标，一些油气资源国也制订了自身减排计划。在巴黎气候大会召开前，已有 183 个国家提出了长期减排计划，包括科威特、俄罗斯、墨西哥等资源国。

2. 全球多国计划放弃煤电

减少煤炭消费是实现减排的全球性行为，发达国家和污染排放大国尤其注重减少火力发电。美国计划加大对清洁能源的投资，增加清洁能源发电比重，2030 年将燃煤发电所占比例降至 27%。欧盟计划到 2018 年结束国内煤炭补贴。多国已经感受到气候谈判带来的减排压力，并在限制煤电产业政策的决定上得以体现（表 2-1-4）。

表2-1-4 部分国家限制煤电政策情况

国家或组织	限制煤电政策
OECD	OECD成员2015年11月达成一项协议，将减少对燃煤发电厂的政府资助，可能使政府对煤炭项目的融资减少85%
英国	英国能源与气候变化大臣宣布，2023年英国将严格限制英国境内所有燃煤电厂的运行，2025年关停全部燃煤电厂
德国	2015年7月，德国政府表示，将在2021年之前淘汰所有使用褐煤发电的发电厂
美国	2015年8月发布《清洁电力计划》，目标到2030年，发电厂的碳排放较2005年减少32%， 28%的发电量来自风力和太阳能等，预计会导致大量燃煤电厂关闭
加拿大	安大略省2014年宣布全省关闭所有燃煤电厂
澳大利亚	澳大利亚四大银行之一澳新银行承诺将不再向传统燃煤电厂提供贷款
新西兰	新西兰能源与资源部长表示，将于2018年12月前关闭最后两座燃煤电站。到2025年新西兰90%的电力来自可再生能源
中国	京津冀、长三角、珠三角等区域新建项目禁止配套建设自备燃煤电站，耗煤项目要实行煤炭减量替代。除热电联产外，禁止审批新建燃煤发电项目。2017年前北京将关停全部燃煤电厂

3. 支持新能源和可再生能源发展

美国、欧盟等发达国家制订了新能源及可再生发展目标和行动计划。

1）美国通过多种措施支持发展新能源

2015 年 3 月，美国能源部提出到 2020 年，风电在美国电力结构中所占比例将达到 10%，2030 年将升至 20%，2050 年高达 35%，目前这一数字仅为 4.5%。部分州政府通过可再生能源配额制、系统效益收费、电网强制收购等政策措施，促进地区可再生能源和节能技术的发展。

2）德国重视提高能源效率，推动能源转型

德国可再生能源的发展一直走在全球前列。2015 年 7 月，包括风能、太阳能在内的可再生能源发电量占发电总量的 78%，已经成为德国电力的第一大来源。德国实施能源转型战略，要求在 2050 年前，将可再生能源占能源使用总量比例提高至 80%。此外，通过国家能效行动计划，德国将提供税收优惠政策促进房屋的节能改造，与企业互助合作构成能效网络，并为批量购买纯电动汽车的企业提供最高 90%的减税优惠。

欧洲其他国家在发展可再生能源方面也提出了明确的目标。丹麦宣布 2050 年能源供应 100%来自可再生能源，法国则制定了 2050 年电力将全部来自可再生能源的目标。

3）资源国制订可再生能源领域投资计划

传统资源国主要依赖化石能源，各国都意识到可再生能源对能源产业可持续发展的重要性，大力推动新能源和可再生能源发展，提高太阳能、风能在能源供应中的比重，并积极制订了可再生能源发展计划（表 2-1-5）。

表2-1-5　传统资源国的可再生能源发展规划

国　家	政　　策
尼日利亚	制订可再生能源发展计划，到2025年，尼日利亚可再生能源占能源消费的10%，可再生能源供电在电力供应中所占比例到2030年达36%，可再生能源装机达3万兆瓦，实施新能源电力“点亮城市建筑”工程
阿联酋	阿联酋发布《可再生能源前景展望》报告，预计到2030年，阿联酋可再生能源将占能源供应总量的10%，占总发电量的25%；太阳能发电能力将达到3000兆瓦
沙特阿拉伯	沙特阿拉伯标准与质检组织提出相关议案，建议政府进一步加大对可再生能源领域的投资力度，利用太阳能等可再生能源替代石油
阿曼	2015年，与可再生能源政策同时启动200兆瓦太阳能发电项目
约旦	2018年，可再生能源电力装机容量达到1800兆瓦
埃及	2017年，太阳能电力装机容量达到23吉瓦
墨西哥	NEXTENERGY公司计划2016年在新莱昂州追加投资1亿美元，用于开发风电站扩建项目

资源国发展新能源和可再生能源有三方面原因：一是顺应潮流；二是缓解社会压力；三是替代油气消费，增加出口。相比之下，欧美等发达国家支持新能源和可再生能源发展不仅是对项目的支持，更重要的是支持技术创新，而资源国更多的是支持新能源和可再生能源项目建设。

4. 发达国家核能政策进一步分化

1）美英等国支持核能发展

美国核能发电量全球第一。2014 年美国约 60%的无碳电力来自核能，是美国向低碳经济

转型的重要部分。在 2016 年美国财政预算中，能源部向民用核能发展提供 9 亿多美元，从发电、安全技术等方面支持核能研究发展。此外，美国通过加速核能创新、补充核能贷款担保、推进轻水反应堆研究开发和部署、支持小型模块化反应堆发展等行动，维持和促进核能发展。

英国将可再生能源和核能领域视为能源改革的方向。计划淘汰传统发电厂，同时启动新核电项目。2015 年 10 月，中国广核集团和法国电力集团与英国签订投资协议新建欣克利角 C 核电项目，预计未来 15 年，英国核电行业将会吸引 150 亿～170 亿英镑的投资，核电所占比例将达 1/3。英国政府表示，将从政策上支持和推动核能发展，制定了清晰的核发展路线图，发布核工业战略，成立英国核工业委员会，确保核电站项目顺利进行。

此外，保加利亚、波兰、捷克等东欧国家都支持核能发展，保证国家能源安全。

2）日韩恢复核能发展

日本放弃了“零核”计划。2011 年福岛核泄漏事故后，日本核电站经历了 4 年多时间的停运，政府制定了更严苛的核电站安全标准。同时，电力缺口由油、气、煤弥补，加大了进口，扩大了贸易逆差，对经济发展产生重大影响。日本政府决定重启核电站。2015 年 8 月，川内核电站 1 号机组通过审查重启运行，并开始发电和输电，其他机组也将在确保安全的前提下陆续重启。政府还将 2030 年国内能源供应结构中，核电比重定为 20%。日本重启核电，国内民众反对呼声仍较为强烈。

韩国努力提高核电在电力结构中的比重，扩张 20%的核电产能，以替代液化天然气（LNG）的进口。2015 年 6 月，韩国表示将放弃 4 座燃煤电站的建设计划，选择增加 2 座核电机组，预计分别于 2028 年和 2029 年投产。这也顺应了韩国长期电力供应计划的要求。

3）法德实施减核能政策

法国作为核能大国，3/4 以上的电力来自核能。到 2020 年，法国国内的 58 座核反应堆将达到寿命期，是否继续新建反应堆是法国面临的抉择。法国议会 2015 年 7 月批准的《能源过渡法案》反映了总统大选时做出的三项能源战略转型承诺：一是核能发电量占全国发电总量的比重从目前的 75%降至 50%；二是将现有的 63.2 吉瓦限定为今后最高核电能力；三是促进绿色增长，创造 10 万个就业岗位。

德国明确表示将放弃核电。在 2011 年，德国宣布最晚于 2022 年彻底关闭其境内的全部核电站，并积极通过能源转型战略弥补占全国用电量 22.5%的核电缺口。德国制定了长期可再生能源发展政策替代核能。

支持减核弃核的欧盟国家还包括奥地利、卢森堡、丹麦等国。这些国家主张将核电领域的投资支持新能源等清洁能源。

三、2015 年重大事件

2015 年 11 月 30 日—12 月 11 日召开了巴黎气候大会，会议通过了更为积极的全球气候变化新协定，为 2020 年后全球应对气候变化行动计划做出安排。《联合国气候变化框架公约》近 200 个缔约方一致同意通过《巴黎协定》，《巴黎协定》共 29 条，包括减缓、适应、损失和损害、资金、技术开发和转让、透明度、全球总结等内容。

根据《巴黎协定》，各方将加强对气候变化威胁的全球应对，全球平均气温较工业化前水平，升高控制在 2 摄氏度以内，并努力把升温控制在 1.5 摄氏度之内。各方将以“自主贡献”的方式参与全球应对气候变化行动，发达国家继续带头减排，加强对发展中国家的资金、技术和能力建设支持，2020 年后每年提供 1000 亿美元帮助发展中国家的减排行动。全球将尽快实现温室气体排放达标，21 世纪下半叶实现温室气体净零排放的目标。并从 2023 年开始，每 5 年盘点一次全球行动总体进展，帮助各国提高减排力度、加强合作，实现全球气候变化的长期目标。

《巴黎协定》的签署标志着全球应对气候变化迈出了重要一步，也是向未来低碳转型的重要转折点，各国都给予高度肯定。《巴黎协定》设定的一系列控制全球升温和温室气体排放目标，使得未来化石燃料被替代步伐将加快，实行更为清洁的新能源发展模式。长期来看，很多国家会通过增添可再生能源设备、扩大对可再生领域的投资、增加对新能源的补贴、加大碳排方面的技术投入等措施，努力实现温室气体零排放目标。

（本节撰写人：燕　菲　陈建荣）

第二节　国内油气政策分析

油气领域改革是 2015 年政策调整的重头戏，以价格改革、扩大准入、建设交易市场为代表的市场化改革措施相继出台，油气行业深化改革总体方案已进入征求意见阶段；管网改革和国有企业改革也开始预热，预计 2016 年各项政策将全面展开。同时，政府管理方式转变和油气行业清洁发展的政策也继续推进。

一、深化油气全产业链改革，放松市场准入

随着中国经济进入新常态，能源供需相对宽松，为深化能源体制机制改革创造了相对有利的条件。2015 年以来，涉及油气上中下游各领域的改革加速推进，国家发改委、国家能源局牵头制定的《石油天然气体制改革总体方案》，已多次征求意见，即将出台。中国油气改革将围绕价格机制、矿权、管网、原油进出口权、政府职能和国有企业改革等多个方面展开，由集中于局部环节的“点式改革”转变为覆盖全产业链的“立体改革”。

1. 油气价格形成机制改革进一步推进

价格形成机制改革是油气行业市场化改革的核心之一。按照 2014 年天然气价格改革提出的实现增量气与存量气价格并轨的要求，2015 年天然气价格机制取得新进展，经过两次调

整，整体降低了非居民门站气价水平，实现了增量气与存量气的价格并轨（表 2-2-1）。

表2-2-1 2015年天然气价格调整示意表

项 目	第一次价格调整	第二次价格调整
生效时间	2015年4月1日	2015年11月20日
依据	《关于理顺非居民用天然气价格的通知》	《关于降低非居民用天然气门站价格并进一步推进价格市场化改革的通知》
价格调整	增量气最高门站价格降低0.44元/米^3，存量气最高门站价格提高0.04元/米^3（价格调整后，全国天然气门站价格平均为2.51元/米^3），实现了价格并轨	非居民用气最高门站价格下调0.7元/米^3
市场化调整手段	放开天然气直供用户（化肥企业除外）用气门站价格，由供需双方协商定价，进行市场化改革试点	将非居民用气由最高门站价格管理改为基准门站价格管理。供需双方可以基准门站价格为基础，在上浮20%、下浮不限的范围内协商确定具体门站价格
意义	气价并轨后，有利于创建公平的市场竞争环境，促进企业平等竞争，也将为推进天然气价格市场化奠定良好的基础	进一步放松价格管制，增加价格弹性，留给供需双方更多自主协商的空间，有利于激发市场活力，促进公平竞争

2015 年 11 月，中共中央、国务院正式印发《关于推进价格机制改革的若干意见》，明确了推进石油、天然气等领域价格改革，放开竞争性环节价格，充分发挥市场决定价格的作用。1998 年，国内石油价格与国际接轨后，原油价格接轨顺畅，成品油价格接轨虽然曲折，但自 2008 年 12 月国务院颁布《关于实施成品油价格和税费改革的通知》以来，新机制运行基本平稳，价格的市场敏感性显著增强，建立起了与国际市场联动挂钩机制并能够规范执行。“十二五”期间，中国天然气价格形成机制经历了管理环节、决定机制、价格结构等一系列改革。价格管理环节从管出厂价格到管门站价格，价格决定机制从成本加成到与替代能源挂钩，从调整价格水平转向调整价格结构，实行对终端价格的分类管理（图 2-2-1）。

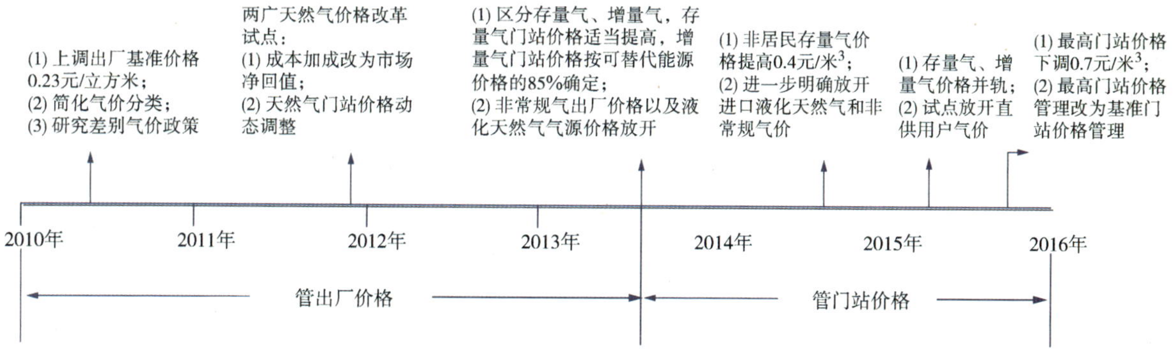

图2-2-1 “十二五”期间非居民天然气价格改革历史回顾

到目前为止，天然气价格形成机制改革已取得了极大进展，但仍有两大问题没有解决。一是天然气目前仍由政府定价，而由政府定价转向市场定价是改革的方向。根据《关于推进价格机制改革的若干意见》，天然气价格改革的方向是“管住中间、放开两头”，实现终端价格的全面市场化，而交易市场的建设是实现这一目标的重要举措。2015 年 7 月，国家发改委推动建设了上海天然气交易中心。在调整气价的同时，国家明确要求非居民用气加快进入上海石油天然气交易中心，由供需双方在价格政策允许的范围内公开交易形成具体价格。因此，现行的与可替代能源挂钩的模式只是市场化进程中的一个过渡阶段，未来天然气价格将由供需基本面决定。二是天然气价格中的交叉补贴问题有待进一步解决。长期以来，中国对居民用气实行低价政策，居民气价明显低于工商业等其他用户价格，交叉补贴现象严重。从世界各主要消费国的价格比较看，除中国外，其他国家的工业用户气价均低于居民用户气价，欧盟和 OECD 国家工业用户气价与居民用户气价之比约为 1:2，美国、荷兰约为 1:2.5，加拿大约为 1:4。2015 年，新政降低非居民用气价格 0.7 元/米^3，而居民用气价格没有上调，使得国内三大天然气生产商年收入减少 700 亿元。下一步改革需要在建立对生活困难人群和一些公益性行业的定向补贴和救助机制的基础上，适当上调居民生活用气价格，消除居民用气与工业、热力用气的交叉补贴现象。

2. 油气上游放开，矿权改革启动

2015 年 7 月，经国务院同意，国土资源部在新疆 6 个油气勘查区块实行油气勘查开采招标试点工作，包括国有石油企业、地方能源公司、民营石油化工相关企业在内的 13 家企业参与竞标，标志着中国上游油气改革又迈出了重要的一步（表 2-2-2）。

目前，中国油气上游勘探开发市场实行的是资质管理基础上的备案制，拥有常规油气勘探资质的主要是中石油、中石化、中海油和陕西延长石油（集团）有限责任公司（简称延长石油）4 家国有石油公司，其他企业通过与上述 4 家公司合作的方式获得油气勘探开发权。2011 年 12 月，国土资源部出台 30 号公告，批准页岩气为新的独立矿种。2012 年，第二轮页岩气矿权开始“公开招标”，创新了油气矿权的转让形式。此次新疆油气区块招标突破了矿种的非常规限制，突破了勘探阶段的限制，突破了对竞标企业资质的要求，是中国上游油气矿权制度改革的重大进展。长期以来，上游勘探开发以国有企业内部监管为主，放开准入后，需要加强政府监管；否则可能导致上游开发秩序的混乱和资源的浪费。

表2-2-2　新疆矿权改革亮点

项　目	《矿产资源勘查区块登记管理办法》规定	试点做法
探矿权	主要以申请在先的原则进行登记	公开招标
资格审查	前置性审查	资格后审
参与主体	应提交国务院批准设立石油公司，或者同意进行石油、天然气勘查的批准文件以及勘查单位法人资格证明	凡是在中国境内（不含港澳台）注册、最终绝对控股股东或最终实际控制人为境内主体、净资产10亿元人民币的内资公司都可以参与投标
矿权持有成本	每年勘查投入的最低金额为1万元	中标企业按承诺投入的10%提交履约保函，领取勘查许可证，取得探矿权
许可证期限	勘查许可证有效期最长为7年，最多可延长至15年	勘查许可证有效期为3年3个月（前3年为勘查期，后3个月为考核期）

3. 原油进口权及使用权逐步放开

2015 年 2 月，国家发改委发布《关于进口原油使用管理有关问题的通知》，允许符合条件的地炼企业在淘汰一定规模落后产能或建设储气设施前提下使用进口原油。8 月，商务部发布《关于原油加工企业申请非国营贸易进口资格有关工作的通知》，明确已获得进口原油使用权的地炼（表 2-2-3），如果再获得非国营贸易进口资质，就能自主进口原油，不需要再通过中联化、中联油等 5 家国营进口单位代理进口。新政发布以来，地炼企业积极申请，已经有 13 家企业获得进口原油使用权资质，共计获得进口原油配额 5518.88 万吨/年，合计淘汰落后产能 3807 万吨/年，7 家企业获得原油非国营贸易进口资质，打通了加工进口原油的渠道。商务部 10 月 28 日发布公告显示，2016 年原油非国营贸易进口允许量为 8760 万吨，相比 2015 年增加 5000 万吨，同比增幅达 133.0%，主要为地炼使用。

表2-2-3　已获得进口原油使用权资质的地炼企业

序号	时间	企业	省份	进口原油使用量（万吨/年）	淘汰产能（万吨/年）
1	5月27日	东明石化	山东	750	600
2	6月29日	盘锦北燃	辽宁	700	600
3	7月2日	垦利石化	山东	252	210
4	7月2日	利津石化	山东	350	250
5	7月10日	弘润石化	山东	530	330
6	7月29日	亚通石化	山东	336	230
7	8月3日	宝塔石化	宁夏	616	170
8	10月22日	汇丰石化	山东	416	180
9	10月22日	天弘化学	山东	439.68	342
10	10月22日	京博石化	山东	331.2	230
11	10月22日	鲁清石化	山东	258	215
12	11月17日	齐润化工	山东	220	190
13	11月25日	海右石化	山东	320	260
合计				5518.88	3807

数据来源：中国石油和化学工业联合会。

长期以来，中国原油进口权由国有企业专营，原油国营贸易配额主要用于国有石油企业的炼厂加工。2013 年，政府开始释放原油进口放开信号，2014 年 5 月，国务院办公厅印发的《关于支持外贸稳定增长的若干建议》正式赋予符合条件的原油加工企业原油进口和使用资质。放开原油进口权有利于地炼企业获得更加公平的竞争地位，在进一步放宽石油进出口的情况下，对石油进出口贸易商的资质条件和管理需要相应改进和增强，以维护国内市场平稳运行。

4. 管网改革进入预热阶段

目前，国内油气管网主要由国有石油企业承建、运营，管道设计中油气田与终端用户的一对一关系导致没有剩余运力向第三方开放。管网政策广受社会关注，主要集中在3个方面：管道建设的公平参与、管道第三方公平准入和管道运营的监管。“十二五”以来，特别是“新36条”实施以来，管道建设的公平参与已部分得到解决，第三方公平准入和建立监管将是未来改革的重点。

网运分开的改革方向已经明确，为适应即将出台的改革，中石油已开始内部管道业务的重组。2015年9月，中石油发布公告称拟以150亿至155亿元人民币出售完成内部重组后的中亚管道公司50%的股权，转让新疆呼图壁等6座天然气储气库剩余天然气储量资产。12月25日，中石油宣布已与各股权方签署股权转让协议，将以中石油管道为平台，对东部管道、管道联合及西北联合进行整合，旨在建立统一的管道资产管理运营及投融资平台，为未来中石油管道铺平上市的道路。管道资产重组可视为油气改革即将到来前进行的一次适应性预热。

5. 国有企业改革顶层设计已经完成

2015年9月13日，中共中央、国务院公布的《关于深化国有企业改革的指导意见》提出了国有企业改革方案，旨在把国有企业打造成为独立的市场主体，提高市场竞争力和发展引领力。9月24日，国务院对外发布的《关于国有企业发展混合所有制经济的意见》提出，除对自然垄断环节的管网实行国有独资或绝对控股外，放开竞争性业务，允许非国有资本平等进入。12月29日，国务院国有资产监督管理委员会（简称国资委）、财政部、国家发改委联合发布《关于国有企业功能界定与分类的指导意见》，根据主营业务和核心业务范围，将国有企业界定为商业类和公益类。意见要求商业类国有企业按照市场决定资源配置的要求，加大公司制股份制改革力度，加快完善现代企业制度，成为充满生机活力的市场主体。

根据十八届三中全会提出的全面深化改革的总体方案和国有企业改革的预期，三大石油企业近年来已经在混改领域做出了尝试。随着国家对油气企业从“管人管事管资产”转变为“管资本”，油气企业按照“主辅分离、做强主业、产权明晰、完善配套”加快专业化重组，有条件的企业改制上市。按照上述思路，未来的改革方向可能是：三大油气企业的集团总部将改组为国有资本投资运营公司，由国务院授权经营，并继续保持对原上市公司的控股地位；三大油气企业的非油气核心业务进行专业化重组，并改制上市，成为相对独立的市场主体；剥离社会服务业务，实现社会化的有偿服务。

油气行业改革中风险与机遇并存，必须对潜在的风险有认识和应对措施：一是矿权放开后，良莠不齐的参与者可能导致资源的破坏，若监管跟不上将会带来勘探开发的混乱局面；二是进出口等权利放开后，可能导致国内企业在国外的自相竞争，造成内耗；三是改革中的人员安置问题会对社会稳定带来一定的影响；四是改革方案大都是政府部门的文件，未能上升到法律层面，政策的不稳定性也将会给改革带来一定的负面影响。政府在推进油气行业改革中需要认真分析，稳步推进。

二、清洁化发展及环保

2015年是新修订的《环境保护法》的实施之年，也是制定“十三五”环保规划重要的一年。《十八届五中全会公报》首次将生态文明列入十大目标，并提出将实行“最严格的环境保护制度”。2015年，围绕电动汽车基础设施建设的相关政策出台，油品升级持续推进，环保立法进程加速。

1.加快电动汽车基础设施建设

2015年10月，《关于加快电动汽车充电基础设施建设的指导意见》《电动汽车充电基础设施发展指南（2015—2020年）》相继出台，明确中国将以纯电驱动为新能源汽车发展的主要战略取向，提出到2020年，中国将按照适度超前原则，新增集中式充换电站超过1.2万座，分散式充电桩超过480万个，以满足全国500万辆电动汽车的充电需求。

自2007年《新能源汽车生产准入管理规则》实施以来，国家相继出台了一系列示范推广、财政补贴、税收减免的政策措施鼓励电动汽车的发展，推广范围也从公共领域扩大到私人用车领域。在政策的推动下，中国新能源汽车2015年的销量将超过美国成为世界第一。但是，受制于充电桩等基础设施的不完善，发展进程与政策目标还有一定的差距。新政的实施效果还有待时间的检验，但是政府推动以电动汽车为代表的新能源汽车的决心是明确的。随着未来能源互联网时代的到来，以及能源清洁化步伐的加快，电动汽车或将加速发展，并给油气替代带来重大的影响。但是对新能源汽车发展尚需要明确两点：一是解决用电清洁化和电池本身的污染问题；二是补贴问题，由于新能源汽车的技术大都是从美国、日本引进，因此对新能源汽车的补贴也应从终端往前端转移，鼓励支持国内企业的自主研发。

2.环保立法进程加速

2015年6月，国务院法制办将《中华人民共和国环境保护税法（征求意见稿）》及说明全文公布，这是自2012年有关部门研究开征环保税方案以来环保税的首次亮相，应税污染物主要是大气污染物、水污染物、固体废物和工业噪声等，严重污染的行业及企业将承担高昂的税收成本，能源企业的生产经营将面临巨大的压力。

一直以来，中国以排污费作为环境保护税费的征收手段，但排污费仍属于行政事业性收费，征收过程易受地方保护主义的干预，往往造成排污费收取标准不能严格按监测数据进行，且不能完全用于环境保护和污染治理。中国现行的一些税种，如消费税、资源税和车船税等涉及了环境保护内容，但制度设计着重于环保资金的筹集和对企业排污行为的末端治理。环境保护税出台可以发挥对企业行为的事前导引作用，变末端治理为前端末端治理并重，促进企业主动节能减排，保护与改善环境。

2015年8月，《中华人民共和国大气污染防治法》正式发布。新法以改善大气环境质量为目标，强化地方政府的责任和监督，提出了坚持源头治理，并要求加大处罚力度。2011年以来，雾霾问题成为重要的民生问题，“十二五”期间，国家密集出台政策措施（图2-2-2）

缓解大气污染，从 2012 年的空气质量标准上升到 2013 年国务院发布的“大气十条”，再到今年的立法。新法的公布实施，标志着中国大气保护法制建设又迈进一大步，从过去以经济处罚为主转向以经济处罚、领导责任追究甚至刑事问责并重。政府执法更加严、违法成本更高以及公众关注度日益增加等形势，将促进石油石化企业制定更有效的措施，完善环保生产制度体系，适应政府加强监管的新要求，保障企业生产安全清洁运行。

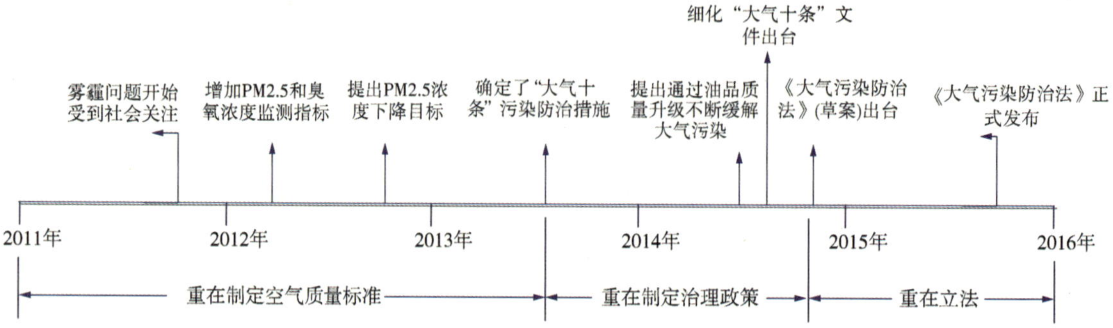

图2-2-2　大气污染防治相关政策演变进程

3. 油品质量升级加快推进

2015 年 4 月，李克强总理主持召开国务院常务会议确定加快成品油质量升级措施，提出将全国供应国五标准车用汽柴油的时间由原定的 2018 年 1 月，提前至 2017 年 1 月。2016 年 1 月起供应国Ⅴ标准车用汽油、柴油的区域，从原定的京津冀、长三角、珠三角等区域内重点城市扩大到整个东部地区 11 个省市全境。增加高标准普通柴油供应，分别从 2017 年 7 月和 2018 年 1 月起，在全国全面供应国Ⅳ、国Ⅴ标准普通柴油。2015 年 5 月，七部委联合印发的《加快成品油质量升级工作方案》(简称《工作方案》)提出，加快油品标准修订步伐，完善标准体系，并拟定于 2019 年实施汽油、柴油国Ⅵ标准。

在环保压力的倒逼下，中国油品质量升级进程将加快，以缓解大气污染。但是，中国进口原油的重质化、高含硫特点也为油品质量升级带来了一定的挑战，炼化企业也将面临更严峻的升级压力。根据合理补偿成本、优质优价和污染者付费原则，车用汽柴油质量标准升级成本将由企业和消费者承担。在政府层面，《工作方案》要求相关部门机构简化行政审批手续，加快相应环评、土地、节能、稳评、安评等配套条件，以保障高品质汽油、柴油的如期供应。目前，中国对成品油质量的监管比较分散，生产环节由质监部门负责，准入由商务部门负责，而流通环节则由工商部门负责，监管成本相对较高。未来，各地区、各有关部门从条条监管过渡到条块结合、以块为主的监管，加强油品生产、批发、零售环节质量监督的协同性可能成为深化改革的重要问题。

2015 年巴黎气候大会期间，习近平主席重申了中国此前做出的承诺：中国将于 2030 年左右使二氧化碳排放达到峰值并争取尽早实现，2030 年单位国内生产总值二氧化碳排放比 2005 年下降 60%～65%，非化石能源占一次能源消费比重达到 20%左右，森林蓄积量比 2005 年增加 45 亿立方米左右。未来，能源领域政策将围绕建立绿色低碳循环发展的产业体系展开。

三、政府管理方式改革

近年来，政府油气管理方式改革持续推进，针对管理中存在的以批代管、缺少事中和事后监管、相当数量的法律法规不适应市场化的要求等问题进行了一系列改革。2015 年，在转变政府的管理方式方面又取得了新进展，明确政府和市场的边界，最大限度地减少政府对市场的干预，以提高管理效率，保证改革落到实处。

1. 进一步简政放权

2015 年 5 月，国务院印发的《2015 年推进简政放权放管结合转变政府职能工作方案的通知》，提出推进简政放权、放管结合和转变政府职能，继续取消含金量高的行政审批事项，彻底取消非行政许可审批类别，大力简化投资审批。随后，国家能源局、国土资源部、国家税务总局等部门出台相关文件取消非行政许可等审批事项（表 2-2-4）。

表2-2-4　2015年国家部门部分简政放权规定

部　门	文　件	规　　定
国务院	《国务院关于取消和下放一批行政审批项目的决定》	取消和下放90项行政审批项目等，包括取消消费税税款抵扣审核，取消成品油消费税征税范围认定等事项
国家税务总局	《企业所得税优惠政策事项办理办法》	明确对企业所得税优惠事项全部取消审批，一律实行备案管理
国家税务总局	《关于发布企业境外所得税收抵免操作指南的公告》	取消22项税务非行政许可审批事项。包括西部大开发税收优惠政策审批、企业境外所得适用简易征收和饶让抵免的核准，企业享受综合利用资源所得税优惠的核准等
国土资源部	《关于做好矿业权设置方案审批或备案核准取消后相关工作的通知》	全面停止矿业权设置方案审批或备案
国家能源局	《关于推进简政放权放管结合优化服务的实施意见》	国家能源局取消1项非行政许可审批事项：中央管理企业和跨省（区、市）从事高瓦斯或煤与瓦斯突出矿井生产建设的煤矿企业瓦斯防治能力评估。取消1项代国家发改委实施的非行政许可项目：天然气商品量分配计划审批

2013 年 3 月，李克强总理表示要将转变政府职能、简政放权作为“开门第一件大事”，将行政审批改革作为抓手和突破口。2013 年 5 月，国务院公布《关于取消和下放一批行政审批项目的决定》，揭开了新一届政府取消和下放行政审批权的序幕。两年多来，国家从“减数量”到“提质量”，通过缩减核准范围、下放核准权限、注重事中和事后监管等方式深化投资体制改革，持续推进简政放权、转变政府的投资管理职能。对油气企业而言，原油、天然气开发项目决定权下放给具有开采权的企业，石油、天然气、煤层气对外合作合同及油气

新项目审批等也都大大简化了审批程序。值得注意的是，简政放权后，政府如何加强监管，避免可能出现的资源无序开采和产能过剩情况发生。

2. 确立税收法定，全面清费立税

2015年3月，修改后的《中华人民共和国立法法》全文公布，对税收法定原则进行了明确和细化，规定“税种的设立、税率的确定和税收征收管理等税收基本制度”只能由法律规定。2015年以来，国家税务总局、财政部等部门积极推动清费立税、清理规范税收优惠等工作。

为减轻企业负担，2014年12月，财政部和国家发改委下发《关于取消、停征和免征一批行政事业性收费的通知》。与油气行业相关的内容包括：（1）取消征地管理费；（2）暂停征收石油（天然气）勘查、开采登记费，矿产资源勘查登记费，采矿登记费，出口商品检验检疫费等。2015年4月，国务院常务会议决定开展清费立税专项行动，全面清理涉企行政事业性收费和政府性基金，涉及行政审批前置、市场监管和准入等具有强制性的经营服务性收费，行业协会商会涉企收费等。2015年11月，国家税务总局发布文件，对企业所得税优惠事项全部取消审批，一律实行备案管理。

税收法定和清费立税工作的开展杜绝了政府通过红头文件对企业征税的行为，规范了油气企业的税费环境。

3. 实行市场准入的负面清单制度

李克强总理在2015年的政府工作报告会议上提出，制定市场准入负面清单，公布省级政府权力清单、责任清单，切实做到法无授权不可为、法定职责必须为。2015年10月，国务院印发《关于实行市场准入负面清单制度的意见》，从准入机制、审批体制、监管机制、社会信用体系和激励惩戒机制、信息公示制度和信息共享制度、法律法规体系6个方面，提出了落实市场准入负面清单制度的保障措施。

长期以来实行的“正面清单”造成很多行政资源放在事前审批上，而对过程和事后监管不够重视。政府用行政手段配置资源容易导致资金、技术、人才等向某些行业集中，民营企业密集进入这些行业造成了产能过剩。负面清单将大幅度收缩政府审批范围，提高政府工作效率，增大市场的透明度、开放度和自由度。实施市场准入负面清单的模式，需要政府实行高水平的事中监管和事后监管，因而对政府能力提出了新的更高要求。未来，负面清单将不再提出“鼓励类项目”，企业发展将更多依靠自身的竞争力。

4. 建立天然气市场交易中心

2015年7月1日，上海天然气交易中心启动运行，该交易中心通过现代化交易系统和交易模式设计，用市场方式保障上下游企业的平稳运营和用气需求，为国内客户创造一个进出方便、交易自由、风险可控、品类完整的天然气采购市场，增强了现有天然气市场的灵活性和流动性。同时，交易中心推广国内天然气由体积计价、质量计价转向热值计价，解决管道

气与 LNG 长期存在的热值差问题，打通液态气与气态气的置换流通通道，同时交易中心的建立是天然气价格从政府定价到市场定价迈出的重要一步。

四、“十三五”油气政策展望

中共十八届五中全会，描绘了未来 5 年中国经济社会发展的宏伟蓝图，确立了创新、协调、绿色、开放、共享的发展理念。在全球能源格局深刻调整的背景下，新的发展理念要求油气行业的相关政策必将为加快推进能源革命服务。“十三五”期间，油气产业的市场化改革将加快推进，进一步还原能源商品属性，构建有效竞争的市场结构和市场体系。“十三五”期间，油气行业改革将重点围绕以下 7 个方面展开，2016 年将是新一轮改革的启动年。

（1）油气价格改革。国务院发布的《关于推进价格机制改革的若干意见》提出，择机放开成品油价格，理顺天然气价格，加快放开天然气气源和销售价格，稳妥处理和逐步减少交叉补贴，建立主要由市场决定能源价格的机制。价格形成机制已基本成型的原油、成品油可能率先放开，政府不再公布指导价。天然气价格改革将按照“管住中间、放开两头”的原则，管网价格由政府确定，门站价格逐步过渡到由市场决定。终端价格中的居民用气仍保持阶梯气价的定价模式，同时调整居民用气与非居民用气的比价关系，减少交叉补贴。

（2）矿权改革。在坚持油气矿权国家一级管理的基础上，扩大准入，加强矿权的市场化配置，加快建立矿权储量交易市场、提高矿权持有成本、完善油气探矿权退出机制等方式加快矿权流转，并通过健全矿权监管体系、完善矿权管理法律法规促进资源的有效利用。

（3）油气管网。随着油气行业体制改革的推进，现有以三大公司为主的干线管道建设和运营模式将发生重大改变。预计干线管道将率先从各公司中分离，通过业务整合、吸收社会资本进入等方式，实现管道企业的法律独立，形成若干家管网公司，进而通过资产剥离、资本运作等方式，推动不同市场主体之间的管道公司资产的整合，实现产权独立，可能涉及省内和城市管道的改革与分离。最终，在全国范围内形成国家骨干管网公司、省级区域管网公司、支线直供管道公司的管道公司体系。

（4）油气流通。逐步放宽原油进口限制，更多的地炼将获得进口原油使用权和非国营贸易进口资质。同时，政府相关部门在市场准入、交易、价格等方面加强监管，确保油品质量和有序公平的市场竞争环境。

（5）油气国有企业改革。国有油气将在股权结构、治理结构方面深化改革，进一步完善现代企业制度，突出发展主业。在改革过程中，国有油气集团公司内部的服务型业务将加快专业化重组，有条件的企业实现转制上市；企业办社会职能将被逐步剥离，移交给地方。

（6）政府管理。将建立与油气资源国家一级管理体制相适应的相对独立的监管体系，审批制度改革预计集中在公开审批流程、改变审批方式、约束公权力、变事前审批为事后监管和服务等方面。

（7）在油气立法方面，将加快《能源法》等基础性法规，以及《石油和天然气法》《油气管道法》《油气分销法》《石油和天然气进出口管理法》《油气监管法》等单行法的立法进程，并通过出台一系列的行政性法规、条例和产业政策，以及覆盖全行业的技术、安全、质量、环境和能耗等相关标准等，规范油气行业健康有序发展。

考虑到油气行业改革的复杂性，预计即将出台的总体改革方案可能较为粗泛，实施细则和配套政策的制定将是2016年的重头戏。

（本节撰写人：陈嘉茹　陈建荣）

油气市场篇

第三章　国际石油市场分析

2015年世界石油市场基本面进一步宽松，国际油价低位震荡运行，WTI和布伦特原油期货年均价分别为48.76美元/桶和53.60美元/桶，同比分别降44.15美元/桶和45.85美元/桶。2016年宽松的供需基本面决定了国际油价仍将低位徘徊，预计2016年国际油价同比下降，WTI和布伦特原油价格接近，期货年均价为40～50美元/桶。2015年国际成品油市场供需总体宽松，主要消费国库存高企，价格较上年走低，汽油成为需求增长的主要驱动力。世界成品油贸易格局进一步变化，美国净出口量与去向继续扩大，欧洲出口减进口增，中东成为柴油净出口区，亚太地区汽柴煤油持续过剩但各国情况迥异。2016年全球成品油供需继续宽松，美国加大出口力度，亚太地区汽油过剩有所缓解但柴油依然过剩，非洲、拉丁美洲进口增加。世界成品油长距离跨区贸易运输增加。

第一节　国际石油市场回顾与展望

一、2015年国际石油市场回顾

1. 国际油价低位运行，前高后低，年均价大幅下降

2015年，布伦特原油期货全年均价为53.60美元/桶，同比降低45.85美元/桶，降幅达46.11%；全年油价最高67.77美元/桶（5月6日），最低36.11美元/桶（12月22日），跌破金融危机低点。WTI原油期货全年均价为48.76美元/桶，同比降低44.15美元/桶，降幅达47.52%；全年油价最高61.43美元/桶（6月10日），最低34.73美元/桶（12月18日）（图3-1-1）。

2015年，国际油价总体“前高后低”，上半年呈“W”形振荡上扬走势，布伦特原油和WTI原油期货均价分别为59.35美元/桶和53.34美元/桶。下半年国际油价转而下探，布伦特原油和WTI原油期货均价分别为48.02美元/桶和44.33美元/桶，低于上半年。主要原因：一是作为世界石油需求增长主要来源的中国经济增速放缓，石油需求增长放缓；二是欧佩克原油产量不断突破新高且无减产意愿，使非欧佩克石油供应的下降不足以提振市场，致全球石油库存大增，供应过剩成为主导下半年油价走低的主题。

2. 布伦特—WTI原油、轻重质—高低硫原油价差持续收窄

2015年，布伦特原油与WTI原油期货价差平均为4.81美元/桶，同比进一步收窄1.68美元/桶，并于年末一度出现反转。二者价差最高12.82美元/桶（2月27日），最低-0.21美元/桶（12月24日）。美国经济复苏较为强劲，原油产量出现下降且原油出口禁令最终解除支撑WTI油价，而欧洲经济复苏缓慢、中国经济下行压力加大令更多反映世界石油市场供需情况的布伦特原油价格承压较大（图3-1-1）。

美国页岩油产量飙升导致世界石油供应中的轻质低硫原油比重不断提升，令轻质油价格承压。尽管伊拉克巴士拉重质原油产量持续增加对重油价格构成一定压力，但轻质油总体供大于需的形势相对重质油更为严峻。2015 年，轻重质、高低硫原油之间的价差继续收窄，布伦特原油与迪拜原油价差平均为 1.50 美元/桶，较 2014 年进一步收窄 0.85 美元/桶（图 3-1-2）。

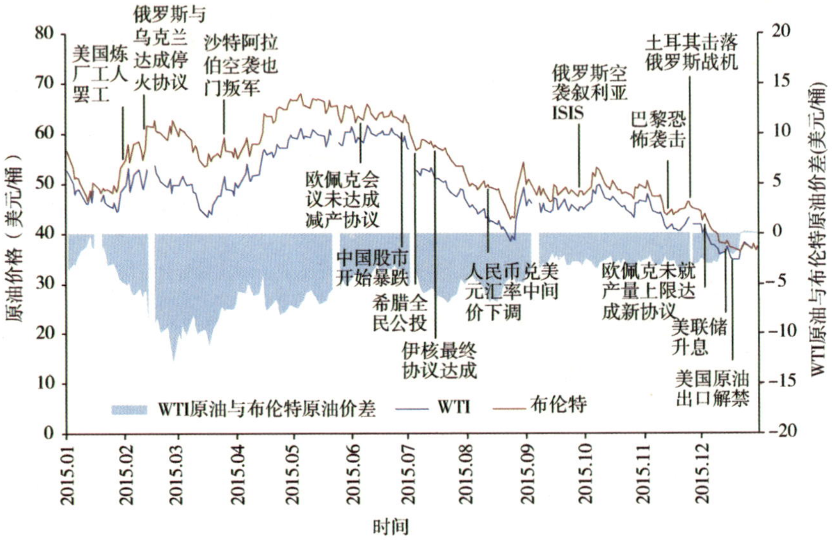

图3-1-1 2015年国际油价走势

数据来源：路透社

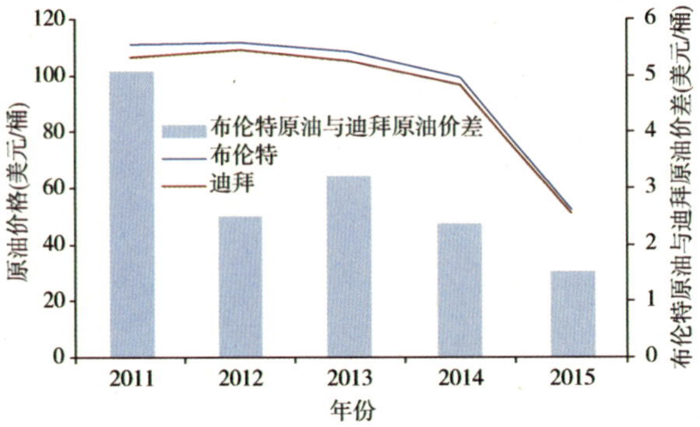

图3-1-2 2015年轻重质原油价差比较

数据来源：普氏统计

3. 世界石油需求增速有所提高

受益于低油价对石油需求的刺激作用以及发达经济体经济的逐步复苏，2015 年世界石油需求增量较上年有所提高。估计 2015 年世界石油需求为 9440 万桶/日，同比增长 170 万桶/日（图 3-1-3、图 3-1-4）。

（1）OECD 国家石油需求增速由负转正。由于美国经济复苏较为强劲，加上低油价对石油需求的刺激作用，OECD 国家石油需求增速下降的局面得以扭转，2015 年同比增长 45 万桶/日，至 4610 万桶/日，2014 年则下降为 30 万桶/日。其中，美国需求同比增长 30 万桶/日，较 2014 年 15 万桶/日的增幅有较大提高。

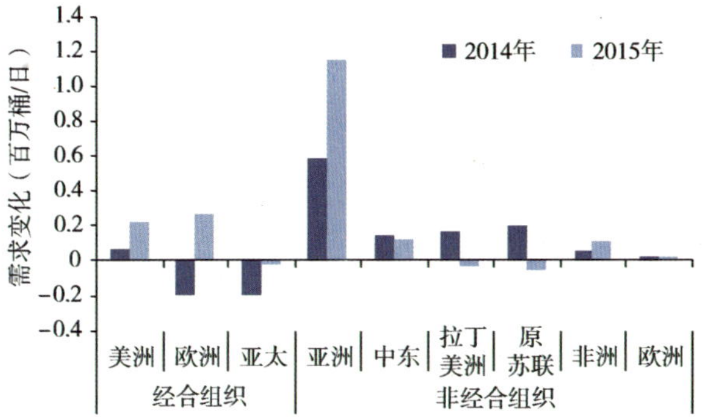

图3-1-3　2014—2015年世界主要地区石油需求增长

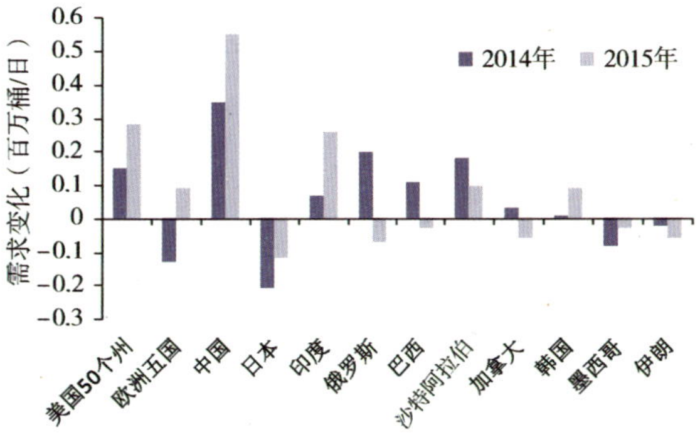

图3-1-4　2014—2015年世界主要国家石油需求增长

数据来源：IEA石油市场月报、中国石油集团经济技术研究院

（2）非OECD国家仍是世界石油需求增长的主要来源。2015年，非OECD国家石油需求为4830万桶/日，同比增长125万桶/日，2014年增长120万桶/日。中国经济进入“新常态”，经济增速有所放缓，但仍是世界石油需求增长的首要力量，全年需求达1117万桶/日，同比增长51万桶/日，增幅较2014年的39万桶/日有所扩大（未剔除库存增加的影响）。值得注意的是，由于目前还难以看到超过中国的新的需求增长点，中国经济转型导致国际市场对中国石油需求前景的担忧有所增加，给国际油价带来一定的下行压力。

4. 世界石油供应大幅增长

2015年，世界石油供应为9610万桶/日，同比增长260万桶/日，较2014年220万桶/日的增量进一步提高。其中，欧佩克石油供应同比增长130万桶/日，增幅与非欧佩克大致相当。

（1）欧佩克石油供应大幅提高。2014年下半年国际油价暴跌后，欧佩克市场策略由保价格转向坚守市场份额，石油产量不降反升。2015年，尽管国际油价延续低迷，且委内瑞拉、阿尔及利亚等成员国不断呼吁欧佩克采取措施支撑油价，但欧佩克海湾成员国不减产的态度始终坚决，欧佩克难以就减产达成一致，6月部长级会议决定维持3000万桶/日的产量目标不变，12月会议则未就产量上限达成新协议。2015年，欧佩克石油供应为3794万桶/日，同比增长130万桶/日。其中，原油产量为3136万桶/日，同比增长108万桶/日，主要来自沙特阿拉伯和伊拉克；凝析油产量为658万桶/日，同比增长22万桶/日（表3-1-1）。

表3-1-1　欧佩克国家石油产量变化情况

国　家	产量（百万桶/日）				
	2013年	2014年	2015年	2014年比2013年增加量	2015年比2014年增加量
沙特阿拉伯	9.40	9.53	10.12	0.13	0.59
伊朗	2.68	2.81	2.85	0.13	0.04
伊拉克	3.08	3.33	3.98	0.25	0.65
阿联酋	2.76	2.76	2.88	0.00	0.12
科威特	2.55	2.61	2.74	0.06	0.13
中立区	0.52	0.38	0.09	−0.14	−0.29
卡塔尔	0.73	0.71	0.66	−0.02	−0.05

续表

国 家	产量（百万桶/日）				
	2013年	2014年	2015年	2014年比2013年增加量	2015年比2014年增加量
安哥拉	1.72	1.66	1.76	-0.06	0.10
尼日利亚	1.95	1.90	1.81	-0.05	-0.09
利比亚	0.90	0.46	0.40	-0.44	-0.06
阿尔及利亚	1.15	1.12	1.11	-0.03	-0.01
厄瓜多尔	0.52	0.55	0.54	0.03	-0.01
委内瑞拉	2.50	2.46	2.41	-0.04	-0.06
欧佩克原油产量	30.46	30.28	31.36	-0.18	1.08
凝析油产量	6.26	6.36	6.58	0.10	0.22
欧佩克石油产量	36.72	36.64	37.94	-0.08	1.30

数据来源：IEA石油市场月报、中国石油集团经济技术研究院。

（2）非欧佩克石油供应增速放缓。低油价下，石油公司纷纷削减投资，上游勘探生产活动减弱，部分抗风险能力较弱的小型石油公司已停产或破产。不过，低油价同时也在激励石油公司积极降本增效，全球原油生产成本普遍被重置至更低水平，延缓了产能出清的过程，为油价低位运行提供了更大空间。2015年，非欧佩克石油供应为5820万桶/日，较2014年增长130万桶/日，增幅较2014年的240万桶/日大大缩小。非欧佩克石油供应增长仍主要来自OECD美洲地区，但美国、加拿大、巴西等国石油供应增速均放缓，尤其是美国（图3-1-5、图3-1-6）。

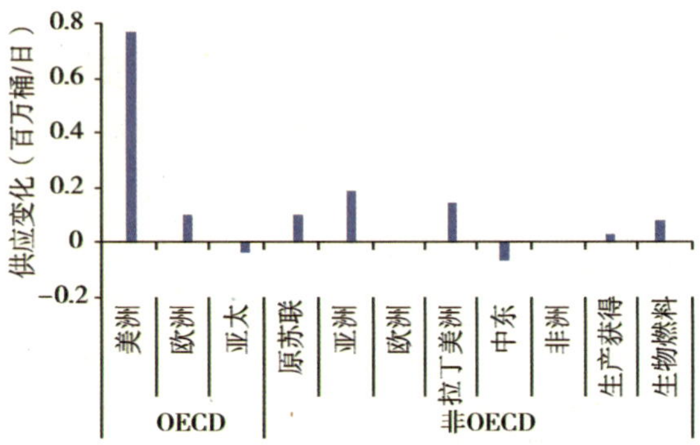

图3-1-5 2015年非欧佩克分地区石油供应同比变化

（非欧佩克石油供应包括原油、凝析油、天然气液、非常规油气、炼厂生产获得以及生物燃料）

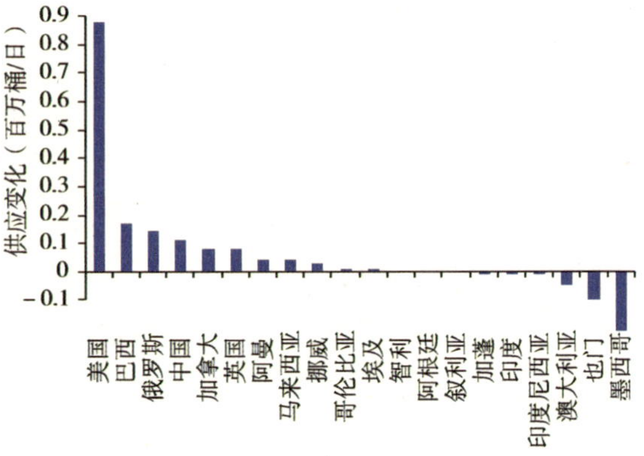

图3-1-6 2015年非欧佩克主要国家石油供应同比变化

数据来源：IEA石油市场月报、中国石油集团经济技术研究院

美国原油产量未如预期出现下降，但增长速度明显放缓。2015年底，美国石油在用钻机数降至536台，相比2014年10月高点减少66.7%（图3-1-7）。2015年全年美国原油产量为933万桶/日，同比增长63万桶/日，增幅较上年的125万桶/日大幅减小，月度原油产量在2015年4月达到958万桶/日的高点后持续下降，年底降至911万桶/日（图3-1-8），其中页岩油产量下降的贡献率超过80%。美国是全球石油生产成本下降最为显著的国家，因原料采购和

工程技术服务成本下降以及新技术的应用，2015 年美国页岩油成本较 2014 年油价下跌前降低 20%～30%，平均生产成本已从原来的 60 美元/桶降至 40 美元/桶左右。

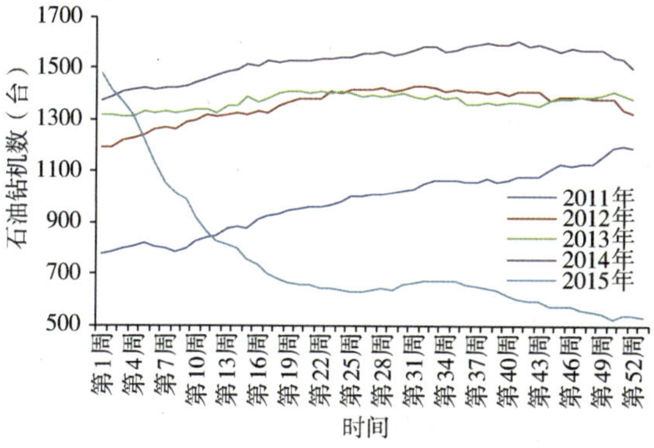

图3-1-7　2011—2015年美国石油在用钻机数变化

数据来源：贝克休斯公司

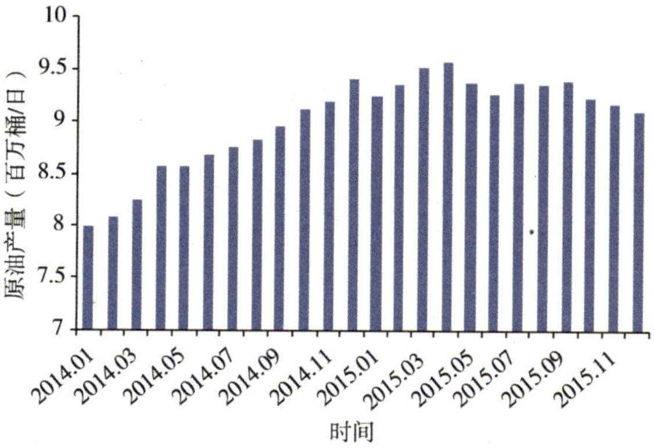

图3-1-8　2014—2015年美国月度原油产量

数据来源：EIA

美国之外的非欧佩克产油国和地区——如俄罗斯、加拿大、巴西、北海等国家和地区的石油产量还未出现明显的下降趋势。主要原因是：近年来石油行业资本支出的增加减缓了这些地区现有油田产量的衰减速度；巴西和加拿大新项目产量上产、俄罗斯和北海地区加密钻井活动增加等弥补了产量的下降；美元升值减缓了油价下跌的冲击等。

5. OECD 和美国商业石油库存均创历史新高

2015 年，OECD 包括美国商业石油库存大幅提升，达到近年来最高水平。从绝对量看，2015 年底，OECD 国家商业石油库存为 29.75 亿桶，同比增加 2.77 亿桶，比过去 5 年的平均水平高出 10%；美国商业石油库存为 12.82 亿桶，同比增加 1.13 亿桶，在石油需求淡季还一度面临满库风险。从可满足需求天数看，2015 年 OECD 国家商业石油库存可满足需求天数平均为 62 天，比 2014 年增加 4 天，远远高于 52～53 天的合理水平；美国商业石油库存可满足需求天数为 65 天，比 2014 年提高 7 天（图 3-1-9、图 3-1-10）。

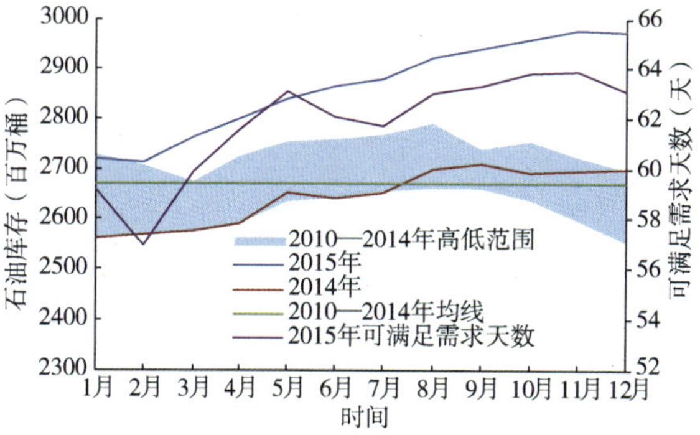

图3-1-9　2015年OECD国家商业石油库存

数据来源：EIA

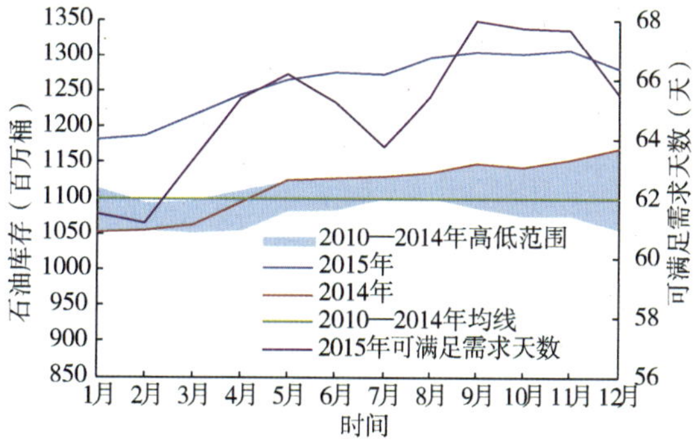

图3-1-10　2015年美国商业石油库存

二、2015年国际石油市场基本特点

1. 世界石油市场基本面持续宽松成为决定油价的主要因素

2015年，世界石油供应富余170万桶/日，宽松程度较2014年进一步加剧（图3-1-11），且是2000年以来最严重的供应过剩，成为2015年国际油价持续低位运行的主要原因。尽管年内重大事件频出，但从市场反应看，对油价的作用并不持久，其影响力明显不如以前。在低油价、供需宽裕的市场条件下，主要资源国之间抢占欧洲、亚太等国际市场份额的竞争不断加剧，卖方市场转向买方市场。

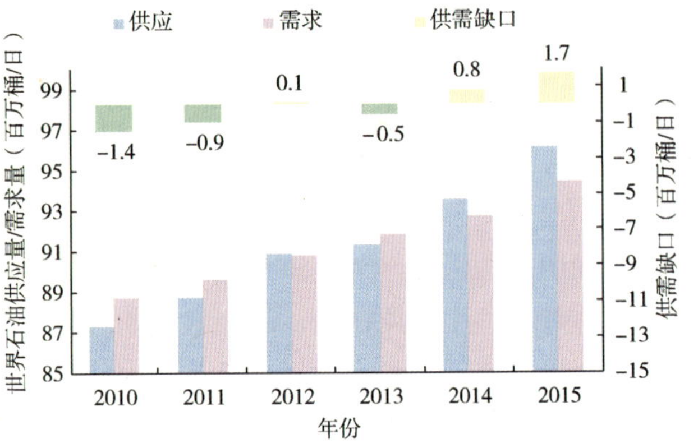

图3-1-11　2010—2015年世界石油供需基本面情况

数据来源：IEA石油市场月报、中国石油集团经济技术研究院

2. 美元显著走强是本轮油价下跌的重要原因

美元升值加剧了油价的下跌，据测算，2015年美元指数同比升值17%，对同期以美元计价的国际油价的降幅贡献超过了1/3。2015年12月中旬，美联储拉开新一轮加息序幕，美元维持高位徘徊，国际油价持续承压（图3-1-12）。

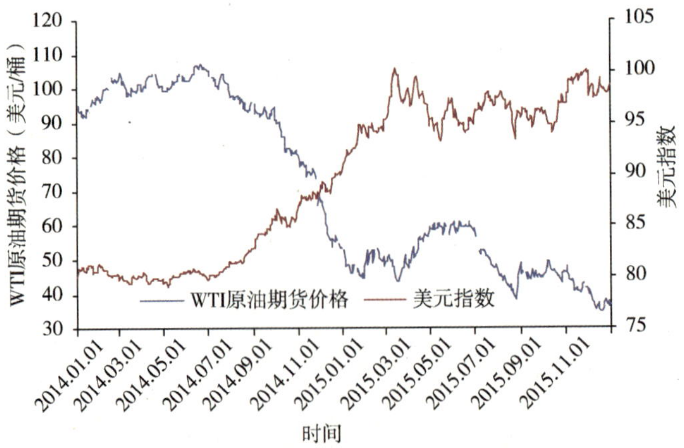

图3-1-12　WTI原油期货价格与美元指数

数据来源：路透社

3. 部分欧佩克国家坚持保市场份额策略，欧佩克组织面临挑战

欧佩克石油产量占世界总产量的份额最高为 1973 年的 51%，最低为 1985 年的 27%，21 世纪以来则一直保持在 40%左右的水平。国际油价暴跌以来，欧佩克“保份额”策略初见成效，2015 年底其份额为 39.6%，相比上年同期提高 0.7 个百分点。自 2010 年以来，沙特阿拉伯、阿联酋、科威特、卡塔尔等海湾成员国的原油产量占欧佩克总产量的份额一直呈上升趋势，欧佩克内部份额早已显现不平衡。本轮油价下跌过程中欧佩克内部分歧进一步加剧，以沙特阿拉伯为代表的海湾成员国以及伊拉克等国为了维护市场份额而选择维持高产，伊朗为了增加收入也在计划增产，但委内瑞拉、阿尔及利亚、尼日利亚、厄瓜多尔等受低油价重创的国家则倾向于减产以支撑油价。持续的低油价已对欧佩克产油国财政收入造成重创，同时加剧了部分国家的政治风险，随着国际油价低迷态势的延续，深受其害的委内瑞拉等国对欧佩克组织的不满情绪将进一步增加，欧佩克分裂的风险也将有所加大。

4. 重大事件对国际油价的影响犹存，但不具持续性

2015 年，重大事件依然在国际油价走势中扮演重要角色。然而，在供需宽松的市场环境下，在造成实质性的供应中断之前，重大事件对国际油价的影响虽依然存在，但不具有持续性（表 3-1-2）。值得注意的是，随着一系列事件的发酵，国际社会对 ISIS 极端组织的打击不断加大，中东地区的紧张局势也随之不断升级，未来可能会对油价带来更多扰动。

此外，2015 年 7 月 14 日，伊核问题六国与伊朗达成全面解决伊核问题的最终协议，令国际油价承压。根据协议，联合国确认伊朗遵守核协议后，对伊朗的制裁将逐步取消，包括对伊朗原油出口的限制，预计伊朗原油将于 2016 年重返市场。伊朗原油回归将进一步加剧本已严重过剩的石油市场的供应压力，不利于世界石油市场的再平衡，也将限制油价反弹。

表3-1-2 2015年重大事件对油价的影响

事件	事件发生时间	影响持续时间	布伦特油价涨跌值	涨跌幅度
俄罗斯与乌克兰达成停火协议	2月12日	1天	+2.39美元/桶	+4.4%
沙特阿拉伯空袭也门叛军	3月26日	1天	+2.71美元/桶	+4.8%
伊核最终协议达成	7月14日	协议达成之前油价长时间承压，达成当天油价上涨	当天+0.66美元/桶	当天+1.1%
俄罗斯空袭叙利亚ISIS	9月30日开始	空袭开始当天油价未上涨，随后一周油价受到一定支撑	+4.82美元/桶	+10%
巴黎遭遇ISIS恐怖袭击	11月13日	事件当天油价下跌，随后一天油价上涨	+0.95美元/桶	+2.2%
土耳其击落俄罗斯战机	11月24日	1天	+1.29美元/桶	+2.9%

5. 投机者从市场行情制造者变为行情跟随者和扰动者

由于市场再平衡过程中多种因素交织，石油期货市场中的投机和套保需求均较强，2015

年原油期货市场交易活跃度达到历史最高水平，WTI 原油和布伦特原油期货交易量和持仓量分别达 148 万手和 356 万手，较 2014 年增加 37%和 15%。与 2008 年投机猖狂时相比，虽然 2015 年原油期货交易量和持仓量几乎翻了一倍，且投机者仓位所占比例也从 45%提高到 56%，但并未引起 2008 年那样的油价大幅度异常涨跌，同时投机者净多持仓与油价的关系也由 2008 年的提前 3～4 个月转为基本同步（图 3-1-13、图 3-1-14），表明投机者已从市场行情趋势的制造者转变为行情的跟随者和扰动者，操控油价的能力减弱，油价更多的还是受基本面左右。值得注意的是，美国仍在持续加强对金融市场投机行为的监管力度，继限制大型银行进行自营投机的“沃克尔法则”推出后，2015 年 10 月，美国商品期货交易委员会表示将出台法规限制期货市场中的高频、自动交易，使投机资金依靠高频交易制造行情的能力进一步减弱。

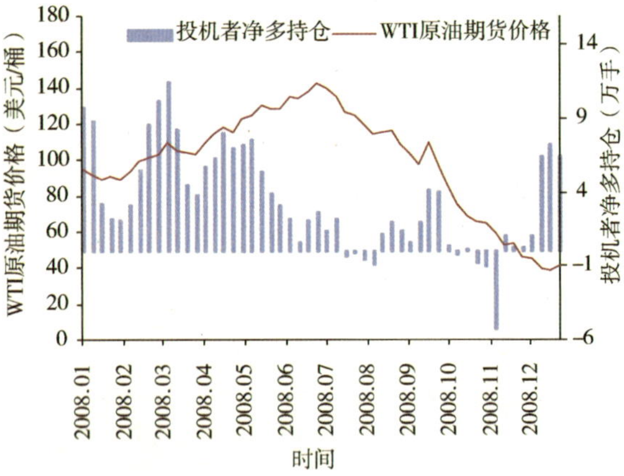

图3-1-13　2008年投机者净多持仓与WTI原油期货价格

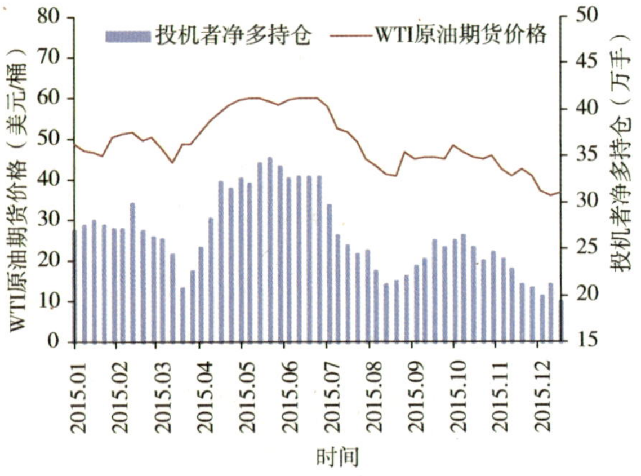

图3-1-14　2015年投机者净多持仓与WTI原油期货价格

数据来源：美国商品期货委员会

三、2016 年国际石油市场展望

2016 年，世界石油市场仍将面临诸多不确定性。伊朗原油出口解禁后产量恢复的速度和规模，美国页岩油产量增减态势和原油出口进展，美元升值路径，中国及世界经济形势变化，在低油价进入第二年石油美元收入大幅减少的情况下，欧佩克产量政策是否有变等，均将对国际油价走势产生重要影响。世界石油市场供需基本面仍将是决定 2016 年国际油价基本走向的主要因素。

1. 2016 年影响国际油价的因素分析

1）世界经济继续复苏，石油需求保持增长

2016 年，发达经济体经济复苏虽有好转，但对石油的需求仍然疲弱，新兴经济体发展速度放缓，大幅拉动石油需求的动力不足，预计 2016 年世界石油需求为 9550 万桶/日，同比增长 110 万桶/日，低于 2015 年 170 万桶/日的增幅。非 OECD 国家仍是需求增长的主要来源，

预计同比增长 100 万桶/日。从国别看，主要来自中国、印度和美国，分别增长 35 万桶/日、20 万桶/日和 10 万桶/日。值得注意的是，中国经济转型过程中经济增速放缓，对全球石油需求增长的拉动有所减弱，中国因素仍会令国际油价承压。

2）非欧佩克石油产量将有所下降

油价暴跌之后，由于已建立起的生产能力难以动摇，且大部分生产者为了保住现金流、保住市场而倾向于选择坚持生产，因此 2015 年非欧佩克石油产量增速仅有所放缓。2016 年，预计油价在超低价位运行带来的投资减少、项目推迟、钻机减少等影响越发明显，将使非欧佩克产量同比下降 50 万桶/日，至 5770 万桶/日。产量减少将主要来自美国，同比降低 45 万桶/日；其次是北海地区，同比降低 15 万桶/日左右。

在上游勘探开发资金减少、油井钻探速度放缓以及持续的低油价影响下，美国原油产量下降过程将持续一段时间，低产低效井将在这一阶段逐步淘汰。考虑到生产技术及单井效率的快速提高，美国生产者的平均生产成本仍有下降空间，对低油价的适应能力将继续提高。预计 2016 年美国原油产量将继续下降，但降速将逐渐趋缓。值得注意的是，美国页岩油的生产周期短、对油价反应敏感，一旦油价反弹后其产量可能会很快回升，世界石油市场再平衡的进程可能会受到影响，从而为油价的回升设置屏障。此外，美国原油出口禁令已于 2015 年底正式解除。短期来看，在国际石油市场严重供过于求的环境下美国原油出口空间有限，难以对市场构成实质影响，但加剧了供应过剩的市场心理预期。长期来看，原油出口解禁将刺激其国内生产商加大生产，支撑美国原油产量不断增长，进一步加剧世界石油市场的宽松态势，并对国际原油贸易流向与格局产生影响。同时，禁令的解除还有利于消除困扰 WTI 原油的区域性瓶颈，令 WTI 和布伦特价差逐渐重回正常水平。

3）解禁后伊朗原油产量和出口量增加，欧佩克产量继续增长

西方国家对伊朗的制裁取消后，2016 年伊朗原油将重返市场。伊朗的目标是制裁取消后立即将产量提升 50 万桶/日，半年内提升至 400 万桶/日。未来伊朗产量一方面取决于其生产能力的增加，另一方面取决于出口目标市场的接受能力，因此其产量回升的幅度和速度仍存在较大的不确定性。预计伊朗原油产量半年内增长 40 万～50 万桶/日，一年内增长 60 万～70 万桶/日。2016 年，重回市场的伊朗原油将进一步加剧世界石油市场的过剩态势，令国际油价承压。此外，伊朗回归将导致资源国之间的份额之争和目标市场之争愈演愈烈，价格战有进一步升级的可能。

在伊朗产量逐渐回归的同时，伊拉克仍具有较大增产潜力，未来欧佩克面临的产量压力将越来越大。预计 2016 年欧佩克石油产量为 3910 万桶/日，同比增长 120 万桶/日，其中原油产量为 3235 万桶/日，同比增长 100 万桶/日。石油收入是欧佩克的核心利益，在非常规石油资源、替代能源、新能源和可再生能源快速发展的威胁下，捍卫市场份额、保证欧佩克石

油在全球能源供应体系中的地位将是其长期战略核心。因此，2016年欧佩克达成减产协议的可能性仍较小，但随着欧佩克国家“财政痛苦”程度的不断加深，也不排除其决定适当减产的可能性。

4）世界石油市场宽松局面难以明显缓解

2016年，世界石油市场基本面将有所好转，全年供大于需130万桶/日，富余程度较上年收窄40万桶/日，且下半年情况好于上半年。但值得注意的是，尽管市场基本面将有所改善，但全年供大于求的局面仍未改变。因此，2016年石油库存在全球范围内仍将进一步堆积，从而限制油价回升。

5）美元对国际油价的作用可能为先支撑后打压

回顾历史，美元升值周期平均持续6年，预计2020年前美元将处于升值通道，令油价长期承压。当前，美国新一轮加息周期已开启，但在低通货膨胀及国际经济形势动荡等因素的干扰下，预计美联储加息将是缓慢且谨慎的。同时，考虑到前期美元升值的速度快于以往历次加息周期的影响，预计2016年美元升值的速度将有所放缓，同比升值10%～15%，从计价货币的角度测算，油价将承受下行10%～15%的压力。然而，考察1994年、1999年和2004年美国经历的3轮明确的加息周期，发现通常首次加息前，美元均出现明显升值，而确定加息后美元会先回调，预计2016年美元可能先走弱再走强，对油价的作用也将是先支撑后打压。

6）突发性地缘事件及投机者推波助澜继续扰动国际油价走势

受世界石油市场基本面严重供大于求的影响，2014年以来，突发事件尤其是产油国局势动荡对油价的支撑作用明显减弱。然而，随着2016年世界石油市场基本面出现一定好转，突发事件对油价的扰动能力可能会有所增强。同时，低油价下产油国经济政治风险不断加大，不稳定因素可能进一步增加，ISIS在中东北非地区造成的动荡局势也仍将值得重点关注，尽管当前中东地区的地缘政治风险可控，但也不排除陷入混乱和短期失控的可能性。2016年，投机者仍将在国际油价走势中继续扮演推波助澜的角色，但考虑到金融市场投机监管将持续增强，石油市场基本面仍然宽松，投机者操控油价的能力将受限。

2.2016年国际油价走势预测

1）国际油价同比下降，布伦特和WTI原油期货均价为40～50美元/桶

通过对影响国际油价的主要因素进行定性分析和定量判断，预计基准情景下，2016年国际油价同比下降，WTI和布伦特原油价格接近，期货年均价为40～50美元/桶。从全年走势来看，随着全球经济的缓慢复苏和供需基本面的逐步好转，下半年油价会稍高于上半年，总体是一个波动缓升的过程。如果中东地区局部战争或资源国局势动荡造成供应中断，美国非常规油气产量超预期下降，欧佩克转变态度采取限产保价的政策，则全年均价有可能反弹至

55～65 美元/桶。若新兴和发达经济体部分国家爆发经济危机，资源国大幅增产，特别是伊朗和美国原油出口高于预期，届时世界石油供应过剩加剧，年均价不排除下跌至 40 美元/桶以下（表 3-1-3）。

表3-1-3 2016年国际油价预测情景分析

项目		基准情景	高情景	低情景
需求	世界石油需求	世界经济继续复苏，石油需求保持增长，同比增长110万桶/日	世界经济复苏加快，石油需求保持较快增长，同比增长180万桶/日	世界经济复苏缓慢乏力，石油需求较慢增长，同比仅增50万桶/日
	中国经济	在一系列稳增长措施的刺激下，中国经济企稳，转型升级稳步推进，经济增速在合理区间内	在一系列稳增长措施的刺激下，中国经济企稳且经济增速转而加快	中国经济出现较大下行风险，增速明显放缓
供应	非欧佩克产量	非欧佩克石油供应有所下降，同比减少50万桶/日	非欧佩克石油供应降幅远超预期	非欧佩克石油供应降幅较小或未下降
	欧佩克产量	伊朗原油产量、出口量增加，欧佩克原油产量同比增长100万桶/日，凝析油产量同比增长20万桶/日	伊朗原油产量、出口量增加较少，欧佩克原油产量未见明显增长或反而有所下降，或欧佩克转变态度采取限产保价的政策	伊朗原油产量、出口量增加，欧佩克原油、凝析油产量增幅远超预期
其他	美元	美元保持温和升值，全年升值幅度为10%～15%	美元升值幅度较低	美元强劲升值
	地缘政治	中东地区地缘政治动荡持续，但在可控范围内	中东地区局部战争或资源国局势动荡造成供应中断	中东地区地缘局势相对稳定
	美国原油出口	出口解禁后，原油出口量有一定增长	出口解禁后，原油出口量无明显增加	出口解禁后，原油出口量较大幅度增长
	投机	投机者投机行为继续扰动油价	世界石油经济和供需基本面大幅改善，投机者乐观情绪增加，入市投机增加	世界经济和供需基本面仅略微改善，投机者悲观情绪仍较浓厚，入市投机减少
2016年均价（美元/桶）		40～50	55～65	<40

2）布伦特原油与 WTI 原油价差重回正常水平

随着美国经济逐步复苏，WTI 油价将继续受到区域经济和石油需求的提振，美国原油产量降幅相对较大也将为 WTI 油价提供一定支撑。同时，美国原油出口禁令已解除，困扰 WTI 原油的区域性供应过剩问题得以明显缓解，布伦特原油与 WTI 原油价差平均水平较 2015 年将进一步收窄，逐渐回到反映品质和运费升贴水的正常水平。

（本节撰写人：霍丽君 王 婧 陈 蕊）

第二节 国际成品油市场回顾与展望

一、世界主要成品油供需

2015 年，世界主要成品油供需宽松幅度较上年有所扩大（图 3-2-1），估计全年成品油需求总量为 8177 万桶/日，供给总量为 8272 万桶/日，富余 95 万桶/日。主要油品供需情况各异：汽油、石脑油供需基本保持平衡，柴油、航空煤油、残渣燃料油均供过于求。此外，不同区域不同油品的供需也存在明显差异，除欧洲、非洲、拉丁美洲主要油品存在少量缺口外，其他地区总体呈现过剩状态，其中俄罗斯中亚地区油品过剩最为严重（表 3-2-1）。

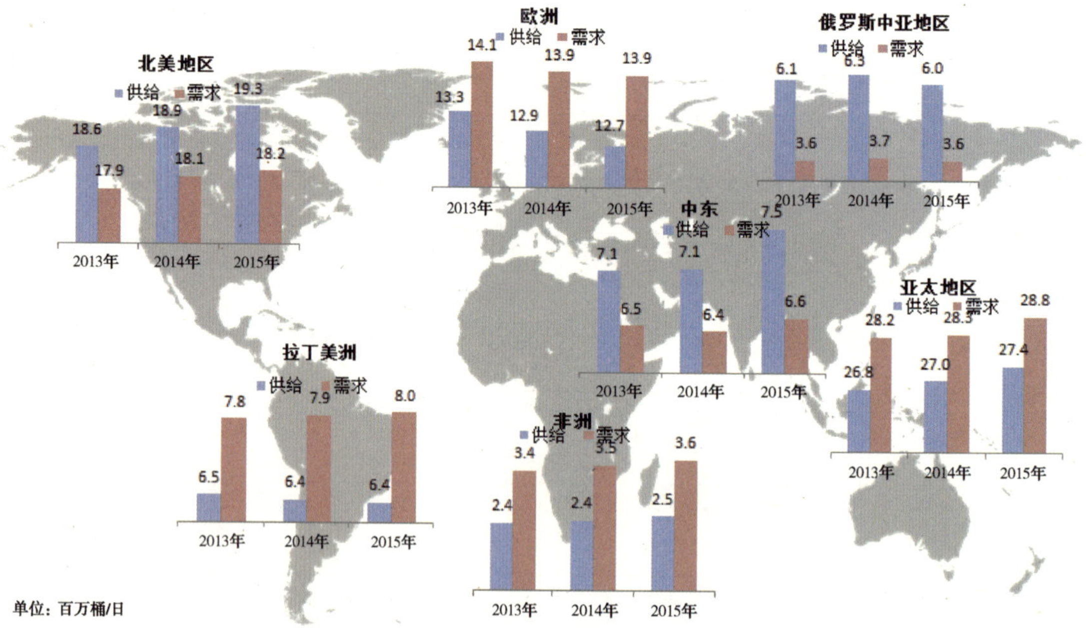

图3-2-1 世界成品油供需平衡

表3-2-1 世界成品油供需平衡 单位：万桶/日

地 区	汽油		柴油		航空煤油		石脑油		残渣燃料油	
	供给	需求	供给	需求	供给	需求	供给	需求	供给	需求
北美	924	968	583	464	166	161	30	29	53	27
欧洲	330	203	554	628	80	118	105	111	124	102
亚太	612	602	948	890	230	198	328	452	169	292
俄罗斯中亚	116	119	183	109	27	26	49	15	163	32
非洲	75	104	74	152	21	21	37	11	54	41
拉丁美洲	220	256	193	260	35	35	28	28	129	104
中东	142	164	223	221	53	38	90	20	163	152
全球合计	2419	2416	2758	2724	612	597	667	666	855	750

数据来源：IHS能源。

1. 世界主要油品供需总体宽松

1）汽油

2015 年，全球汽油消费量（含乙醇）估计为 2419 万桶/日，同比增长 2.2%，较 2014 年高 1.2 个百分点；全球汽油供应总量（含乙醇）为 2416 万桶/日，同比增长 1.7%。目前汽油已成为全球成品油需求增长的引擎，北美和亚太地区共占全球 2/3 的市场份额，受中国和美国需求拉动的影响，全球汽油供需可能将出现偏紧状态。与此同时，局部地区汽油过剩的局面仍未得到有效缓解，欧洲由于区内需求下降，汽油富余 127 万桶/日。

2）柴油

2015 年，全球柴油需求总量估计为 2724 万桶/日，同比增长 1.8%，较 2014 年高 0.8 个百分点；全球柴油供给量为 2758 万桶/日，增幅仅为 0.6%，供大于需 34 万桶/日。亚太地区仍是世界最大的柴油生产和消费地区，受供给过剩影响，亚太地区正寻求向区外出口以缓解过剩压力。欧洲和拉丁美洲是柴油供不应求的主要地区，其中欧洲柴油贸易量占全球的 41%，近年来从中东进口量大幅上升；拉丁美洲则主要从美国进口，近 5 年进口年均增速高达 15%。

3）航空煤油

2015 年，全球航空煤油需求总量估计为 597 万桶/日，同比增长 2.4%，较 2014 年高 1.2 个百分点；全球航空煤油供给估计为 612 万桶/日，同比增长 1.5%，供大于需 15 万桶/日。目前，欧洲仍是航空煤油最主要的净进口地区，其他各地区基本能自给自足。中东随炼油能力的增长已成为航空煤油主要的出口地区，出口市场包含欧洲、撒哈拉以南的非洲地区及拉丁美洲，估计 2015 年出口规模增长 7%。

4）石脑油

2015 年，全球石脑油需求总量估计为 666 万桶/日，同比增长 1.9%，较 2014 年低 1.6 个百分点；全球石脑油供给估计为 667 万桶/日，同比增长 4.3%。欧洲和亚太地区仍存在供需缺口，其中亚太地区供需缺口扩大至 124 万桶/日，同比增长 35%。由于日本国内生产商削减投资需求下降，韩国陆续有凝析油分离装置投产导致石脑油产量增加，未来亚太地区可能出现石脑油供应过剩。

5）残渣燃料油

2015 年，全球残渣燃料油需求连续 10 年回落，需求量估计为 750 万桶/日，同比下降 4.6%；全球残渣燃料油供给量估计为 855 万桶/日，同比下降 2.7%，供大于需 105 万桶/日。除非洲外，其他各地区供需均出现大幅回落，北美及欧洲受清洁燃料标准的限制，燃料油需求大幅下降，供给相应回落；同时，近几年来，作为世界主要进口国的中国对燃料油的需求也在减少。

2. 亚太地区汽柴煤油全面过剩

2015 年，亚太地区主要油品需求总量为 2891 万桶/日，同比增长 1.8%；油品供应总量为 2744 万桶/日，同比增长 1.5%。其中汽油、柴油和航空煤油全面过剩，石脑油、燃料油仍存在缺口（图 3-2-2、图 3-2-3、表 3-2-2）。亚太地区近年来炼油工业日益成熟，随着常减压蒸馏和二次加工转化能力的增加，区内柴油和航空煤油过剩现象进一步加剧。

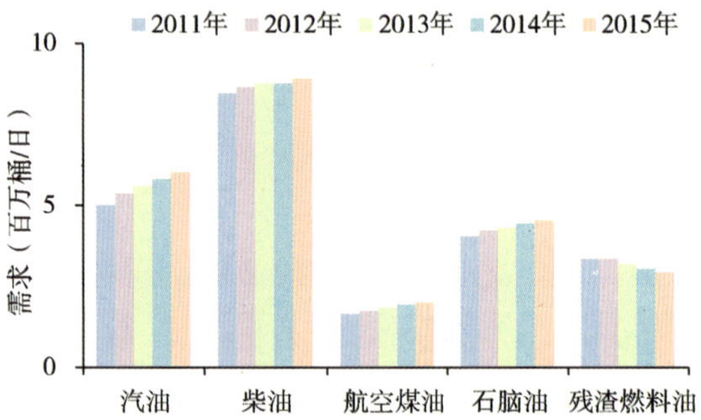

图3-2-2 2011—2015年亚太地区主要成品油需求

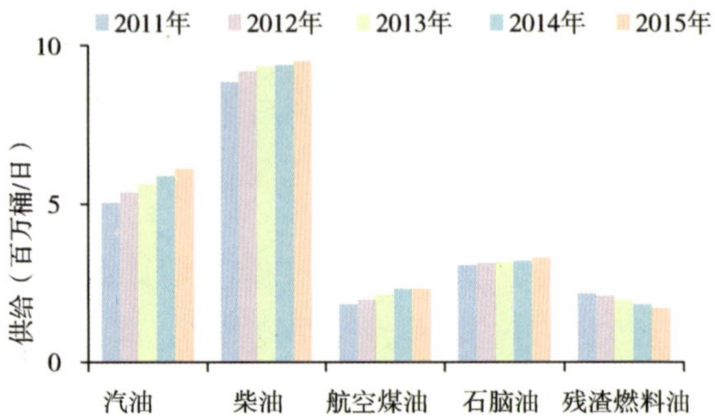

图3-2-3 2011—2015年亚太地区主要成品油供给

表3-2-2 亚太地区主要国家和地区汽柴煤油供需平衡 单位：万桶/日

国家和地区	汽油	柴油	航空煤油	汽柴煤油过剩/缺口总量
中国	19	19	7	46
中国台湾	8	19	2	29
日本	2	14	3	19
韩国	21	48	31	100
新加坡	21	28	6	54
印度	29	53	11	94
泰国	0	7	2	9
印度尼西亚	-34	-22	-2	-58
马来西亚	-15	2	0	-13
巴基斯坦	-8	-6	0	-14
菲律宾	-4	-7	-2	-13
越南	-8	-12	-3	-23
澳大利亚	-12	-25	-8	-44
亚太其他地区	-10	-30	-16	-56

数据来源：FGE能源。

1）汽油

2015 年，亚太地区汽油需求量为 602 万桶/日，同比增长 3.8%；供应量为 612 万桶/日，同比增长 3.9%。受区内经济增长、居民生活水平提高的影响，亚太地区汽油需求进一步增长，过剩局面有所缓解。目前区内供需仍存在缺口的国家主要有印度尼西亚、马来西亚和澳大利亚，供给过剩的主要国家有印度、新加坡和韩国。印度尼西亚是亚太地区最大的汽油进口国，由于国内炼厂扩建、新建和改造升级进程缓慢，供需缺口仍将继续扩大。

2）柴油

2015 年，亚太地区柴油需求量为 890 万桶/日，同比增长 1.8%；供应量为 948 万桶/日，同比增长 1.3%。柴油是区内主要的过剩油品，也是亚太地区最大的出口品种。目前区内仅有澳大利亚、印度尼西亚和越南等国存在一定缺口，印度、韩国、新加坡和中国柴油均有大量过剩。越南计划在 2017 年建成并投产一座产能为 20 万桶/日的炼厂，有望帮助越南减少对进口油品的依赖，由此亚太地区柴油过剩局面将进一步加剧。

3）航空煤油

2015 年，亚太地区航空煤油需求量为 198 万桶/日，同比增长 3%；供应量为 230 万桶/日，同比增长 0.8%。目前区内仍有少量供应缺口的国家是澳大利亚、印度尼西亚、越南和菲律宾，韩国和印度过剩较严重。尽管近年来亚太地区不断发展的经济带动航空煤油需求迅速增长，但仍无法与区内过剩的产能相匹配，航空煤油净出口将持续增长。

二、世界主要国家及地区成品油库存

2015 年，世界主要消费国成品油库存水平仍居高位，美国、欧洲和新加坡三大市场成品油库存较上年均有所增加。受国际原油价格下降的影响，上半年成品油裂化毛利大幅攀升，全球炼厂纷纷加大成品油产量，市场供应充足，主要地区成品油库存承压，部分地区出现贸易商通过海上浮仓存储成品油以减缓陆上储存压力的现象。

2015 年 1—10 月美国汽油和馏分油平均库存较上年分别增加 822 万桶和 1767 万桶（图 3-2-4、图 3-2-5），同比分别增长 3.8%和 14.8%。与往年不同的是，驾驶季节期间虽然业界仍对美国汽油市场有偏紧的担忧，但汽油库存在 2015 年 8 月末却较往年同期的平均水平高出 780 万桶。馏分油受到结构性调整的影响，需求下降，库存上升迅速。

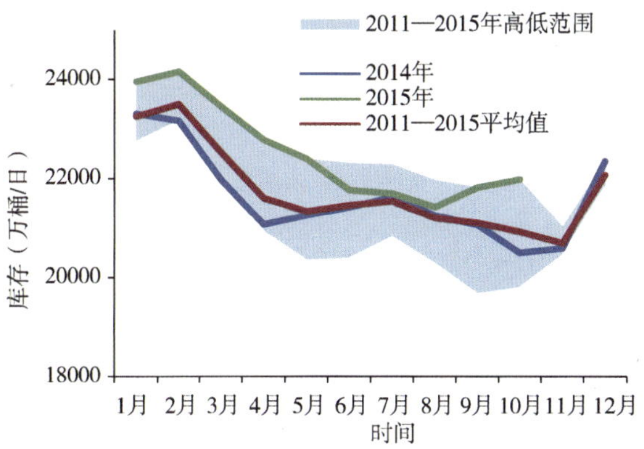

图3-2-4　2015年美国普通汽油库存

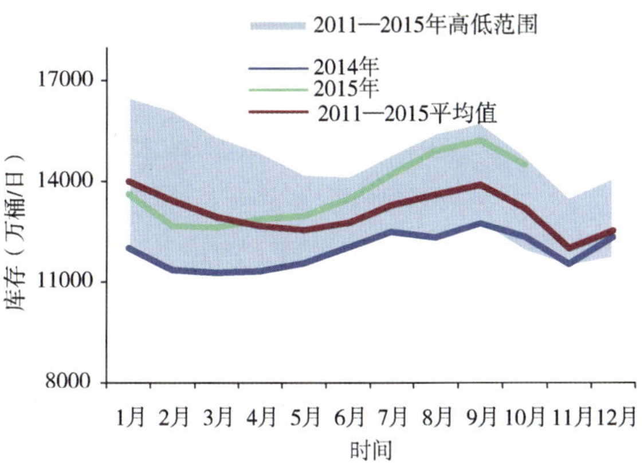

图3-2-5　2015年美国普通馏分油库存

2015 年 1—10 月，欧洲汽油和柴油平均库存较上年同期分别增加 404 万桶和 1438 万桶（图 3-2-6、图 3-2-7），均同比增长 3.7%。汽油跨大西洋贸易表现活跃，库存自 2015 年 3 月以来大幅回落。欧洲柴油由于受到寒冷天气及价格下降等因素的影响，2015 年以来库存一直呈增长趋势，总体高于往年平均水平。

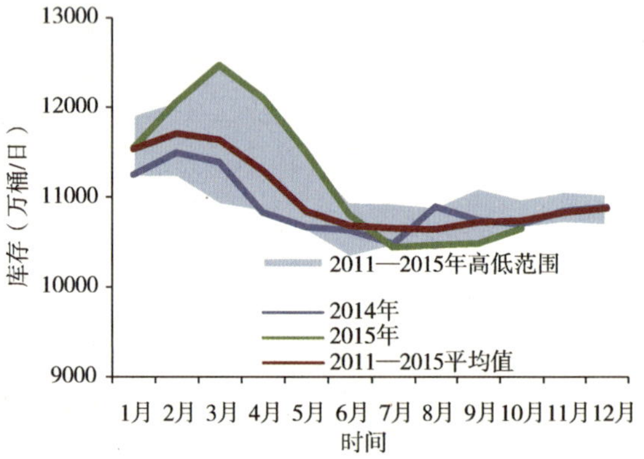

图3-2-6　2015年欧洲16国汽油库存

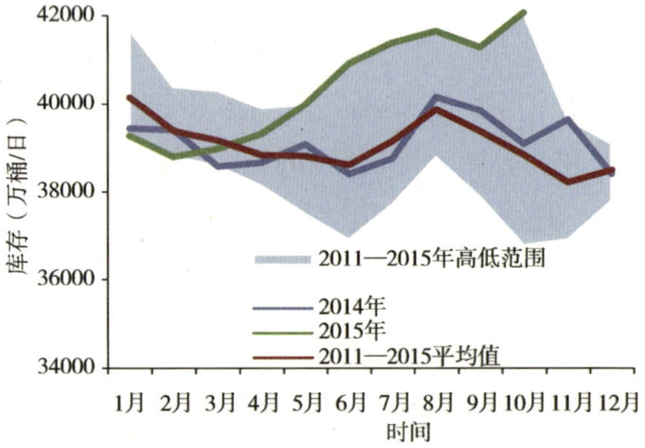

图3-2-7　2015年欧洲16国柴油库存

2015 年 1—10 月，新加坡轻质馏分油和中质馏分油平均库存较上年同期分别增加 65 万桶和 45 万桶（图 3-2-8、图 3-2-9），同比分别增长 5.6%和 4.0%。尽管原油进口量有所下滑，但亚太地区炼厂加工量上升，导致成品油库存呈现温和增长态势。中质馏分油库存波动较大，自 2015 年 9 月以来，受大量进口欧洲燃料油的影响，库存迅速拉升，之后伴随进口量的减少库存逐步回落。

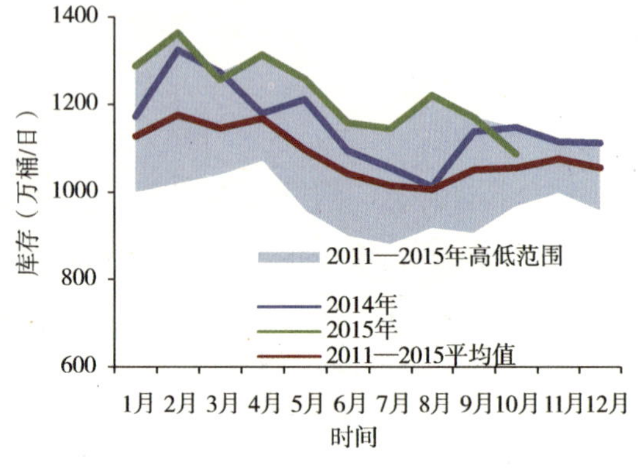

图3-2-8　2015年新加坡轻质馏分油库存

数据来源：路透社

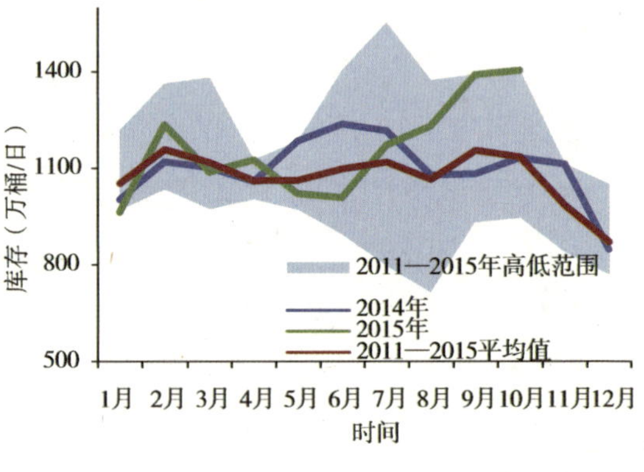

图3-2-9　2015年新加坡中质馏分油库存

数据来源：路透社

三、世界主要地区成品油价格

2015 年，世界主要地区成品油价格总体低于上年同期水平。除纽约港、鹿特丹汽油价格波动幅度较大外，其余地区油品价格波动相对平稳（表 3-2-3）。受原油价格保持低位影响，2015 年成品油零售价较上年有所下降，预计 2016 年国际成品油价格将略低于上年。

表3-2-3 2015年全年三大市场成品油平均价格 单位：美元/桶

品 种	美国纽约港		欧洲鹿特丹		亚太新加坡		原油价格	
	成品油价格	同比	成品油价格	同比	成品油价格	同比	WTI	布伦特
汽油	74.47	-44.24	66.91	-43.12	68.69	-42.21	48.76	53.6
柴油	66.09	-48.79	66.90	-47.70	64.74	-47.92		
航空煤油	67.65	-49.67	66.62	-48.00	65.00	-47.48		

1. 三大市场成品油现货价格水平下降幅度整体小于原油降幅

2015年，三大市场成品油现货价格水平整体较上年大幅下降，平均降幅为41%；同期布伦特原油期货降幅为46.02%，WTI原油期货降幅为47.52%，成品油价格下降幅度整体小于原油降幅。

2015年，美国纽约港成品油价格总体下降，汽油价格波动相对较为剧烈（图3-2-10）。贸易商对市场偏紧的担忧使得美国汽油价格在驾驶季节期间被推至全年高点，随着担忧情绪的消散，价格迅速回落，2015年9月墨西哥湾沿岸的汽油价格平均下降20美元/桶。与汽油价格大起大落的走势相比，柴油价格总体保持平稳。

2015年，欧洲鹿特丹成品油价格总体下降，柴油、煤油价格走势基本一致，汽油价格波动较频繁（图3-2-11）。美国驾驶季节期间大西洋盆地地区汽油价格大幅攀升，欧洲炼厂开足马力生产，供给过剩导致价格随后迅速下调。柴油受一季度严寒天气的影响，价格一度上扬，但柴油市场总体维持宽松局面，天气转暖后价格回落。

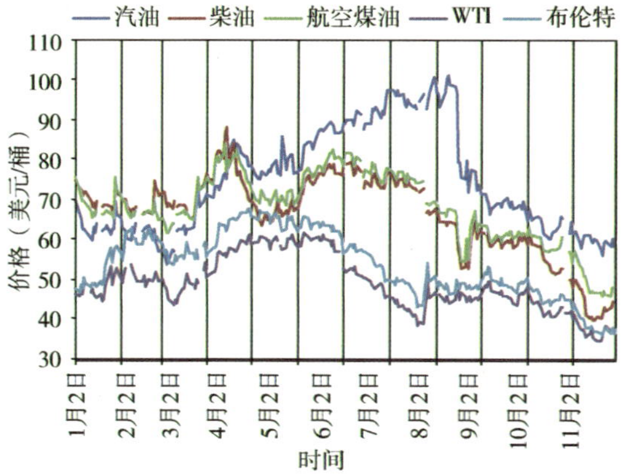

图3-2-10 2015年纽约港市场成品油价格走势

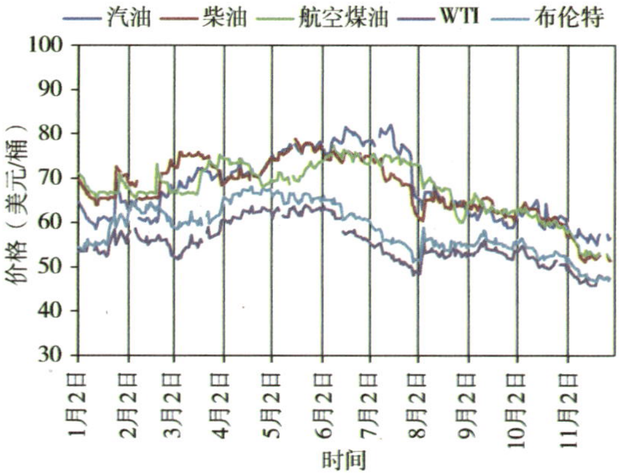

图3-2-11 2015年鹿特丹市场成品油价格走势

2015年，亚太新加坡成品油价格总体下降，波动幅度小于美国和欧洲市场（图3-2-12）。由于亚太地区不存在大量跨区资源流动情况，柴油、煤油价格与布伦特原油价格走势基本相似，汽油价格略有背离。亚太市场汽油需求持续增长，夏季出行拉动汽油消费带动价格上行，随着区内炼厂在8月陆续结束检修，加上中东炼厂增产，亚太汽油价格承压下行。

2. 世界典型国家和地区成品油零售价格总体下降

2015年，世界典型国家和地区成品油零售价格受国际原油价格影响总体下降，但具体国家和地区表现各异（表3-2-4）。发达国家和地区成品油零售价格与原油价格紧密联动，下降幅度基本一致。实行油价管制的国家，由于政府采取减少燃料补贴或增加税收等行政手段进行干预，成品油零售价格降幅小于原油降幅。从税负水平看，中国汽油价格中税收所占比例约为50%，低于英国（59%）和韩国（52%），高于美国（15%）、日本（41%）和新加坡（36%）；中国柴油价格中税收所占比例约为37%，高于日本（35%）、美国（12%）和新加坡（7%），低于英国（67%）和韩国（50%）。从不含税零售价看，中国汽油、柴油价格与发达国家和地区基本相同，总体价格水平低于新加坡。目前世界零售汽油、柴油价格最便宜的3个国家分别是委内瑞拉、利比亚和沙特阿拉伯，最贵的3个国家和地区分别是中国香港、百慕大和荷兰，中国成品油价格处于世界中等水平。

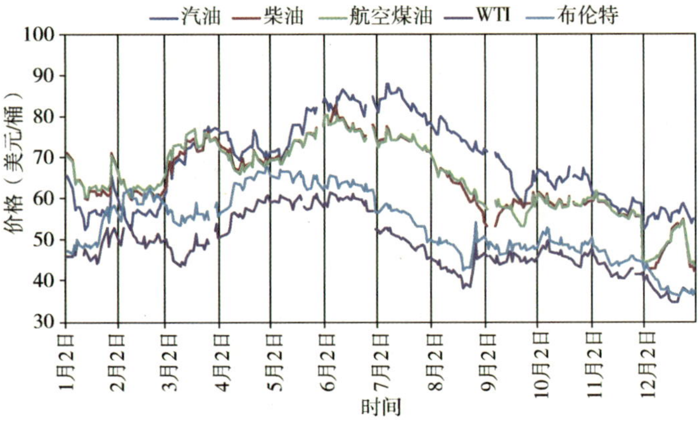

图3-2-12　2015年新加坡市场成品油市场价格走势

表3-2-4　2015年1—11月典型国家和地区汽油、柴油平均零售价　　单位：元/升

国家和地区	品　号		不含税		含税	
			汽油	柴油	汽油	柴油
中国（北京）	92号国Ⅴ	0号国Ⅴ	3.60	3.65	6.17	5.81
韩国	92号	柴油	3.33	3.68	8.46	7.29
新加坡	95号	柴油	6.82	5.51	9.29	5.89
美国	普通	柴油	3.74	3.98	4.19	4.50
英国	95号	柴油	3.38	3.65	10.74	11.06
中国台湾	92号	柴油	3.19	3.37	4.77	4.37
中国香港	汽油	柴油	6.76	6.31	11.66	7.19

注：汇率采用中国人民银行公布数据。

四、世界主要地区成品油贸易情况

1.美国成品油净出口规模持续扩大，进一步改变世界成品油贸易格局

近年来由于北美原油产量的增长和运输基础设施的逐步改善，美国成品油开始面向全球大量出口。首当其冲的是拉丁美洲和欧洲，共占美国成品油出口总量的85%以上。

2015 年，美国成品油净出口量达 116.3 万桶/日，较上年增长 17.6%（表 3-2-5）。其中，汽油出口为 54.9 万桶/日，较上年增长 5.9%。美国汽油主要出口至拉丁美洲，由于拉丁美洲经济增长拉动石油产品需求，但炼油能力低下导致供不应求，自 2010 年以来从美国进口的汽油增长近 54%，已成为美国最重要的出口市场。2015 年，美国柴油出口达 123.8 万桶/日，较上年增长 9.6%。美国柴油主要出口至拉丁美洲及欧洲，所占比例分别为 69%和 24%。2015 年，美国柴油出口市场继续扩张，向非洲出口量迅速上升至 5 万桶/日。这一数字较 2010 年增长了 10 倍，意味着美国对全球成品油市场的争夺日渐激烈。

表3-2-5 2010—2015年美国成品油净出口 单位：万桶/日

年份	汽油		柴油		航空煤油		净出口
	进口	出口	进口	出口	进口	出口	
2010	87.5	33.3	22.8	65.6	10.0	8.5	-12.9
2011	82.3	52.3	17.9	85.4	7.1	10.3	40.7
2012	66.3	49.8	12.6	100.7	5.6	13.8	79.8
2013	64.1	49.5	15.5	113.4	8.5	16.2	91.1
2014	56.8	53.6	19.6	112.9	9.3	18.0	98.9
2015	54.9	56.8	18.2	123.8	10.0	18.9	116.3

数据来源：IHS能源。

2. 欧洲成品油进口增加、出口减少

受来自美国和中东大量进口油品的冲击，加上需求持续疲软，欧洲区内资源供应严重过剩。区内炼厂开工率继续走低。能源咨询机构 JBC 的报告显示，即使不考虑全球其他地区炼厂竞争加剧造成的不利影响，单从欧洲需求下降估计，欧洲将每年关闭一家大型炼厂或两家规模较小的炼厂，预计 2020 年前欧洲将关闭 10 座炼厂，从而使区内炼油产能不足，可能会导致欧洲成品油进口贸易规模进一步扩大。

2015 年，欧洲汽油贸易呈现 “双降”格局，一方面欧洲区内需求疲软导致各国间贸易量下降至近 5 年来的最低值 61 万桶/日；另一方面欧洲向美国、非洲、拉丁美洲的出口量均有所下滑，分别较上年下降 17%、6%和 8%，对中东出口量则勉强与上年持平。欧洲柴油贸易主要在区内各国之间展开，少量出口至非洲、中东及拉丁美洲。2014 年以来，美国、俄罗斯及中东均加大在欧洲市场的竞争力度，进一步加剧了区内过剩局面。

3. 中东炼油能力持续增长，已成为柴油净出口地区

近年来由于中东不少炼厂采取拔顶—加氢的较简单工艺流程，缺乏加工本地重质油的裂化和加氢装置，使得燃料油产量居高不下，汽油产量不足，使中东汽油市场严重依赖进口。中东地区炼能的扩张一方面有助于中东实现成品油自给自足，另一方面也将改变亚洲成品油贸易流向。

2015 年，中东地区汽油持续供不应求，净进口量达 23.2 万桶/日，主要进口来源为欧洲

和印度。值得注意的是，中东从欧洲的进口量较上年下降22%，为近年来的首次负增长。中东柴油主要出口至欧洲，2015年出口量为20万桶/日，较上年增长近1.7倍。2015年中东柴油实现近5年来的首次净出口，标志着中东已成为柴油净出口地区（表3-2-6）。

表3-2-6 世界典型国家成品油贸易情况

地区	国家	目标市场	主要出口品种
北美	美国	拉丁美洲、欧洲、非洲、亚太	汽油、柴油、航空煤油、残渣燃料油
欧洲	—	非洲、中东、拉丁美洲、北美、亚太	汽油、石脑油、残渣燃料油
中东	沙特阿拉伯	中东、欧洲、非洲	柴油、航空煤油、石脑油、残渣燃料油
	阿联酋	中东、欧洲、非洲	柴油、航空煤油、石脑油、残渣燃料油
亚太	印度	中东、亚太、欧洲、非洲、北美、拉丁美洲	汽油、柴油、航空煤油、石脑油、残渣燃料油
	新加坡	亚太、非洲	汽油、柴油、航空煤油
	韩国	亚太、北美、非洲	汽油、柴油、航空煤油、残渣燃料油
	中国	亚太、北美、欧洲、中东	汽油、柴油、航空煤油

4. 亚太地区汽柴煤油持续过剩，但各国情况差异较大

2015年，亚太地区成品油净进口达147万桶/日，同比增长9.7%。分品种看，燃料油、石脑油需大量进口，柴油、汽油和航空煤油持续过剩，过剩量分别为58万桶/日、10万桶/日和32万桶/日，柴油过剩最为严重。分国别看，中国过剩油品出口增加，韩国出口市场转向澳大利亚、新加坡、印度尼西亚及其他东南亚国家，印度通过向中东、拉丁美洲出口来巩固自身贸易地位。长远来看，印度尼西亚、澳大利亚及亚洲其他新兴经济体的成品油进口仍将持续，印度、韩国和中国的出口将增加（表3-2-7）。

表3-2-7 2015年亚太地区各国汽柴煤油净出口情况　　单位：万桶/日

国家和地区	汽油	柴油	航空煤油	合计
澳大利亚	-12	-24	-8	-44
中国	13	11	6	30
印度	44	68	17	129
印度尼西亚	-38	-22	-3	-63
日本	3	15	3	21
马来西亚	-15	3	-1	-13
巴基斯坦	-8	-6	0	-14
菲律宾	-4	-7	-2	-13
新加坡	20	16	9	45
韩国	21	48	31	100
中国台湾	8	19	2	29

续表

国家和地区	汽油	柴油	航空煤油	合计
泰国	3	9	2	14
越南	-8	-12	-3	-23
亚太其他地区	-10	-30	-16	-56
合计	17	88	37	142

数据来源：FGE能源。

1）新加坡市场地位稳固，出口贸易保持强劲

新加坡是亚太地区最大的成品油集散和定价中心，主要针对亚太地区出口，其中马来西亚、印度尼西亚及澳大利亚是新加坡三大出口市场，约占其出口总额的55%。2015年，新加坡汽柴煤油净出口量为45万桶/日，同比增长41%。其中，汽油出口量为20万桶/日，较上年增长1.7倍；柴油出口量为16万桶/日，同比增长8.7%。尽管中东炼油能力的崛起及东南亚部分国家的炼能投资计划未来将对新加坡产生较大影响，但地理位置优越、运费低廉仍将是其维持市场地位稳固的优势，同时有望通过增加炼厂投资来实现产品的多元化，保持市场竞争力。

2）印度实施成品油多元化出口策略应对成品油贸易竞争

印度是亚太地区主要的成品油净出口国， 2015年，印度汽柴煤油净出口量达129万桶/日，同比增长9.5%。中东是除亚太地区外印度第二大成品油出口市场，2015年占印度汽油和柴油出口总量的28%。随着沙特阿拉伯和阿联酋炼油能力的迅速增长，未来几年不仅会替代部分印度的出口，还将蚕食印度在欧洲和非洲的市场份额。目前印度已改变策略积极应对贸易竞争，在保持现有非洲和欧洲市场份额的同时，将目标转向拉丁美洲，2015年印度向拉丁美洲出口汽油较上年增长1.2倍。

3）韩国向东北亚国家出口减少，目标转向东南亚和大洋洲

韩国传统的成品油出口市场中国和日本都日渐饱和，中国和日本进口需求下滑导致韩国调整出口策略。目前，东南亚已替代东北亚成为韩国最大的出口市场，占其出口总量的39%。此外，韩国国内炼厂正加速向出口型炼厂转型，不断更新升级以达到澳大利亚严格的油品标准。目前韩国已成为澳大利亚成品油市场的重要供应来源国。

4）澳大利亚炼厂持续关闭，成为亚太地区重要的成品油净进口国

澳大利亚在关闭克内尔（Kurnell）炼厂（12.5万桶/日）和布尔沃（Bulwer）炼厂（9.5万桶/日）后，其国内炼油能力仅为41万桶/日，不及其油品需求的50%。2015年，澳大利亚汽油、柴油和煤油进口量达45万桶/日，较2011年增加约25.5万桶/日。预计2020年，汽柴煤油进口量将达61.5万桶/日，受吉朗炼厂可能关闭的影响，这一数字将进一步扩大。目前澳大利亚已是亚太地区最大的柴油进口国和第二大汽油进口国，成为各国激烈争夺的重要市

场。

5）印度尼西亚有望成为东南亚油品需求引擎

近年来，印度尼西亚国内经济增长导致国民收入增加，汽车销量上升，汽油需求快速增加，加上国内新建扩建炼厂计划不断推迟导致供不应求，使印度尼西亚成为仅次于美国和墨西哥的世界第三大汽油进口国。2015年，印度尼西亚成品油净进口量达63万桶/日，较上年增长2%，其中汽油和柴油净进口量分别为38万桶/日和22万桶/日。预计印度尼西亚在2020年前仍将是东南亚最大的成品油进口国。

五、2016年世界成品油市场展望

2016年，全球成品油需求将继续增长，但供需总体仍将宽松。美国成品油出口力度加大，净出口国地位稳固；亚太汽油过剩将有所缓解，柴油过剩加剧；中东成品油出口将继续增加；非洲、拉丁美洲石油需求上升，成品油进口量将持续增长。全球成品油贸易有望从传统的中短程运输转向长距离运输（图3-2-13）。

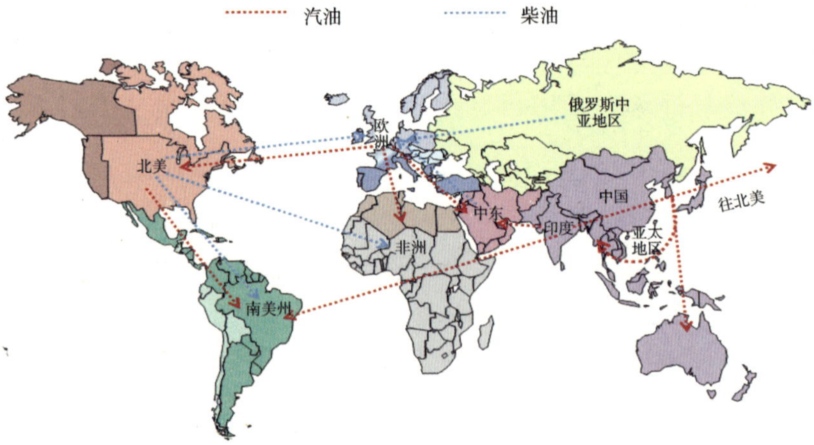

图3-2-13 世界成品油贸易流向

数据来源：中国石油集团经济技术研究院

1. 全球成品油供需整体仍将宽松

2016年，全球经济仍将处于缓慢复苏之中，预计全球成品油需求量有望达到8232万桶/日，比2015年8177万桶/日略有增长。2016年，全球炼油能力将继续增加导致供给上升，预计成品油供给为8358万桶/日，高于2015年的8272万桶/日，供大于需126万桶/日，但部分地区由于结构性调整将会出现一定的供需失衡。

2. 美国加大成品油出口力度，净出口国地位稳固

得益于较高的毛利水平，美国炼厂开工水平继续保持高位，过剩油品出口规模进一步扩大。预计2016年，美国汽柴煤油净出口量将达128万桶/日，较5年前其首次成为成品油净

出口国时增长近 3.2 倍。美国成品油净出口国地位稳固，出口目标市场不断扩大，柴油净出口将呈规模化，汽油、航空煤油净出口继续增加。

3. 亚太地区汽油过剩将有所缓解，柴油过剩加剧

预计 2016 年亚太地区过剩产能将下降至 220 万桶/日，主要原因是澳大利亚、日本、中国台湾等国家和地区的部分炼厂持续关闭，同时低油价刺激需求增长。预计亚太地区石脑油及燃料油仍存在供应缺口，但燃料油增长的幅度受需求结构性调整会有所下滑，汽油及航空煤油需求上升，汽油过剩有所缓解，柴油过剩局面受中国需求下降及供给严重过剩的影响将进一步加剧。

4. 中东炼油业的崛起将对全球成品油贸易产生重要影响

中东炼油能力急速扩张，预计未来 5 年内总炼油能力将达到 900 万桶/日。随着中东油品需求增速的下降，中东有可能转变为成品油净出口区。中东汽油大部分出口非洲，柴油大部分出口至欧洲，少量出口至非洲，煤油除出口到欧洲外，未来将转向非洲和亚太地区。中东成品油自给能力的提升也将迫使亚太地区过剩的油品另寻出路，全球成品油贸易格局将进一步改变。

5. 非洲、拉丁美洲石油需求上升，成品油进口量将持续增长

非洲近年来随着经济发展的加快成品油需求迅速上升，但受制于资金短缺、安全及政治局势动荡的影响，炼油能力增长缓慢，导致成品油进口量不断增加，预计未来 5 年非洲汽油、柴油和煤油净进口量年均增速将达 8%。拉丁美洲尽管近两年经济增速有所放缓，但在区内炼油能力增长缓慢及油价低位运行的背景下，成品油进口量持续增长，预计 2020 年净进口量将达到 164 万桶/日。

6. 成品油贸易比重稳定增长，长距离跨区运输比例增加

全球石油贸易目前正从以原油为主逐步向原油、成品油并重转变，美国原油进口减少、成品油出口增加，亚太地区油品出口力度加大等因素将导致成品油贸易比重继续上升。美国成品油出口目标市场扩张至南美、非洲，中东炼油能力增长导致汽油进口减少，柴油转为净出口。亚太地区成品油向世界各地出口。受此变化影响，全球成品油贸易以传统的中短程运输为主导的局面将有所改变，从沙特阿拉伯和印度运往亚太地区、欧洲和非洲，从美国运往非洲、欧洲的长距离运输比例将增加。

（本节撰写人：马玉姣）

第四章　中国石油市场分析

2015 年，中国石油需求持续中低速增长，石油对外依存度首破 60%。国内原油加工量稳步增长，成品油市场资源宽松，净出口继续增加。成品油销售景气指数振荡下行。柴油消费不振，煤油消费增速明显走高，汽油成为拉动油品消费主要动力。2016 年，石油需求将维持中低速增长，石油进口继续扩大。2016 年，中国成品油需求增速放缓，原油加工量增加，成品油净出口进一步扩大，国内市场竞争加剧。

第一节　中国石油市场回顾

2015 年，国内石油需求延续中低速增长态势。石油和原油消费量增速有所提高，对外依存度持续提高。成品油供过于求形势有所加剧，主要油品消费增速增减各异。

一、石油消费持续中低速增长，石油和原油对外依存度双破 60%

2015 年，中国石油消费总体延续过去几年的中低速增长态势，估计全年石油表观消费量为 5.43 亿吨，同比增加 0.25 亿吨，增速为 4.8%，较 2014 年提高 1.0 个百分点。从主要用油行业看，2015 年汽车市场景气下降，乘用车销量连降 3 月，柴油车销量继续下滑。随着农业机械化程度的普遍提高，农机保有量增速放缓。交通运输业、制造业、工业、基建、电力等行业增长乏力，拖累了石油需求增长。

分季度（图 4-1-1）看，一季度宏观基本面缺乏利好支撑，石油表观消费增速较上年同期低 0.9 个百分点。二、三季度国内原油进口权使用权放开、九江石化扩能，国内新需求陆续启动，石油需求增速相对较快。前三季度石油表观消费量同比分别增长 3.6%、5.6%和 6.7%。四季度，受上年同期原油进口基数较大的影响，石油消费增速有所回落，增速约为 3.2%，全年增长 4.8%。

必须说明的是，2015 年 1 月 26 日，国家发改委发布《关于加强原油加工企业商业原油库存运行管理的指导意见》，要求建立最低原油商业库存制度并设置炼油企业的最低库存要求，即 15 天的设计日均加工量。按此估算，剔除加工企业运行所需的库存保障外，约有 1750 万吨原油资源可能计入包括战略储备和商业储备等各类库存，由此估算 2015 年中国实际石油消费量增速约为 4.4%，较表观需求增速低 0.4 个百分点。

2015 年，中国原油消费保持较快增长，全年原油表观消费量 5.46 亿吨，同比增长 5.6%，增速较 2014 年回落 0.2 个百分点（图 4-1-2）。从年内走势看，国际油价是原油表观消费量增速波动的主导因素。1—5 月国际油价反弹，原油表观消费量增速较 2014 年下降 3.9 个百分点。

随后，国际油价振荡下行，原油进口量同比扩大，其中 6—7 月原油进口同比增量均超过 600 万吨，6—10 月原油消费增速同比提高 4.7 个百分点。下半年原油消费的过快增长，加剧了国内成品油供需宽松形势，成品油净出口量增加，原油表观消费量增速略高于石油消费。

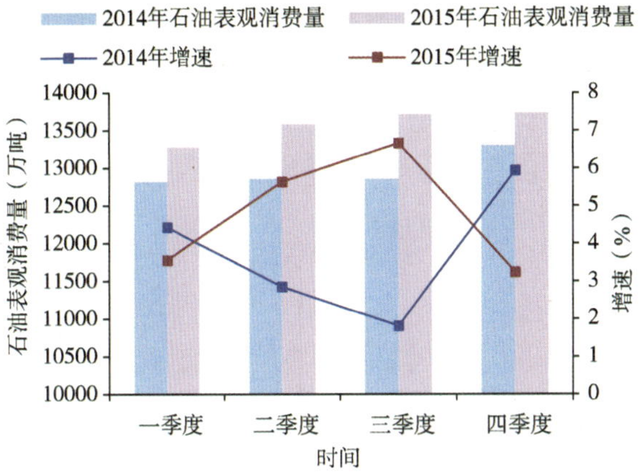

图4-1-1　2014—2015年中国石油表观消费量及增速（1—2月为累计数据）

数据来源：国家统计局、海关总署

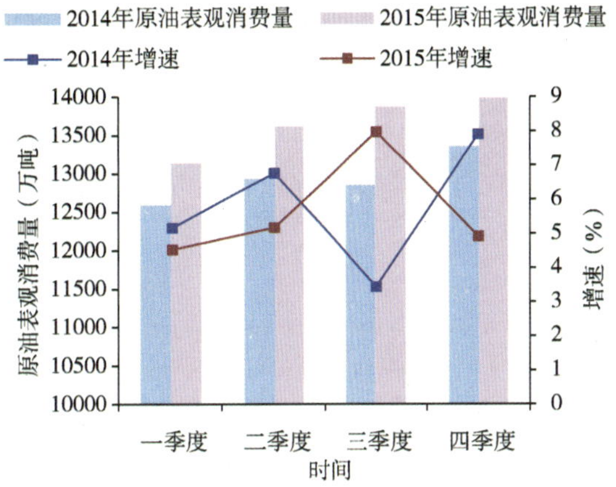

图4-1-2　2014—2015年中国原油表观消费量及增速（1—2月为累计数据）

数据来源：国家统计局、海关总署

2015 年国内原油产量约为 2.14 亿吨，同比增长 2.0%。原油净进口量为 3.33 亿吨，同比增长 8.1%，增速较 2014 年低 1.6 个百分点。估计全年石油净进口量为 3.26 亿吨，同比增长 5.8%，增速比 2014 年高 0.04 个百分点。石油和原油对外依存度分别为 60.6%和 60.9%，首次双破 60%，较 2014 年分别上升 1.0 个百分点和 1.5 个百分点（图 4-1-3、图 4-1-4）。

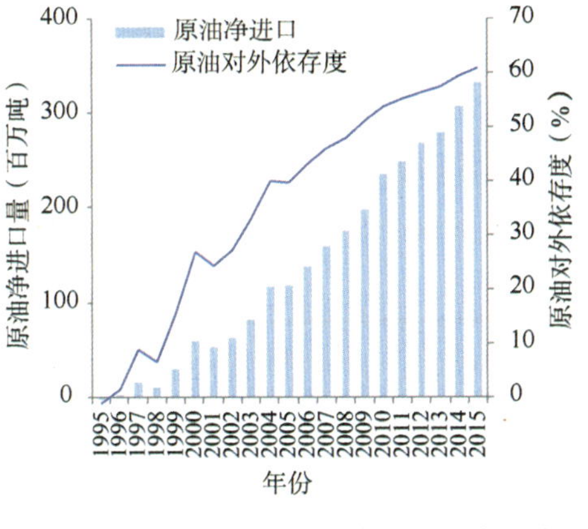

图4-1-3　1995年以来国内原油对外依存度变化

数据来源：国家统计局、海关总署

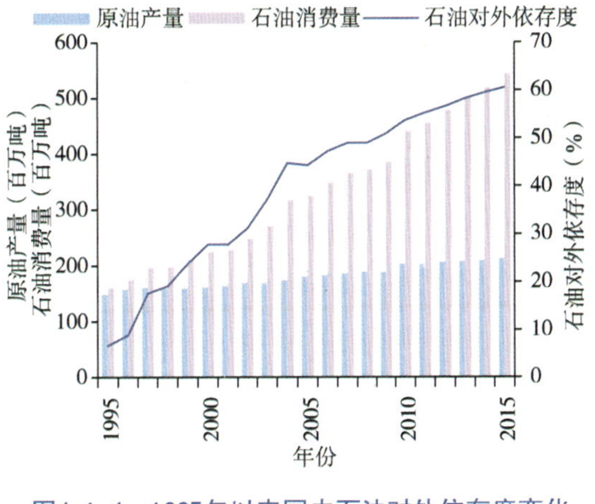

图4-1-4　1995年以来国内石油对外依存度变化

数据来源：国家统计局、海关总署

二、国内成品油供应严重过剩，销售景气指数振荡下行

1. 成品油消费延续中低速增长，产量平稳增长，市场供需更加宽松

2015 年，国内宏观经济增长放缓、传统产业生产低迷、物流景气度较低，成品油消费总

体延续中低速增长态势。估计全年成品油消费量（国家统计局口径，下同）为 3.18 亿吨，同比增长 5.3%，增速与 2014 年大致持平。分季度（图 4-1-5）看，一季度国内成品油市场消费总体平稳，汽油和煤油需求受春节因素拉动快速增长，柴油尚在消费淡季，但国际油价振荡走强助推成品油投机需求。二季度柴油需求有所启动，频繁小长假刺激汽油、煤油消费，成品油消费量和增速均升至年内高位。进入三季度，受国际油价振荡下行和乘用车销量连降 3 个月的共同作用，汽油消费增速放缓拖累成品油消费增速放缓。四季度国内经济缓中趋稳，加之上年同期基数相对较高，成品油消费增速有所回落。

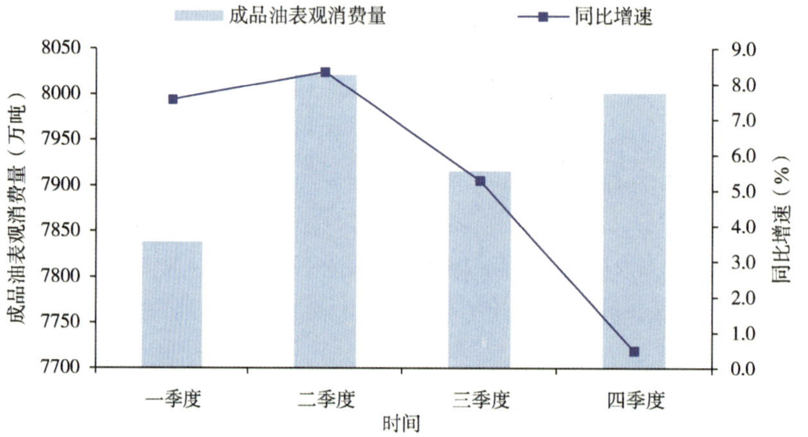

图4-1-5　2015年分季度成品油消费量及同比增速

数据来源：国家统计局、海关总署

2015 年，国内炼厂开工率有所回升，估计全年原油加工量为 5.22 亿吨，成品油产量为 3.37 亿吨，供大于需 1973 万吨，较 2014 年扩大 478 万吨，成品油市场供过于求程度扩大。分季度看，成品油供过于求程度呈逐季扩大态势（图 4-1-6 至图 4-1-9）。一、二季度成品油产量增长高于表观消费量增长，产需差逐步扩大。三季度乘用车销量增速大幅下降，造成三季度汽油表观消费量环比仅微幅增长。四季度有所反弹，带动汽油表观消费量回升，供过于求程度降低。

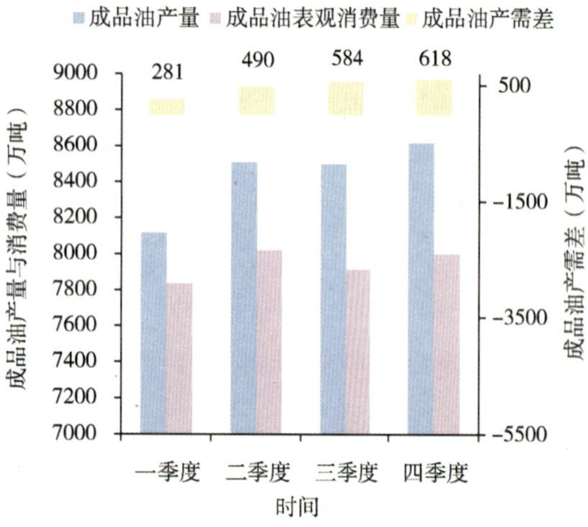

图4-1-6　2015年成品油产需差

数据来源：国家统计局、海关总署

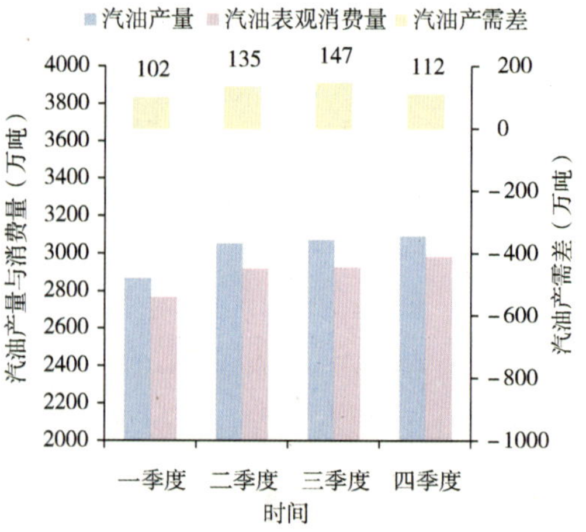

图4-1-7　2015年汽油产需差

数据来源：国家统计局、海关总署

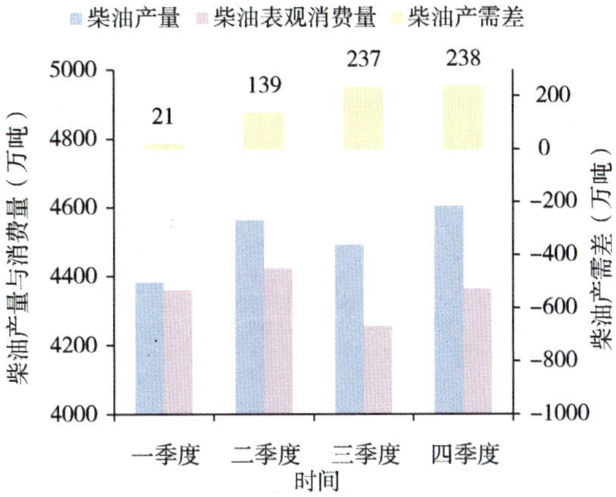

图4-1-8　2015年柴油产需差

数据来源：国家统计局、海关总署

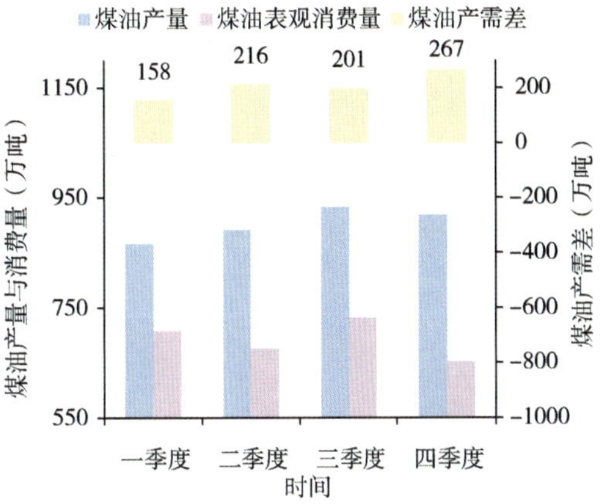

图4-1-9　2015年煤油产需差

数据来源：国家统计局、海关总署

2015 年，三大油品净出口量持续增加。估计全年净出口成品油 1973 万吨，较 2014 年增加 478 万吨。其中，汽油出口 496 万吨，较上年仅增 1 万吨；柴油出口 635 万吨，较上年增 272 万吨；煤油出口 842 万吨，较上年增 205 万吨（表 4-1-1）。

表4-1-1　2015年1-11月成品油进出口情况

产品名称	成品油进出口					
	1—11月进口（万吨）	同比增速（%）	1—11月出口（万吨）	同比增速（%）	1—11月净出口（万吨）	同比增速（%）
成品油	374	-10.7	2221	24.7	1847	35.6
汽油	17	398.3	501	10.1	484	7.2
煤油	318	-16.6	1102	17	784	39.7
柴油	39	14.1	618	61	579	65.5

数据来源：国家统计局、海关总署。

2. 东部地区仍是成品油需求主体，汽油增速“中低东西高”，柴油增长“中正东西负”

2015 年，中国成品油需求增长由东部向内地转移，汽油增速呈现“中低东西高”走势，而柴油增速出现了中部地区正增长、东西部地区负增长的分化走势（图 4-1-10、图 4-1-11）。从绝对量看，东部地区仍是国内汽油、柴油需求的主力，东部 11 个省区汽油、柴油消费量占全国的比重为 49.2%，中部 8 个省区所占比例为 24.0%，西部 12 个省区所占比例为 26.9%（图 4-1-12、图 4-1-13）。

3. 价格调整更加频繁，价格到位率总体下行，销售景气指数振荡下行

2015 年，国内汽油、柴油价格调整频繁，调价次数达 19 次之多，7 次上调，12 次下调，全年合计下调汽油价格 670 元/吨，柴油 715 元/吨。国内汽油、柴油批发价格到位率总体呈下行趋势，尤其是 8 月国际油价相对低点，社会单位汽油、柴油批发价格到位率一度下探至 80%。据中

国石油集团经济技术研究院监测，2015 年 1—12 月，主营单位 93 号汽油批发平均价格到位率为 91.3%，较 2014 年下降 2.0 个百分点；0 号柴油批发平均价格到位率为 91.4%，较 2014 年下降 6.0 个百分点（图 4-1-14、图 4-1-15）。社会单位 93 号汽油批发平均价格到位率为 88.2%，较 2014 年下降 1.7 个百分点；0 号柴油批发平均价格到位率为 88.6%，较 2014 年下降 5.6 个百分点。

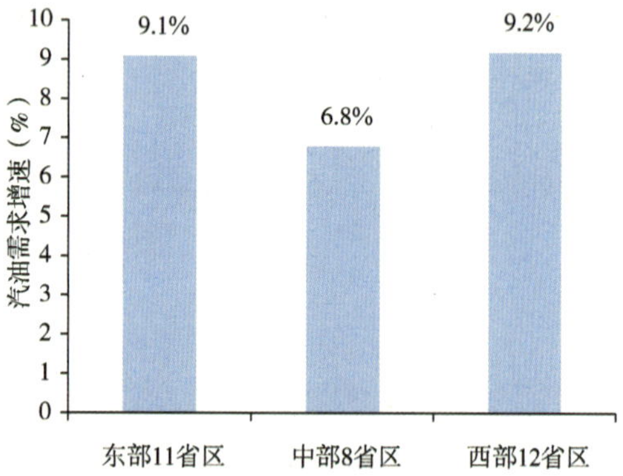

图4-1-10　2015年中国分区域汽油需求增速

数据来源：中国石油集团经济技术研究院

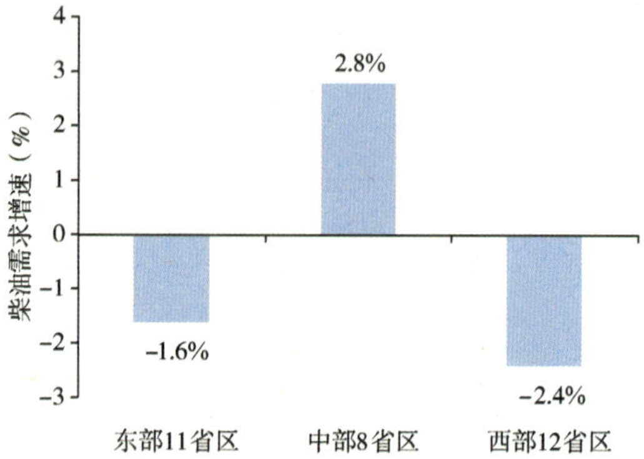

图4-1-11　2015年中国分区域柴油需求增速

数据来源：中国石油集团经济技术研究院

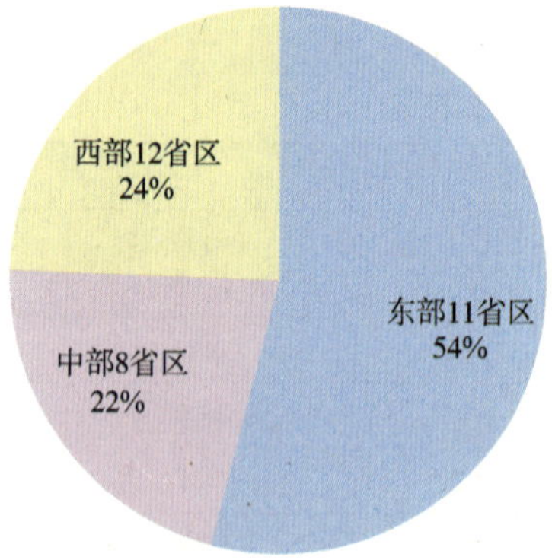

图4-1-12　2015年中国分区域汽油需求所占比例

数据来源：中国石油集团经济技术研究院

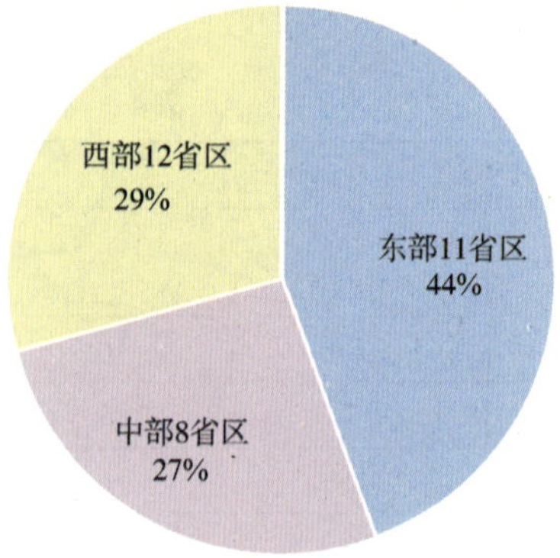

图4-1-13　2015年中国分区域柴油需求所占比例

数据来源：中国石油集团经济技术研究院

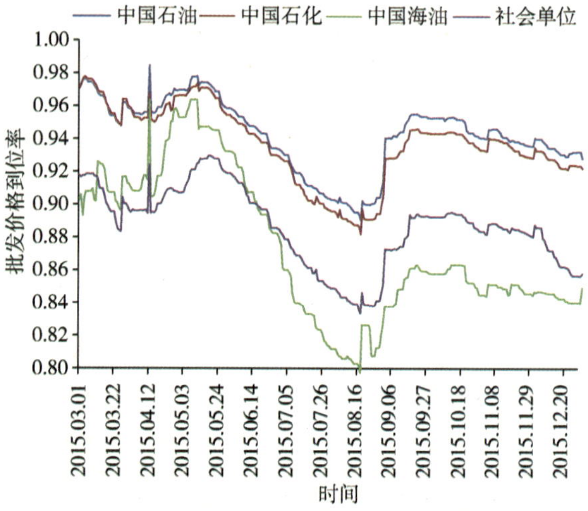

图4-1-14　93号汽油批发价格到位率

数据来源：中国石油集团经济技术研究院

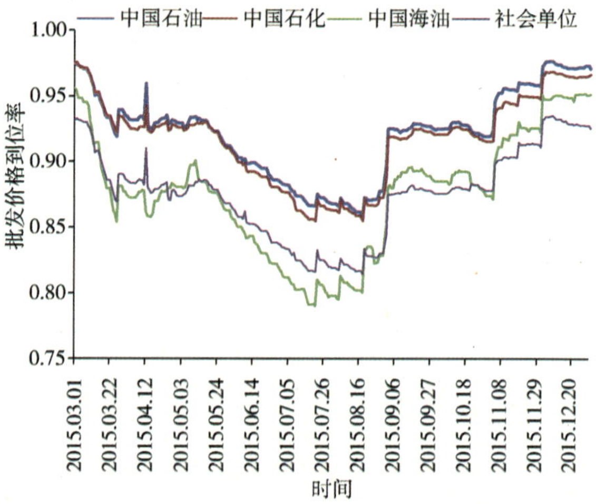

图4-1-15　0号柴油批发价格到位率

数据来源：中国石油集团经济技术研究院

为反映国内成品油市场景气程度，把握市场需求的变化趋势，中国石油集团经济技术研究院建立了成品油销售景气指数系统（MBI，Market Boom Index）。通过对全国671家销售部门进行问卷调查，构建了国内成品油市场销售景气指数及8个分项指数，分别为综合经营指数、批发销量指数、零售销量指数、汽油库存指数、柴油库存指数、汽油价格指数、柴油价格指数和经济走势指数。从2015年分项指标看，除汽油库存指数有所增长外，其他分项指数全年均不同程度振荡下行（图4-1-16、图4-1-17）。

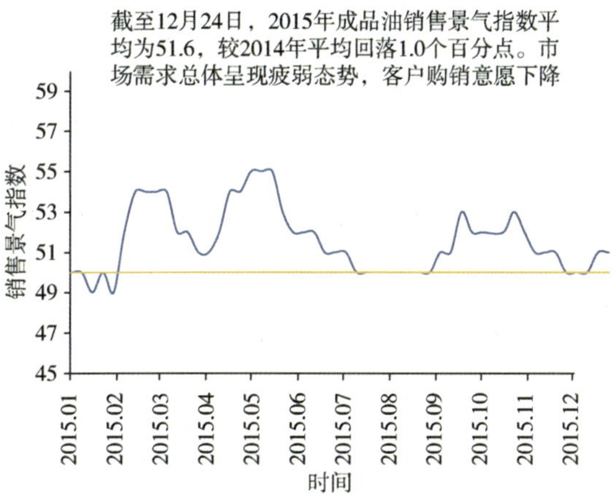

图4-1-16　国内成品油销售景气指数

数据来源：国家统计局、海关总署

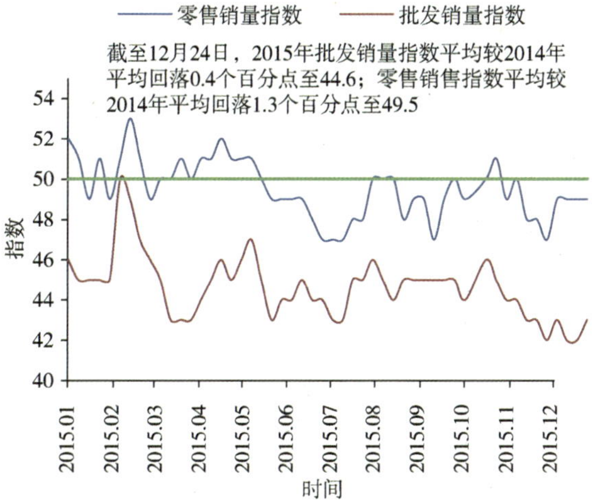

图4-1-17　国内成品油批发和零售销量指数

数据来源：国家统计局、海关总署

三、汽油消费快速增长，煤油消费高速增长，柴油消费低迷

1. 汽油消费保持快速增长，增速放缓

2015年1—11月，汽油表观消费量为10553.0万吨，同比增长11.0%，增速较2014年同期下降0.6个百分点，仍保持较高增长（图4-1-18）。估计全年汽油表观消费量为11599万吨，同比增长10.1%，增速较2014年下降2.4个百分点。

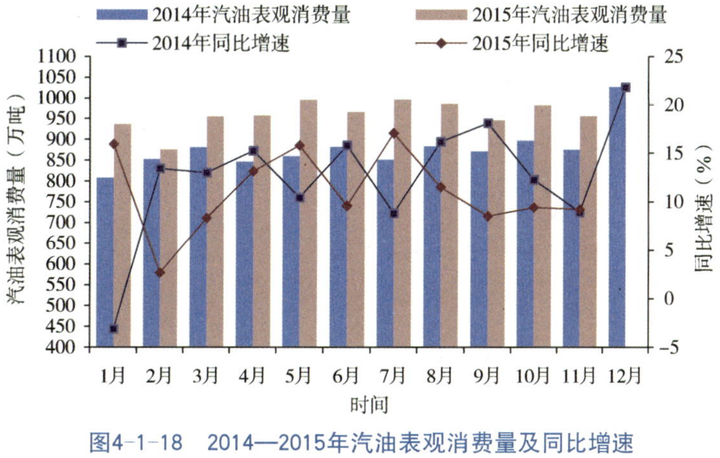

图4-1-18　2014—2015年汽油表观消费量及同比增速

数据来源：国家统计局、海关总署

2015年，乘用车市场增速明显放缓，产销增速总体下降，二、三季度受股市振荡和限牌影响，一度进入负增长区间。但乘用车市场基本盘较大，且目前中国仍处于汽车消费的普及阶段，将继续支撑汽油需求刚性平稳增长（图4-1-19）。

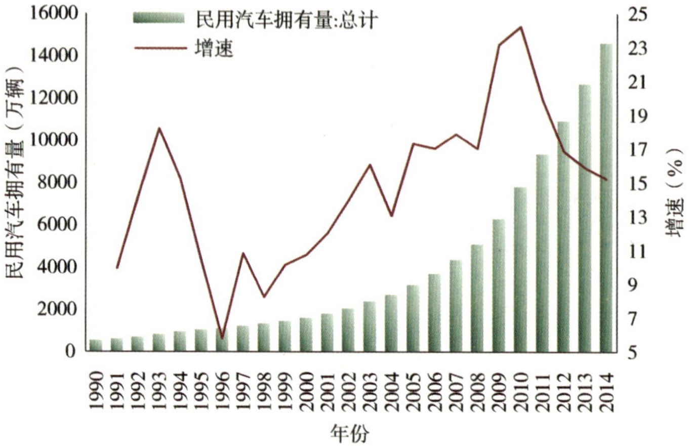

图4-1-19　1990—2014年民用汽车拥有量及增速

数据来源：国家统计局、海关总署

2. 柴油需求依然疲软，消费柴汽比继续下行

2015年，柴油表观消费量延续微幅增长态势。估计全年柴油表观消费量为17407万吨，同比增长仅为0.8%，增速较2014年下降0.7个百分点（图4-1-20）。经过对公路运输、制造业、建筑施工、电力4个柴油主要消费部门实际用油调查，各部门实际消费增速显著低于表观消费增速，柴油表观消费的增加更多反映的是柴油库存水平的增加。

分部门看，2015年除农业用油小幅增长外，交通运输、工业和基建用油均有回落，发电用油与上年同期基本持平（图4-1-21）。与行业用油的低迷相比，柴油表观消费的增加更多反映的是柴油库存水平的增加。

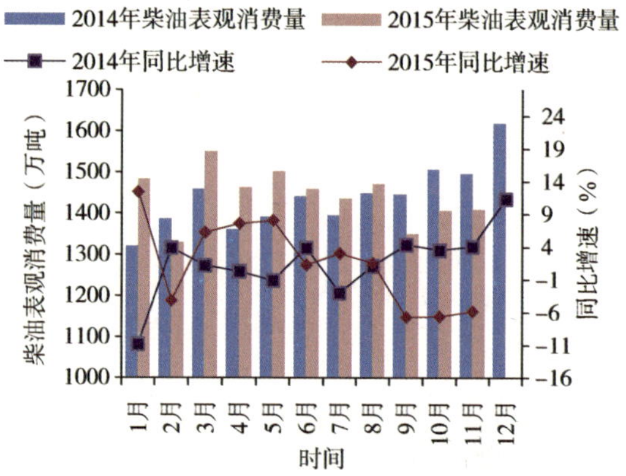

图4-1-20　2014—2015年柴油表观消费量及增速

数据来源：国家统计局、海关总署

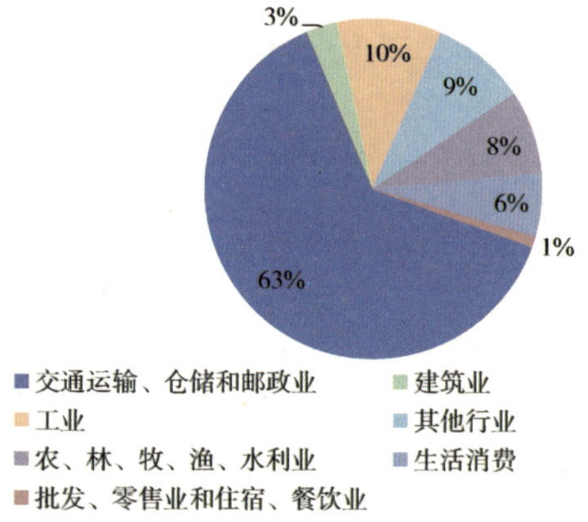

图4-1-21　各行业柴油表观消费量占比

数据来源：国家统计局、海关总署

（1）交通运输用油需求略有下降。受经济疲软和传统产业生产乏力拖累，大宗商品货运需求增长放缓。1—11月公路货运周转量同比增长6.0%，增速较上年同期回落3.7个百分

点。商用车销量增速持续深陷负增长区间，1—12 月商用车销量同比下降 9.0%，增速继续回落 2.4 个百分点。根据对 238 个公路运输企业监测点抽样调查结果（图 4-1-22）显示，1—11 月公路运输用油比上年同期减少 2.5%。估计全年运输业柴油消费量较 2014 年下降 1%。

（2）工业用油需求萎缩。2015 年 1—11 月，工业增加值同比增长 6.2%，较上年同期放缓 1.0 个百分点。根据对 224 个制造业企业监测点抽样调查结果（图 4-1-23）显示，1—11 月制造业用油比 2014 年同期减少 10.0%。所调查企业多主营批发业务，2015 年以来国际油价低位运行抑制了投机需求，批发企业多低库存运作，批发企业柴油需求降幅大于整体降幅。估计全年工业柴油消费同比下降 3.5%。

图4-1-22　2015年以来公路运输用油调查

数据来源：中国石油集团经济技术研究院

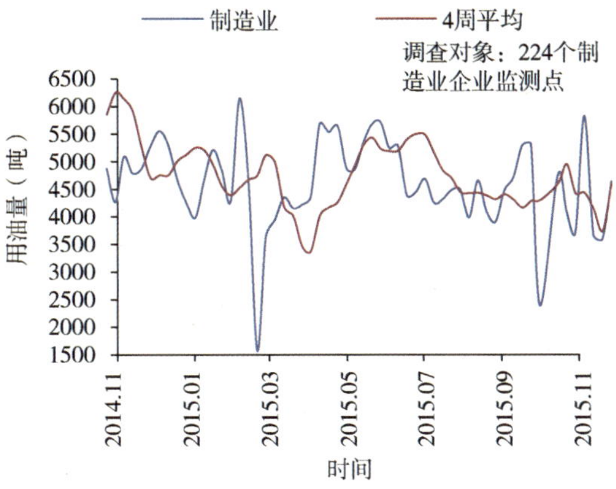

图4-1-23　2015年以来制造业用油调查

数据来源：中国石油集团经济技术研究院

（3）基建用油需求显著回落。2015 年基建投资高位放缓，房地产市场持续低迷，建筑业用油需求受到拖累。2015 年 1—11 月，基建投资同比增长 18.0%，较 2014 年同期放缓 2.9 个百分点；1—11 月房地产投资增长 1.3%，增速比 2014 年同期回落 10.6 个百分点。根据对 212 个建筑施工监测点抽样调查结果（图 4-1-24）显示，1—11 月建筑业用油比 2014 年同期减少 33.2%。估计全年基建行业柴油消费同比减少 12.0%。

（4）发电用油需求基本持平。2015 年全社会用电需求保持低速增长，发电用油需求增长稳中略降。根据对 117 个电力企业监测点抽样调查结果（图 4-1-25）显示，2015 年 1—11 月电力行业用油比上年同期微降 2.4%。估计全年发电用油需求同比持平。

（5）农业用油需求小幅增加。2015 年，国内农业机械总动力总体保持平稳增长，拉动农业柴油消费量增长。但受部分农业大省电力灌溉技术不断普及替代了柴油需求的影响，估计 2015 年农业柴油消费增速较上年放缓。

总体看，相比汽油需求变化，中国柴油需求变化与经济转型和产业结构调整之间的关系更为密切。2015 年，受宏观经济和传统产业低迷的影响，柴油刚性需求继续疲软，汽油需求则较快增长，因此消费柴汽比继续处于下行通道。2015 年消费柴汽比为 1.50，低于 2014 年的 1.64，连续 6 年下滑。生产柴汽比也随之下降，2015 年生产柴汽比为 1.49，低于 2014 年的 1.61，连续 5 年下滑，且消费柴汽比和生产柴汽比之间差距进一步收窄（图 4-1-26）。

图4-1-24　2015年以来建筑施工用油调查

数据来源：中国石油集团经济技术研究院

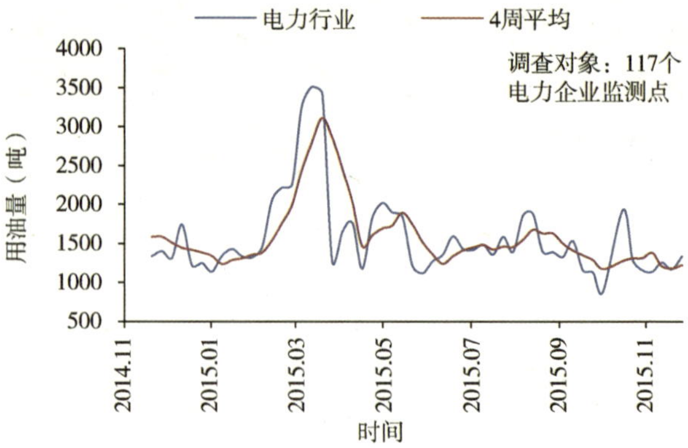

图4-1-25　2015年以来电力行业用油调查

数据来源：中国石油集团经济技术研究院

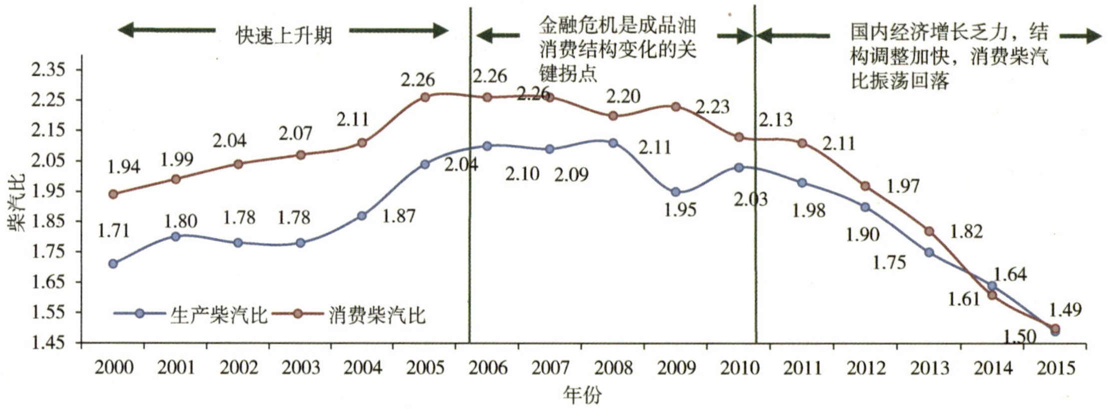

图4-1-26　21世纪以来中国生产和消费柴汽比变化情况

中国成品油消费增长已由柴油拉动转向由汽油拉动。在宏观经济增长放缓和经济结构调整、转型升级双重压力下，柴油需求持续低迷，对成品油消费的贡献率大幅下降，估计 2015 年柴油对成品油消费增量贡献率仅为 13.6%，汽油贡献率升至 63.3%，煤油贡献率升至 23.1%，汽油已取代柴油成为拉动成品油消费增长的主要动力。

3. 航空运输周转量增速提升，煤油消费增速明显走高

中国机场建设的快速推进、居民收入的稳步提升以及国际油价下跌背景下燃油附加费的取消，使 2015 年中国民用航空客运量保持了两位数的高速增长，带动航空煤油需求快速增长。估计 2015 年全年煤油表观消费量为 2770 万吨，同比增长 17.2%，增速较 2014 年提高 12.6 个百分点（图 4-1-27、图 4-1-28）。

值得关注的是，高铁快速发展已成为影响航空发展的不确定性因素。根据国家《中长期铁路网规划》，中国将建设客运专线 1.2 万千米以上，客车速度目标值达到每小时 200 千米以上，连通省会城市及大中城市间的“四横四纵”快速客运通道，以及环渤海地区、长江三角洲地区和珠江三角洲地区 3 个城际快速客运系统的建设，对 800 千米以下航运形成进逼之势。这也给国内煤油消费增长带来一定的不确定性。

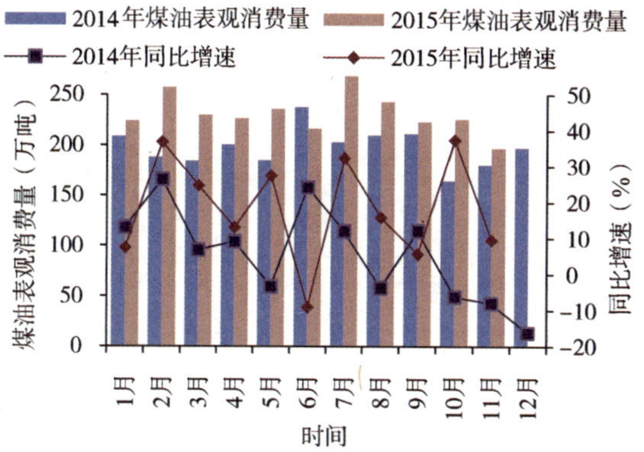

图4-1-27　2014—2015年煤油表观消费量及同比增速

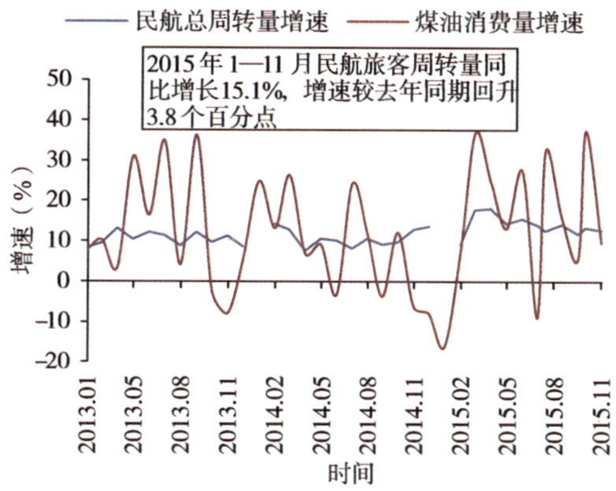

图4-1-28　近年来民航周转量与煤油消费量增速

四、石油骨干管网格局基本形成，石油储备布局稳步推进

2015年，全国石油管网格局基本形成，充分发挥了能源通道作用，同时也为实现资源优化配置奠定了基础。原油、成品油管道建设加快，当年建成原油管道375千米，改造原油管道93千米，建成成品油管道970千米。截至2015年底，全国已累计建成原油管道2.07万千米、成品油管道2.11万千米，石油管道总里程达到4.18万千米，石油管网基本实现全面覆盖，在区域间形成了优势互补的协调发展新格局。

2015年，中国已形成4.95亿桶石油储备能力。2015年12月，国家统计局公布建成8个国家石油储备基地，总储备库容为2860万立方米，合1.80亿桶储备能力。2015年新增1个商业石油储备基地，新增库容为132万立方米，合830万桶储备能力。截至2015年底，已建成26个商业石油储备基地，储备库容5010万立方米，合3.15亿桶储备能力。目前，在建商业石油储备基地6个，库容915万立方米，合5754万桶储备能力。

五、“十二五”国内石油市场进入转折期

2015年是“十二五”的收官之年。由表4-1-2可见，“十二五”期间中国石油市场供需实物量、进出口量、对外依存度、替代能源替代量等都发生了巨大的变化。“十二五”也是中国石油市场从21世纪初以来的高速发展向“新常态”发展的转折时期。这一时期，国内石油市场出现以下转折：供需由紧平衡转为宽松，成品油消费增速由高速转为中低速，成品油净出口由少转多，国内成品油消费驱动由柴油转向汽油，消费和生产柴汽比由高转低等。

表4-1-2　2010年与2015年中国石油市场变化情况

参　数	2010年	2015年（估计）	年均增速（%）
原油产量（万吨）	20383	21370	1.0
原油加工量（万吨）	42287	52184	4.3
石油表观消费量（万吨）	45009	54324	3.8
石油消费弹性系数	1.21	0.71	-10.1

续表

参　　数	2010年	2015年（估计）	年均增速（%）
石油消费强度（吨/亿元）	0.17	0.14	-4.0
石油净进口量（万吨）	24626	32641	5.8
石油对外依存度（%）	54.7	60.6	2.1
原油表观消费量（万吨）	44010	54635	4.4
原油净进口量（万吨）	23628	33263	7.1
原油对外依存度（%）	53.8	60.9	2.5
汽油、煤油和柴油产量（万吨）	25277	33749	5.8
汽油、煤油和柴油消费量（万吨）	24451	31776	5.4
汽油、煤油和柴油净出口量（万吨）	763	1973	20.9
消费柴汽比	2.2	1.5	
替代能源替代量（万吨）	1040	2380	18.0

对于国内石油消费，“十二五”与“十一五”相比，呈现“三降三增”特征。所谓“三降”（图4-1-29、图4-1-30）：一是增速降，中国石油实际消费增速已由中高速降至中低速；二是强度降，以2000年GDP不变价计算，“十二五”期间，中国单位GDP石油消费量持续下降，5年年均为0.15吨/亿元，较“十一五”下降了0.03吨/亿元。三是弹性降，受经济结构调整的影响，中国石油消费弹性系数显著降低，由“十一五”的0.67降至“十二五”的0.5。“三增”则是绝对消费量、净进口量和对外依存度增（图4-1-31）。

国内原油市场呈现“一降四增”的特点，即原油表观消费量增速大幅降低（图4-1-29），原油产量、净进口量、表观消费量和对外依存度均有不同程度增长（图4-1-32）。

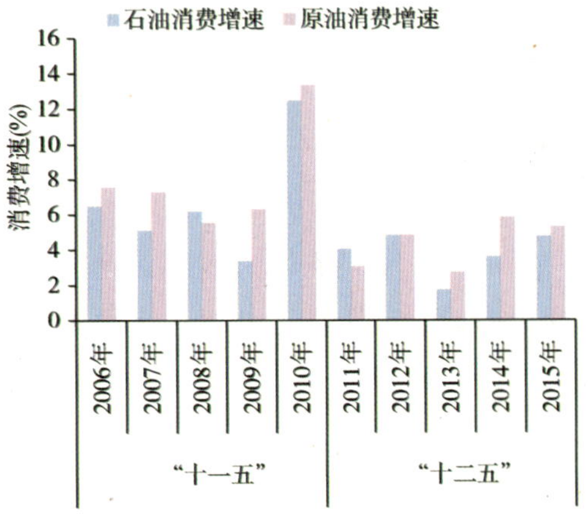

图4-1-29　“十二五”石油与原油消费增速变化

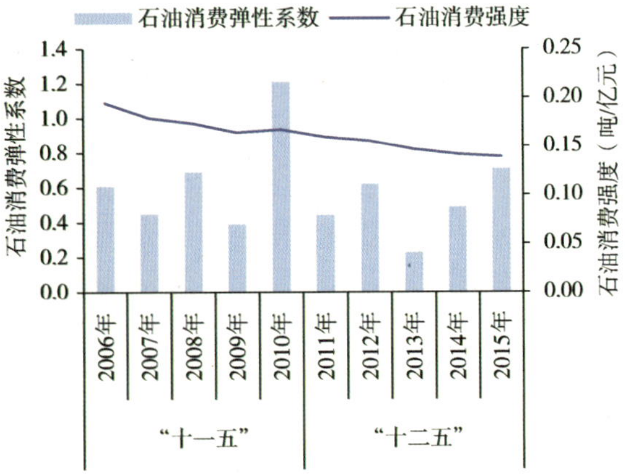

图4-1-30　“十二五”石油消费弹性与消费强度

对于成品油市场，“十二五”与“十一五”相比，呈现出“二增一降”特征，即汽柴煤油的供应量与消费量均保持适度增长，但消费增速由中高速发展降为中低速运行，而且低于供应增速（图4-1-33）。成品油市场宽松成为常态，替代能源的快速发展进一步加剧了成品油过剩态势。主要油品的消费结构深度调整，2015 年消费柴汽比降至 1.5，这是 21 世纪以来的最低水平。

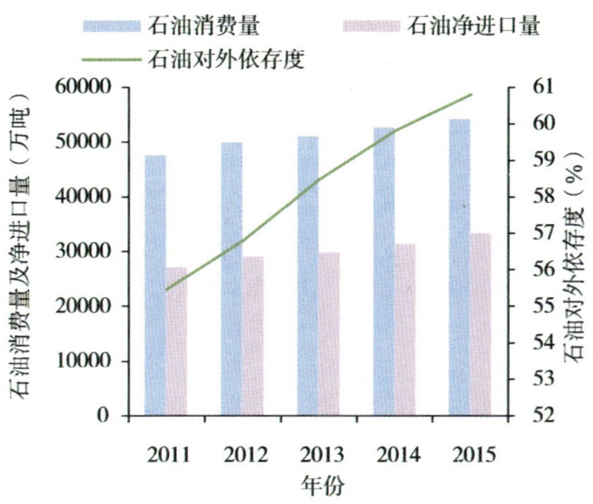

图4-1-31　“十二五”石油市场“三增”情况

数据来源：国家统计局、海关总署

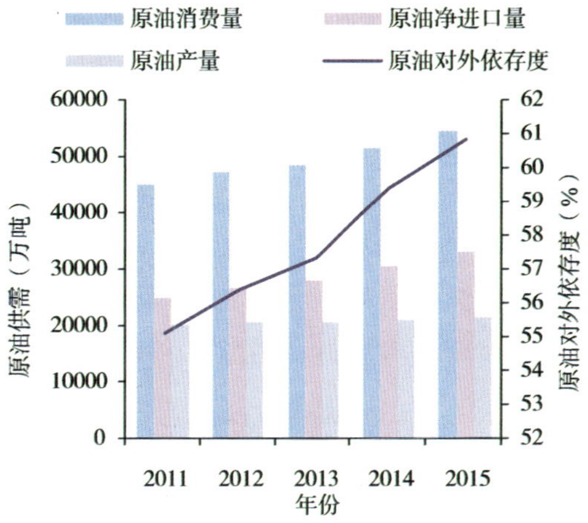

图4-1-32　“十二五”原油供需“四增”情况

数据来源：国家统计局、海关总署

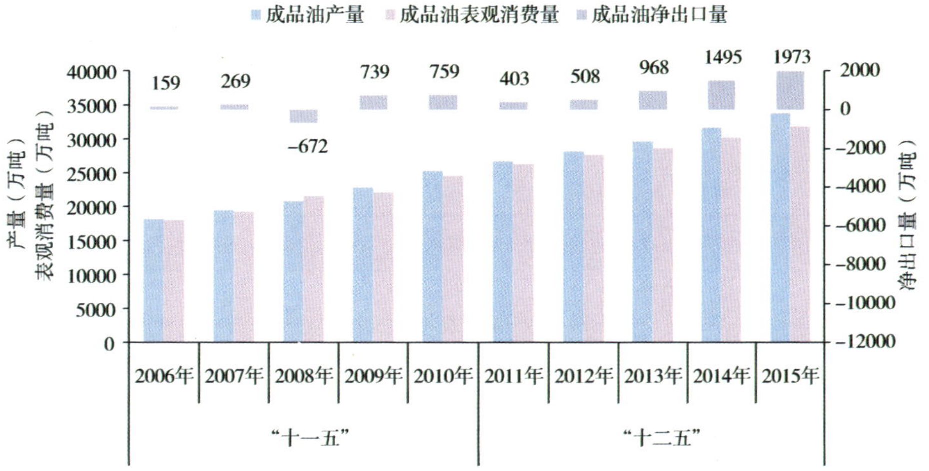

图4-1-33　2006—2015年成品油供需差

数据来源：国家统计局、海关总署

第二节　中国石油和成品油市场展望

2016 年是“十三五”的开局之年。预计中国石油需求将达到 5.66 亿吨，同比增长 4.3%，石油进口增速略有上升，石油对外依存度上升至 62.0%。成品油需求预计为 3.3 亿吨，同比增长 3.9%，增速继续放缓。汽柴煤油需求增速总体均有所放缓，供需宽松程度继续扩大。

一、石油需求小幅增长，对外依存度持续上升

2016 年，虽然中国经济发展的下行压力加大，但大消费时代带来的乘用车保有量快速增

长支撑汽油刚性需求的持续增加，新型城镇化进程中交通行业的发展将对柴油需求有所提振。另外，中国二期战略石油储备基地建设和商业石油储备建设的推进，原油储备带来进口较快增长。综合预计 2016 年中国石油表观需求量为 5.66 亿吨，同比增长 4.3%，增速较 2015 年下降约 0.5 个百分点。随着部分地炼取得原油进口双权，地炼原油加工量将有显著提升，预计 2016 年中国原油需求量为 5.72 亿吨，同比增长 4.7%，增速较 2015 年下降约 0.9 个百分点。

2016 年，预计中国原油加工量为 5.49 亿吨，较 2015 年增长 2766 万吨，同比增长 5.3%。石油和原油净进口量分别为 3.48 亿吨和 3.57 亿吨，分别增长 6.7%和 7.3%。中国石油和原油对外依存度将分别升至 62.0%和 62.4%。

二、成品油需求总体延续中低速增长，供需进一步宽松

1. 成品油需求达到 3.3 亿吨，消费柴汽比继续下降

受中国经济增速进一步放缓、结构调整稳步推进、传统产业深度调整等因素影响，预计 2016 年中国成品油需求增长区间将下移，汽柴煤油需求表现继续分化。预计 2016 年全国成品油表观需求将达到 33033 万吨，同比增长 3.9%，增速较 2015 年下降约 1.4 个百分点（表 4-2-1）。其中，汽油、煤油的需求仍有较快增长但增速将放缓，但柴油需求依然不振。消费柴汽比将进一步降至 1.4，比 2015 年下降 0.1。

表4-2-1　2016年石油、原油以及汽柴煤油需求预测

种类	参数	2014年实际值	2015年估计值	2016年预测值
石油	增长率（%）	3.8	4.8	4.3
	需求量（万吨）	51852	54324	56635
原油	增长率（%）	5.8	5.6	4.7
	需求量（万吨）	51721	54635	57191
柴油	增长率（%）	1.5	0.8	0.4
	需求量（万吨）	17272	17407	17470
汽油	增长率（%）	12.5	10.1	7.4
	需求量（万吨）	10535	11599	12456
煤油	增长率（%）	4.6	17.2	12.2
	需求量（万吨）	2364	2770	3107

考虑到中国成品油消费（尤其是柴油消费）的季节性周期变化特点，选取近 6 年（2010—2015 年）历史数据，采用能够准确刻画数据周期性波动特点的 ARCH 模型（自回归条件异方差模型）方法，预测了 2016 年中国石油和成品油的分季度需求，见表 4-2-2。

表4-2-2 2016年分季度石油、原油以及汽柴煤油需求预测 单位：万吨

种类	一季度	二季度	三季度	四季度	全年
石油	13898	14039	14080	14618	56635
原油	13835	14154	14379	14823	57191
柴油	4245	4295	4390	4540	17470
汽油	2974	3064	3184	3234	12456
煤油	743	724	785	855	3107

2. 成品油供需更加宽松，净出口将突破2500万吨

2016年，预计中国成品油产量为35618万吨，同比增长5.5%，高出需求2585万吨。其中，汽油产量12988万吨，同比增长7.4%，高出需求532万吨；柴油产量18635万吨，同比增长3.3%，高出需求1165万吨；煤油产量3995万吨，同比增长10.6%，高于需求888万吨。国内炼油能力过剩问题仍然严重。若炼厂开工率有所提高，国内成品油市场的过剩局面还将明显加重，成品油供需将进一步宽松。

受中国成品油（尤其是柴油）供需宽松影响，2016年成品油净出口将会继续增加。预计2016年成品油净出口2585万吨，同比增长31.0%。其中，汽油净出口532万吨，同比增长7.3%；柴油净出口1165万吨，同比增长83.5%；煤油净出口888万吨，同比增长5.5%。预计未来中国成品油出口（尤其是柴油出口）将呈现出常态化和规模化的特点。

3. 地区需求增速各异，汽油由东向西梯次增大，柴油中部高东西部低

综合考虑GDP、车辆保有量等因素，通过模型测算得出2016年中国分省汽油、柴油需求增速（图4-2-1、图4-2-2）。结果显示，除个别省份外，2016年中国大部分省份汽油需求仍将保持较快增长。东、中、西部地区汽油需求增速呈梯次增加之势，西部地区汽油需求增

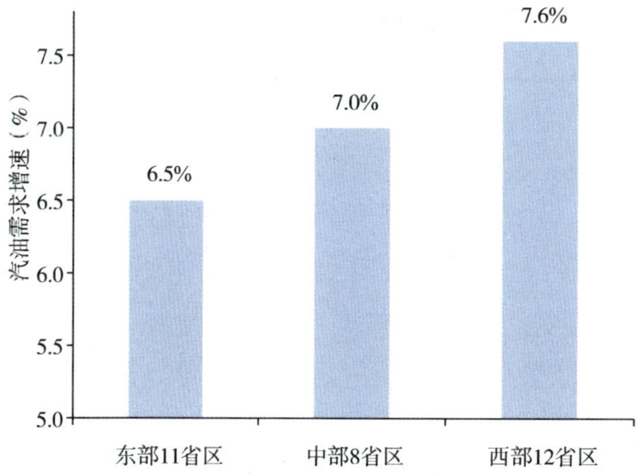

图4-2-1 2016年中国分区域汽油需求增速

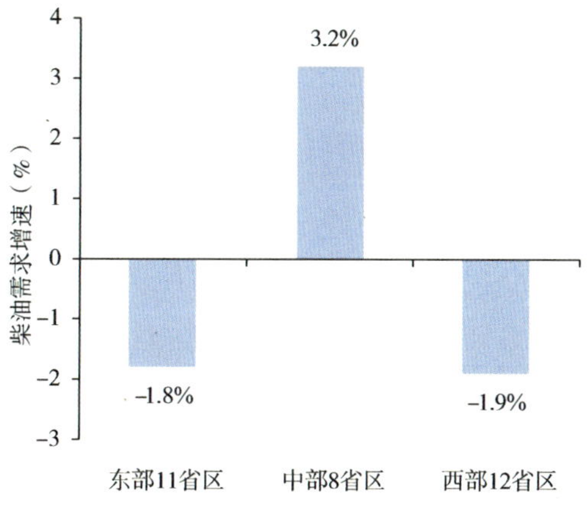

图4-2-2 2016年中国分区域柴油需求增速

速最快，其次是中部，东部地区因限购限行和汽车销量放慢等因素，汽油需求增速将垫底。2016 年中国柴油需求总体低迷，中部地区由于东部沿海地区产业向内地转移等因素影响，柴油需求增速呈正增长；而东部 11 省区与西部 12 省区的柴油需求增速则有所放缓。东部地区放缓的原因是产业转型升级和经济结构调整，西部地区放缓不仅受内蒙古、山西等资源输出型省市的影响，还与天然气和电力的替代等有关。

三、汽油需求较快增长，柴油持续低迷，煤油高速增长

1. 汽油消费保持较快增长，但增速放缓

考虑到交通运输业汽油消费量占中国汽油消费总量的比例将近 50%，因此，乘用车销量的持续较快增长仍将刚性拉动汽油需求持续增长。但随着中国大气治理力度不断加大、部分城市限购限行措施的推出、汽油消费税的提高、汽车节能减排工作的不断深入，以及受国家政策扶持，中国电动汽车、LNG 汽车等新能源汽车发展迅速，汽油需求增速将受到一定抑制。综合预计 2016 年中国汽油表观需求量为 12456 万吨，同比增长 7.4%，增速较 2015 年下降 2.7 个百分点。

（1）乘用车销量增速小幅走低。2015 年，乘用车累计销售 2114.6 万辆，同比增长 7.3%（图 4-2-3）。从车型结构看，SUV 所占比例显著上升（图 4-2-4）。2016 年乘用车销量将突破 2200 万辆，同比增长 5.5%，增速较 2015 年回落 1.8 个百分点。

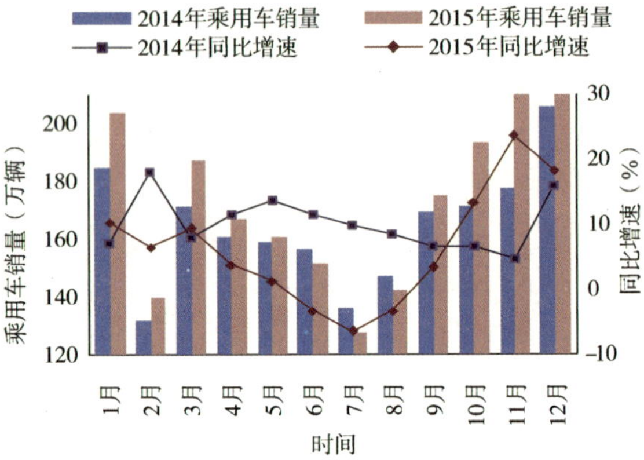

图4-2-3 2014—2015乘用车销量及增速

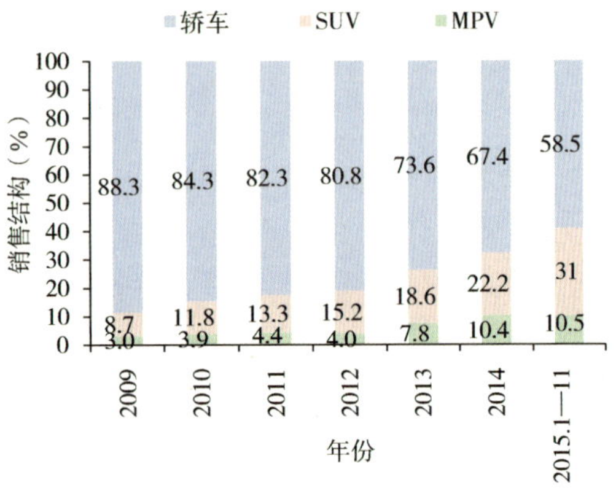

图4-2-4 分车型乘用车销售结构

从汽车排量销售结构看，2015 年小排量汽车（1.6 升以下）销售所占比例较上年有所上升，1.6～2.5 升排量汽车所占比例稳中有降，大排量汽车（2.5 升以上）所占比例明显下滑（图 4-2-5）。乘用车销量结构有向小排量汽车转移的趋势，抑制了单车耗油量的增加。长远看，随着 1.6 升以下汽车利好政策的释放、SUV 汽车轻型化的发展，以及 2016 年《乘用车燃料消耗量限值》四阶段标准的出台，单车耗油也将呈现下降趋势。

（2）新能源汽车产销爆发式增长，汽油车在乘用车销售增量中的比重在下降。在 2015 年乘用车的销量增长中，汽柴油车之外的其他能源汽车增量所占比例为 14.3%，较 2014 年增

长 11.7 个百分点。2015 年 1—10 月，新能源汽车累计销售 17.1 万辆（中国汽车工业协会口径，图 4-2-6）。未来新能源汽车产销量仍将有很大的上升空间。新能源汽车产销量的快速增长将加大对汽油需求的替代。2016 年，预计新能源汽车产销量仍将高速增长，年销售量有望突破 50 万辆。

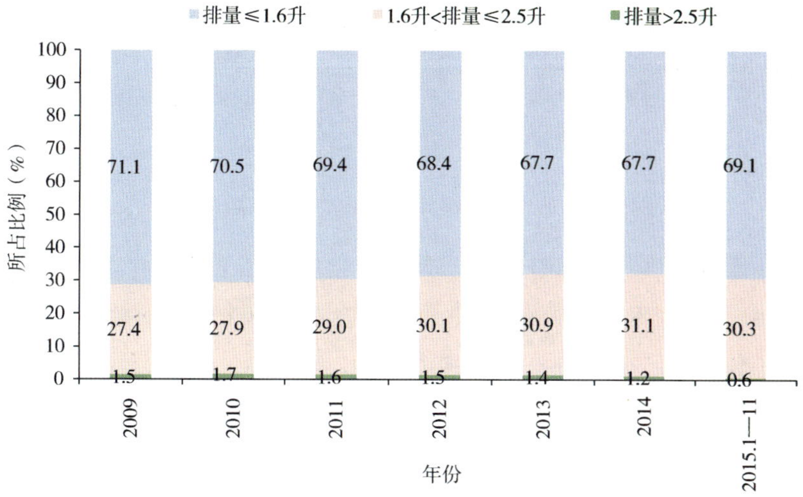

图4-2-5　分排量乘用车销售结构

2015 年以来，财政部、国家税务总局、工业和信息化部（简称工信部）密集出台各项政策支持新能源汽车产业发展，新能源汽车产销量大幅增加。2015 年 5 月，工信部提出到 2025 年中国自主品牌新能源汽车年销量达到 300 万辆，要占新能源汽车年国内总销量的 80%以上。按此目标，到 2025 年，新能源汽车累计销量将约达 1700 万辆。

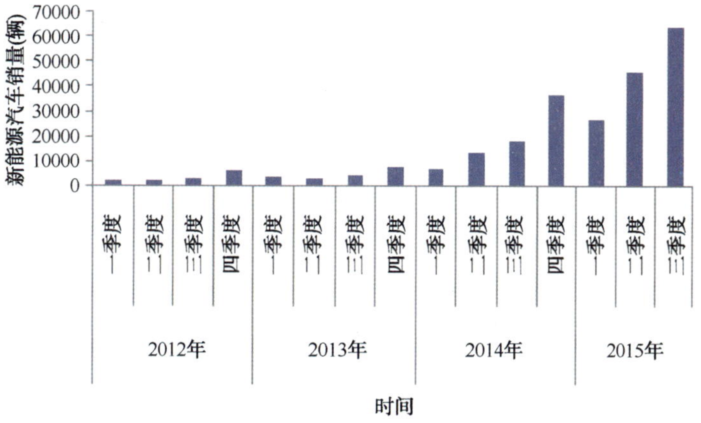

图4-2-6　新能源汽车销量

2. 柴油需求持续低迷，维持微增长态势

受投资增速持续放缓、经济结构轻型化、房地产行业回暖较慢、煤炭运输业持续不振等利空因素影响，2016 年中国柴油需求仍将维持低迷。预计 2016 年柴油表观需求量为 17470 万吨，同比增长仅为 0.4%（图 4-2-7）。

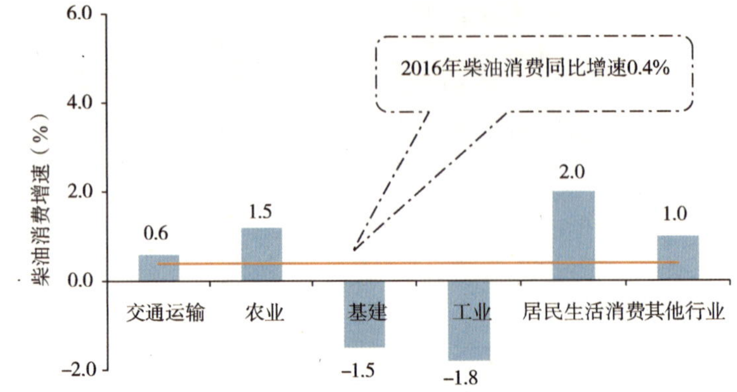

图4-2-7 2016年中国分行业柴油消费量增速预测

（1）商用车产销继续恶化。2015 年，商用车销量同比下降 9.0%，增速较 2014 年回落 2.4 个百分点（图 4-2-8）。未来排放升级对卡车市场的影响将持续，预计 2016 年商用车销量继续下降，降幅有所收窄，预计全年将下降 5.0%。

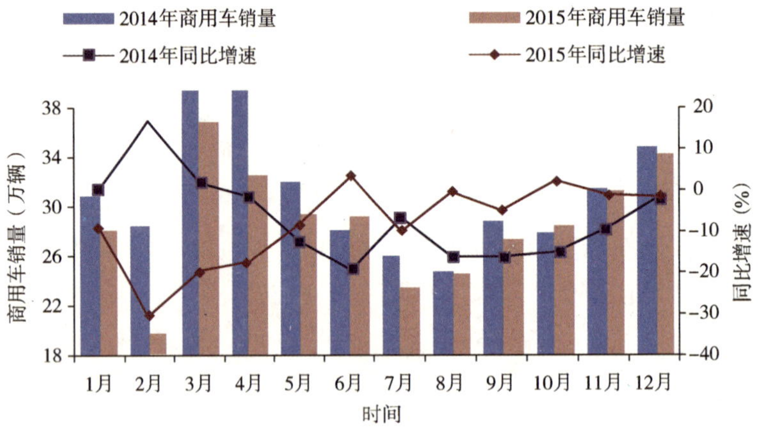

图4-2-8 商用车销量及同比增速

（2）公路客运周转量增速有所回升，货运周转量增速小幅放缓。受宏观经济增速放缓、投资增速下滑、出口形势不振、发电量增速放缓等因素影响，煤炭、钢铁、化工品等主要工业产品运输需求总体回落，公路运输增速比 2014 年有所放缓。2015 年 1—11 月，公路客运周转量为 11326 亿人千米，同比增长 2.0%，较 2014 年同期增速降低 3.8 个百分点（图 4-2-9）；公路货运周转量为 58742 亿吨千米，同比增长 6.0%，较 2014 年同期增速降低 3.7 个百分点（图 4-2-10）。预计 2016 年公路客运周转量为 12819 亿人千米，同比增长 3.5%，稍高于上年；2016 年公路货运周转量为 67201 亿吨千米，同比增长 4.0%。

（3）水路客货运增速均有所回升。2015 年 1—11 月，水路客运周转量为 68.3 亿人千米，同比下降 1.3%，较 2014 年同期回落 0.1 个百分点（图 4-2-11）；水路货运周转量为 84114 亿吨千米，同比增长 0.1%，增速较 2014 年同期回落 6.1 个百分点（图 4-2-12）。2015 年 1—11 月，全国主要港口货物吞吐量累计完成 105.0 亿吨，同比增长 2.0%，增速较 2014 年同期下降 2.8 个百分点。其中，全国主要港口外贸货物吞吐量累计完成 33.1 亿吨，同比增长 1.3%，增速较 2014 年同期下降 4.8 个百分点。预计 2016 年水路客运周转量为 75.6 亿人千米，较上年增长 1.6%；2016 年水路货运周转量为 93718 亿吨千米，同比增长 2.0%。

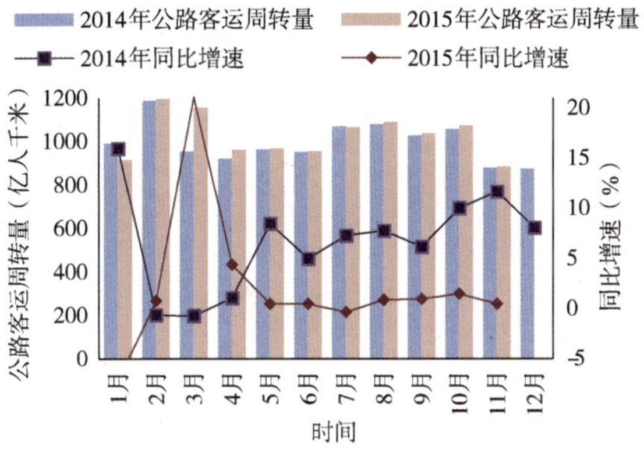

图4-2-9　公路客运周转量及同比增速

图4-2-10　公路货物周转量及同比增速

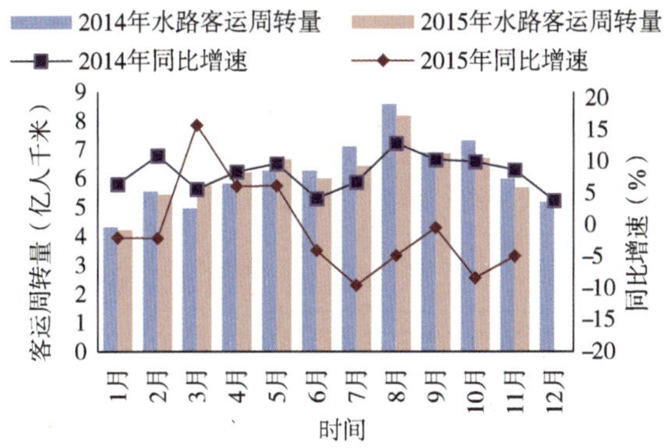

图4-2-11　水路旅客周转量及同比增速

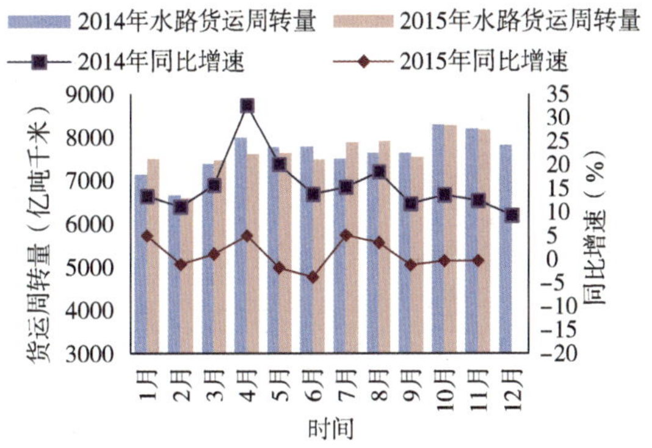

图4-2-12　水路货运周转量及同比增速

（4）铁路客运市场平稳增长，货运增速继续下滑，投资增速大幅下滑。2015 年 1—11 月铁路客运周转量为 10902 亿人千米，同比增长 6.1%，较 2014 年同期微降 0.2 个百分点（图 4-2-13）；铁路货运市场持续低迷，铁路货运周转量为 21666 亿吨千米，同比下降 14.0%，较 2014 年同期下降 8.8 个百分点（图 4-2-14）。2015 年 1—11 月，铁路运输业固定资产投资完成额同比增长 0.8%，增速较去年同期下降 23.9 个百分点。预计 2016 年铁路客运周转量为 13187 亿人千米，同比增长 6.5%；铁路货运周转量为 21669 亿人千米，同比下降 8.9%。

铁路电气化进程加快，2012 年国内铁路电气化率已突破 50%，预计 2020 年将达 60%；铁路内燃机车柴油消费量已降至 1000 万吨/年的水平。按现有趋势，随着内燃机车数量的减少，柴油消费量还将继续下降。

（5）工业增加值增速与社会发电量增速均继续放缓（图 4-2-15）。2015 年宏观经济增速放缓，高耗能、高排放、产能过剩产业进入调整期，第三产业快速发展，传统产业进入转型升级阶段，现时生产增长动力不足。工业用电量增势放缓。预计 2016 年工业增加值增速为 5.5%，发电量增速为-0.1%，分别较 2015 年放缓 0.5 个百分点和 0.2 个百分点。

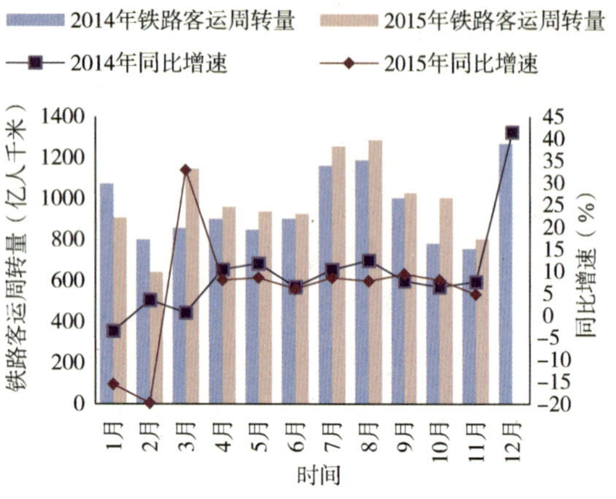

图4-2-13　铁路客运周转量及同比增速

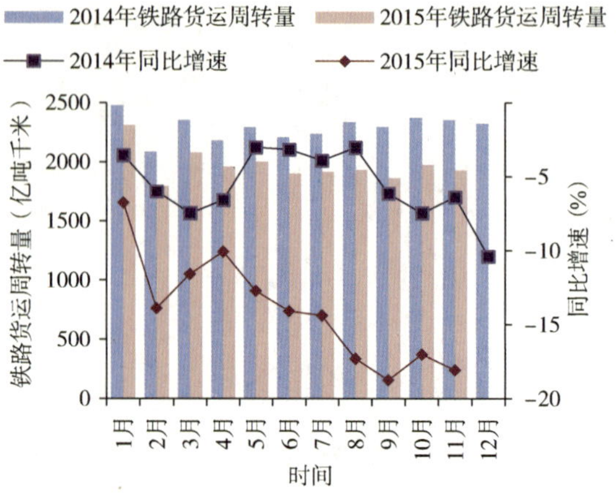

图4-2-14　铁路货运周转量及同比增速

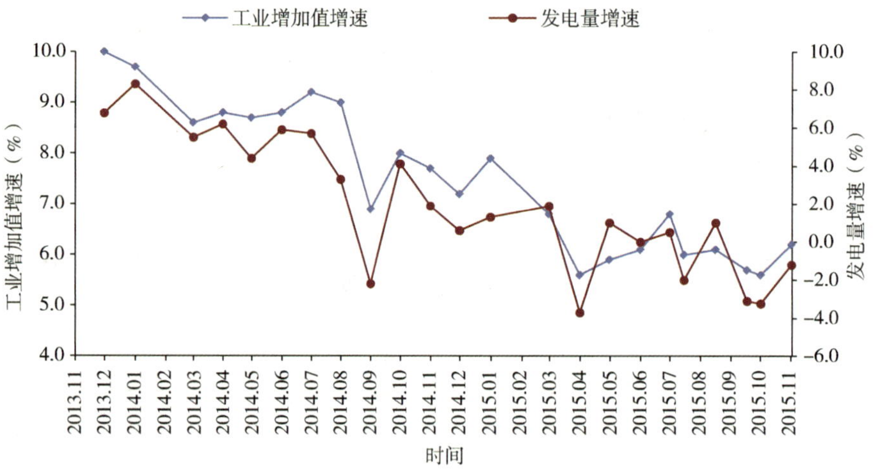

图4-2-15　工业增加值和发电量增速

（6）农机总动力保持平稳增长。经过一段时间快速发展后，目前中国农机化发展进入减速期，其中粮食耕种机械化基本完成，机收和经济作物的机耕种受技术水平制约。平原地区农机化基本完成，山地机械化受地形限制。估计 2015 年全年农机总动力达 11.1 亿千瓦，增速为 3.1%。2015 年，国内渔业生产形势总体平稳，水产品市场供给充足，出口贸易持续增长，远洋渔业发展形势良好。随着“三农”利好政策的不断释放，后期农业发展增速可能有所反弹，支撑农业用油需求。预计 2016 年农机总动力将增至 11.4 亿千瓦，增速为 2.9%。

（7）固定资产投资平稳增长。2015 年以来，尽管国家实施一系列积极的财政政策，不断加大基建投资力度，高铁、城市交通、棚户区改造、水利开发等领域投资进一步增长。目前来看，政策的稳定效果要大于刺激效果。2015 年以来，固定资产投资增速下行不止，房地产开发投资增速下滑明显，基建投资增速高位放缓（图 4-2-16）。综合估计 2015 年全年固定资产投资增速约为 10.3%。预计 2016 年全年固定资产投资增速约为 10.0%。

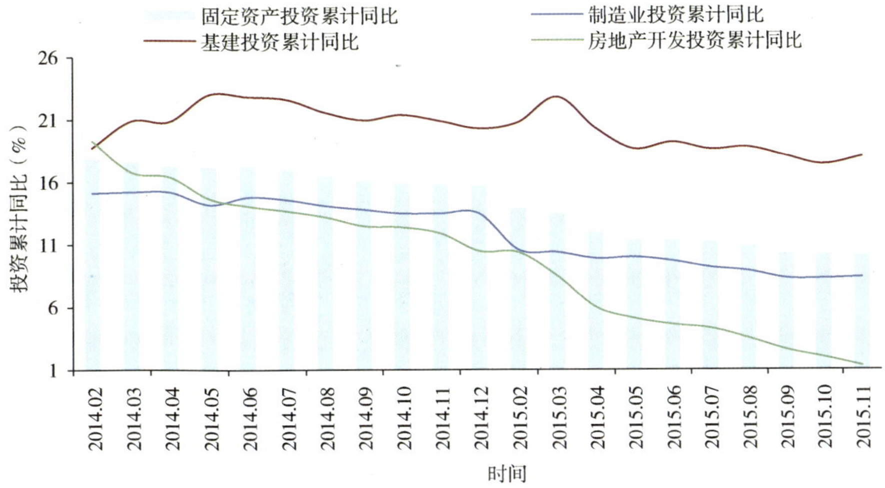

图4-2-16　各类投资累计同比

3. 煤油需求继续保持高增长，但增速放缓

随着中国机场建设稳步快速推进、居民收入稳步提升，预计 2016 年中国民用航空客运量仍将保持两位数增长，进而带动中国航空煤油需求快速增长。综合预计 2016 年中国煤油表观需求量为 3107 万吨，同比增长 12.2%，增速较 2015 年下降 5.0 个百分点。

航空运输增速稳中有升。2015 年 1—11 月，民航旅客周转量为 6662.9 亿人千米，同比增长 15.1%，较 2014 年同期上升 3.8 个百分点（图 4-2-17）；民航货邮周转量为 187.9 亿吨千米，同比增长 11.5%，较 2014 年同期上升 1.9 个百分点（图 4-2-18）。预计 2016 年民航旅客周转量为 8479 亿人千米，同比增长 16%；2016 年民航货邮周转量为 235 亿吨千米，同比增长 15%。

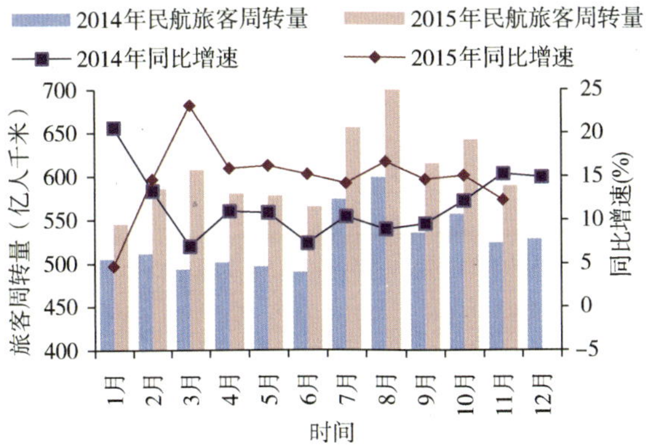

图4-2-17　民航旅客周转量及同比增速

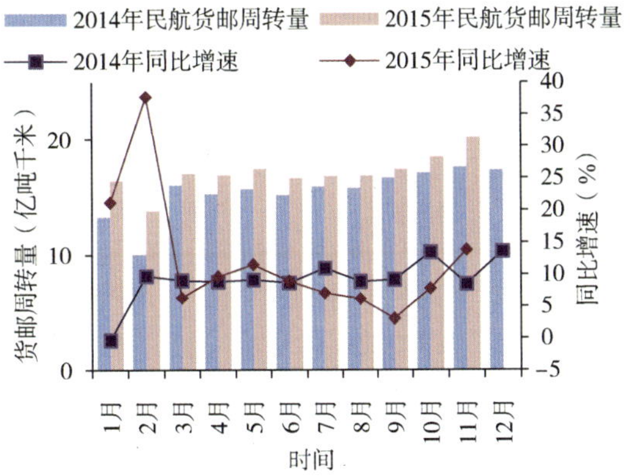

图4-2-18　民航货邮周转量及同比增速

（本章撰写人：吴春芳　李　然　杨丹娜）

第五章　国际天然气市场分析

2015 年，全球天然气消费增速回升，欧洲和北美是主要驱动力，亚太地区增速继续回落；全球天然气产量稳步增长，市场供需宽松。全球天然气价格大幅下跌；亚洲天然气市场灵活性增加，贸易合同条款有所松动。2016 年，全球天然气市场供大于求加剧，北美气价小幅上涨，欧洲和亚洲气价走低。

第一节　国际天然气市场回顾

2015 年，受全球天然气价格下跌影响，市场需求增加，天然气消费增速在经历了连续两年下降之后出现回升。全球天然气产量增长快于消费量增长，市场持续宽松。

一、全球天然气消费增速回升，“西升东落”态势显现

1. 全球天然气消费同比增长 2.7%

2015 年以来，受气价走低、欧美经济复苏等因素影响，全球天然气消费经过两年低速增长之后开始回升，2015 年消费量达 3.48 万亿立方米，同比增速 2.7%，高于 2013 年 1%和 2014 年 0.4%的增速。其中，欧洲和中东是全球天然气消费增长最快的地区，北美消费保持稳步增长，亚太地区天然气消费增速继续放缓（表 5-1-1）。分国家来看，美国天然气消费量居世界首位，2015 年消费量 7944 亿立方米，占全球消费总量的 22.8%；俄罗斯居世界第二，占全球天然气消费总量的 11.5%；中国居世界第三。

表5-1-1　2010—2015年世界分地区天然气消费量

区　域	消费量（亿立方米）						2015年所占比例（%）	2015年同比（%）
	2010年	2011年	2012年	2013年	2014年	2015年		
北美	8496	8706	9034	9285	9494	9855	28.3	3.8
中南美	1486	1521	1617	1684	1701	1718	4.9	1.0
欧洲	5458	5012	4950	4894	4411	4667	13.4	5.8
欧亚大陆	5755	5966	5859	5714	5685	5617	16.1	-1.2
中东	3954	4187	4305	4377	4652	4917	14.1	5.7
非洲	1072	1139	1218	1201	1201	1201	3.4	0.01
亚太	5716	6122	6475	6653	6786	6867	19.7	1.2
合计	31937	32653	33458	33810	33930	34842	100	2.69

数据来源：BP能源统计（2015）、中国石油集团经济技术研究院。

注：2015年数据为估计值。欧亚大陆为原苏联地区。

表5-1-2　世界十大天然气消费国历年消费量

序号	国　家	消费量（亿立方米）						2010—2014年均增长（%）	2015年同比（%）
		2010年	2011年	2012年	2013年	2014年	2015年		
1	美国	6821	6931	7232	7399	7594	7944	2.72	4.61
2	俄罗斯	4141	4246	4162	4135	4092	4010	-0.3	-2.0
3	中国	1069	1305	1463	1680	1843	1910	13.83	3.7
4	伊朗	1529	1624	1615	1594	1702	1804	2.72	6.0
5	沙特阿拉伯	877	923	993	1000	1082	1158	5.39	7.0
6	日本	945	1055	1135	1135	1125	1119	4.46	-0.5
7	加拿大	950	1009	1003	1039	1042	1044	2.34	0.19
8	墨西哥	725	766	799	847	858	887	4.30	3.4
9	德国	833	745	784	825	709	780	-3.95	10.0
10	阿联酋	608	632	656	668	693	728	3.33	5.0

数据来源：BP能源统计（2015）、中国石油集团经济技术研究院。

注：2015年数据为估计值。

2. 美欧市场天然气消费增长较快，亚太市场增长乏力

2015 年，北美天然气消费稳步增长；欧洲天然气消费在经历连续 4 年下降后，2015 年呈大幅反弹态势；中东地区天然气消费连续两年较快增长；亚太市场消费增速持续放缓（图 5-1-1）。

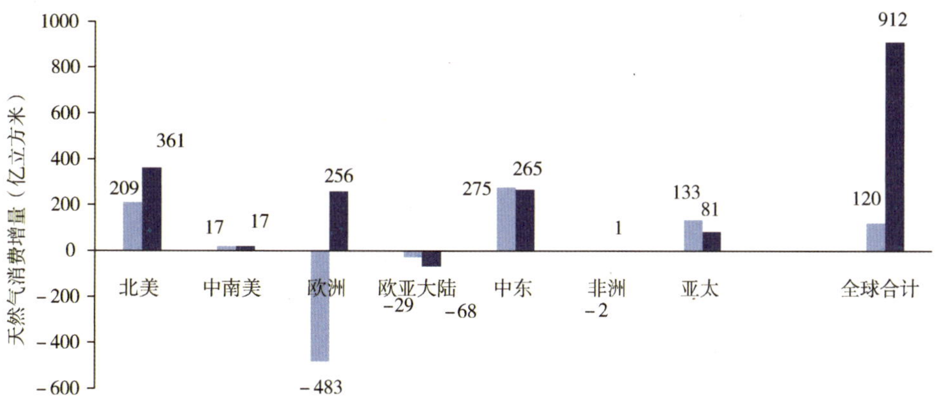

图5-1-1　2014—2015年世界主要地区天然气消费增量

数据来源：BP 能源统计（2015）、中国石油集团经济技术研究院

1）北美消费稳定增长

2015 年以来，受气价下跌、美国经济稳步复苏等因素影响，北美天然气消费稳定增加。1—9 月，北美天然气消费量 7134 亿立方米，同比增长 4.8%，估计全年消费量 9855 亿立方米，同比增长 3.8%。美国是拉动北美天然气消费增速提高的主要因素。1—9 月，美国天然

气消费量 5847 亿立方米，同比增长 4.8%。其中，电力部门消费量同比增长 18.5%，成为拉动需求增加的主要因素，居民、商业、工业用气量分别同比下降 5.3%、3.8%和 1.4%。

2）欧洲消费大幅回升

2015 年，受气价下跌，天然气与煤炭及可再生能源相比价格优势显现，以及年初气温较低、经济复苏等因素影响，欧洲天然气消费在连续几年下滑后出现反弹。1—9 月，欧洲 OECD 国家消费量 3343 亿立方米，同比上升 7.3%。估计 2015 年欧洲消费量 4667 亿立方米，同比上升 5.8%。其中，一季度消费量受低温影响，消费增速高达 13%。

3）亚太消费增速明显回落

受经济增速放缓、核电发展、冬季气候温和等因素影响，亚洲天然气消费增速持续放缓。1—9 月，亚太 OECD 国家天然气消费量 1523 亿立方米，同比下降 3.4%。其中，日本消费量 918 亿立方米，同比增长 1%；韩国消费量 315 亿立方米，同比下降 7.4%；澳大利亚消费量 197 亿立方米，同比下降 11.7%。新兴经济体中，1—9 月中国天然气消费增速大幅放缓至 2.8%，为近 10 年低点；印度天然气消费低速增长。估计全年亚太天然气消费量 6867 亿立方米，增速仅为 1.2%，低于 2013 年 2.7%和 2014 年 2%的增速。

4）中东消费增势较猛

过去 5 年，中东地区天然气消费平均增速为 4.1%，近两年增幅提升明显，2014 年高达 6.3%。2015 年消费量 4917 亿立方米，同比增长 5.7%，占全球天然气消费总量的 14.1%。2015 年消费增量为 265 亿立方米，成为仅次于北美的第二大增长区域。

3. 电力部门天然气消费比重持续增长

居民、商业、工业和电力是全球主要用气部门（表 5-1-3），主要国家和地区发电用气比重日趋上升。2015 年，美国电力用气消费量同比增加 18.6%；欧洲电力用气同比大增 30%；印度由于电力改革及国内气价下调，下半年电力用气量较快提升。总体上看，2015 年，全球电力部门用气所占比例约为 40%，2020 年将逐渐逼近 50%。

表5-1-3　2000—2020年世界分部门天然气消费结构所占比例　　单位：%

部门	2000年		2010年		2014年		2015年		2016年		2020年	
	OECD	非OCED	OECD	非OCED	OECD	非OCED	OECD	非OCED	OECD	非OCED	OECD	非OCED
居民、商业	34	15	31	14	29	14	30	13	28	14	27	14
工业	28	23	21	25	22	26	22	26	22	26	22	26
电力	28	47	37	45	37	45	36	45	38	45	38	45
其他	10	15	12	16	12	16	0	1	12	16	13	16

数据来源：IEA中期能源展望，2015。

注：2015年为估计值。

二、全球天然气供应稳定增长，供需持续宽松

1. 全球天然气产量增速加快

2015 年，全球天然气产量约为 3.67 万亿立方米，同比增速 2.4%，增速是上年的两倍。增幅较大的地区是北美、中东和非洲，分别为 5%、3%和 4.6%。全球天然气产量高于消费量，市场供需呈持续宽松态势。

2. LNG 产能稳步提高，即将进入产能集中释放期

截至 2015 年底，全球 LNG 液化能力达到 3.25 亿吨/年，较前一年增加 5.2%。其中，2015 年计划投产的 5 个项目中，只有澳大利亚 APLNG 煤层气，Gladstone LNG 和 Queensland Curtis LNG（正式投产）3 个项目投产，新增产能 1980 万吨/年。计划及在建项目 55 项，产能达 5.9 亿吨/年（图 5-1-2、表 5-1-4），未来几年将有一批产能达到投产条件。

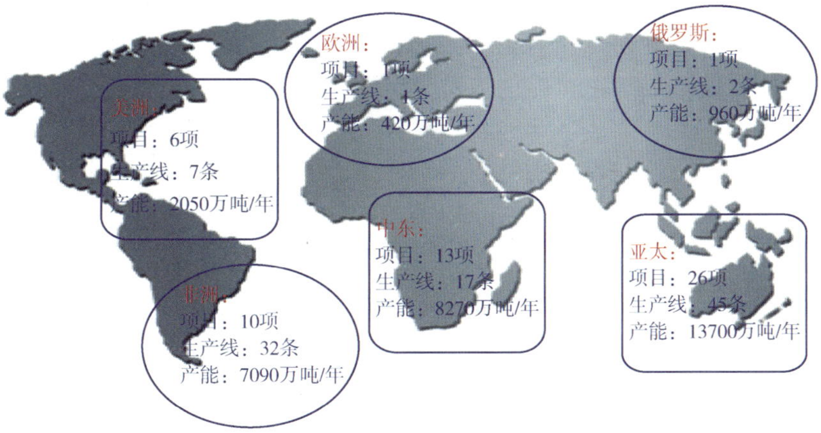

图5-1-2　全球LNG已投产项目分布

数据来源：LNG Journal

截至 2015 年底，全球 23 个国家和地区拥有 100 个 LNG 接收站，共 429 个储罐，储存能力超过 5020 万立方米，接收能力超过 7 亿吨/年。另外，12 个国家拥有 16 座浮式储存气化设施（FSRU）。

表5-1-4　全球LNG计划及在建项目情况

地区	国家	项目（项）	生产线（条）	设计产能（亿吨/年）
北美	美国	19	59	2.014
	加拿大	11	11	1.233
亚太	澳大利亚	8	16	0.697
	印度尼西亚	3	6	0.065
	马来西亚	3	3	0.063
	俄罗斯	4	9	0.465

续表

地区	国家	项目（项）	生产线（条）	设计产能（亿吨/年）
非洲	莫桑比克	3	5	0.225
	尼日利亚	3	7	0.384
	赤道几内亚	1	—	—
合计		55	116	

数据来源：LNG Journal。

三、全球天然气贸易量上升，LNG 贸易格局发生改变

1. 管道气贸易量下降

2015 年，全球天然气贸易总量重返万亿立方米，同比上升 1.1%，扭转上年负增长态势。其中，管道气贸易量 6584 亿立方米，同比下降 0.7%，占全球天然气贸易总量的比重为 65.4%，均略低于上年水平（表 5-1-5）。

表5-1-5　2010—2015年世界天然气贸易情况

项　目	2010年		2011年		2012年		2013年		2014年		2015年	
	贸易量	比例（%）	贸易量	比例（%）	贸易量	比例（%）	贸易量	比例（%）	贸易量	比例（%）	贸易量	比例（%）
LNG	3006	30.5	3298	32.0	3242	31.8	3253	31.4	3333	33.4	3489	34.6
管道气	6855	69.5	7000	68.0	6966	68.2	7106	68.6	6639	66.6	6594	65.4
合计	9861	100	10298	100	10208	100	10359	100.0	9972	100	10083	100
增速（%）	12.5		4.4		-0.9		1.5		-3.7		1.1	

数据来源：BP能源统计（2015）、中国石油集团经济技术研究院。

注：2015年为估计值。

2. LNG 贸易量小幅增长

2015 年，全球 LNG 贸易量 2.51 亿吨（3489 亿立方米），同比增长 4.7%，较 2014 年 2.5% 的增速进一步加快。亚洲 LNG 贸易量回落，欧洲 LNG 进口量上升，出现资源由亚洲向欧洲输送的现象；拉丁美洲成为全球 LNG 现货资源的主要流入地。

1）亚洲 LNG 进口量减少

2015 年，亚洲 LNG 需求增速趋缓，进口量减少。1—9 月，亚洲 LNG 进口量 11281 万吨，同比下降 4.5%。其中，日本和韩国分别下降 4%和 9%（表 5-1-6），主要原因是低油价使得替代能源竞争力增加、日本和韩国核电增加以及冬季气候温和。中国大陆受需求疲软影响，进口量同比下降 4%。中国台湾受燃煤电厂检修影响，天然气需求超过预期，LNG 进口量同比上升 5%。

表5-1-6　2014—2015年亚洲LNG进口情况　　单位：万吨

时间	日本	韩国	中国大陆	中国台湾
2014.01—09	6632	2674	1474	1030
2015.01	843	406	212	111
2015.02	773	303	166	82
2015.03	814	305	135	115
2015.04	660	284	154	107
2015.05	576	236	112	147
2015.06	663	178	172	133
2015.07	695	227	192	130
2015.08	706	200	141	149
2015.09	626	291	129	106
2015.01—09	6356	2430	1415	1080
同比	-4%	-9%	-4%	5%

数据来源：Argus Global LNG，海关总署（中国数据）。

2）欧洲 LNG 进口量稳定增长

1—9 月，欧洲 OECD 国家 LNG 进口量 2933 万吨，同比增长 7.5%（图 5-1-3）。进口量增加较大的国家依次为英国、比利时、意大利和葡萄牙，增幅分别为 16.1%、37.6%、41.1% 和 29.1%。估计全年欧洲 LNG 进口量增速达 7%~8%。

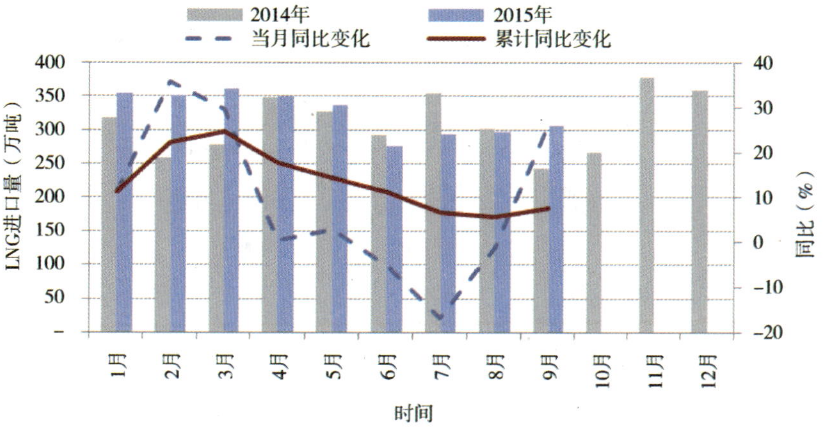

图 5-1-3　2014—2015年欧洲OECD国家LNG进口量

3）拉丁美洲 LNG 进口大幅上升

2015 年，拉丁美洲 LNG 需求明显增加。其中，受干旱导致水力发电量大幅下降影响，1—6 月巴西 LNG 进口量 2893.2 万吨，同比增加 49.3%。随着巴西、阿根廷和智利等国 LNG 需求的增长，拉丁美洲已经成为 LNG 行业新的关注点。未来几年，随着拉丁美洲国家的快速发展，拉丁美洲有望继亚洲之后成为又一个 LNG 关键性市场。

3. LNG新兴进口国涌现，贸易格局有所改变

2015年，埃及、巴基斯坦等国成为新兴LNG进口国，LNG资源流向发生变化，对国际LNG市场的影响将逐步显现（图5-1-4）。

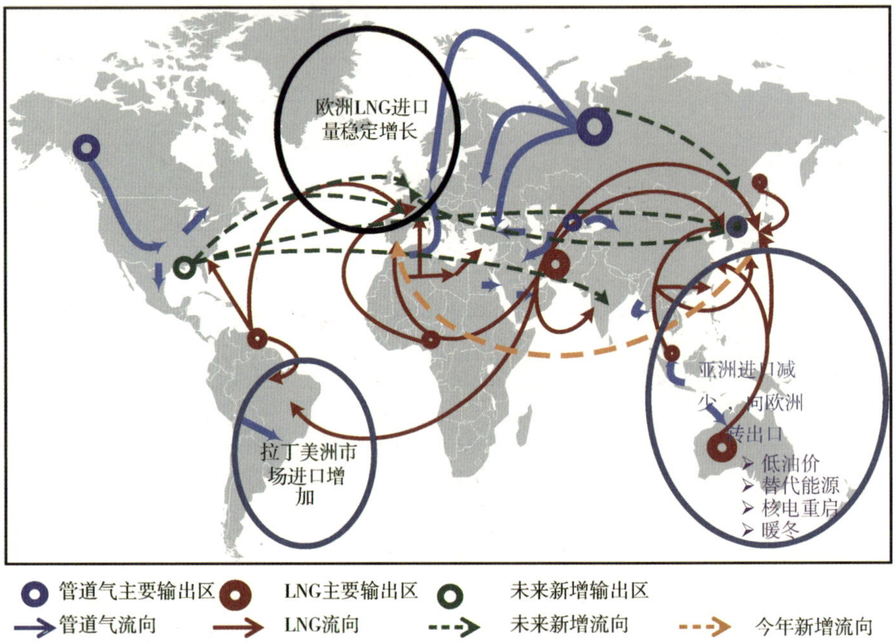

图5-1-4　全球LNG贸易及资源流向

资料来源：中国石油集团经济技术研究院

埃及由于资源接替不足，2015年由LNG出口国转为进口国，先后与俄罗斯天然气工业股份公司在内的4家外国公司共签署75船LNG供给协议，同时租赁浮式进口终端应对进口设施不足问题；巴基斯坦自2015年一季度起租赁美国Excelerate能源公司气化能力为290万吨/年的浮式储存气化装置，并在瓜达尔港开展LNG接收设施和相关基础管线建设。11月与卡塔尔敲定年供应量150万吨、为期15年的LNG供应协议，12月开始供货；泰国于2012年与卡塔尔签署年进口量200万吨的LNG购销协议，于2015年开始执行，为期20年。为应对缅甸管道气进口量和国内产量下降，泰国LNG进口需求将继续增加。

4. 贸易合同灵活性增加，市场出现联合采购方式

1）贸易合同灵活性增加

国际LNG市场贸易形式一直以长期贸易合同为主，但近期长贸协议条款出现松动。卡塔尔放弃了印度GAIL公司因未履行照付不议合同产生的10亿美元罚金，并同意修改价格公式，印度LNG进口价格有望由目前的12~13美元/百万英热单位降至7~8美元/百万英热单位；11月，中海油启动国际招标转售澳大利亚的LNG船货；中石化计划从明年起减少购买澳大利亚APLNG公司10%的长期合同量。

中期、短期、现货、易货等贸易形式迅速发展，其中短期和现货贸易比例的大幅增加最为抢眼。尤其是近期LNG市场供大于求，LNG现货价格下滑，使锁定价格的长期贸易合同价格失去了竞争优势。为了降低风险，多数LNG买家签订了短期LNG合同。2015年1—8月，全球新签LNG长贸合同量仅为2700万吨/年，而短期LNG合同（合同期低于5年）大幅增加，占全部合同的比重已由前两年的9%提高到2015年的15%。

2）联合采购贸易方式不断推进，买方LNG市场竞争力持续提升

近年，日本经常采用联合采购LNG的贸易方式提升买方竞争力。例如，东京电力公司和中部电力公司的联合采购使得其LNG采购份额在全球所占比例增加到16%，并于2015年4月成立合资公司“JERA”合并火电站，增强联合购买力。国与国之间也有采购合作。早在2011年，作为全球最大的两个LNG买家，日本和韩国就提出联合采购LNG。2014年，日本中部电力公司与印度GAIL公司签署联合采购合约，此后东京电力公司也有意加入联合采购。

亚洲LNG进口国加强区域合作，实行抱团采购，有助于提高LNG买家联合体的议价能力和买方市场的竞争力，有助于区域内买家之间利用需求季节性差异进行调剂互补，还有助于目的地条款和转售条款进一步放开，促进LNG合同量的再出口和互换，提升市场的流动性。

3）亚洲各国纷纷筹备建设天然气交易中心

目前，北美和欧洲分别拥有具国际影响力的Henry Hub和NBP两大天然气基准价格体系，为这两个地区进口管道气和LNG合同价格提供了重要参考依据。多年来，亚洲一直是国际主要的LNG市场，但尚未形成地区LNG交易中心，也没有形成权威性的LNG现货基准价。为了推动天然气贸易市场的机制化，提高亚洲天然气市场的国际影响力，日本场外交易公司（JOE）于2014年推出LNG无本金交割远期外汇交易（NDF），并于2015年7月完成首批交易；中国上海石油天然气交易中心于2015年7月1日宣告投入试运行，交易量稳步增长；新加坡正在力图推出新加坡鸡尾酒交易指数(SLiNG)。亚洲各国希望供应商和采购商能通过提供公允价格体系的平台进行交易，共同建立繁荣的亚洲天然气市场。

四、三地市场价格大幅下跌，欧亚价差缩小

油价下跌、市场供需、定价机制等多重因素导致美欧亚三大市场天然气价格不同程度下跌，欧亚价差收窄（图5-1-5）；全球LNG现货价格受供需宽松影响跌幅明显。

1. 北美天然气价格暴跌

2015年，受供需宽松影响，美国Henry Hub年均价格为2.62美元/百万英热单位，暴跌39.8%。一季度美国居民用气692亿立方米，同比减少5%。截至供暖季结束，储气库总工作气量419亿立方米，较上年增加162.8亿立方米。宽松的供应环境使一季度Henry Hub价格同比大跌44%；受油价以及厄尔尼诺现象影响，二、三季度均价为2.74美元/百万英热单位，

同比下跌35.7%；四季度价格一度跌破2美元/百万英热单位，创近16年来新低，总体在1.62～2.49美元/百万英热单位区间运行（图5-1-6）。但受北美部分地区年末降温影响，全年一直疲弱的美国Henry Hub价格在年底出现反弹。截至12月31日，价格回升至2.31美元/百万英热单位。

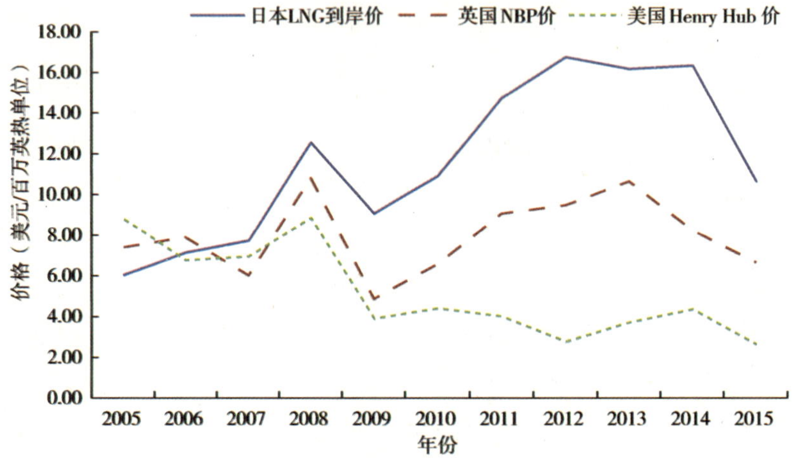

图5-1-5 2005—2015年三大地区价格走势

数据来源：BP能源统计（2015），ICIS，Argus

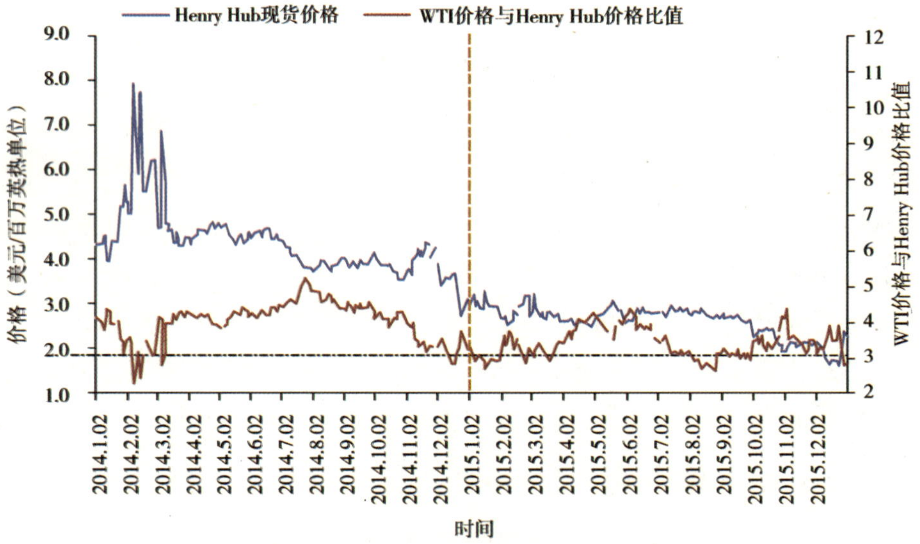

图5-1-6 2014—2015年美国Henry Hub价格走势

数据来源：中国石油集团经济技术研究院

2.欧洲天然气价格振荡下跌

2015年，以英国NBP价格为代表的欧洲天然气年均价为6.62美元/百万英热单位，下跌14%。由于荷兰政府下令减产天然气，NBP价格年初开始走高，2月一度涨至8.24美元/百万英热单位；此后，气温回暖使消费略有下滑，加之原油价格低位徘徊，NBP

价格跌至 5.7 美元/百万英热单位；9—10 月，NBP 价格回升至 6 美元/百万英热单位以上，11 月再度下滑至 5.53 美元/百万英热单位，同比下降 34.6%，达到 16 个月来最低（图 5-1-7）。

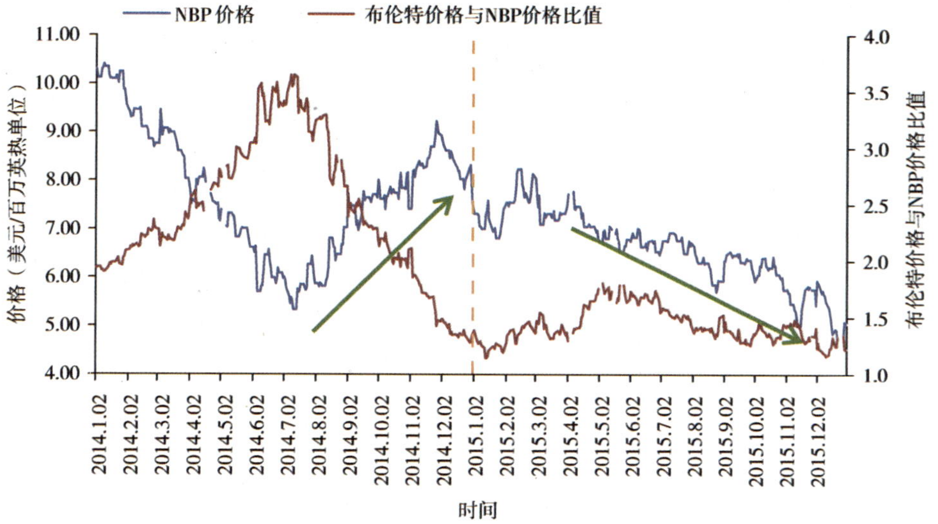

图5-1-7 2014—2015年英国NBP价格走势

数据来源：中国石油集团经济技术研究院

3. 亚洲 LNG 进口价格大跌

受国际原油价格大幅跳水影响，以日本 LNG 进口平均价格为代表的亚洲天然气价格大跌。2015 年，亚洲天然气平均价格为 10.64 美元/百万英热单位，同比下降 34.4%。月均最低价为 5 月的 8.85 美元/百万英热单位，1—5 月跌幅达 41%（表 5-1-7）。

表5-1-7 2014—2015年日本LNG月度进口均价 单位：美元/百万英热单位

年份	1月	2月	3月	4月	5月	6月	7月	8月	9月
2014	16.8	16.6	16.6	16.9	16.4	16.1	16.0	15.7	15.1
2015	15.03	13.24	12.18	10.26	8.85	8.93	9.19	9.15	9.61

数据来源：Argus Global LNG。

4. LNG 现货价格大幅下滑

2015 年，受全球市场供应宽松影响，全球 LNG 现货价格大幅下跌（图 5-1-8）。全年日本 LNG 现货均价为 7.46 美元/百万英热单位，同比下跌 46.9%；法国 LNG 现货均价为 6.17 美元/百万英热单位，同比下跌 29.6%；印度 LNG 现货均价为 7.25 美元/百万英热单位，同比下跌 44.9%。目前，日本对 2016 年 2 月 LNG 现货的报价保持在 7.09 美元/百万英热单位左右，同比下跌约 29%。

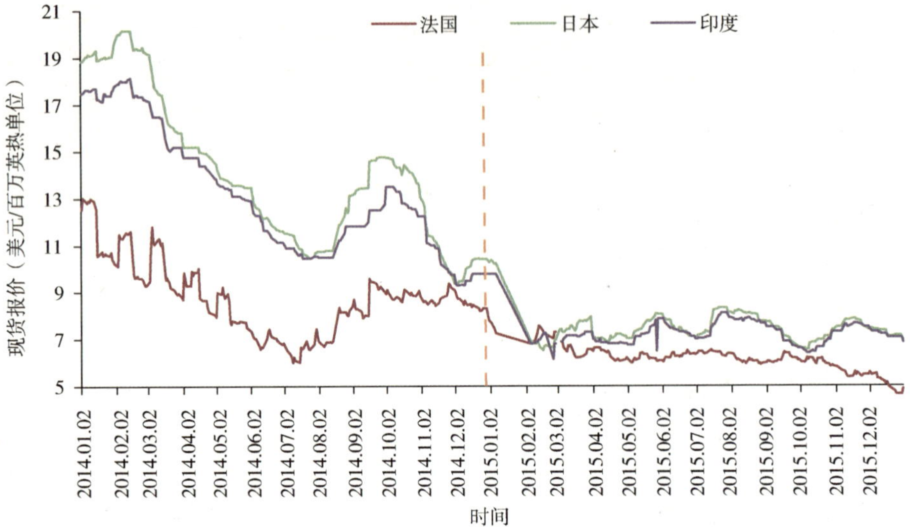

图5-1-8　2014—2015年LNG现货报价走势

数据来源：ICIS

图中价格是当周对下一LNG现货交割窗口报价的平均价

五、年度热点分析：壳牌收购BG股份

2015年4月8日，壳牌公司宣布以每股383便士现金加0.4454股壳牌B股股份收购BG公司股份。此次收购产生约52%溢价，低油价、低利率、业务互补是促成收购的主要因素。合并后的公司将在深水和LNG两项业务上取得战略性增长，这次收购可能改变世界天然气贸易格局。

此次收购，壳牌公司主要看好天然气发展前景。因为壳牌一贯重视天然气业务，业务范围遍布世界各地，实现了全球化布局。在收购BG公司前已经是全球领先的独立LNG供应商，还经营着规模庞大的LNG运输船队。壳牌认为天然气将在未来能源结构中发挥越来越重要的作用，不断增加的天然气需求将支撑其未来的利润。

此次收购可以取得产业链优势互补。BG公司在深水项目中的地位以及在勘探、液化技术和LNG运输及营销中的优势，可以与壳牌公司的规模、开发专长和资金优势很好地结合。合并后，壳牌油气储量将增至25%，产量增长20%，现金流增长15%，LNG液化能力增长27%；LNG贸易交付能力增长32%，特别有助于整合优化澳大利亚等地的LNG资产，并在巴西（深水）等15个国家形成业务互补，创造每年25亿美元的协同效应。新公司将成为全球LNG业务的领头羊。BG公司的核心业务之一是LNG，涵盖液化—采购—船运—销售整条产业链。2014年，BG公司与壳牌公司的LNG贸易量合计约4500万吨，约占全球LNG贸易量的19%。随着BG公司在澳大利亚的项目陆续投产，预计到2018年，新公司的LNG液化能力将大幅提高到4500万吨/年左右，为排名第二的埃克森美孚公司产能的2倍。因此，合并将使新公司在LNG领域的领导地位得到进一步巩固，资产遍及北美、南美、东非、西非、澳大利亚、东南亚和俄罗斯。

第二节 国际天然气市场展望

2016 年，综合考虑经济、气价、天气和替代能源因素，美国、欧洲天然气需求将继续增长，但增速有所回落；亚太天然气需求增速同比小幅提升，但仍低于过去 10 年均值。全球天然气市场供需将继续保持宽松，需求约 3.55 万亿立方米，同比增长 2%，较 2015 年回落 0.7 个百分点。考虑到大批新项目投产和亚太需求不振，预计 2016 年全球 LNG 市场仍将过剩。在宽松的市场条件下，天然气贸易的灵活性将进一步提高。

一、北美需求将平稳增长，供应侧或收紧，气价将小幅回升

2016 年北美天然气需求将稳步增长，增幅约 3%。其中，美国受化肥和化工领域新项目投产影响，工业用气需求将有所增加；电力用气需求在年初将保持快速增长势头，随后因气价回升可能受到抑制；居民和商业用气将因为暖冬而继续小幅下降。

综合考虑供需因素，预计 2016 年 Henry Hub 价格约为 3 美元/百万英热单位，同比上涨 14.5%。

二、欧洲需求将保持增长，供应充裕，气价将稳中趋降

受天然气价格走低影响，欧洲燃气电厂经济性将增强，预计发电用气需求将得到提振。综合考虑经济脆弱复苏、替代能源竞争等因素，预计 2016 年天然气需求增速为 5%左右，略低于 2015 年，但仍大幅高于过去 10 年均值。欧洲 LNG 市场将继续呈现宽松，欧洲对俄罗斯进口管道气的依赖度将进一步降低。

由于天然气长贸合同价格随着油价下跌，欧洲天然气市场价格将在 2016 年承压。预计 2016 年 NBP 价格将稳中趋降，维持在 6 美元/百万英热单位左右。

三、亚太需求将保持低速增长，价格持续低迷

2016 年，亚洲天然气需求仍将小幅增长，增幅约 2%。一方面，新兴国家需求增速或将回升。受国内气价下调、电力市场改革和环保力度加大影响，预计中国天然气需求将明显回升，印度天然气需求旺盛。另一方面，传统买家需求继续下降。日本关西电力公司高滨核电站的两台机组最快将于 2—4 月重启，LNG 需求同比将减少约 168 万吨/年；韩国受核能和燃煤发电增长，工业部门的油气竞争以及商业、居民部门的气电竞争影响，需求依旧低迷。

综合考虑油价下跌和需求因素，预计 2016 年日本 LNG 进口均价为 8 美元/百万英热单位左右，现货价格在 7 美元/百万英热单位左右。

四、LNG 供过于求加剧，贸易灵活性将进一步提高

2016 年，全球将有 7 个百万吨级 LNG 液化项目计划投产，新增产能超过 5000 万吨/年。美国天然气出口进程有望加快，目前已经有近 30 家公司向美国能源部（DOE）申请 LNG 出口，首船现货（美国切尼尔能源公司）预计于 2016 年 1 月发出。在需求侧，预计全球 LNG

进口量增速约1.8%～2%。日本2011年签订的LNG长贸合同将从2016年进入执行期；韩国现有LNG长贸合同量足以满足需求，预计2016年东北亚LNG现货市场需求有限；埃及和约旦签订的大额LNG订单将对市场产生一定提振。

在宽松的市场条件下，天然气贸易的灵活性将进一步提高。主要表现在：一是LNG长贸合同的照付不议量、合同期限、定价、目的地等将更趋灵活。以印度Petronet和卡塔尔Resgas公司的LNG长贸合同为例，经协商，该合同价格与油价的滞后期由原先的60个月缩短至3个月，价格也由12~13美元/百万英热单位降至6～7美元/百万英热单位；二是管道气定价机制将更加灵活。印度已经启动TAPI管道气价格复议，俄罗斯与土库曼斯坦就管道气价格复议问题展开多次磋商；三是伊朗出口或将促进天然气供应多样化。2016年伊朗天然气产量有望达到10亿立方米/日，出口量0.5亿立方米/日左右；四是亚太地区天然气交易平台将继续快速发展，包括上海（SHOGX）、日本（JOE）、新加坡（SGX）以及澳大利亚（AGX）等，且各交易中心已透露出合作意愿，预计亚洲天然气交易中心建设进程将在2016年提速。

（本章撰写人：白　桦　陈　璐　王新哲）

第六章　中国天然气市场分析

2015 年，中国天然气市场需求增速继续放缓至 3.7%，创 10 年新低；天然气产量和进口量增速大幅下降，LNG 进口量出现负增长，供应总体过剩，淡季压产，冬季紧张。天然气价格改革进程加快，存量气和增量气价格并轨，上海石油天然气交易中心正式运行。2016 年，中国天然气市场需求将恢复增长，供应量和进口量稳定增加，供需总体宽松，季节性供需矛盾仍然存在。

第一节　中国天然气市场回顾

2015 年，我国天然气市场需求延续低迷态势，生产企业压减产量，进口增速大幅放缓。天然气价格改革如期实现了存量气和增量气价格并轨，非居民天然气门站价格大幅下调，提升天然气需求效用初显。

一、中国天然气需求分析

1. 天然气消费增速大幅放缓，达到历史低点

2015 年以来，受国内经济增速放缓、气候温和、气价不具竞争力等因素影响，中国天然气需求延续低迷态势。1—11 月表观消费量 1720 亿立方米，同比增长 3.5%；估计全年表观消费量 1910 亿立方米（图 6-1-1），同比增长 3.7%，比 2014 年同期下降 6 个百分点，占一次能源消费总量的 5.9%。考虑库存因素，估计全国天然气消费量 1873 亿立方米，同比增长 3.9%，远低于“十二五”规划提出的 2300 亿立方米目标。需求疲弱导致中国天然气供应能力严重过剩，中国天然气发展面临着价格、政策等多重挑战，亟需国家出台政策引导和鼓励发展。

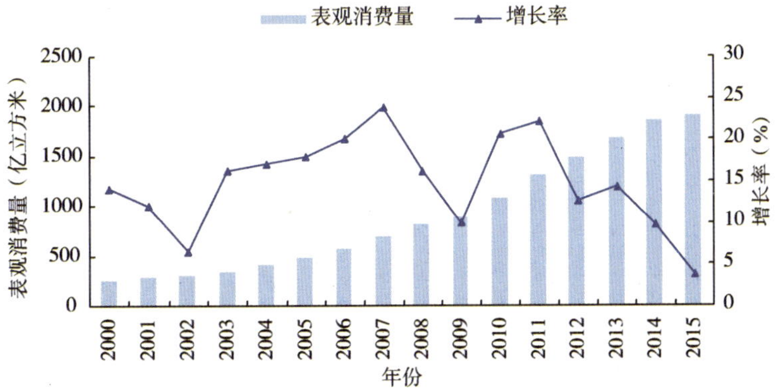

图6-1-1　2000—2015年中国天然气表观消费量

数据来源：国家统计局、中国石油集团经济技术研究院

分季度来看，一季度和四季度是中国传统供暖季（图6-1-2），用气需求刚性增长。二三季度是消费淡季，受宏观经济及市场环境影响明显。一季度气候温和，表观消费量同比增长8.5%，低于上年11.9%的水平；二季度受宏观形势低迷影响，消费量同比下降0.5%；三季度受行业降价促销影响，发电和工业用气需求增加，消费增速回升至1.6%；四季度北方进入供暖季，受气温下降和国家大幅下调非居民用气门站价格影响，表观消费量增速回升至4.6%。

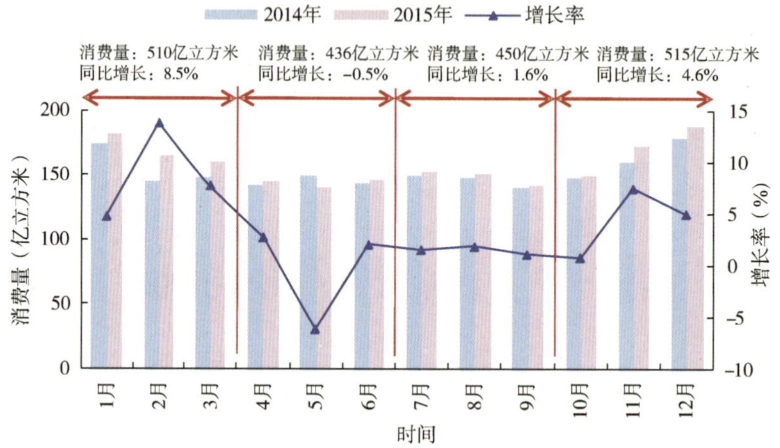

图6-1-2　2014—2015年中国天然气月度表观消费量

数据来源：海关总署、国家发展和改革委员会、中国石油集团经济技术研究院

2. 城市燃气和发电用气拉动天然气需求增长

2015年，城市燃气和发电用气快速增长，成为拉动天然气需求增长的主要动力；交通用气增速放缓；工业用气需求低迷；化工用气同比下降。估计2015年中国城市燃气天然气消费量为758亿立方米（图6-1-3），同比增长13.1%，较天然气消费总量增速高9.4个百分点，占比39.7%（图6-1-4）；发电用气294亿立方米，占比15.4%，同比增长12.2%；工业用气576亿立方米，占比30.2%，同比下降5.4%；化工用气282亿立方米，占比14.8%，同比下降6.5%。

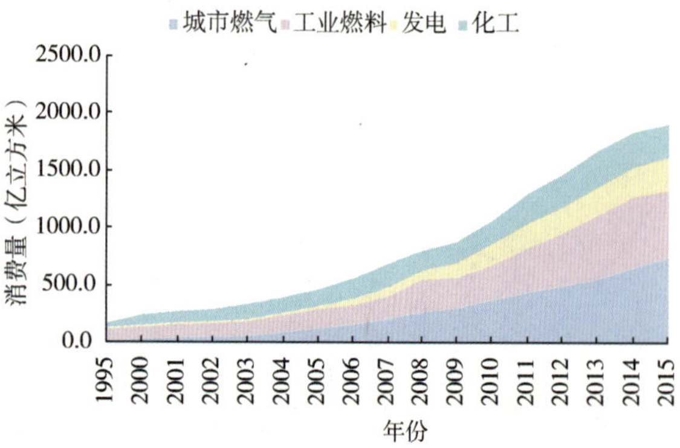

图6-1-3　1995—2015年分部门天然气消费

数据来源：国家统计局、中国石油集团经济技术研究院

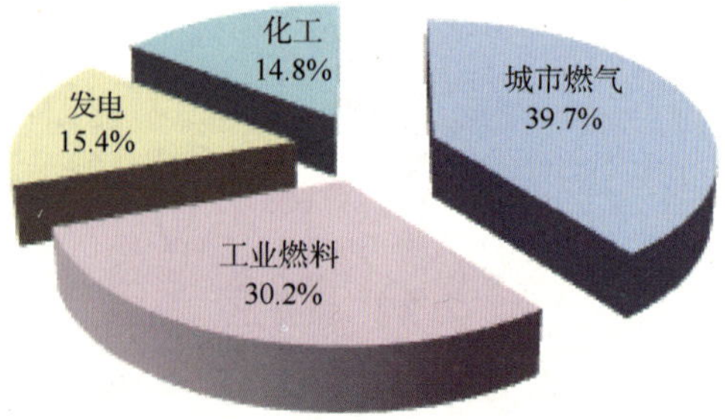

图6-1-4　2015年天然气消费结构图

数据来源：国家统计局、中国石油集团经济技术研究院

1）城市燃气保持快速增长，但增速有所放缓

2015 年，中国城市燃气管网覆盖面积继续扩大，居民和商业用户数量稳定增加；受环保政策推动，重点地区采暖锅炉煤改气项目进一步推进，北京市基本实现了城六区供热无煤化，全市燃气供热比例由 50%提高到 80%，天津和河北也加快推进煤改气进程，用气需求增加。

交通用气领域，受油价大幅下跌，天然气相对汽柴油经济性明显减弱以及物流市场低迷等利空因素影响，交通用气发展缓慢，1—11 月天然气汽车产量 17.9 万辆，同比下降 27.8%。估计 2015 年天然气汽车保有量约 500 万辆，同比增长 4.3%，加气站超过 6000 座；LNG 汽车保有量约 20 万辆。受基础设施建设、经济性制约等因素的影响，LNG 动力船应用进程相对缓慢，国内用于内河运输的 LNG 动力船保有量约 106 艘，主要航行于长江中下游地区，其中改造的船舶有 37 艘，新建船舶有 69 艘，但真正投入运营的仅有 30 艘左右。

多数城市燃气公司销量增速呈放缓趋势。2015 年上半年，新奥能源控股有限公司（简称新奥能源）销量 55.5 亿立方米，同比上升 10.7%，预计全年销量 110 亿立方米，同比增长 9.8%，远低于上年 25.9%的水平。香港中华煤气有限公司（简称中华煤气）上半年销量 79.4 亿立方米，同比增长 3%，预计全年销量 160 亿立方米，同比增长 5.3%，低于上年 14%的增速。北京燃气集团有限责任公司（简称北京燃气）受新投产的高井、京西及高安屯热电厂运行用气需求增加影响，销量快速增长。上半年北京燃气天然气销量 60.4 亿立方米，同比增长 29.1%，估计全年销售气量 120 亿立方米，同比增长 20.5%，高于上年 14.2%的增速。

2）发电用气需求快速增加

2015 年全国电力供需宽松，1—11 月全社会用电量 5.0 亿千瓦时，同比增长 0.7%，增速比上年同期回落 3 个百分点。全国发电设备累计平均利用小时 3597 小时，同比下降 309 小时，降幅比 2014 年同期扩大 87 小时，燃气发电也相应受到影响。但下半年以来，受降价促销和国家下调非居民用气门站价格政策影响，江苏等地燃气电厂用气量同比有较大增幅。同时北京东北热电中心、无锡蓝天热电、达州热电、太原东山热电等项目投产，拉动发电用气增加。

3）工业燃料用气需求不旺，出现天然气逆替代现象

2015 年，主要工业用气行业产能过剩，工业用气需求疲软。1—11 月，平板玻璃、钢铁、建筑陶瓷产量同比分别下降 7.9%、2.2%和 0.6%，用气需求明显下滑。此外，受煤炭、燃料油、LPG 等竞争能源价格大幅走低影响，部分工业用户煤改气缺乏积极性，甚至利用煤炭、燃料油等逆向替代天然气，天然气作为清洁能源的优势没有发挥出来。随着环保压力的加大、气价下调，天然气相对替代能源的经济性提升，京津冀、长三角、珠三角地区工业企业“煤改气”工程将稳步推进，用气量有望稳定增长。

4）化肥化工用气同比下降

2015 年，受煤炭价格大幅走低影响，煤头化肥产量保持较快增长，气头化肥企业开工率

较低，用气量出现下降；甲醇产业链受到煤炭价格走低和国际油价下跌的双重影响，气头甲醇企业开工率低，用气量减少；制氢用气保持小幅增长。

3. 东部发达地区增长较快，中西部地区增速趋缓

中国天然气利用范围继续扩大，据国家统计局统计，2014年城市燃气天然气用气人口达到2.6亿，估计2015年用气人口达到2.8亿，城市气化率达到38%，比2014年增加近3个百分点。

2015年，东部地区用气量保持较快增长。估计长三角地区天然气消费量328亿立方米（图6-1-5），同比增长13%，占全国天然气消费总量的17.2%，分地区用气占比最高（图6-1-6），天然气发电回暖是用气增长的主要原因；东南沿海地区消费量266亿立方米，同比增长6.3%，占比13.9%；中南地区消费量198亿立方米，同比增长5.7%，占比10.4%；中西部地区小幅增长4.0%；环渤海地区受北京、天津天然气消费量快速增加，河北天然气消费量大幅下降影响，估计地区消费量295亿立方米，同比增长3.3%，占全国消费总量的15.4%；西南和东北地区小幅增长；西北地区天然气消费量受LNG工厂和化工用气减少的影响大幅下降8.6%。

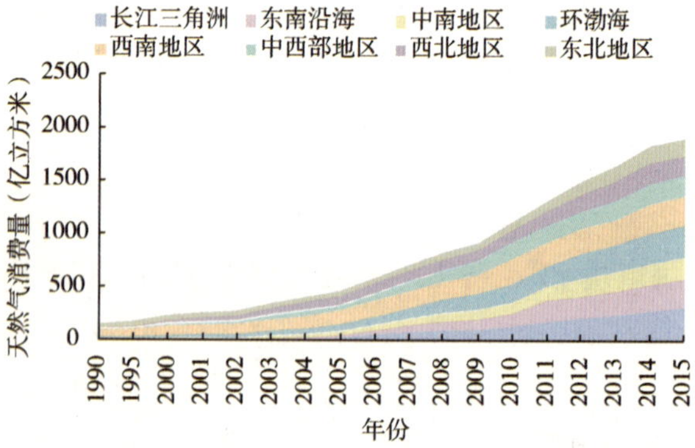

图6-1-5 1990—2015年分地区天然气消费量

数据来源：国家统计局、中国石油集团经济技术研究院

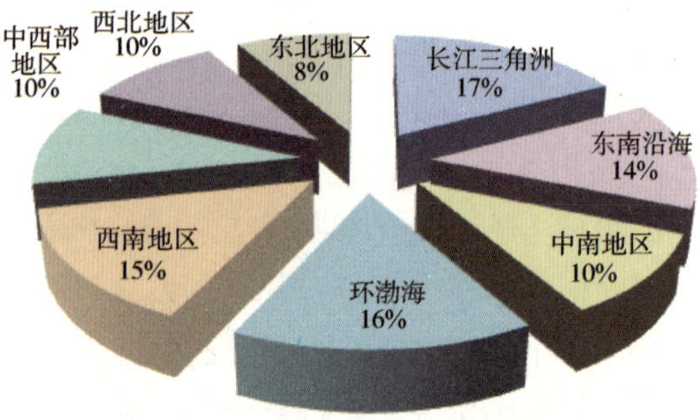

图6-1-6 2015年分地区天然气消费结构

数据来源：国家统计局、中国石油集团经济技术研究院

二、中国天然气供应分析

1. 国内天然气产量低速增长，非常规气进展明显

2015年，受天然气需求增速放缓、市场供应过剩影响，中国天然气生产企业在消费淡季压减上游产量。1—11月，中国天然气产量1190亿立方米，同比增长3.3%，估计全年天然气产量1318亿立方米，同比增长3.5%，低于去年同期的8.0%。

非常规气生产取得较大进展，但在产量构成中所占份额仍较低。煤制气供应量近14亿立方米，同比增长74%，主要来自新疆庆华能源集团公司（简称新疆庆华）、大唐国际克旗煤制气公司（简称大唐克旗）和内蒙古汇能集团煤制气项目；煤层气利用量约80亿立方米，主要来自中石油煤层气有限公司、中联煤层气有限责任公司，以及山西晋煤集团、河南省煤

层气开发利用有限公司为代表的省管能源企业等；页岩气生产取得重要突破，产量约 50 亿立方米，中石化页岩气产量由 2014 年的 13 亿立方米增至 32 亿立方米。

2. 进口量增速继续放缓，对外依存度微升

2015 年，受天然气需求增速大幅减缓的影响，中国天然气进口增速大幅放缓，LNG 进口甚至出现负增长。1—11 月全国天然气进口量 560 亿立方米，同比增长 4.9%，估计全年天然气进口量 624 亿立方米，同比增长 4.7%，比 2014 年大幅下降 8.6 个百分点，对外依存度升至 32.7%。其中，管道气占进口总量的 56.7%，占比略有上升；LNG 进口量占 43.3%。

1）管道气进口量持续增长，增速略有下降

2015 年，随着中亚 C 线逐步达产，中缅管道进口气量快速增长，中国管道气进口量稳定增加（图 6-1-7）。1—11 月进口管道气 317 亿立方米，同比增加 11.2%，估计全年管道气进口量 354 亿立方米，同比增长 10.6%，比 2014 年降低 4.1 个百分点。中国进口管道气主要来自土库曼斯坦、缅甸、乌兹别克斯坦和哈萨克斯坦（图 6-1-8）。

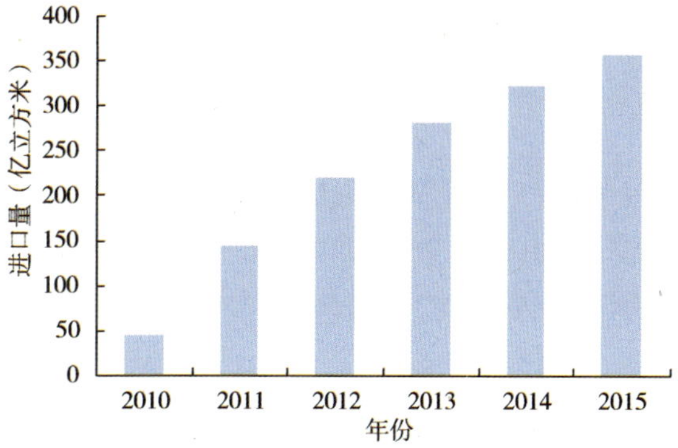

图6-1-7　历年管道气进口量

数据来源：海关总署

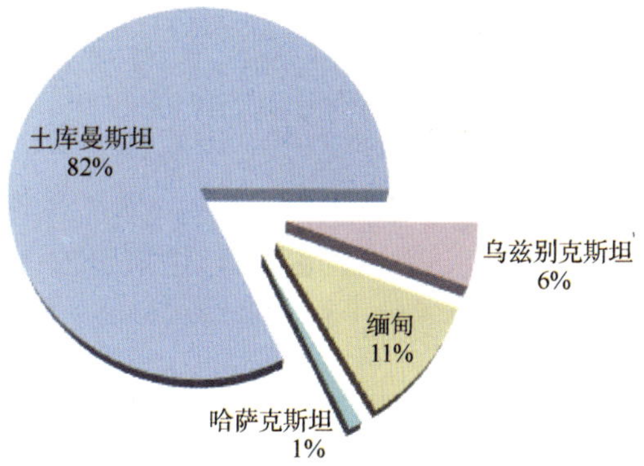

图6-1-8　2015年1—11月中国管道气进口来源

数据来源：海关总署

2）LNG 供应能力稳步提升，进口量首现负增长

中国 LNG 供应能力稳步提升。2015 年，中海油与 BG、中石化 APLNG 合同进入窗口期，合同增量达到 930 万吨，国内 LNG 资源供应能力大幅提升。

受需求疲软影响，中国长贸 LNG 基本按照合同低限进口，现货进口大幅减少，LNG 进口总量同比下降。1—11 月进口量 1755 万吨（约合 242 亿立方米），同比下降 1.7%；估计全年 LNG 进口量 1945 万吨（约合 270 亿立方米），同比下降 2.0%，中国进口 LNG 以来首次出现负增长。中国进口 LNG 以长期合同气为主，主要来自卡塔尔、澳大利亚、印度尼西亚、马来西亚和巴布亚新几内亚等国，1—11 月共进口 1608 万吨（约 222 亿立方米）。现货进口主要来自也门、阿尔及利亚等国，进口量仅为 147 万吨（约 20 亿立方米），同比降幅超过 50%。广东是中国 LNG 进口量最大的省份，1—11 月进口量占全国总进口量的 31.7%（表 6-1-1）。

表6-1-1　中国分省LNG进口情况

进口海关	LNG接收站	2014年进口量（万吨）	2015年1—11月进口量（万吨）	2015年占比（%）
北京海关	河北曹妃甸	21.66	45.34	2.58
河北海关		161.24	129.18	7.36
辽宁海关	辽宁大连	143.77	117.58	6.70
上海海关	上海洋山	294.09	239.95	13.67
江苏海关	江苏如东	212.03	123.36	7.03
浙江海关	浙江宁波	164.03	118.86	6.77
福建海关	福建莆田	349.28	260.87	14.86
广东海关	广东大鹏和珠海	599.86	556.21	31.69
海南海关	海南洋浦	18.09	21.21	1.21
山东海关	山东青岛	20.72	142.40	8.11
合计		1984.76	1754.97	100

数据来源：海关总署。

3. 天然气市场供应总体过剩，季节性供需矛盾仍存

2015 年，中国天然气供应量稳步增长，1—11 月国内天然气供应总量 1750 亿立方米；估计全年供应量 1942 亿立方米，同比增长 3.9%。其中，常规气、煤层气、页岩气产量占比 67.2%，煤制气占比不足 1%，进口气占比 32%（图 6-1-9）。1—11 月，供港、澳用气 29.5 亿立方米，同比增加 23.5%；估计全年供港、澳用气 32.5 亿立方米，同比增长 23.8%。

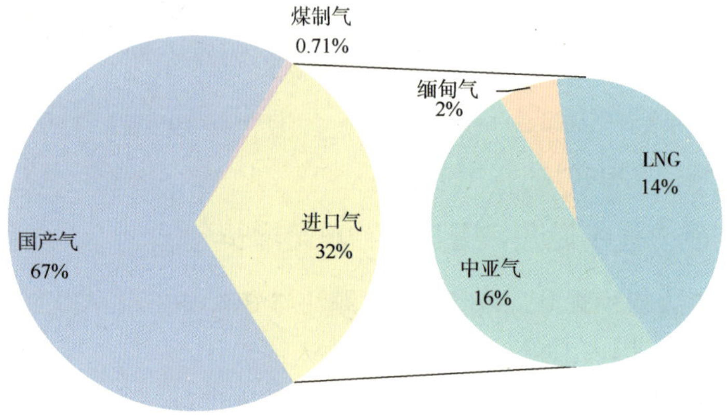

图6-1-9　2015年中国天然气供应结构

数据来源：国家发展和改革委员会、海关总署、中国石油集团经济技术研究院

由于中国天然气需求低迷，市场出现供应过剩局面，估计全年资源供应能力过剩超过 100 亿立方米，供气企业通过压产、转售长贸 LNG 资源、按照“照付不议”最低量进口资源等措施匹配市场需求。但是，受大规模煤改气影响，中国冬季采暖用气量大幅攀升。尤其 11 月 20 日起国家大幅下调非居民用气门站价格，拉动用气需求增加。尽管中国持续加快储气

库建设，储气库工作气量和调峰气量增长较快，但难以满足调峰用气需求，中国冬季供气仍面临较大压力。

三、中国天然气价格分析

2015 年，天然气市场化建设取得积极进展。4 月，国家如期实现存量气和增量气价格并轨；11 月，国家进一步下调非居民用气门站价格，各地也纷纷出台文件调整终端用户价格；上海石油天然气交易中心上线运行，迈出了中国天然气市场化的重要一步。

1. 实现存量气和增量气价格并轨，多地政府调整终端用户价格

按照 2013 年确定的天然气价格改革“三步走”计划， 2015 年 2 月，国家发展和改革委员会（简称国家发改委）发布《关于理顺非居民用天然气价格的通知》，规定自 4 月 1 日起非居民用增量气最高门站价格下调 0.44 元/米^3，存量气最高门站价格上调 0.04 元/米^3，存量气与增量气价格实现并轨；放开直供用户（化肥企业除外）用气门站价格，由供需双方协商定价。本次调价增量气价格平均降幅超过 15%，增量气用户成本明显下降，存量气升幅不足 2%，对天然气行业具有利好影响。但由于煤炭等替代能源价格走低，外部成本没有体现，天然气市场需求仍然低迷。

11 月，国家发改委发布《关于降低非居民用天然气门站价格并进一步推进价格市场改革的通知》，规定自 11 月 20 日起非居民用气最高门站价格降低 0.7 元/米^3，2016 年 11 月 20 日后允许在此基础上浮 20%，下浮不限。调整后的全国平均门站价格由 2.51 元/米^{3}降至 2.09 元/米^3，全国均价下调 16.7%，上海基准门站价由 2.88 元/米^{3}下调至 2.18 元/米^3，下调幅度达 24.3%。此次国家大幅下调非居民用气门站价格（图 6-1-10），一方面，下调后的价格与 2013 年之前的水平相当，将极大地刺激了市场需求，促进天然气市场发展；另一方面，推动供需双方在上海石油天然气交易中心线上交易，为全面开放天然气市场创造条件。

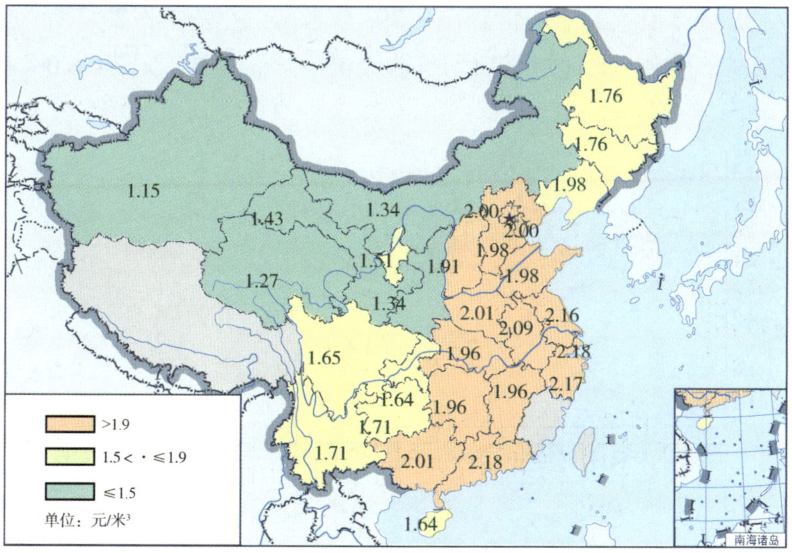

图6-1-10　中国天然气最新门站价格

数据来源：国家发展和改革委员会

随着国家出台政策下调非居民用气门站价格，10 余省市相继出台调价文件。广东省管网公司门站价格降 0.68 元/米^3，至 2.42 元/米^3，相比上游企业门站价格高出 0.24 元/米^3；浙江省天然气开发有限公司供城市燃气非居民用气门站价格下调 0.75 元/米^3，至 2.29 元/米^3，高出浙江省门站价格 0.12 元/米^3。上海市发展和改革委员会将各类非居民用户天然气销售（基准）价格每立方米均降低 0.42 元，另外，北京、四川、河南、山西、内蒙古等地均下调非居民终端用户价格。从各地终端用户价格水平来看，中国工业用户和车用气价格水平普遍高于居民用气价格（图 6-1-11），远高于各省非居民用气最高门站价格，对工业和车用气需求发展形成制约。

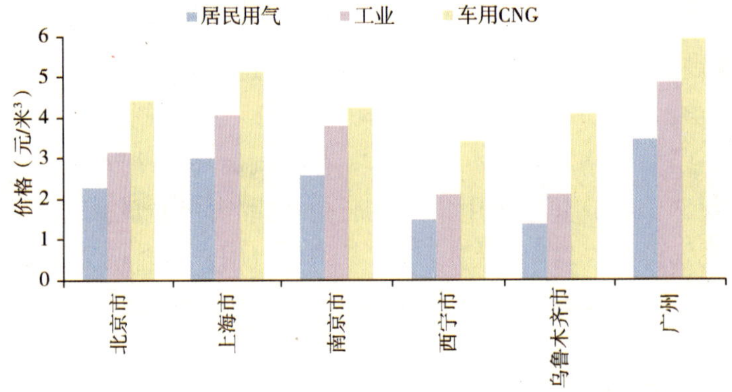

图6-1-11　中国天然气终端用户价格水平对比

数据来源：地方发展和改革委员会、物价局

2. 天然气进口价格同比大幅下跌，进口企业亏损仍较严重

2015 年，受国际油价大幅下跌影响，中国进口天然气价格大幅下跌。1—11 月 LNG 进口均价降至 2.02 元/米^3，完税价格 2.29 元/米^3，同比下降 24.5%（图 6-1-12）。其中，长期合同到岸均价为 1.97 元/米^3，同比下降 20.2%，短期合同和 LNG 现货到岸均价 2.59 元/米^3，同比下降 29.2%。进口管道气到岸均价降至 1.79 元/米^3，完税价格 2.02 元/米^3，较 2014 年同期降幅达到 18.8%。其中，缅甸气进口均价为 2.47 元/米^3，同比下跌 6.0%，中亚气进口均价为 1.70 元/米^3，同比下降 21.5%。

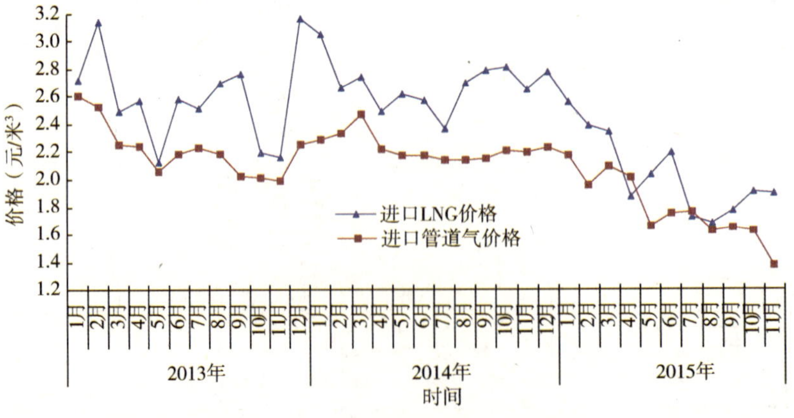

图6-1-12　中国天然气进口价格

数据来源：海关总署

尽管进口价格大幅下跌，但进口天然气成本仍高于调价后的门站销售价格，进口企业亏损严重。考虑到气化成本，则沿海地区进口 LNG 供气成本高于 2.6 元/米^3，与上海、广东 2.18 元/米^{3}的门站价格相比，每立方米气亏损额超过 0.42 元。与其他地区相比，亏损进一步加剧。对于中亚管道气，考虑到长距离管输成本，中东部地区供气成本将近 2.8 元/米^3，每立方米气亏损额超过 0.6 元。缅甸进口气进口完税价格 2.79 元/米^3，更不具有成本优势。

3. 政府积极推进石油天然气交易中心建设

2015 年 3 月，上海天然气石油交易中心在上海自贸区注册成立，7 月 1 日投入试运行。交易中心股东为新华社、中石油、中石化、中海油、申能（集团）有限公司（简称申能）、北京燃气、新奥能源、中国燃气控股有限公司（简称中燃）、港华燃气集团（简称港华）、中国华能集团公司（简称华能）十家单位，主要是管道天然气和 LNG 现货交易。交易中心试运行 4 个月以来，中石油、中石化和中海油为主的中国企业积极挂牌交易，交易量稳步上升，7 月 1 日—12 月 31 日，交易管道气 41.5 亿立方米，LNG 14 万吨（约 1.94 亿立方米）。

天然气交易中心的建设，有利于形成公允的天然气市场价格，将为全面放开天然气价格创造条件。未来在国家政策的引导下，石油天然气交易中心将加快发展步伐。国家发改委 11 月发布的《降低非居民用天然气门站价格并进一步推进价格市场化改革的通知》中明确提出，要着力做好天然气公开交易工作。非居民用气应加快进入上海石油天然气交易中心，由供需双方在价格政策允许的范围内公开交易形成具体价格，力争用 2～3 年时间全面实现非居民用气的公开透明交易。

四、中国天然气储运发展状况

1. 长输管道建设稳步推进，区域管道、联络线建设进展顺利

2015 年，中国天然气管道建设稳步推进，多项在建管道取得积极进展，估计输气干线、支干线合计建成里程 2700 千米（图 6-1-2）。2 月，陕京四线北京军都山隧道全线贯通；3 月，鄂尔多斯—安平—沧州输气管道工程（鄂安沧管道）环境影响评价第一次公示；6 月，中俄东线天然气管道中国境内段正式开工；10 月，新粤浙管道工程获国家发改委核准。

中国天然气区域管道、联络线继续推进。据不完全统计，全年主要区域管道投运 10 多条，包括中缅天然气管道昆明东支线、广东省天然气管网二期工程、中石化大牛地气田至东胜的输气管道等。与此同时，川气东送管道与西气东输二线实现互联，多条区域支线也相互连通，极大地延伸了中国天然气市场覆盖范围，提升了保供能力，增强了供应安全。

表6-1-2　2015年中国天然气主干线、支干线及联络线建设情况

管　道	所属公司	起　点	终　点	长度（千米）	输气能力（亿立方米/年）	状态
重庆涪陵—王场	中石化	涪陵白涛	石柱王场	136.5	70	已建
西气东输三线东段	中石油	江西吉安	福州	817	300	已建
泰青威管道	中石油	山东泰安市	山东威海市	1067	86	已建
济南—青岛输气管道二线工程	中石化	山东济南	山东青岛	359	50	已建
哈沈输气管道	中石油	长春分输清管站	沈阳	365	90	已建
西气东输三线中段	中石油	宁夏中卫	江西吉安	2016	300	在建
西气东输四线	中石油	新疆伊宁	宁夏中卫	2454	300	在建
陕京四线	中石油	陕西靖边	北京市高丽营	1273	300	在建
中俄天然气东线	中石油	黑龙江黑河市	上海市	3968	380	在建
鄂安沧管道	中石化	陕西榆林市	河北沧州	2422	300	在建
新粤浙管道	中石化	新疆伊宁	广东省韶关	8280	300	在建

2. LNG 接收能力富余，第三方准入快速推进

2015 年，中海油粤东和中石化北海 LNG 接收站基本完工，新奥舟山 LNG 接收站项目获国家发改委核准，全国无新增 LNG 接收能力。截至 2015 年底，全国投产 LNG 接收站 11 座，累计接收能力达到 4080 万吨/年（图 6-1-13）。在建接收站 6 座，加上大连、如东、宁波等二期在建项目，在建能力超 2100 万吨。中国 LNG 接收站利用效率低，2015 年中国 LNG 接收站利用负荷从 2014 年的 48.7%降至 47.7%，LNG 接收能力过剩问题显现。

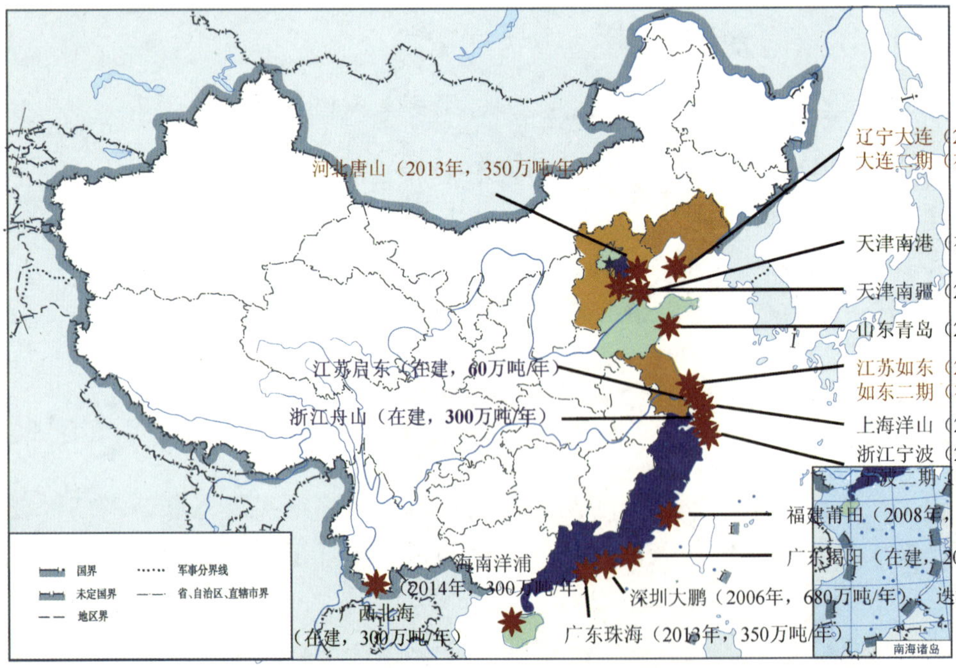

图6-1-13　中国LNG接收站分布示意图

2015年以来，中国LNG接收站第三方公平准入快速推进。3月，中石油江苏LNG接收站灵活利用卸船窗口期，以“液来液走”代储转运模式，完成香港太平洋油气旗下南京太平洋天然气贸易有限公司LNG现货接卸，这也是国内第一单向外资企业开放使用接收站的合同。3月16日，中海油天津浮式LNG码头泊位获准对外开放。3月31日。中石油大连LNG接收站承接广汇能源股份有限公司（简称广汇能源）进口的海外LNG接收业务，是国内第二船由民营企业以租用接收站形式实现的LNG进口业务。截至2015年底，已有广汇能源、香港太平洋油气有限公司、大连因泰化工品物流公司、河北华港燃气集团、北京燃气等企业通过第三方接收站进口LNG现货。

LNG接收站建设和运营主体多元化趋势明显。广汇能源、新奥能源、哈纳斯集团等民营企业纷纷布局LNG业务，分别在江苏启东、浙江舟山、福建莆田规划建设LNG项目。山东东明石化集团与卡塔尔QIDGroup签署初步协议，计划在广西钦州建设年接转能力300万吨/年的LNG接收站。华电集团在广东江门和汕头规划建设LNG接收站，并与BP、加拿大太平洋西北LNG项目签署购销协议，BP将向华电供应每年高达100万吨的LNG，为期20年。

3. 地下储气库建设稳步推进，储气库体制机制问题亟待解决

截至2015年，国内已建成储气库（群）11座，预计形成工作气量53亿立方米，约占全国天然气消费总量的2.8%。其中，中石油10座，大部分储气库（群）处于达容达产阶段。随着中俄东线等重点管道开工建设，与此相配套的储气库前期筛选评价工作稳步推进，初步落实评价目标19个，总工作气量将达150亿立方米以上。中石化储气库1座（中原文96储气库），估计2015年形成工作量0.7亿立方米左右。中石化川气东送在建金坛储气库一期工程10口井已完成，正开展溶蚀造腔工作，二期工程26口井钻井工程已顺利启动。

随着中国天然气消费增长，调峰需求进一步扩大，预计到“十三五”末天然气调峰需求接近300亿立方米，储气库建设任务繁重。同时国家有关部门正在加快天然气产业改革，储气库业务将发生深刻变化。

五、热点分析：价格下调对中国天然气市场的影响

2015年11月18日，国家发展改革委发布通知，规定自11月20日起非居民用气最高门站价格降低0.7元/米^3。此次调价有助于促进国内天然气需求恢复快速增长，抑制发展非常规天然气和进口现货LNG的积极性，缓解日趋严重的资源过剩问题，天然气市场格局将由过剩转为相对平衡。

1. 拉动天然气市场需求较快增长，供需格局或发生转变

国内天然气市场开发正迎来政策、价格两方面的双重利好，需求有望重返快速增长的轨道。非居民用气最高门站价格下调0.7元/米^{3}之后，将重新强化天然气相对成品油的价格优势，内蒙古地区LNG与柴油比价由9月的69%降至53%，广东LNG与柴油比价由9

月的98%降至69%。天然气相对煤炭的比价同比大幅下降24%～38%。据测算，调价后天然气对环渤海动力煤炭价格（2015年以来均值）等热值比价由2.51～3.91降至1.56～2.96，新疆最低，上海和广东最高。在加强大气污染防治和应对气候变化的双重背景之下，天然气相对煤炭的弱势地位有望得到逆转，推动“煤改气”“油改气”的内外部条件将更加充分。

2. 制约天然气进口与非常规气发展

首先，进口天然气重新陷入全面的价格倒挂。以海关发布的2015年前三季度各地区天然气进口数据为参考，执行新的非居民用气最高门站价格后，国内进口管道气和进口LNG价格将再次出现严重倒挂，进口企业亏损严重。其他国有和民营企业在投资建设LNG接收站、签署长贸LNG进口协议方面将会更加谨慎，进口现货LNG的积极性也将受挫。按照2.18元/米^{3}的上海市非居民用气最高门站价格进行测算，考虑增值税和气化管输费等因素，进口LNG价格的盈亏平衡点将降至7.5美元/百万英热单位以下。

其次，页岩气、煤层气和煤制气等发展受到明显制约。与常规天然气相比，页岩气、煤层气、煤制气处于规模开发前期，生产供应成本相对较高，即便在政府补贴的情况下也很难与常规气同台竞争。因此尽管国家发展改革委在2013年调价时就放开了对非常规天然气的价格管制，在资源过剩的背景下，其价格始终与常规气保持一致。此次非居民用气最高门站价格大幅下调之后，它们将面临更加严峻的生存压力，规划的产能建设项目可能被推迟甚至取消，相关高新技术、材料、装备的研发和制造也会受到影响，进而制约国内非常规天然气的发展。

3. 亟需加快天然气市场化改革，解决价格存在问题

本次价格调整后，非居民用气和居民用气门站价格具有价差，容易产生交叉补贴问题。同时，较低的价格制约了市场供应的持续稳定发展。因此，未来国家应加快天然气市场化改革步伐，加大市场监管，督促地方政府尽快对终端价格进行相应调整，抓紧解决一系列价格问题，包括居民气价与非居民气价、进口气价与最高门站价格、直供气价与非直供气价等问题；同时出台峰谷气价政策，利用市场化手段对市场需求进行调节和引导，促进储气调峰设施建设，为“十三五”期间中国天然气市场的持续快速发展提供保障。

第二节　中国天然气市场展望

2016年，国内宏观经济下行压力较大，但受价格下调和环保政策利好影响，国内天然气需求将恢复较快增长。预计天然气进口量690亿立方米，同比增长10.6%。天然气对外依存度33.7%，相对上年小幅上升。供应稳定增长，供需形势仍将持续宽松。

一、2016 年中国天然气需求展望

1. 中国天然气市场需求增速回升

2016 年，国家出台的天然气价格政策激励和环保政策将有力拉动天然气市场需求增加，但国内电力、交通、钢铁、建材等主要用气行业产能过剩问题仍较为突出，用气需求内在增长动力不足。预计表观消费量将达 2050 亿立方米，同比增长 7.3%，比 2015 年增加 3.6 个百分点。天然气在一次能源中的占比将达到 6.4%。

2. 城市燃气和发电用气量快速增长，工业用气增速回升

预计居民、公服、交通等城市燃气用气快速增长，发电用气也将保持较快增速，工业燃料用气需求增速将稳步回升，化工用气微幅增长。预计城市燃气消费量将达 827 亿立方米，同比增长 9.1%，占比升至 40.3%（图 6-2-1）；发电用气量约 319 亿立方米，同比增长 8.7%，占比 15.6%；工业燃料用气量将达 611 亿立方米，同比增长 6.1%，占比 29.8%；化工用气量 293 亿立方米，同比增长 3.7%，占比降至 14.3%。

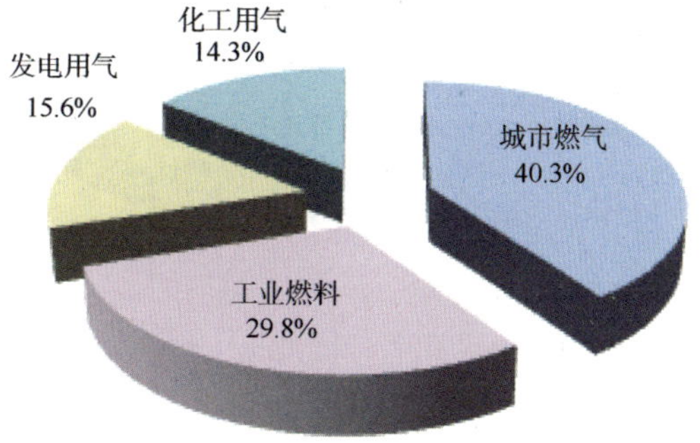

图6-2-1　2016年中国天然气消费结构

数据来源：海关总署

城市燃气增长较快。随着城镇化水平的提升和城市燃气管道覆盖范围的扩大，居民和商业用气快速增长。为改善大气污染问题，多地加快实施采暖锅炉煤改气，采暖用气也将快速增长。交通领域，受非居民用气门站价格下调影响，LNG 和 CNG 价格下降，相对于汽柴油的价格优势突出，推动交通用气稳定增长。

天然气发电燃料成本大幅下降，发电用气量将保持较快增速。受气价下调利好影响，重点地区气电成本由 0.71～0.78 元/（千瓦·时）下降至 0.57～0.64 元/（千瓦·时），降幅达 18%～20%，较煤电成本劣势有所缩小。尽管江苏、浙江、上海等地下调气电上网电价，但多数气电企业仍可盈利。

工业燃料用气小幅增长。虽然钢铁、玻璃、陶瓷等工业制造业产能过剩问题依然突出，对工业用气增长形成制约，但受气价大幅下调和环保政策驱动影响，部分工业企业经济性提升，将实现从燃料油和煤炭燃料向天然气燃料过渡，增加用气需求。

化工用气微幅增长。由于煤炭、石油等化工原料价格大幅下跌，天然气作为化工原料不

具成本优势。2016 年，受价格下降影响，预计化工用气量增量 10 亿立方米。

二、2016 年中国天然气供应展望

预计全年我国天然气产量稳定增长，进口量恢复较快增长，天然气市场供应总体过剩，但受储气调峰能力不足影响，季节性供需矛盾仍然存在。

1. 国内天然气产量稳定增长

2016 年，中国天然气供应稳定增长，预计国内气供应量将达 1390 亿立方米（含煤制气），同比增长 5.5%，供应结构占比 66.8%（图 6-2-2）。受气价下调影响，煤层气和页岩气勘探开发将受到制约，煤制气产量增长受到抑制。预计全年中国天然气市场供应总体过剩，但受储气调峰能力不足影响，季节性供需矛盾仍然存在。

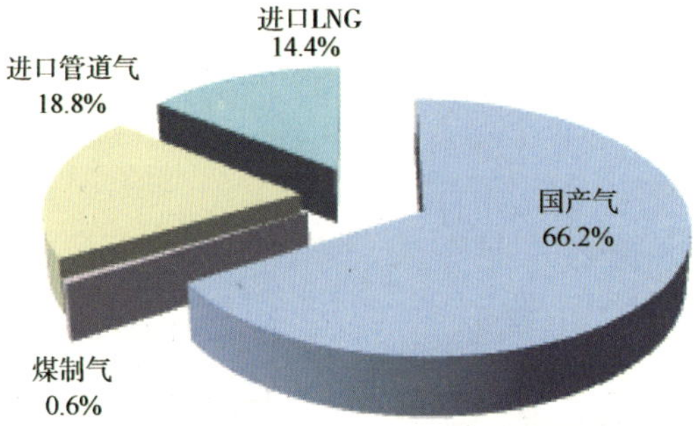

图6-2-2　2016年中国天然气供应结构

数据来源：海关总署

2. 进口量保持较快增长

2016 年，中国 LNG 接收能力将大幅提升。按照规划，中海油粤东、中石化北海、天津南港、深圳迭福、江苏启东以及大连二期、江苏二期、宁波二期等 LNG 接收项目将投产运行，全国新增 LNG 接收能力 1840 万吨/年。中石化 APLNG、中石油高庚等 LNG 购销合同进入执行期，长贸 LNG 资源增量超过 700 万吨。综合考虑需求和经济性因素，预计 LNG 进口 2160 万吨（约合 300 亿立方米），同比增长 11.1%。中亚 C 线进口能力继续增加，管道气进口量稳步增长，预计进口量达 390 亿立方米，同比增长 10.2%。预计全年天然气进口量将达 690 亿立方米，同比增长 10.6%，占消费量的比例为 33.7%。

进口气价格方面，由于长贸 LNG 价格与油价挂钩滞后 5～6 月，预计 2016 年管道气和 LNG 进口价格将继续下探，年底天然气进口价格有望小幅上涨，但仍处于较低水平。

（本章撰写人：段兆芳　孙文宇　徐　博　张　愉）

油气生产篇

第七章　国内外油气勘探开发行业发展

2015 年，全球油气剩余探明可采储量分别增长 0.8%和 1%；油气产量分别增长 2.8%和 2.4%，增幅收窄。美国页岩油气勘探开发热潮有所消退，钻井数量减少，资本支出下降幅度超过其他地区。全球工程技术服务市场规模同比大幅下降 25%，工程技术服务价格下跌。国内油气探明地质储量稳定增长，页岩气新增探明地质储量有较大突破，新增探明地质储量中特低渗储量比重增加。国内油气勘探难度增大，规模有效动用难度日益加大，原油储量替代率下降。国内油气产量分别达到 2.14 亿吨和 1318 亿立方米，增速分别为 2%和 3.5%；页岩气产量约 50 亿立方米，进入规模化勘探和工业化开发阶段。国内三大石油公司上游勘探开发投入降幅超过 30%，勘探工作量大幅下降。

第一节　世界油气勘探开发现状和趋势

2015 年，因持续低油价，世界油气产储量增幅收窄。受油价下跌影响，未来高成本油气项目勘探开发投资将放缓。

一、全球油气储量维持稳定

2014 年全球石油剩余探明可采储量下降，天然气储量继续保持增长态势（图 7-1-1）。2014 年全球石油剩余探明可采储量达 2398 亿吨，同比下降不到 0.1%。储量下降主要是因为受油价下跌影响，勘探开发投资放缓。俄罗斯、厄瓜多尔、埃及、赤道几内亚等国家储量下降幅度超过 2%；而北美、拉美和中东地区石油储量增幅 0.3%，不能弥补其他国家储量递减。2014 年全球天然气剩余探明可采储量 187.1 万亿立方米，同比增长 0.3%。天然气储量增长主要来自美国、巴西、俄罗斯和阿塞拜疆。

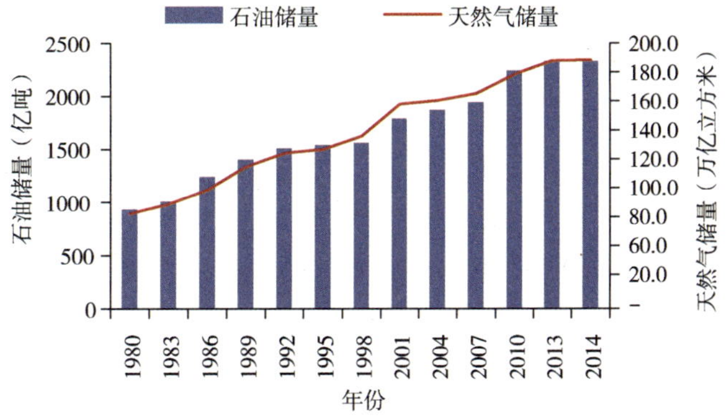

图7-1-1　1980—2014年全球油气剩余探明可采储量

数据来源：BP 世界能源统计，2015

估计2015年全球石油剩余探明可采储量将达2416亿吨，同比增加0.8%，尚未达到近五年年均1%的增幅。因油价持续低迷，墨西哥湾、巴西、挪威和安哥拉等深水领域勘探投资将减少，预计全球石油剩余探明可采储量增幅还将下降。

估计2015年全球天然气剩余探明可采储量达194万亿立方米，同比增长0.5%。储量增长主要来自非洲海上天然气发现，埃及、塞内加尔、安哥拉等国家天然气储量显著增长；其中，埃及在地中海发现大型气田，储量达0.85万亿立方米。此外，俄罗斯中亚地区因在哈萨克斯坦江布尔州阿曼葛利津矿区有天然气新发现，储量继续增长。中东地区科威特、伊朗、阿曼、伊拉克等国家的大型气田重新评价，天然气储量也呈增长态势。

二、全球油气发现大幅下降

2014年全球新油气田发现数量大幅减少，发现油气储量再创新低。2014年全球共获得387个油气发现，同比减少约15%；钻获储量18亿吨油当量，同比减少37%（图7-1-2）。其中，新发现油田250个，同比减少17%；新发现气田137个，同比减少12%。全年没有获得储量超过1亿吨的大型油气田发现，油气发现平均规模仅为465万吨，为近十年来最低水平。近年来，由于探井成功率下降，油气发现规模萎缩，以及成本上升等原因，勘探开发投资增长，油气新增储量不断下降，全球油气勘探投资效率持续走低。

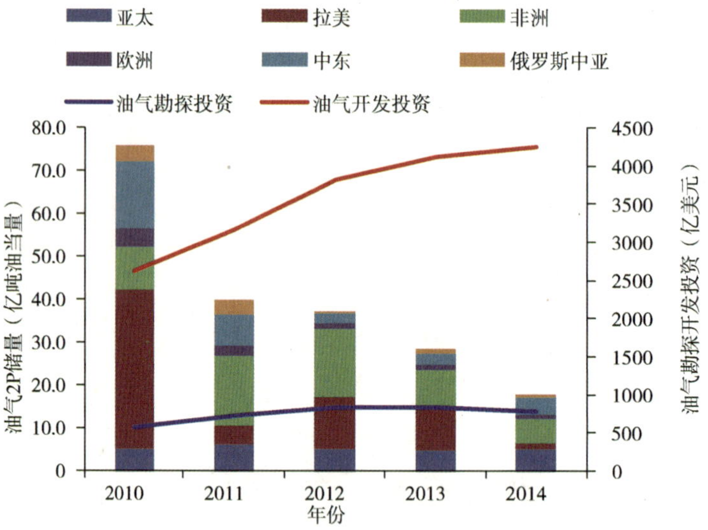

图7-1-2 2010—2014年全球油气发现统计

数据来源：IHS，油气发现个数不包括北美地区

2014年，天然气仍是油气发现的重要来源。在全球最大的10个新油气发现中有7个是气田，4个来自沙特阿拉伯。沙特阿拉伯不仅石油丰富，天然气也展现出新前景（表7-1-1）。

2015年，全球油气重要发现集中在非洲的深水和超深水地区。受益于埃尼在地中海Zohr区块大型天然气发现，毛里塔尼亚塞内加尔海域的Tortue区块天然气发现以及安哥拉海域油气发现，2015年全球油气发现储量有望超过2014年（图7-1-3）。

表7-1-1 2014年世界十大油气发现

排序	国家	油气田	所在盆地	发现者	海陆	油气类型	2P可采储量（百万吨油当量）
1	中国	克深-6	塔里木	中国石油天然气集团公司	陆上	气	13.8
2	沙特阿拉伯	Badi 1	鲁卜哈利沙漠	阿美石油公司	陆上	气	12.7
3	沙特阿拉伯	Faris 1	鲁卜哈利沙漠	阿美石油公司	陆上	气	12.4
4	沙特阿拉伯	Amjad 1	鲁卜哈利沙漠	阿美石油公司	陆上	气	9.9
5	沙特阿拉伯	Faras 1	中央阿拉伯省	阿美石油公司	陆上	气	7.9
6	安哥拉	Mupa 1	宽扎	安哥拉国家石油公司	陆上	油气	7.3
7	毛里塔尼亚	Fregate 1	塞内加尔	达纳石油公司	海上	油气	6.6
8	澳大利亚	Bunyip 1	北卡那封	必和必拓石油公司	海上	气	4.6
9	墨西哥	Nerita 1	萨拜娜	墨西哥国家石油公司	陆上	气	4.6
10	马来西亚	Sirih 1	洛克尼亚省中部	MDC油气公司	海上	气	4.5

数据来源：IHS。

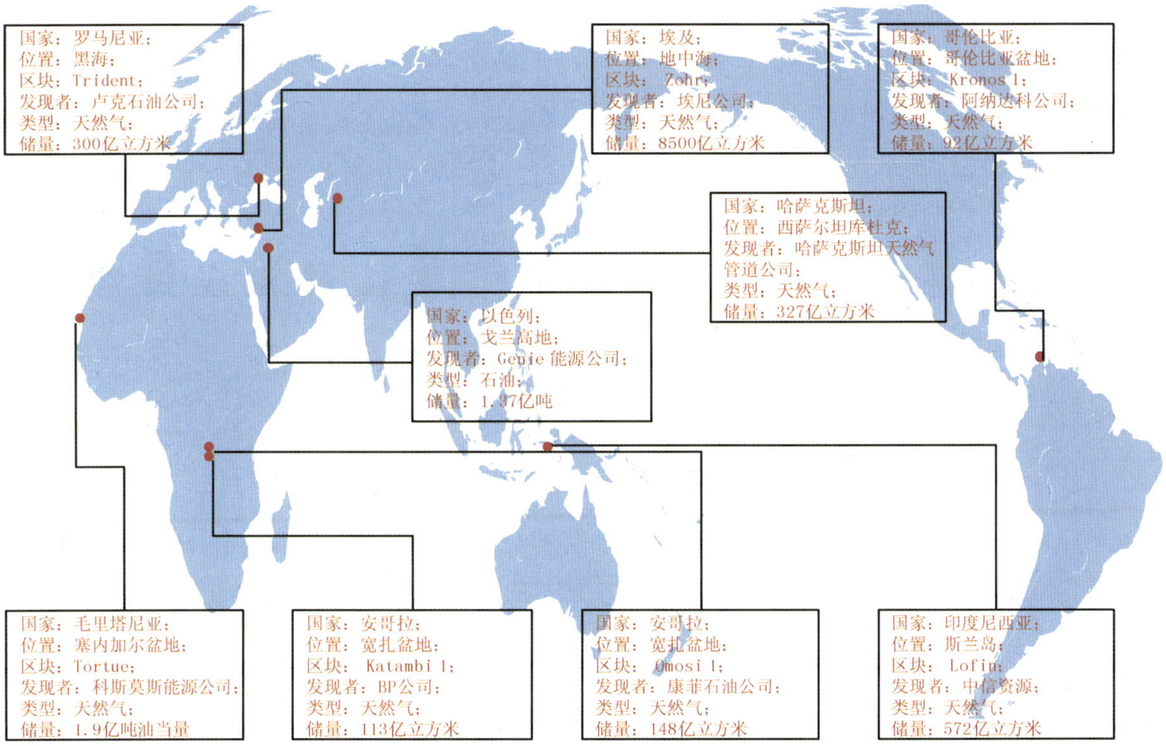

图7-1-3 2015年世界重要油气发现

数据来源：中国石油集团经济技术研究院

三、全球油气产量增幅放缓

2014 年全球油气产量继续增长，美国和俄罗斯石油产量再创历史新高。2014 年下半年国际油价暴跌，全球石油产量不降反升。2014 年全球石油产量为 41.6 亿吨，同比增长 4%，高于 2013 年 1%的增幅。主要是由于沙特阿拉伯、伊朗、伊拉克等 OPEC 产油国石油不为保价减产；非 OPEC 产油大国石油持续增产。其中，美国石油产量猛增 16%，达 5.2 亿吨；俄罗斯石油产量达 5.26 亿吨，同比增长 0.7%，创历史新高。2014 年，全球天然气产量为 3.58 万亿立方米，同比增长 1.2%，低于 2013 年 1.3%的增幅。天然气产量增加主要来自美国、巴西、中国、沙特阿拉伯、伊朗等产气大国，以及安哥拉、巴林、尼日利亚、缅甸、越南等新兴产气国。

估计 2015 年全球石油产量达 42.8 亿吨。尽管油价低迷，但 OPEC、俄罗斯等国为确保市场份额不减产，其他油气生产国为保证财政收入也在稳产，目前低油价只是导致产量增速下降。预估 2015 年俄罗斯石油产量达 5.33 亿吨，同比增长 1.3%；OPEC 石油产量达 17.8 亿吨，同比增长 3.5%。受多个重点产油国受政治安全形势波动影响非洲地区石油产量将下降 1.6%，至 3.6 亿吨。估计全球石油产量增速由 2014 年的 4%下降到 2015 年的 2.8%。全球天然气产量将达 3.67 万亿立方米，同比增加 2.4%。除了欧洲和俄罗斯以外，各地区天然气产量均有不同程度增长，北美地区增长 5%，中亚地区增长 5%，中东增长 3%，非洲地区增长 4.6%，亚太地区增长 0.8%（图 7-1-4）。

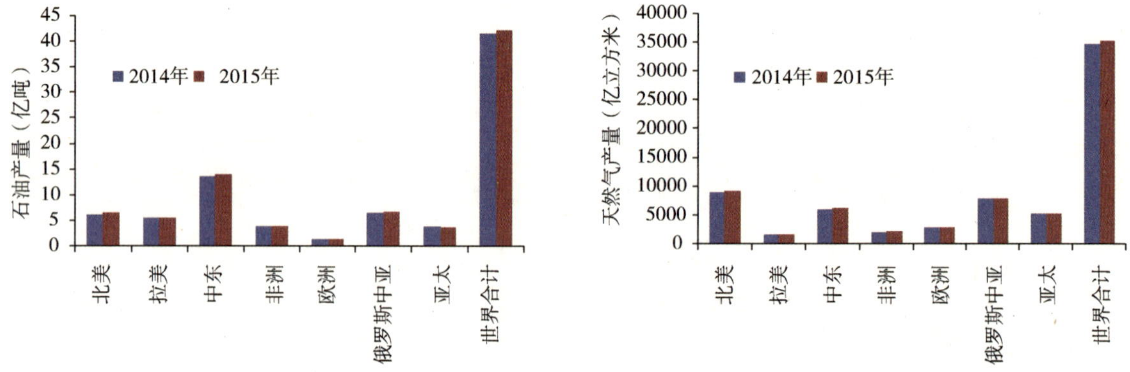

(a)石油产量　　　　(b)天然气产量

图7-1-4　2014—2015年全球油气产量

数据来源：中国石油集团经济技术研究院

2015 年为预估值

四、全球油气上游资本支出大幅下降

据巴克莱银行调查统计显示，2014 年全球油气上游资本支出投资达 6795 亿美元，同比增长 5.8%（图 7-1-5）。

2015 年，受油价暴跌影响，全球油气上游勘探开发投资继续下降。据巴克莱银行预估，2015 年全年油气上游资本支出为 5300 亿美元，同比减少 22%。过去 5 年，随着北美地区页岩油气开发投资活跃，北美以外的资金流向美国和加拿大。2015 年国际油价低迷，北美地区页岩油气开发降温，钻井数量减少，资本支出下降幅度将超过其他地区。

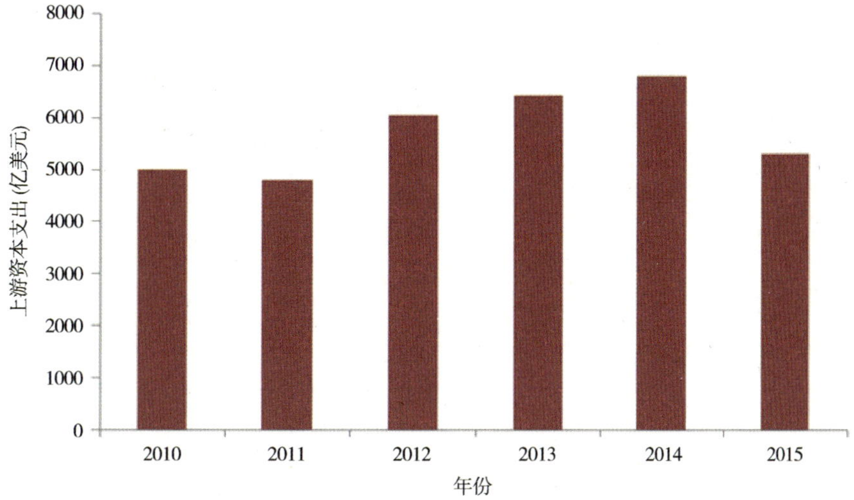

图7-1-5　2010—2015年全球各区上游资本支出

数据来源：巴克莱银行，2015

2015 年为估计值

五、全球工程技术服务市场规模大幅萎缩

2015 年，全球工程技术服务市场规模再现负增长。随着 2014 年下半年油价下跌，国际石油公司开始调整投资计划，对工程技术服务市场的影响在 2015 年显现。根据 Spears&Associates 公司 10 月份的报告显示，2015 年全球工程技术服务市场规模约为 3364.92 亿美元，同比大幅下降 25%，降幅超过金融危机时的 2009 年（图 7-1-6）。

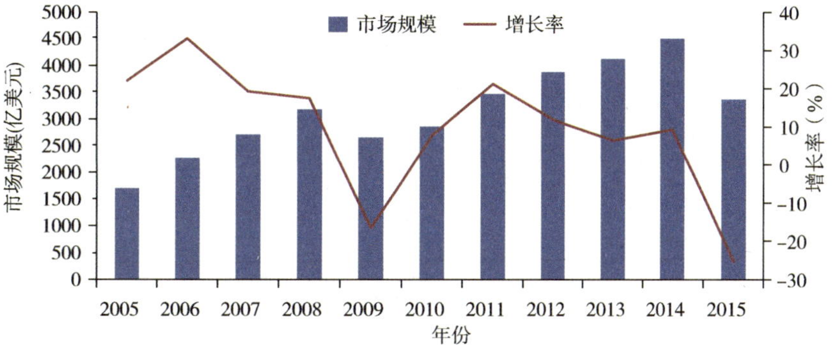

图7-1-6　2005—2015年全球油田工程技术服务市场规模及增长率变化

数据来源：Spears 报告，2015 年 10 月

2015 年，工程技术服务各个板块收入均有所下降，钻井与完井服务市场是下降幅度最大的板块。钻井与完井服务市场占总规模的 55%，是工程技术服务占比最大的板块，但由于投资削减主要是勘探投资，全球动用钻机数量暴跌，钻完井服务市场同比大幅下降 26%。油田工程建设服务板块下降幅度较小，为 17.7%（表 7-1-2）。

表7-1-2　2014—2015年全球石油工程技术服务板块收入状况

技术服务板块	2014年收入（亿美元）	2015年收入（亿美元）	同比增长（%）	2015年收入占总收入比例（%）
物探装备与服务	153.95	116.61	-24.3	3
钻井与完井服务	2498.70	1849.80	-26.0	55
测录试服务	268.23	196.10	-26.9	6
油田生产服务	736.43	501.71	-31.9	15
油田工程建设服务	851.52	700.70	-17.7	21
总计	4508.83	3364.92	-25.4	100

数据来源：Spears报告，2015年10月。

北美地区动用钻机数量暴跌。国际油价持续低迷的背景下，面对现金流减少、资金匮乏困境，石油公司首先削减高成本石油产能投资，其中包括北美页岩油项目、加拿大油砂项目等。大部分页岩油产区实现价格跌破成本，美国页岩油生产商和加拿大油砂生产商通过削减资本预算，减少高成本页岩油开采，动用钻机数量急剧下降。2015 年 11 月，北美地区动用钻机数量为 938 台，相比年初下降 54%。北美以外地区动用钻机数量小幅回落，沙特阿拉伯在油价大幅下跌时继续增加了油气的钻井数量以充实备用产能；2015 年 11 月，中东地区动用钻机数为 419 台，同比增长 16 台（表 7-1-3）。

表7-1-3　2015年全球动用钻机数

时　间	南美	欧洲	非洲	中东	亚太	北美以外	加拿大	美国	全球合计
2015.01	351	128	132	415	232	1258	368	1683	3309
2015.02	355	133	132	415	240	1275	363	1348	2986
2015.03	351	135	125	407	233	1251	196	1110	2557
2015.04	325	119	120	410	228	1202	90	976	2268
2015.05	327	116	100	398	217	1158	80	889	2127
2015.06	314	113	103	401	215	1146	129	861	2136
2015.07	313	108	94	391	212	1118	183	866	2167
2015.08	319	109	96	393	220	1137	206	883	2226
2015.09	321	109	96	396	218	1140	183	848	2171
2015.10	294	108	93	403	213	1111	184	791	2086
2015.11	284	108	90	419	208	1109	178	760	2047

数据来源：贝克休斯公司。

工程技术服务价格下跌。首先是陆上钻井业务，据 Spears&Associates 公司预测，2015 年陆上钻井承包业务市场规模约下降 33%。美国陆上钻井市场需求疲软，陆上钻井日费从二季度开始下降，二季度约为 2.62 万美元，环比下降 2%（图 7-1-7）。

随着海上勘探开发活动的放缓，2015 年海上钻井市场规模约下降 15%，海上钻井价格，尤其是浅海钻井服务价格下降幅度明显。据 Rigzone 数据资料显示，除 450 米以上水深半潜式钻机钻井日费有小幅震荡上升以外，其他几种主要浅海钻机钻井日费都有不同程度下降，其中 450 米水深半潜式钻机 11 月钻井日费 26.1 万美元，较年初下降 9%，76 米以下水深自升式钻机日费 9.7 万美元，较年初下降 23%（表 7-1-4）。

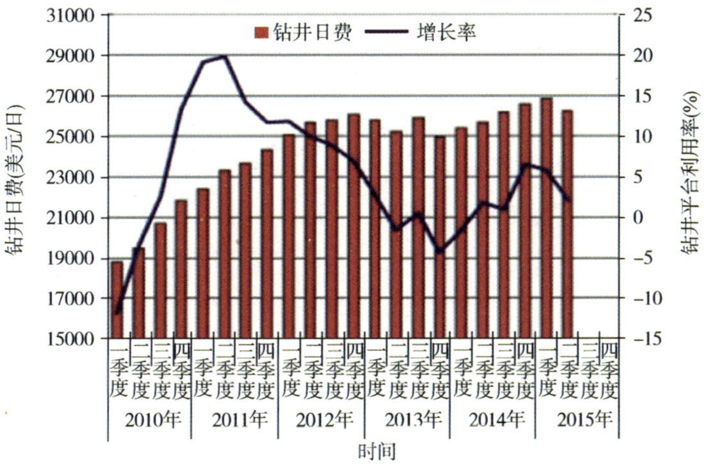

图7-1-7　2010—2015年美国陆上钻井价格变化

数据来源：Spears 公司

表7-1-4　2015年海上主要钻机类型钻井日费　　单位：千美元/日

钻机类型	1月	2月	3月	4月	5月	6月	7月	8月	9月	10月	11月
450米水深半潜式钻机	288	288	288	281	296	296	298	279	279	279	261
450米以上水深半潜式钻机	350	349	346	346	345	345	357	360	362	364	366
76米以下水深自升式钻机IC	126	126	126	126	121	121	112	110	110	98	97
76米水深自升式钻机IC	101	103	100	104	105	100	97	97	96	99	99

数据来源：Rigzone网站。

六、重大事件回顾

1. 全球深水油气产量高增长面临挑战

随着 2014 年以来国际油价持续走低，未来全球深水油气的勘探面积和产量增长均有放缓趋势。得益于美国墨西哥湾、巴西和西非“金三角”地区深水油气项目陆续投产，2005—2009 年全球深水油气项目年均投资增长 10%，产量年均增幅 12%。2010—2014 年大多数大型深水项目进入投资后期，投资增长进入下行阶段，年均投资增长放缓至 1.5%，产量年均增幅下降 11%。2015—2017 年，深水项目产量仍将保持增长，但由于深水项目属于高成本、高风险项目，持续走低的国际油价将使石油公司经营重心转移，将削减深水勘探投资并推迟深海项目最终投资决定。墨西哥湾、巴西、挪威和安哥拉深海项目投资将分别削减 20%、30% 和 50%。低油价使油气装备、材料和服务价格下降，成本降低，深水项目工作量并不会与投资同比例缩减。2015 年，深水项目总投资将下降 29%，而开发成本已下降 15%，钻井工作量只下降了 13%。投资大幅削减、工作量下降，将使全球深水油气产量增速大幅下降。估计 2015 年深水油气产量增速将跌破两位数，放缓至 4%。预计 2016 年深水项目投资继续下降，深水油气产量增速仍将放缓。

2. 低油价拖累美国页岩油开发，但成本降低使盈亏平衡点下移

低油价拖累美国页岩油开发。随着油价持续下跌，一度繁荣的美国页岩油气行业正面临种种挑战。据 EIA 分析认为，继 2015 年 5、6 月份美国石油产量下降后，石油生产商财务紧张已经开始制约企业钻探和完成新井的能力，页岩油气企业已经开始出售股票和资产。Factset 数据称，美国油气生产公司的净负债总量从 2010 年底的 810 亿美元升至 2015 年 6 月底的 1690 亿美元。油价低迷使油气公司盈利持续下滑，油气储量价值持续缩水限制石油企业的再融资能力，处于破产或重组之中的公司数量增加，美国页岩油气的热潮有所消退。据 ZeroHedge 机构对美国 64 个重点能源公司统计，约 2/3 的能源公司负债率超过 50%（图 7-1-8），且美国能源公司发行的债券在美国垃圾债券中的比例大幅增至 15%。利用杠杆融资进行页岩油勘探开发的小型企业，在利润受到挤压的情况下，破产压力大增。

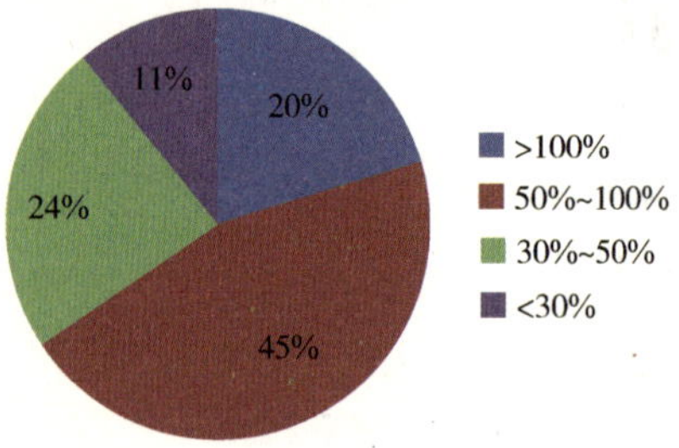

图7-1-8　美国能源公司负债率占比

数据来源：Zerohedge

成本降低使盈亏平衡点下移。美国 Bakken、Eagle Ford 和 Wolfcamp 三大页岩油项目的平均钻井成本明显下降。据 Woodmac 分析，油价维持在 50 美元/桶时，只有在 Bakken、Eagle Ford、Wolfcamp 和 Blone Spring 等页岩油区的平均单井开发成本下降 35%的条件下才能盈利（图 7-1-9）。2015 年页岩油单井开发成本同比只下降 17%，因此约一半的页岩油项目不能盈利。美国页岩气行业抵抗力强于页岩油行业。60%的页岩气公司的盈亏平衡气价为 3 美元/百万英热单位，当气价低于 3 美元/百万英热单位时，只有主要页岩气产区 Marcellus、Haynesville 才可保持盈利，2015 年美国 Henry Hub 年均气价约为 2.7 美元/百万英热单位，大部分页岩气生产商不能盈利。

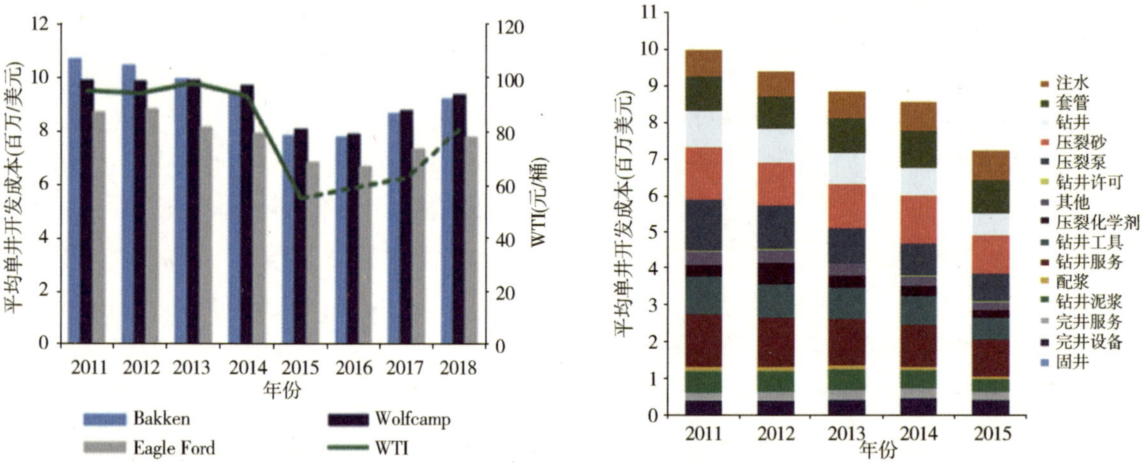

图7-1-9　美国页岩油平均单井开发成本

数据来源：Wood Mackenzie

（本节撰写人：张燕云　王　超）

第二节　中国油气勘探开发现状与趋势

2015 年，国内油气上游投资大幅缩减，储量增长高峰期惯性使得油气勘探仍双双保持了增势，全年有近 50 项重要油气发现和开发突破。非常规油气勘探进展引人注目，落实页岩油、致密油储量上亿吨，页岩气新增探明地质储量 4373 亿立方米。油气产量保持了稳定增长，2015 年原油产量约 2.14 亿吨，同比增长 2%；天然气产量 1318 亿立方米，增速约为 3.5%，明显放缓。页岩气产量约 50 亿立方米，与预期目标尚有差距。如果油价持续低迷，2016 年勘探生产将受到影响。

一、2015 年中国油气勘探形势

近几年，中国油气储量保持了较好增长态势，连续 8 年原油年新增探明地质储量超过 10 亿吨；2014 年，天然气新增探明地质储量近万亿立方米，储量接替率 380%。2015 年，油气勘探继续保持快速发展，油气发现不断，预计 2015 年新增原油和天然气探明地质储量（含页岩气）还将分别保持 10 亿吨以上和近万亿立方米的水平。

1. 油气储量变化情况

截至 2014 年底，全国已探明油气田 955 个。2014 年新增探明油田 14 个，原油新增探明技术可采储量 1.88 亿吨，储量替代率 89%。新增探明地质储量大于 1 亿吨的大油田为鄂尔多斯盆地新安边油田，是中国首个亿吨级大型致密油田。

2014 年，中国天然气新增探明地质储量 9400 亿立方米，同比增长 53%。其中探明技术可采储量 4800 亿立方米。新增探明地质储量大于 1000 亿立方米的大气田有 5 个，分别为鄂尔多斯盆地神木气田、塔里木盆地克拉苏气田、鄂尔多斯盆地延安气田、南海陵水 17-2 气田和东海宁波 22-1 气田。其中陵水 17-2 气田为中国首个深水气田，新增探明地质储量 1020 亿立方米。

2015 年，全国油气勘探努力保持增长势头，其中，页岩气新提交了 4373 亿立方米的探明地质储量，预计全年新增原油探明地质储量超过 10 亿吨，新增天然气探明地质储量超万亿立方米。

2015 年 5 月，国土资源部发布了全国新一轮油气资源动态评价结果，此次主要完成了华北、中原、江汉、东海、冀东、渤海海域、南海中南部等探区的动态评价。评价结果显示，全国常规石油地质资源量达 1085 亿吨，可采资源量 268 亿吨，与 2007 年评价结果相比，分别增长了 42%和 26%；常规天然气地质资源量 68 万亿立方米，可采资源量 40 万亿立方米，比 2007 年评价结果分别增长了 94%和 82%。

2. 2015 年油气勘探重要发现

2015 年，全国油气勘探取得了一批重要发现，在 30 项主要勘探成果中有 20 项重大发现，10 项重要突破。其中有 13 项石油发现，9 项天然气发现，其他为油气混合发现（图 7-2-1）。

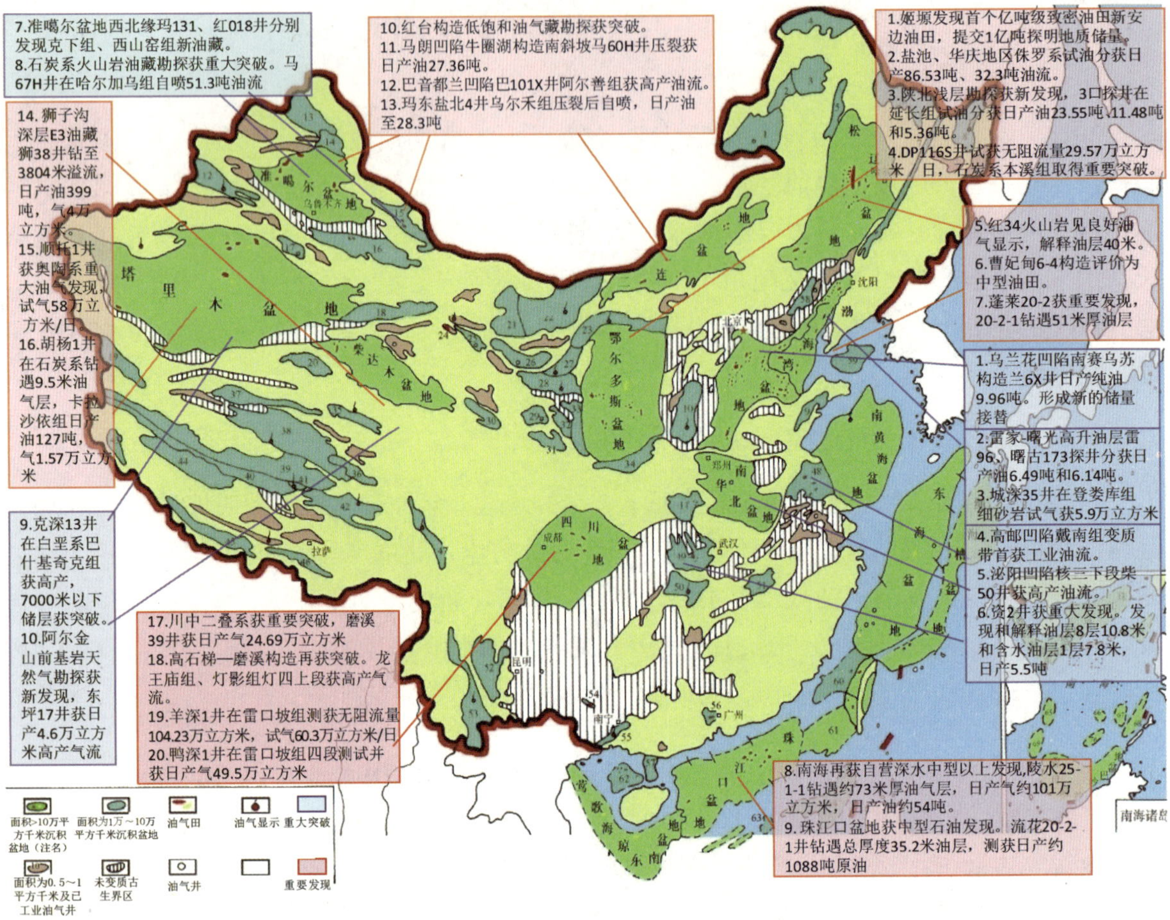

图7-2-1　2015年中国主要油气发现和勘探突破

数据来源：中国石油集团经济技术研究院

单位换算：1 立方米=0.858 吨；1 立方英尺=0.02832 立方米；1 桶=0.136 吨

陆上老油区新层系新突破和新区发现逐渐形成连片。红台构造低饱和油气藏、三塘湖火山岩油藏、阿尔金山前基岩天然气、高邮凹陷变质岩带均获突破性进展；库车深层天然气、高石梯—磨溪构造震旦—寒武系、川中二叠系和三叠系雷口坡组、准噶尔盆地西北缘勘探又获一批重要发现。海上勘探技术理论不断成熟，勘探取得新成效。南海深水又获中型以上天然气发现，珠江口盆地获得中型石油发现。

3. 2015 年油气勘探特点

1）油气勘探难度不断加大

随着中国油气勘探生产的不断推进，隐蔽、复杂油气藏已成为勘探的主要对象，地表及地质条件复杂地区成为勘探重点目标区。剩余常规油气资源品质较差，低渗透、大埋深、深水油气和稠油、高含硫天然气等低品质资源比重逐年增高。“十二五”期间已探明的油气储量中，低渗、超低渗储量分别占油气储量的 70%和 90%，低丰度储量分别占油气储量的 90%

和 50%以上，规模有效动用难度日益加大。中国油气勘探整体进入低品位资源勘探阶段。

2）深水勘探获得新突破

随着陆上油气勘探难度的日益增大，深水油气资源勘探开发成为新方向。继陵水 17-2 之后，2015 年又取得了流花 20-2、陵水 25-1 等一系列新发现。目前，深水油田基本还处于勘探早期阶段。南海北部琼东南盆地、珠江口盆地、台西南盆地和南海南部南沙海域等 13 个新生代沉积盆地均部分或全部位于深水区，具备形成大中型油气田的基本地质条件和良好的油气勘探前景。

3）非常规油气勘探成为增储重要领域

近年来，非常规油气发现越来越成为油气发现的重要领域。致密油在鄂尔多斯盆地三叠系长 7 段、准噶尔盆地二叠系芦草沟组、四川盆地中下侏罗统、松辽盆地青山口—泉头组等地的勘探已获得一批重要发现，具有形成规模储量和有效开发的条件。中石油 5 月提交了 1 亿吨致密油探明地质储量，在陕北姬塬发现了中国第一个亿吨级大型致密油田——新安边油田，致密油正式进入我国储量序列。鄂尔多斯盆地和松辽盆地的致密油勘探突破，以及三塘湖等地的致密油气、泥（页）岩油气、煤层气等成为油气储量增加的重要部分。

4）页岩气勘探取得重要突破

继 2014 年在涪陵区块首次探明页岩气地质储量 1067.5 亿立方米之后，2015 年中石化涪陵页岩气田焦石坝区块再新增探明地质储量 2738 亿立方米。中石油也首次提交了四川盆地页岩气探明地质储量 1635 亿立方米，技术可采储量 409 亿立方米。为页岩气进入规模化开发阶段提供了资源基础。

5）老井新探成为挖潜降本重要手段

低油价下降成本成为油企保效益的基本措施。2015 年，各油区全面开展了老井新探、老资料重新处理，不仅有效节约了成本，而且在老区边际不断获得新的发现。三肇老区通过老井复查，确定滚动勘探方向，多区带多层位新增可动用原油储量 5000 多万吨。

6）新疆上游对外放开试点

国土资源部对新疆 6 个石油天然气勘查区块实行了公开招标，拉开了从“申请优先”向“竞争出让”的序幕。详见本节第五部分。

二、2015 年中国油气开发与生产形势

1. 油气产量继续增长，天然气增速再度放缓

2015 年，中国油气产量依然保持小幅增长，其中原油产量 2.14 亿吨，同比增长 2%，较上年有较大增幅；受需求低迷、生产压产影响，天然气产量 1318 亿立方米，同比增长 3.5%，

较上年下降了 2 个百分点，增速明显放缓（表 7-2-1）。原油产量千万吨以上盆地 6 个，为渤海湾、松辽、鄂尔多斯、准噶尔、塔里木、珠江口盆地；天然气产量 200 亿立方米以上的盆地依然为鄂尔多斯、塔里木和四川盆地。

表7-2-1　2015年全国油气产量

月　份	原油产量（万吨）			天然气产量（亿立方米）		
	2015年	2014年	同比增长（%）	2015年	2014年	同比增长（%）
1月	1806	1777	1.7	126	116	8.6
2月	1615	1604	0.7	109	103	5.8
3月	1797	1770	1.5	117	112	4.5
4月	1733	1696	2.2	98	100	-2.0
5月	1811	1773	2.2	104	103	1.0
6月	1784	1758	1.5	101	98	3.1
7月	1826	1738	5.1	106	101	5.0
8月	1830	1745	4.9	108	101	6.9
9月	1764	1721	2.5	101	98	3.1
10月	1794	1789	0.3	104	106	-1.9
11月	1752	1759	0.4	115	115	0.0
12月	1860	1819	2.3	128	121	5.8
合计	21372	20949	2	1318	1273	3.5

注：2015年12月和全年数据为预估数。

数据来源：产量数据来自国家发改委宏观经济生产快报统计。

2. 2015 年中国油气开发特点

1）油价与成本压力成为重要挑战

2014 年以来的国际油价大跌，同时拉低了气价，严重削弱了油气开发企业的盈利能力，冲击了非常规油气资源的进一步开发。特别是高成本的非常规原油和海上原油生产，面临着油价不断逼近甚至跌破成本线的局面，三大石油公司前三季度上游利润大幅下滑，一些企业甚至开始出现亏损（表 7-2-2）。

表7-2-2　2015年前三季度三大公司上游经营利润/收入

公　司	2015年1—9月	2014年1—9月	同比增长
中石油（上游经营利润）（亿元）	465.13	1459.54	-68.1%
中石化（上游经营利润）（亿元）	-34.44	417.48	-108.2%
中海油（油气销售收入）（亿元）	1132.86	1706.64	-33.6%

数据来源：中石油、中石化、中海油的公司季报。

2）老油田稳产难度加大

国内一批较老的油田目前都面临开采瓶颈，不少油田由于资源逐渐减少与开采难度提升，稳产难度越来越大。开发较早的胜利、辽河等油田，开采峰值均已过去，逐步进入开发中晚期，油田开发面临层系井网多而杂、多种驱替方式并存、剩余油高度分散的局面，储采失衡日趋严重，产量递减和含水上升速度快，综合含水率大多超过85%甚至达90%。以大庆油田为例，综合含水93%，可采储量采出程度达87%，单井产量小于2吨，部分油井含水超过经济极限，难以经济运行。2015年，大庆油田计划减产150万吨，到2020年产量将调减至3200万吨，年均减幅逾130万吨。老油田单纯依靠工作量和投资拉动的传统发展方式已难以为继，需要采用新的理念和技术，进一步提高采收率，夯实油田稳产基础。

3）非常规油气开发取得突破，已具备规模开发能力

中国非常规油气资源丰富，致密油、致密气已成为非常规油气发展重点，页岩气、煤层气等步入规模化生产阶段。致密油在鄂尔多斯盆地长7、松辽盆地扶杨油层已实现规模开发，新安边致密油田建成100万吨/年产能。随着关键技术的突破，致密油开发利用速度将进一步加快。2015年，中国致密气产量可能达400亿立方米，约占全国天然气总产量的30%，并保持进一步上升的潜力。

页岩气开发在四川盆地南部和东部志留系龙马溪组海相页岩已初步实现工业突破，在3500米以浅的页岩气已具备完全自主开发能力，一些技术和工程设备走到了世界前沿。如自主技术的“桥塞”比国外引进的成本下降了一半以上。涪陵页岩气田单井日产量水平超过30万立方米，而美国页岩气的平均单井产量大约只有9000立方米。2015年，中国页岩气产量有望达到50亿立方米，预计到2020年，将形成300亿立方米生产能力。

煤层气经过近20年的发展，形成了适合不同类型煤层气的勘探开发配套技术，在山西沁水、辽宁铁法等地成功实现了工业化开采，在鄂尔多斯盆地东缘、吐哈、准噶尔等盆地开展了开发先导试验。2015年上半年全国煤层气总产量88.8亿立方米，利用量41.3亿立方米，其中地面开采为21.1亿立方米，地下抽采为67.7亿立方米，全年预计可达到80亿立方米的利用量。

三、各大石油公司上游投入和工作量变化

低油价下，石油公司普遍采取了削减投资措施，以应对上游投资风险，维持必要的投资回报水平。2015年，国内三大石油公司勘探开发投资总额年初计划为3434亿元，比2014年下降约16%，但从前三季度实际运行状况看，削减幅度超过30%（表7-2-3）。

表7-2-3 三大公司前三季度勘探开发投资实际情况

公 司	2015年上游投资计划（亿元）	实际投资（亿元）	完成计划（%）
中石油	2002	480.05（1—6月）	24%
中石化	682	205.42（1—9月）	30%
中海油	700～800	478.17（1—9月）	60%～68%

数据来源：中石油、中石化、中海油的公司年报、半年报、季报，其中2015年上游投资计划数据来自2014年年报。

1. 勘探开发投入锐减

从国内三大石油公司前三季度勘探开发实际投资情况看，三大石油公司上游投资均加大

了削减幅度。中石油 2015 年上半年勘探与生产板块实际投资为 480 亿元人民币，同比降低 31%，只完成了全年计划的 24%。油气勘探集中用于加大松辽、鄂尔多斯、塔里木、四川、渤海湾盆地等重点油气区域的勘探；油气开发重点确保大庆、长庆、辽河、新疆、塔里木、西南等油气田的稳产上产和煤层气、页岩气等非常规资源的开发。中石化前三季度勘探与生产投资 205 亿元，同比大幅下降 45%。重点保证涪陵页岩气项目建设，以及胜利、四川、塔河、准噶尔、鄂尔多斯等区域油气勘探开发工程。中海油前三季度上游资本支出实际为 478 亿元，比 2014 年下降 44%。优先确保中国海域的勘探投入，再向成熟区和滚动开发区倾斜。

2. 勘探工作量大幅下降

2014 年全国完钻探井 3500 口，比 2013 年下降 10%；全国完钻探井总进尺近 900 万米，同比下降 7%。地震勘探工作量也有较大降幅，二维地震工作量同比下降 22%，全国三维地震工作量 4.4 万平方千米，与 2013 年相比总工作量下降了 11%，其中，中海油三维地震工作量占全国一半以上。探井成功率保持了较高水平，连续多年在 45%以上。

2014 年，全国完钻开发井 2.7 万口，同比减少 9%，总进尺 5300 万米，同比减少 6%。

四、2016 年中国油气勘探开发展望

1. 大盆地增储上产压力继续加大

根据国务院《能源发展战略行动计划（2014—2020 年）》，要以塔里木、鄂尔多斯、准噶尔和柴达木盆地为重点，加大油气资源勘探开发力度，推广应用先进技术，探明更多优质储量，提高原油产量。加大羌塘盆地等新区油气地质调查研究和勘探开发技术攻关力度，拓展新的储量和产量增长区域。

随着油气勘探开发的不断深入，中国剩余油气资源中质量差、难开采的比重越来越大。总的看，勘探难度逐渐增大，隐蔽、复杂油气藏已成为勘探主要对象，地表及地质条件复杂的地区正成为勘探的重点目标区。目前东部松辽盆地油气探明率已达 60%以上，勘探难度高；一些西部盆地的油气资源探明率虽只有 27%和 15%，但面临构造复杂、低渗透、致密等问题。国内主要油气生产公司油气替代率出现下降趋势（图 7-2-2）。

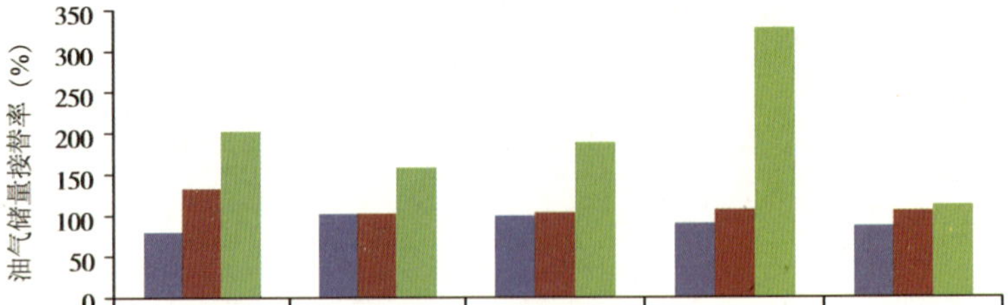

	2010 年	2011 年	2012 年	2013 年	2014 年
中石化	80%	102%	99.6%	90.6%	87%
中石油	133%	103%	104%	107%	105%
中海油	202%	158%	188%	327%	112%

图7-2-2　三大石油公司2010—2014年油气储量接替率

数据来源：三大石油公司年报

2. 海域潜力巨大，成为新的油气储量增长区域

从国土资源部发布的最新全国油气资源动态评价成果看，海域是石油、天然气资源量增长最显著的地区。渤海海域石油地质资源量较前一轮动态评价增长了 33.4%，今后仍以富烃凹陷为主要勘探方向，隐蔽油气藏及潜山为重要勘探领域，同时兼顾天然气勘探；环渤中、辽中、黄河口等富烃凹陷斜坡区、中深层构造—岩性领域、潜在富烃凹陷等是有利勘探靶区。此外，东海盆地的深层致密气和中生界天然气潜力巨大，是未来勘探的重要方向。

3. 非常规油气成为未来增储上产重要接替

中国的致密油、致密气、页岩油、页岩气、煤层气、油页岩、重油沥青及天然气水合物等非常规油气资源非常丰富。初步评价中国非常规油气可采资源量为 890 亿～1260 亿吨油气当量，约是常规油气的 3 倍。其中，非常规石油可采资源量为 223 亿～263 亿吨，与常规石油资源量大致相当；非常规天然气可采资源量为 84 万亿～125 万亿立方米，约是常规天然气资源量的 5 倍。目前，致密油、致密气已成为中国增储上产重要领域，页岩气、煤层气步入规模化发现和工业化上产阶段。

4. 低产井管理与提效可能成为新的增长点

目前，中国新增油气储量大多是“低品位”资源，而老油田则处于“高采出程度、高含水”的双高阶段，这势必导致油井总数逐年大幅度增加，平均单井日产量逐年下降，低产井的增长率将会保持比较高水平。“多井低产”带来的最大问题是石油开采工程的投资成本上升。稳定并提高单井产量需要更为有效的措施，需要技术和管理创新驱动；切实转变开发方式，降低开发成本，提高开发效益和储量动用程度；同样更需要国家财政税收政策的支持。

五、2015 年油气勘探生产重大事件

1. 中国页岩气新增探明储量取得突破性进展

近两年，中国页岩气探明地质储量快速增长，目前已累计超过 5000 亿立方米，形成涪陵、长宁、威远、延长四大页岩气产区，年产能超 60 亿立方米。2014 年在重庆涪陵区块首次探明页岩气地质储量 1067.5 亿立方米，其中探明技术可采储量 266.88 亿立方米。2015 年 10 月，中石化涪陵页岩气田焦石坝区块经评审认定，再新增探明储量 2738.48 亿立方米，总探明储量增至 3805.98 亿立方米，含气面积扩大至 383.54 平方千米，成为全球除北美之外最大的页岩气田。中石油也在长宁页岩气田上罗区块宁 201 井区-YS108 井区和威远页岩气田威 202 井区首次提交了 1635.3 亿立方米探明地质储量。

截至 2015 年 8 月底，涪陵页岩气田开钻 253 口，完钻 204 口，压裂投产 142 口。单井平均日产 32.72 万立方米，最高 59.1 万立方米；总日产超过 1200 万立方米，建成年产能 50 亿立方米；中石油长宁页岩气田 201-YS108 井区完钻井 67 口，在钻井 61 口，平均测试日产量 14.3 万立方米。中石油威远页岩气田 202 井区完钻 25 口，在钻井 14 口，平均日产量 16.73 万立方米。

此外，四川盆地外围不断推进页岩气勘探，中石油和中石化先后在丁山、南天湖、美姑—五指山、米仓山、长宁外围及宣汉—巫溪等地区取得发现和突破。延长石油在鄂尔多斯盆地页岩气勘探取得突破，柳评177、云页2等多口井获得页岩气流，显示出良好的勘探开发前景。

页岩气勘探目前已经在全国展开。南方寒武系页岩获得一批重要发现，在四川威远、重庆城口、贵州岑巩、湖北宜昌等地牛蹄塘组均获页岩气发现；金页HF-1井在下寒武统筇竹寺组首获高产页岩气流，压裂获日产8万立方米；秭地1井牛蹄塘组发现厚度100米页岩，陡山沱组页岩厚145米，含气量达2～4立方米/吨，点火成功。北方石炭—二叠系页岩获重要发现。牟页1井是中牟区块第一口页岩气探井，发现10层页岩储层，厚277.6米，压裂试气约3000立方米/日。

2. 矿权试点上游对外放开，对国内油气勘探格局将带来影响

2015年7月7日，国土资源部发布新疆石油天然气勘查区块招标公告，破冰油气上游领域改革。新疆首次开放的6个油气勘查区块包括布尔津盆地布尔津地区、塔城盆地裕民地区、伊犁盆地巩留地区、塔里木盆地柯坪北地区和喀什疏勒地区、敦煌盆地罗布泊东南地区。10月20日，招标会在北京举行。有5个油气勘查区块进行了投标及唱标，其中塔城盆地裕民地区因为投标单位不足3家而流标，剩余4个区块正常招投标。参加投标的13家企业中，既有中石化、新疆能源（集团）公司等国企，也有永泰能源股份公司等民企。北京能源投资有限公司在3个区块皆报出了最高承诺勘探投入资金，3个区块承诺投入总价格超过了60亿元人民币。最终，北京能源投资集团（简称京能集团）拿下伊犁盆地巩留、塔里木盆地柯坪北和塔里木盆地喀什疏勒3个区块，中石化胜利油田下属山东宝莫生物化工股份有限公司（简称山东宝莫）拿下布尔津盆地布尔津区块。

此次改革试点改变传统的行政授予制度为招标制，试点改革区块同时包括增量和存量区块，充分考虑了资源所在地的利益诉求。此次招标实现了三大突破：一是首次打破了常规非常规资源的界线。打破以前对页岩气等非常规资源进行对外招标的举措，对常规资源进行了区块招标。二是打破了企业资质限制。按此次招标条件，满足境内注册、最终绝对控股股东或最终实际控制人为境内主体、净资产10亿元的内资公司都可以参与投标。在此条件范围内，不分国企、民企、石油企业或非石油企业都可竞标，对投标人不采用事前审批制，而是资格后审，放宽了市场准入门槛。三是打破了之前的只在勘探阶段招标限制，此次中标企业取得的探矿权三年到期进行考核，完成承诺勘查工作量的，按原面积延续探矿权；未完成承诺勘查工作量的，按照未完成比例核减区块面积后延续探矿权。中标企业在转入开采阶段时需要在新疆注册公司。

新疆石油天然气勘查区块公开招标是中国油气矿权改革的一大步，旨在探索建立一套完善的进入、退出和转让机制，为下一步全面深化油气勘查开采体制改革提供经验，未来国土资源部主持的页岩气新一轮招标可能会将存量区块拿出进行招标。

（本节撰写人：汪　红　岳脉健）

第八章 国内外炼化行业发展

2015年，世界炼油、乙烯能力均继续增长，低油价使炼油和乙烯行业利润明显好转，欧美原油加工量大幅增长，世界炼油毛利明显回升，以石脑油为主要乙烯原料的欧洲和亚洲乙烯生产商经营状况得到改善。

国内炼油能力首次下降，但结构性过剩依然严峻，原油进口权向地方炼厂有条件放开，主营炼厂原油加工量份额降低2个百分点，油品质量进一步升级，低油价使得炼化企业经营效益有所改善；乙烯产能继续增长，煤（甲醇）基烯烃成为新增产能的主力。

第一节 世界炼油工业发展状况与趋势

2015年，世界各地炼油能力有增有减，总体缓慢增长，世界炼油业总体运行保持良好态势，原油加工总量再创历史新高，尤其是欧美炼厂原油加工量大幅增长，世界炼厂开工率继续回升，原油价格下跌使世界主要炼油中心炼油毛利总体水平得到不同程度的改善。北美地区炼油商继续扩充页岩油加工能力，欧洲炼油利润好转给持续调整多年的炼油业带来喘息之机。“一带一路”国家炼油业稳步发展，东南亚、中亚、中东继续推进炼油项目建设。

一、2015年世界炼油行业运行概况

1. 世界炼油能力有增有减，总体继续增长，新增能力主要来自中东和亚太

2015年，世界炼油业继续稳步发展，一批新建和扩建炼油项目相继建成。数据显示，2015年世界新建和扩建炼油能力1.13亿吨/年，新增能力主要来自中东的阿联酋、亚太的印度。但与此同时，当年世界减少炼油能力约8691万吨/年，主要是因中国淘汰大批小规模地方炼厂能力，中国台湾、日本和欧洲也关闭了一些炼厂。增减相抵，2015年全球炼油能力净增长约2600万吨/年，世界总炼油能力达48.3亿吨/年（表8-1-1和图8-1-1）。

表8-1-1 2015年世界炼油能力增减情况

国家和地区	地点	公司名称	新增能力（万吨/年）
阿联酋	鲁维斯	阿布扎比炼油公司	2075
印度	巴拉迪布	印度石油公司	1500
哥伦比亚	卡塔赫纳	哥伦比亚国家石油公司	825
印度尼西亚	芝拉扎	印度尼西亚国家石油公司	310
美国	圣查尔斯	瓦莱罗公司	375

续表

国家和地区	地点	公司名称	新增能力（万吨/年）
美国其他			705
中国	九江、山东等地	中国石化，东营联合石化等公司	3020
世界其他			2529
世界新增合计			11339
国家和地区	地点	公司名称	减少能力（万吨/年）
阿塞拜疆	巴库	Azerineftyag	1200
中国台湾	高雄	中油公司	1000
意大利	吉拉	阿吉普石油公司	500
日本	千叶	出光兴产株式会社	300
	西原	Nansei Sekiyu K.K.	499
澳大利亚	布尔沃岛	BP	470
中国	山东、辽宁等地	东明石化、盘锦北燃等地方炼厂	4057
世界其他地区			665
世界减少合计			8691
世界净增能力			2648

数据来源：中国石油集团经济技术研究院，PIRA能源。

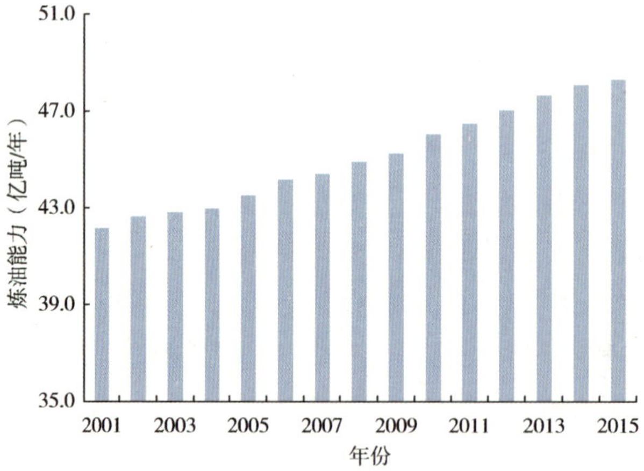

图8-1-1　世界炼油能力变化情况

数据来源：中国石油集团经济技术研究院

2015年，世界炼厂总数约为645家，平均规模749万吨/年，略高于上年。世界前25家炼油公司炼油总能力达到27.4亿吨/年，占世界总能力的56.74%。2015年，世界2000万吨级以上炼厂数量增至23座，新增的为阿联酋阿布扎比炼油公司的鲁维斯炼厂，该炼厂扩能后总加工能力增至4150万吨/年，一跃成为世界排名第四的大型炼油基地，也使阿布扎比炼油公司跻身世界前25家炼油公司，排名第23位（表8-1-2和表8-1-3）。

表8-1-2　2015年世界前25家炼油公司排名情况

2015年排名	2014年排名	公司名称	炼油能力（万吨/年）
1	1	埃克森美孚公司	27328
2	2	中国石油化工集团公司	26620
3	3	英荷壳牌集团公司	20923
4	4	中国石油天然气集团公司	18870
5	5	BP公司	14295
6	6	沙特阿拉伯阿美石油公司	14178
7	7	美国瓦莱罗能源公司	13848
8	8	委内瑞拉国家石油公司	13390
9	10	康菲石油公司	12616
10	9	雪佛龙公司	12318
11	11	道达尔公司	11522
12	12	巴西石油公司	9985
13	17	美国马拉松石油公司	8655
14	13	墨西哥国家石油公司	8515
15	14	伊朗国家石油公司	7255
16	15	新日本石油公司	7115
17	16	俄罗斯石油公司	6465
18	18	鲁克石油公司	6085
19	19	韩国SK公司	5575
20	20	雷普索尔-YPF公司	5525
21	21	科威特国家石油公司	5425
22	22	印度尼西亚国家石油公司	4941
23	—	阿联酋阿布扎比炼油公司	4600
24	23	意大利阿吉普石油公司	4520
25	24	Flint Hills资源公司	2912

数据来源：中国石油集团经济技术研究院，美国《油气杂志》。

表8-1-3　2015年世界2000万吨/年以上炼厂排名情况

排名	公司名称	炼厂所在地点	炼油能力（万吨/年）
1	印度信诚石油公司	印度贾姆纳格尔	6200
2	委内瑞拉帕拉瓜纳炼制中心	委内瑞拉胡迪瓦纳	4700
3	韩国SK公司	韩国蔚山	4200
4	阿联酋阿布扎比炼油公司	鲁维斯	4150
5	GS-加德士公司	韩国丽水	3925
6	S-Oil公司	韩国昂山	3345
7	埃克森美孚炼制与供应公司	新加坡亚逸查湾裕廊岛	2963

续表

排名	公司名称	炼厂所在地点	炼油能力（万吨/年）
8	埃克森美孚炼制与供应公司	美国得克萨斯州贝敦	2803
9	沙特阿拉伯国家石油公司（沙特阿美）	沙特阿拉伯拉斯塔努拉角	2750
10	台塑石化股份有限公司	中国台湾麦寮	2700
11	美国马拉松石油公司	美国路易斯安那州Garville	2610
12	埃克森美孚炼制与供应公司	美国路易斯安那州巴吞鲁日	2510
13	科威特国家石油公司	科威特艾哈迈迪港	2330
14	壳牌东方石油公司	新加坡武公岛	2310
15	中石化镇海炼化分公司	中国宁波镇海	2300
16	美国马拉松石油公司	美国得克萨斯州Galveston港	2200
17	中国石油大连石化公司	中国大连	2050
18	美国雪铁戈石油公司	美国路易斯安那州查尔斯湖	2020
19	壳牌荷兰炼制公司	荷兰佩尔尼斯	2020
20	沙特阿拉伯国家石油公司（沙特阿美）	沙特阿拉伯拉比格	2000
21	沙特阿美—美孚	沙特阿拉伯延布	2000
22	沙特阿美—道达尔	沙特阿拉伯朱拜勒	2000

数据来源：中国石油集团经济技术研究院，美国《油气杂志》。

2. 全球炼厂原油加工量先升后降，OECD 国家炼油增量超过非 OECD 国家

2015 年，全球炼厂原油加工量约为 7940 万桶/日，同比增长 2.7%，再创历史新高。其中，OECD 国家炼厂原油加工量约为 3790 万桶/日，同比增加 110 万桶/日；非 OECD 国家炼厂加工量约为 4150 万桶/日，同比增长 90 万桶/日，OECD 国家原油加工量的增幅超过非 OECD 国家。这主要得益于北美、欧洲大多数国家炼厂利润增加，加工量大幅增长（图 8-1-2 和图 8-1-3）。

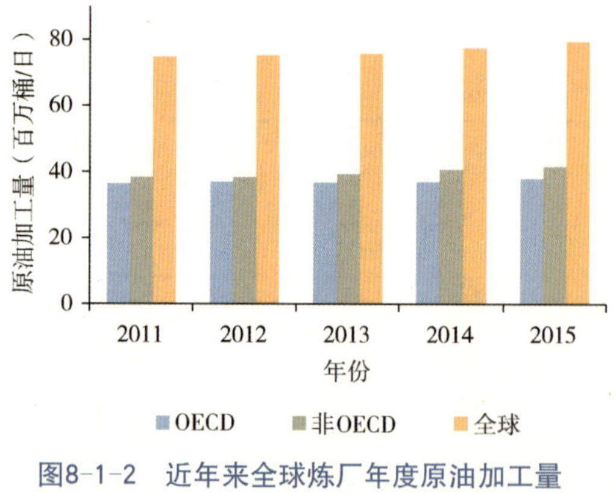

图8-1-2　近年来全球炼厂年度原油加工量

数据来源：IEA

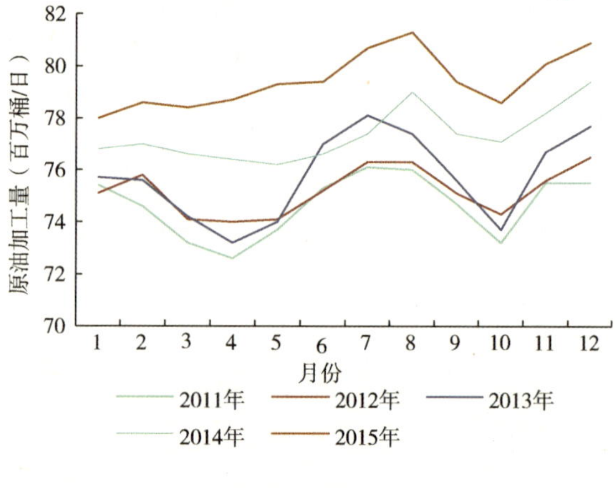

图8-1-3　近年来全球炼厂月度原油加工量

数据来源：IEA

3. 世界炼厂开工率继续回升，西欧炼厂开工率大幅提升

2015 年，全球炼厂平均开工率约为 84%。OECD 国家炼厂开工率约为 85.8%，远高于 2014 年的 82.9%，西欧和亚太 OECD 国家炼厂开工率 2009 年以来首次突破 80%。北美 OECD 国家炼厂开工率达 87.8%；西欧 OECD 国家因多年持续关闭炼厂导致炼油能力持续减少，使开工率下滑趋势终于得到扭转，炼厂开工率由 2014 年的 79.4%大幅升至 85.2%；亚太 OECD 国家炼厂开工率则从 77.4%升至 81.7%。包括新加坡、印度和中国等在内的亚太地区非 OECD 国家炼厂平均开工率约为 81%。（图 8-1-4）

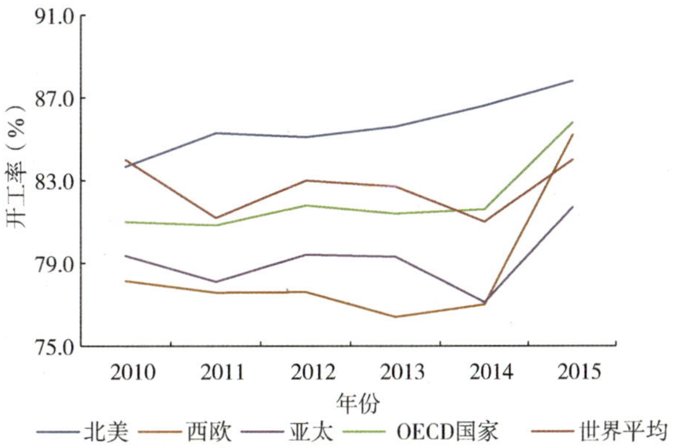

图8-1-4　世界炼厂开工率

数据来源：IEA

4. 世界各地区炼油毛利不同程度改善，西北欧炼油毛利骤增

2015 年，原油价格持续保持低位给炼油业带来了利好，世界各主要地区炼油毛利虽波动起伏，但总体表现明显好于上年，特别是欧洲和亚太地区。西北欧炼油毛利改善程度最为抢眼，炼油毛利从年初开始震荡攀升，三季度达年度高点，四季度出现季节性回落。加工布伦特原油的裂化毛利同比增幅达 125%，达到自 2003 年以来最高水平，这主要受益于低油价、拉美炼厂非计划停工以及中东新建炼油能力低于预期等利好因素。美国汽油消费量和出口量保持强劲增长，上半年美国墨西哥湾炼油毛利快速增加，但从三季度开始出现快速回落，美国海湾地区炼厂加工 HLS/LLS 混合油的裂化毛利同比增 22%以上；亚洲市场炼油毛利也明显回升，新加坡加工迪拜油裂化毛利同比增长 50%以上，一季度炼油利润接近两年来的顶点，二季开始回落，但三季度炼油利润小幅反弹，柴油需求平稳而汽油需求保持增长态势使炼油毛利总体达到近些年来的高点（表 8-1-4）。

表8-1-4　世界主要地区炼油平均毛利年度变化情况　　　　单位：美元/桶

时间	西北欧（布伦特原油裂化）	美国墨西哥湾（HLS/LLS裂化）	美国中部（WTI原油裂化）	新加坡（迪拜原油裂化）
2010年	4.03	3.1	6.15	3.08
2011年	2.72	4.09	21.06	5.78

续表

时间	西北欧（布伦特原油裂化）	美国墨西哥湾（HLS/LLS裂化）	美国中部（WTI原油裂化）	新加坡（迪拜原油裂化）
2012年	6.36	6.69	24.61	5.34
2013年	3.48	5.7	17.43	4.46
2014年	3.35	7.82	13.76	4.11
2015年	7.55	9.50	16.98	6.19

数据来源：IEA。

二、世界主要地区炼油行业发展特点

1. 北美地区炼油扩能热潮不减，美国抢占西半球油品市场

廉价页岩气和页岩油使炼油业的原材料成本降低，美国炼油商在近几年间普遍得到丰厚利润，带动了新一轮炼油投资热潮。2015 年美国新增炼油能力 1080 万吨/年，预计 2016 年将再新增能力 1200 万吨/年（表 8-1-5）。目前，埃克森美孚正申请州政府批准在得克萨斯州的 Beaumont 建设 1720 万吨/年炼厂新装置，计划到 2020 年使该炼厂的加工能力翻番。美国还正在根据资源情况新建和改扩建一批规模较小的加工页岩油和凝析油的装置，尽管单套规模较小，但年累计新增能力较为可观。

表8-1-5　2015—2016年美国新增炼油能力情况

公司名称	地点	能力（万吨/年）	完成年份
Holly-Frontier	Woods Cross	70	2015
	埃尔多拉多	20	2015
	埃尔多拉多	10	2016
瓦莱罗	圣查尔斯	375	2015
	Sunray	125	2015
	得克萨斯州库帕斯克里斯蒂	350	2016
	得克萨斯州休斯敦	450	2016
Flint Hills Resources	罗斯蒙特	150	2015
Montana Refining Co.	蒙大拿州大瀑布城	75	2015
Dakota Prairie Refining LLC.	迪金森	100	2015
BP	托莱多	75	2015
Delek Refining Ltd.	泰勒	50	2015
Esoro	盐湖城	10	2015
Ergon	纽厄尔	30	2015
WRB Refining	Wood River	100	2016
NCRA	麦克弗森	75	2016
Northern Tier Energy	圣保罗公园	20	2016

续表

公司名称	地点	能力（万吨/年）	完成年份
Thunder Butte Petroleum	Makoti	100	2016
埃克森美孚	博蒙特	100	2016
合计		2285	

数据来源：美国PIRA能源。

受美国汽油和中间馏分油出口市场稳定的支持，今后数年美国炼油企业加紧抢占整个美洲地区的市场份额，这使其快速成为整个西半球主要的炼油中心。美国炼油企业目前几乎满足了西半球其余国家燃油日需求的四分之一，每天向世界各地出口汽油、柴油和其他燃油400万桶以上，而10年前这两项数据分别是不到十分之一和100万桶。美国燃油出口的三分之二都供给西半球的市场，现正在努力扩占欧洲、非洲等世界其他市场。

2. 欧洲炼油利润增长给炼油商带来喘息之机，但行业深层次问题依旧存在

2015年，欧洲炼油利润增长表现强劲，炼厂的效益出现好转，加工量增加，促使欧洲一些计划永久性关闭和转型的炼厂推迟了关闭转型时间。道达尔原计划当年永久关闭La Mede炼厂并将其转化成为一座生物柴油工厂，但公司现计划继续运营至2017年。即使低油价带来了可观的利润，欧洲炼油深层次的结构性过剩问题依然存在。主要是汽油产能过剩，柴油产能不足。自2009年以来欧洲已有22座炼厂关闭或改变用途，使炼油能力下降23%以上，被关闭的炼油能力超过200万桶/日，预计未来欧洲炼油能力仍需进一步削减。另一方面，由于欧盟对船用燃料油的含硫量推出新的更严的标准，迫使埃克森美孚、道达尔等公司对保留下来的炼厂进行现代化升级改造。

3. 日本炼油业加快合并重组，澳大利亚炼油业继续调整

在国内需求日益下降和燃料供应过剩情况下，日本炼油商正在加快业务合并。日本第二大炼油商出光兴产公司11月12日与壳牌就购买昭和壳牌公司35%的股份达成协议，为在2016年合并创建日本第二大炼油实体的计划扫清了道路。日本最大炼油企业JX控股公司12月3日表示，计划与竞争对手东燃石油合并以提升竞争力。此外，出光兴产株式会社位于千叶的300万吨/年炼厂以及Nansei Sekiyu公司的500万吨/年的Nishihara炼厂关停。预计到2017年3月末，日本炼油能力将削减10%。继BP和壳牌近两年调整在澳大利亚炼油业务之后，2015年雪佛龙公司也计划出售加德士澳大利亚公司50%权益，退出澳大利亚炼油业。

4. “一带一路”国家炼油业稳步发展，炼油项目建设继续推进

2015年，“一带一路”沿线主要炼油国家继续推进新建和扩建项目，炼油业稳步发展。东南亚的越南、印度尼西亚和南亚的印度是本地区炼油业发展较为活跃的国家，三国均制订

或开始实施扩能计划。中亚地区的哈萨克斯坦、土库曼斯坦和乌兹别克斯坦三国都制定了炼化工业中长期发展规划，明确了新建或改扩建项目，旨在提高炼化工业发展水平。由于国际油价下跌和西方制裁，俄罗斯石化公司融资能力受到影响，俄罗斯下游发展计划被迫推迟，但这一切并未使俄罗斯石化行业止步。目前，俄罗斯向国际市场伸出了橄榄枝，其相关项目又开始启动，主要涉及炼油扩能和现代化改造，新建石化基础设施等。俄罗斯炼厂现代化改造高峰将可能出现在2016—2018年，计划在2020年前建130套加工装置，实现欧Ⅳ和欧Ⅴ标准燃料的生产。此外，俄罗斯远东联邦地区纳霍德卡附近的炼化一体化项目、莫斯科炼厂改造工程等项目也在进行中。但上述最新计划能否完全实现，还要视今后国际油价和欧美对俄制裁情况而定。

中东地区近年来第一波炼油扩能潮现已结束，沙特阿拉伯新建的37.2万桶/日的Satorp炼厂和另一座40万桶/日的延布炼厂在2013—2014年相继投产，阿联酋鲁韦斯炼厂扩能项目也在2015年年初投产。目前中东地区已开始了第二波炼油扩能潮，这批项目将在2020年前逐步投产，项目共性是产品质量能够满足欧Ⅳ和欧Ⅴ标准，同时最大化生产中间馏分油，增加汽油产量，减少燃料油产量。中东第三波炼油扩能项目将在2020年后逐步投产，新增能力主要出现在科威特、阿曼、阿联酋、伊拉克和巴林。低油价下中东已不再只满足于大量原油出口，而是努力扩大其在全球燃料市场的影响力，从2015年起中东将由柴油净进口地区转为柴油净出口地区。预计2020年前将新增能力1亿吨/年，届时中东地区的炼油总能力将超过5亿吨/年。但是，低油价使中东地区财政陷入困难，能否如期完成上述宏伟计划还有待观察（表8-1-6）。

表8-1-6 "一带一路"沿线主要炼油国家炼油业发展动向

地区	国家	主要发展计划动向
东南亚	越南	在建的1000万吨/年Nghi Son炼厂和800万吨/年Vung Ro炼厂将分别于2017和2019年投产，还计划到2019年把700万吨/年的Dung Quat炼厂能力提至1000万吨/年，2016年还将开建2000万吨/年Nhon Hoi炼厂
	印度尼西亚	印度尼西亚国家石油计划投资195亿美元对5个炼厂进行扩能改造
	马来西亚	投资160亿美元在柔佛州建设炼化一体化项目，其中炼油规模为1500万吨/年，2019年投产
	文莱	计划围绕投资40多亿美元的恒逸石化800万吨/年炼油项目将大摩拉岛建成石化工业园区
南亚	印度	2015年11月，印度石油公司1500万吨/年的巴拉迪布炼厂完成试运，生产符合欧Ⅳ和欧Ⅴ标准的燃料。未来5~7年该公司还计划投资75亿美元对该炼厂以及古吉拉特邦、帕尼帕特、马图拉和伯劳尼炼厂的炼油能力进行扩能
中亚俄罗斯	哈萨克斯坦	计划将巴甫洛达尔炼厂、奇姆肯特炼厂和阿特劳炼厂总原油加工能力由1300万吨/年提升至1700万吨/年

续表

地区	国家	主要发展计划动向
中亚俄罗斯	土库曼斯坦	计划投资60亿美元对巴什炼厂和谢津炼厂升级改造，还计划在2020年前新建三座炼厂
	乌兹别克斯坦	计划从2016年开始对现有三座炼厂进行升级改造
	俄罗斯	俄罗斯欧V油品标准将于2015年年底实施，国内炼油商已启动了截至2020年的投资550亿美元的炼厂现代化改造计划，大规模增加加氢裂化和加氢精制装置
中东	沙特阿拉伯	新建的2000万吨/年延布炼厂进入商业化运营，2000万吨/年的吉赞炼厂等项目在建设中，加紧扩大清洁燃料生产能力
	伊朗	2015年6月开建位于阿萨鲁耶省的大规模炼油基地，计划日加工48万桶凝析油
	科威特	继续推进总额达140亿美元的日加工能力61.5万桶祖尔炼厂开始建设，预计2018年底左右投运
	阿联酋	阿布扎比国家石油公司位于阿联酋的鲁韦斯炼厂2075万吨/年扩建项目投入使用

数据来源：中国石油集团经济技术研究院。

三、世界炼油行业发展前景

国际油价下跌使近几年炼油业低迷的状况有所好转，炼厂运行情况及炼油毛利得到改善，有利于炼油投资和项目的稳定发展。预计 2016 年世界新增能力约 7980 万吨/年，主要来自印度、美国。印度新增能力约 1750 万吨/年，美国新增能力约 1200 万吨/年，中国新增约 3000 万吨/年，世界其他地区新增能力约 2400 万吨/年。欧洲和日本则减少炼油能力约 1790 万吨/年，中国淘汰落后炼油能力约 2100 万吨/年。预计 2016 年世界净增炼油能力约 4100 万吨/年，总能力达 48.7 亿吨/年。未来几年，美国炼油业继续扩大页岩油加工能力的步伐可能有所放缓，中东地区部分国家因低油价导致收入骤减，部分炼化项目也不排除可能因资金紧张而被迫延期，欧洲、日本等成熟炼油市场的炼油业将进一步重组和调整。预计 2018 年世界炼油能力将突破 50 亿吨/年，2020 年世界炼油能力达 51.1 亿吨/年。

目前较高的炼油毛利能否维持还有待进一步观察。全球炼油产能过剩的情况已经出现，即使欧洲和亚洲的一些炼厂将被关闭也不足以平衡炼油能力过剩。在低油价刺激下，世界炼厂加工量的不断增加，石油市场上的原油过剩将转变成油品的过剩，将使今后的炼油毛利承压，最终导致炼厂开工率下降。

未来几年，世界汽柴油供需的结构性矛盾将更加突出，汽油毛利将远好于柴油，尤其高标号汽油的毛利将表现强劲。亚洲柴油需求继续下降，汽油需求将逐步攀升。欧洲柴油化的现象很难在亚洲各国及美国推广，柴油需求难以得到新的支撑。新投产炼厂中，柴油设计产出率仍都高于汽油。全球汽油质量将普遍升级，但汽油调和组分严重不足，使高标号汽油供应紧张。

随着对环境要求的不断提高，世界各国对油品的质量与环保要求日趋严格。车用清洁燃料标准已发生很大变化，且仍在继续升级换代。最重要的指标是汽油和柴油的硫、苯和芳烃含量，世界船用燃料油硫含量要求也日益严格，全球各国标准中的主要指标趋向一致，质量升级速度在加快。新技术继续推动炼厂向生产更清洁更低硫的油品发展，炼油商继续加大投资进行炼厂装置结构优化或装置改造以适应原油品质及油品质量要求的变化。

（本节撰写人：徐海丰）

第二节　中国炼油工业发展现状与趋势

2015 年，中国炼油能力首次下降，结构性过剩依然严重；原油进口双权向地炼放开，开工率维持低位，成品油净出口增加；低油价使炼油毛利有所改善；油品质量升级提速。

2016 年，中国炼油能力将小幅增长，开工率不容乐观；成品油净出口继续增多，化解炼能过剩仍需抓紧；东部 11 省市率先实施国Ⅴ汽柴油标准；结构调整、提质增效、由大做强将是炼油业“十三五”发展主旋律。

一、2015 年中国炼油工业发展特点

总体看，2015 年作为中国炼油工业进入新常态的一年，有以下六个方面的特点。

1. 炼油能力由增转减，市场主体多元化程度继续提升

截至 2015 年底，中国炼油能力为 7.1 亿吨/年（表 8-2-1），较 2014 年净减炼油能力 1037 万吨/年，同比下降 1.4%，较 2014 年的增长 5.8%降低 7.2 个百分点。其中，新增炼油能力 3020 万吨/年，淘汰炼油能力 4057 万吨/年（表 8-2-2）。

表8-2-1　2015年中国炼油能力分企业构成

项目	2005年		2014年		2015年	
	能力（万吨/年）	占全国的比例（%）	能力（万吨/年）	占全国的比例（%）	能力（万吨/年）	占全国的比例（%）
全国	32445	—	72057	—	71020	—
中石化	16350	50.39	26370	36.60	26620	37.83
中石油	11935	36.79	18870	26.19	18870	26.57
中海油	—	—	3450	4.79	3450	4.86
其他炼油企业①	4160	12.82	22323	30.98	20876	29.04
煤基油品企业	—	—	220	0.30	380	0.54
外资企业	—	—	824	1.14	824	1.16

①不含已被中海油收购的地方炼厂。

数据来源：中国石油集团经济技术研究院。

表8-2-2　2015年中国新增炼油能力及淘汰落后产能

所属集团	企　业	地　点	新增能力（万吨/年）	所属集团	企　业	地　点	淘汰能力（万吨/年）
中石化	九江石化	江西	300	中石化	西安石化	陕西	250
	福建炼化	福建	200	中化	弘润石化	山东	330
	小计		500	地方炼油企业①	东明石化	山东	600
地方炼油企业①	东营联合石化	山东	500		盘锦北燃	辽宁	600
	岚桥港口石化	山东	500		垦利石化	山东	210
	寿光鲁清	山东	350		利津石化	山东	250
	齐成石化	山东	350		亚通石化	山东	230
	胜星化工	山东	200		宝塔石化	宁夏	170
	东方华龙	山东	200		汇丰石化	山东	180
	神驰化工	山东	260		天弘化学	山东	342
	小计		2360		京博石化	山东	230
煤基油品企业	延长榆林煤化	陕西	15		寿光鲁清	山东	215
	延长煤油共炼	陕西	45		齐润化工	山东	190
	兖矿未来能源	陕西	100		海右石化	山东	260
	小计		160				
合计新增能力			3020	合计淘汰能力			4057
合计净增能力：-1037万吨/年							

①不含中海油、中国化工、中化、中国兵器等所属或控股企业。

数据来源：中国石油集团经济技术研究院。

从区域布局看，中国炼油能力主要集中在华北、东北和华南地区，2015 年这三大地区炼油能力分别为 2.43 亿吨/年、1.13 亿吨/年、1.17 亿吨/年，分别占 34%、16%、16%，合计占 66%，形成了以东部为主，中、西部为辅的梯次分布。中国成品油流向继续呈“西油东进、北油南运及东油向西南推进”的格局。从省市炼油布局看，山东炼油能力最大，其次为辽宁和广东。地方炼厂（简称地炼）最密集的三个省是山东、陕西、辽宁，分别占地炼总能力的 56%、11%和 8%，合计占地炼总能力的四分之三。

装置大型化、炼化一体化、产业集群化是中国炼油工业发展壮大、综合竞争力提高的重要标志。2015 年，全国千万吨级炼油基地达到 24 个，合计炼油能力 3.14 亿吨/年，占全国的 44%。中石油和中石化千万吨炼厂合计炼油能力分别占各自总能力的 55%和 69%。尽管中国大型炼油装置占比大幅度提高，炼厂平均规模中石油已达 726 万吨/年，中石化为 761 万吨/年，但由于中国仍存在不少小装置的炼油企业，中国炼厂总的平均规模仅为 320 万吨/年左右，与世界炼厂 754 万吨/年的平均规模有较大差距。环渤海湾、长江三角洲和珠江三角洲三大地区已成为炼化一体化程度较高的地区（表 8-2-3），集中了全国 70%的炼油能力和 57%的乙烯产能。

表8-2-3　2015年中国三大地区炼化一体化情况

地区	炼油能力（万吨/年）	炼油能力占全国总能力比例（%）	乙烯能力（万吨/年）	乙烯能力占全国总能力比例（%）
环渤海地区（京、津、冀、辽、鲁）	31135	43.84	528	24.00
长江三角洲（沪、苏、浙）	10140	14.28	506.5	23.02
珠江三角洲（粤、桂）	8090	11.39	216	9.82
合计	49365	69.51	1250.5	56.83

数据来源：中国石油集团经济技术研究院。

近年来，炼厂结合油品质量升级加大了对装置技术改造的力度，装置加工灵活性、深加工、精加工及加工劣质进口原油能力不断增强。加氢精制能力由于油品质量升级步伐加快，仍持续快速增长，其与一次加工能力的比从 2000 年的 15.55%大幅升至 2015 年的 41.71%，同比上升了 5 个百分点，但仍低于世界平均 55%的水平（表 8-2-4），目前中石油和中石化炼厂加氢能力与一次加工能力的比已超过 50%。中国现共有 20 余家大型高硫原油加工炼厂，一次加工能力合计已达 2.62 亿吨/年。

表8-2-4　21世纪以来中国原油二次加工能力构成变化

装置	2000年		2014年		2015年	
	能力（万吨/年）	与一次加工能力之比（%）	能力（万吨/年）	与一次加工能力之比（%）	能力（万吨/年）	与一次加工能力之比（%）
一次加工能力	27400		72057		71020	
催化裂化	9900	36.13	19801	27.48	20361	28.67
延迟焦化	2114	7.71	9851	13.67	10051	14.15
催化重整	1558	5.69	5045	7.00	5245	7.39
加氢裂化	1147	4.19	6244	8.67	6484	9.13
加氢精制	4261	15.55	26310	36.51	29620	41.71

数据来源：中国石油集团经济技术研究院。

2. 原油加工量有所增长，开工率维持低位，炼油毛利同比上升

2015 年，中国各类炼厂平均开工率为 75%，同比略有回升，但仍保持低位，估计全年原油加工量为 5.22 亿吨，同比增长 3.8%，较 2014 年增速下滑 1.3 个百分点；估计 2015 年成品油产量 3.37 亿吨，同比增长 6.6%，较 2014 年增速稍降 0.3 个百分点（图 8-2-1）。

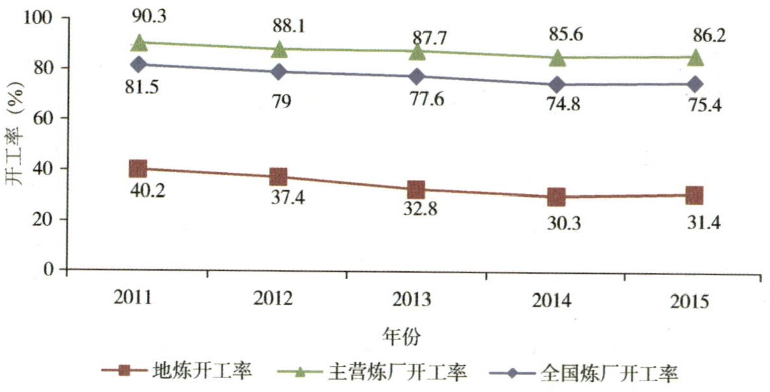

图8-2-1　“十二五”期间中国炼厂开工率水平

数据来源：中国石油集团经济技术研究院

分公司看，主营单位所占份额有所下降。其中主营单位原油加工量份额从2011年的88.6%降至2015年的85%，下降3.6个百分点；汽柴油产量份额从2011年的89.8%降至2015年81.2%，下降7.6个百分点。其他炼油企业所占份额呈不断增长态势。

2005—2015年，国内生产柴汽比从2.05降至1.49（2014年生产柴汽比为1.60），国内表观消费柴汽比从2.27降至1.51（2014年表观消费柴汽比为1.64），略高于生产柴汽比。受需求的影响，国内柴油消费量增幅远低于汽油，2015年中国的生产柴汽比和消费柴汽比出现了少见的双下降。今后随着经济增速的下滑，这一比例还将下降。

3. 炼油能力结构性过剩问题依然严峻

2015年，中国炼油能力过剩形势依然严峻。全年中国原油加工量约为5.22亿吨，按照85%的合理开工率计算，只需要炼油能力6.1亿吨/年就够了，相比7.1亿吨/年的目前国内炼油能力，总体过剩能力达1亿吨/年。2015年，低油价下一些炼化项目建设热情不减，华锦石化1500万吨/年新建项目和老厂区600万吨/年增至1000万吨/年扩能项目及恒力石化2000万吨/年炼化一体化项目9月获辽宁省发改委核准，中化泉州改扩建项目获福建省发改委核准，盛虹石化1600万吨/年炼油项目已获江苏省发改委核准，由中石化等共同投资的舟山石化4000万吨/年（一期1500万吨/年）项目已通过核准，“十三五”中国炼油能力过剩形势依然严峻（表8-2-5）。

表8-2-5　“十二五”期间炼油市场供需变化

年份	全国炼油能力（亿吨/年）	原油加工量（亿吨）	开工率（%）	成品油产量（亿吨）	成品油消费量（亿吨）	成品油净出口量（亿吨）
2011	6.1	4.5	81.5	2.7	2.6	0.04
2012	6.5	4.7	79.0	2.8	2.8	0.05

续表

年份	全国炼油能力（亿吨/年）	原油加工量（亿吨）	开工率（%）	成品油产量（亿吨）	成品油消费量（亿吨）	成品油净出口量（亿吨）
2013	6.8	4.8	77.6	3.0	2.9	0.1
2014	7.2	5	74.8	3.2	3.0	0.15
2015（估计）	7.1	5.2	75.4	3.4	3.2	0.19

数据来源：国家统计局，中国石油集团经济技术研究院。

中国炼油能力过剩严重的具体表现是炼厂开工率虽随着淘汰部分落后产能有所回升，但依然处于低位；汽、煤、柴油净出口量连年增加，估计 2015 年汽、煤、柴油净出口量为 1900 多万吨，较上年增加 400 多万吨。总体来看，中国炼油能力总体过剩的背后存在着“区域布局不平衡”“炼厂间技术经济指标高低不平衡”“高端高清洁油品生产水平不平衡”“一体化水平不平衡”等四个方面的不平衡。这反映出中国炼油能力的结构性过剩是低端产能的过剩，高端产能并不过剩，达到世界先进水平的产能并不过剩，不少炼厂各方面指标，包括轻油收率、综合能耗等与国际先进水平相比仍有较大差距。

4. 原油进口权有条件开放，地炼获得发展新机遇

2015 年，国家在向地炼开放原油进口权和使用权、促进地炼健康发展方面推出了实质性举措。截至 2015 年底，已有 13 家地炼企业获得了进口原油使用权资质，其中山东 11 家，辽宁和宁夏各 1 家，共计获得进口原油配额 5518.88 万吨/年，合计淘汰落后产能 3807 万吨/年。同时共有 7 家企业获得原油非国营贸易进口资质，累计总量 3534 万吨。据统计，在中国前 40 家地炼中，包括已获得进口原油使用权的 13 家炼厂，符合申请条件的炼厂共有 33 家，目前多数均已提交申请，还在逐步核查评估审定中。商务部公告，2016 年原油非国营贸易进口允许量为 8760 万吨，相比 2015 年大增 5000 万吨，同比增幅 133.0%，新增量主要由地炼使用。

原油进口权的放开，有利于地炼企业的健康发展，有利于优化炼油原料的配置与利用，有利于中国原油期货市场等现代石油市场体系建设，有利于加快国内石油市场化的进程。但也要注意引导地炼企业不盲目加快扩张炼油能力，从而加剧国内炼油能力的过剩。同时还应看到，虽然地炼部分落后能力被淘汰，但由于获得原油进口权和使用权的地炼的开工率将大幅提高，将使国内的实际原油加工量不减反增，国内成品油资源过剩的情况仍将加重，使炼油去产能的目的不能完全实现。建议政府加强行业监管，防止行业内的过度竞争，支持国内先进优质高效炼油能力的健康发展，避免产生劣币驱逐良币的不良效果。

5. 大力开展节能减排，油品质量升级步伐加快

炼油行业既是能源生产大户，也是耗能大户和排放大户，实现低碳绿色发展是炼油行业必须面对的重要任务。近年来，炼油行业依靠科技进步和广泛应用节能技术，积极实施节能

减排，取得了显著进步。2014 年，中国石油和化工行业总的能耗约为 5.28 亿吨标准煤，同比增长了约 5.2%，增速比上年减缓约 1%；中国石油和化工行业每万元收入耗标准煤约为 375 千克，比 2013 年下降了 0.1%。炼厂挥发性有机物（VOCs）约占主要工业企业排放量的 5%，“十二五”期间，中国炼油行业排放总量增幅低于炼油能力增幅，2010 年中国炼油行业二氧化碳排放总量约为 1.53 亿吨，2015 年估计为 1.73 亿吨，增幅 13.1%，而同期炼油能力增长了 22.9%，说明中国炼油能效不断提高，炼油行业排放强度降低。中石油 2015 年 11 项主要炼油技术经济指标好于上年，能耗类指标，包括炼油综合能耗、综合损失率、单因耗能同比进步明显。中石化炼油企业积极实施“碧水蓝天”计划，其轻油收率、综合能耗和综合商品收率走在了国内的前列（表 8-2-6）。

但是，国内炼厂的发展极不平衡。以炼油综合能耗为例，虽然茂名石化、独山子石化等国内大炼厂已达 40～50 千克/吨（标准油/原油），接近世界和亚太先进水平。但国内不少炼厂的综合能耗仍处于 60～70 千克/吨（标准油/原油）的较高位，小炼厂的这一数据甚至高达 80～90 千克/吨（标准油/原油）。国外先进炼油水平轻油收率超过 80%，先进能耗水平 40 千克/吨（标准油/原油）左右。国内主营炼厂轻油平均收率达到了 76%～78%，原油加工平均能耗降低至 58～60 千克/吨（标准油/原油）。国内小炼厂的轻油收率不足 60%，在资源利用效率、能耗、“三废”排放等方面与先进水平的差距更为明显。

表8-2-6 炼油企业部分技术指标变化

指标	2010年		2014年		2015年	
	中石油	中石化	中石油	中石化	中石油	中石化
轻油收率（%）	76.6	75.79	78.6	76.5	79.14	76.88
综合能耗（kg・eo/t）	66.17	58.25	64.88	58.8	64.02	57.2
综合商品收率（%）	93.88	95.09	93.9	94.98	93.76	94.78
加工损失（%）	0.59	0.57	0.47	0.48	0.42	0.44
单因能耗（kg・eo/t.ef）	9.81	9.28	8.75	8.3	8.34	8.81
新鲜水单耗（t/t）			0.49		0.53	
高效产品比例（%）			36.74		36.95	

注：kg・eo/t为千克/吨（标准油/原油）；kg・eo/t.ef为千克/吨（标准油/原油）单位因数。

数据来源：中国石油集团经济技术研究院。

国家加快了油品质量升级的步伐。汽油升级重点方向是催化汽油深度脱硫和增产高辛烷值组分。重点加快深度加氢脱硫、吸附脱硫、催化重整、芳烃抽提等装置建设，以及建设烷基化、异构化、轻汽油醚化等装置。柴油升级重点方向是深度加氢脱硫和改质。重点加快柴油加氢精制、柴油加氢改质、加氢裂化、渣（蜡）油加氢等装置建设。目前中国汽柴油质量已基本处于亚太地区靠前的位置（表 8-2-7）。

表8-2-7 亚太地区汽、柴油含硫量标准

国家和地区	汽油标准	柴油标准
中国	≤50微克/克，部分地区≤10微克/克	≤50微克/克，部分地区≤10微克/克
韩国	≤10微克/克	≤10微克/克
日本	≤10微克/克	≤10微克/克
中国台湾	≤50微克/克	≤50微克/克
中国香港	≤50微克/克	≤50微克/克
泰国	≤150微克/克	≤150微克/克
印度尼西亚	≤150微克/克	≤5000微克/克
澳大利亚	≤150微克/克，高级汽油≤50微克/克	≤50微克/克
印度	≤500微克/克	≤50微克/克
马来西亚	≤500微克/克	≤500微克/克
越南	≤500微克/克	500～2500微克/克
菲律宾	≤1000微克/克	≤500微克/克

数据来源：中国石油集团经济技术研究院。

6. 煤制油项目稳步推进，主要集中在西北地区

2015 年，中国已投产的煤制油项目能力达 380 万吨/年（表 8-2-8），另有煤、油混合加氢制清洁液体燃料共 8 套装置，合计产能 100 万吨/年左右。多个项目仍在建设推进，预计 2020 年实现 1000 万吨/年左右的煤制油产能。参与企业包括神华集团及伊泰集团等煤炭企业，主要集中在煤炭资源丰富的鄂尔多斯和晋北地区。

表8-2-8 2015年中国部分煤制油能力

煤制油企业名称	产能（万吨/年）	技术路线	地 点	装置动态
神华煤制油化工有限公司	108	直接液化	鄂尔多斯	运行
山西潞安煤基合成油公司	16	间接液化	潞安	运行
伊泰煤制油有限公司	16		鄂尔多斯	运行
兖矿未来能源化工有限公司	100		陕西	投产
神华中科合成油公司	18		宁夏	运行
神木天元化工有限公司	50	焦油加氢	榆林	运行
内蒙古庆华能源集团	10		阿拉善盟	运行
神木富油能源科技有限公司	12		榆林	运行
宝泰隆煤化工有限公司	10		七台河	运行
晋煤集团天溪煤制油分公司	10	甲醇制汽油	晋城	运行
内蒙古庆华集团有限公司	10		内蒙古	运行
云南先锋化工有限公司	20		昆明	运行
合计	380			

数据来源：中国石油集团经济技术研究院。

7. “十二五”期间炼油行业发展概述

2015 年是中国炼油业“十二五”收官之年。“十二五”时期是中国炼油业快速发展的五年，期间无论从规模实力、炼厂布局，还是深加工能力、油品质量、集约化程度等都有了长足的发展，在美国之后稳居世界第二大炼油国（表 8-2-9）。油品质量从国Ⅲ标准升级至国Ⅳ标准，硫含量从 150 微克/克降至 50 微克/克，北上广等部分地区达到国Ⅴ标准，硫含量降至 10 微克/克。炼油技术指标不断优化，轻油收率提高，综合能耗下降，深加工能力占比继续上升。加油站数量增加约 7.5%。随着汽油需求不断增长，中国油品需求已由原先的柴油带动转向汽油带动，汽油收率从 2010 年的 18.2%升至 23.2%，生产柴汽比大幅下降。

表8-2-9　2010年与2015年中国炼油行业变化情况

项　目	2010年	2015年	年均增速（%）
炼油能力（万吨/年）	58647	71020	3.90
原油加工量（万吨）	42287	52184（估计）	4.30
汽煤柴总产量（万吨）	25277	33749（估计）	5.95
汽煤柴需求（万吨）	24518	31776（估计）	5.32
千万吨炼厂数量（个）	20	24	
炼油企业平均规模（万吨/年）	314	323	0.57
三大石油集团合计炼能占比（%）	77.6	68.9	
油品质量	国Ⅲ汽油、国Ⅱ柴油	国Ⅳ车用汽柴油	
深加工能力占比（%）	88.1	100.8	2.73
开工率（%）	82.2	75.4	
加油站数量（座）	88389	95000（估计）	1.45
轻油收率（%）	76.2	78.01	0.47
综合能耗（kg·eo/t）	62.21	60.61	
综合商品收率（%）	94.5	94.3	
生产柴汽比	2.07	1.49	

数据来源：中国石油集团经济技术研究院。

二、中国炼油工业发展趋势

“十三五”期间，中国炼油工业既面临经济转型、深化改革、扩大开放、城镇化、“一带一路”带来的巨大发展空间和机遇，又面临着产能过剩、成品油市场化进程加快及替代能源较快发展的巨大挑战，同时还面临着环保趋严和质量升级的双重制约，外部发展环境压力加大。绿色低碳、转型升级、由大做强将是“十三五”中国炼油工业发展的主旨。

1. 2016 年中国炼油工业发展展望

2016 年，中国炼油能力将有所增长，预计净增能力 900 万吨/年。其中，新增能力 3000 万吨/年，包括云南石化以及神华宁煤煤制油项目（表 8-2-10），淘汰落后产能 2100 万吨/年。

预计2016年底中国炼油总能力将为7.2亿吨/年，同比增长1.3%。

表8-2-10 2016年国内预计新增炼油能力

所属集团	企业	地点	新增产能（万吨/年）	备注
中石油	云南石化	昆明	1300	新建
	克拉玛依石化	新疆	300	改扩建
神华	神华宁煤	宁夏	400	煤制油
其他炼油企业	地炼		1000	
淘汰落后能力	地炼		-2100	
合计净增能力			900	

数据来源：中国石油集团经济技术研究院。

预计2016年中国原油加工量为5.49亿吨，同比增长5.3%。增量主要来自云南石化、九江石化及获得原油进口权的地炼等。成品油产量3.56亿吨，同比增长5.5%。其中，汽油产量1.30亿吨，同比增长7.4%；柴油产量1.86亿吨，同比增长3.3%；煤油产量3995万吨，同比增长10.6%。国内炼油能力过剩问题仍然严重，成品油净出口总量或扩大至2500万吨左右。

2. 对“十三五”期间中国炼油工业发展的几点认识和思考

展望“十三五”，中国炼油业总体规模将继续扩大，行业发展步入成熟期，转型升级将是发展的主旋律，仍面临产能过剩、结构调整、节能减排、盈利能力、替代能源等诸多挑战。

1）炼油能力增速放缓，产业布局进一步优化，化解产能过剩仍须努力

“十三五”期间，预计中国炼油能力年均增速将从“十二五”的3.9%放缓至2.5%。根据目前各在建、拟建及规划的炼油项目，预计新增能力为1.1亿吨/年左右，考虑淘汰部分落后产能，综合预计2020年炼油能力为8亿吨/年左右，而届时实际需要的炼油能力为7.2亿吨/年，过剩能力达0.8亿吨/年（表8-2-11）。未来产能过剩态势仍将十分严峻，将按照“扶持一批、重组一批、淘汰一批”的思路，通过“发展先进产能、淘汰落后产能”，力争使2020年中国炼油总规模保持在与成品油需求匹配的合理范围内。

未来中国炼油工业布局重点将进一步向进口原油运输便利、市场需求集中以及主要资源地区转移。在产能相对过剩、环境容量已近饱和的地区，应限制新建炼油项目；在油品消费集中的地区，要优化物流，发展互联网+，大力推进环保优质油品销售，促进内涵式发展；适度发展中西部核心区，完善沿边地区布局。预计到2020年中国华南和西南地区的炼油能力将有较大的增长，从而将与当地的区域经济更加协调发展；东北、华东地区炼油能力所占比例将进一步下降。预计华中、西南两个地区仍将存在一定的市场缺口，东北、西北两个地区仍将是重要的成品油外输地。华东、华北地区保持供需大致平衡的局面。山东等地炼集中的地区的炼油能力仍将明显偏多。

表8-2-11　“十三五”期间国内部分新建、改扩建炼油项目

投产年份	企业名称	集团	炼能变化（万吨/年）	新增能力（万吨/年）	区域	备注
2017	华北石化	中石油	500→1000	500	华中	改扩建
	惠炼二期	中海油	1200→2200	1000	华南	改扩建
2018	华锦石化	中国兵器	600→1000	400	东北	已获批建设
	泉州石化	中化	1200→1500	300	华南	已获批建设
	曹妃甸石化	中石化	0→1500	1500	华北	已获批建设
	恒力石化	大连恒力	0→2000	2000	东北	民营，已获批建设
2019	荆门石化	中石化	550→1000	450	华中	环评
	华锦石化	中国兵器	0→1500	1500	东北	新建，已获批建设
	盛虹石化	江苏盛洪	0→1600	1600	华东	民营，已获批建设
2020	古雷石化	中石化	0→1600	1600	华南	2018年部分投产
	庆阳石化	中石油	300→600	300	西北	改扩建
	大榭石化	中海油	800→1400	600	华东	千万吨级改扩建
	中科大炼油	中石化	0→1500	1500	华南	缓建
	舟山石化一期	中石化等	0→1500	1500	华东	合资，已获批建设

数据来源：中国石油集团经济技术研究院。

2）结构调整继续进行，大型化、炼化一体化、绿色化、智能化是今后发展方向

中国炼油工业经过 60 多年的发展现已做大，但还不够强，即盈利能力不强，国际竞争力不强。“十三五”期间，中国炼油业的发展将从过去的靠产能扩张、投资拉动的粗放型外延发展转向靠结构调整、技术创新、转型升级、效益提升的集约化发展，向大型化、园区化、低碳绿色发展，采用云计算、互联网+、大数据等先进技术打造“智能型炼厂”。积极采用先进技术实施升级改造，大幅提高加氢能力与原油一次加工能力的比和轻油收率，大力发展低成本实现油品质量升级的技术与工艺组合，显著降低新鲜水耗、能耗、碳排放和二氧化硫排放强度等指标。

未来中国新建的千万吨级炼厂中，多数都将配套百万吨级乙烯装置。炼化一体化可在公用工程及辅助设施等方面实现园区化共享，节省建设投资 10%以上，提高节能减排效果 15%左右。采取炼油、乙烯、芳烃一体化布局，产品附加值可提高 25%。同时，随着新型煤化工、天然气化工的发展，中国炼油业将可能出现煤、气、油炼化综合一体化的新模式。未来要借助千万吨级炼厂和大型乙烯工程改扩建及新建项目，提升资源利用效率，提高企业的抗风险能力和整体竞争力，实现炼油、化工的协同发展。

3）多元化市场主体格局将进一步发展，市场竞争将更趋激烈

“十三五”期间，中国炼油业以中石油、中石化两大集团为主，多种所有制形式并存，内外资兼有的多元化市场主体竞争格局将继续发展。目前，中石化、中石油等央企仍是中国

炼油行业的主要力量，原油进口权、使用权有条件放开后，地炼将得到进一步发展，神华等煤炭央企也有一些新的煤制油项目投产，“十三五”期间炼油市场主体多元化的格局将进一步发展。

“十三五”期间，各公司炼油业务将根据各自特点，谋求新发展。中石油将调整存量、做优增量，以华北石化、庆阳石化等炼厂的升级改造和新建云南石化等为重心，继续加强吨油完全加工成本等费用管控，抓好亏损企业专项治理。中石化将注重布局调整、存量挖潜、质量升级、节能环保，继续优化原油采购、资源配置和工艺流程，降低柴汽比。中海油将优化炼化布局，扩能改造部分收购的炼厂，继续向大型化发展。延长石油将以资源综合转化为特色，统筹发展油煤炼化产业。神华、伊泰等煤制油企业也将继续扩能，但增速将有所放缓（图 8-2-2）。随着混合所有制经济的继续发展，更多社会资本将进入炼油业，继原油进口权放开后，成品油出口权和定价权或将放开，“十三五”期间中国成品油市场竞争将更趋激烈。

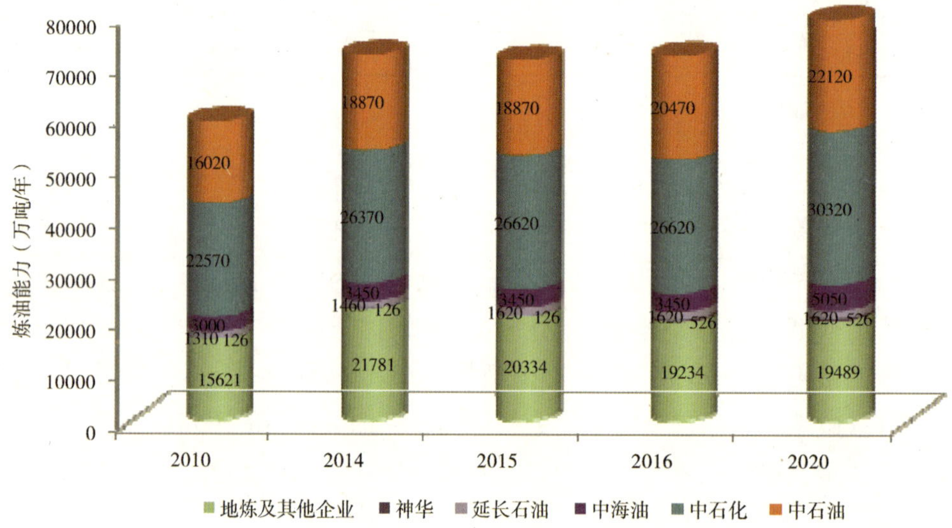

图8-2-2　“十三五”中国分企业炼油能力

数据来源：中国石油集团经济技术研究院

4）节能减排压力进一步加大，油品质量进一步加快升级

中国炼油业是排放大户，必须高度重视节能，把节能降耗放在行业发展的战略高度上看待。应加大炼厂节能环保投资，加快发展环境友好、气候友好型技术，从源头上减少能源资源消耗和污染物产生；加快淘汰落后产能，提高资源能源利用效率，实现清洁生产，努力将炼厂建成资源节约型和环境友好型企业。

“十三五”期间，中国炼油工业将继续加快油品质量升级速度，国Ⅴ车用汽柴油将自 2017 年 1 月起在全国范围内推广使用，全国全面供应国Ⅳ标准普通柴油。2018 年 1 月起，全国供应国Ⅴ标准普通柴油。随着油品质量升级的加快推进，炼厂每隔 2～3 年需经历一个升级改造周期，其频率逐步加快。这对企业投资强度、生产安排提出更高要求的同时，也造成了炼油成本的增加。中石油、中石化等主营炼厂将继续加大投入，继续实施油品质量升级改造工程以确保按时保质供应，其他炼油企业也将升级改造装置和技术，促进油品质量的整体提升。

5）全面配合“一带一路”建设，加快炼油业走出去步伐

发展油气合作是“一带一路”建设的重中之重。炼油业如何配合这一重大国家战略，加快炼油业走出去步伐、推进炼油国际产能合作值得深入思考。“一带一路”沿线虽有不少国家炼油业已发展到一定规模水平，但仍有一些国家的炼油业水平较低且需要进口成品油。中亚地区炼化工业基础薄弱、规模不大；俄罗斯炼油规模较大，但设备、技术较为陈旧，亟需改造升级换代；中东地区为发展多元化经济，正进一步发展炼油业，需要得到国际先进技术的帮助支持和稳定的市场；东南亚、南亚国家炼油业发展参差不齐，部分国家已具相当的规模实力，但也有一些国家尚处在起步萌芽或初始阶段。中国炼油工业经过建国65年来的发展现已形成了从科研、设计、工程建设到生产炼制、储运销、设备制造的完整的体系，已具备较强实力，应能在“一带一路”炼油产能国际合作中发挥较大的作用。

（本节撰写人：金　云　费华伟）

第三节　国内外乙烯行业发展状况与趋势

2015年，世界乙烯供需继续增长。油价下跌使乙烯原料成本大幅下降，以石脑油为原料的乙烯生产商利润得到改善。中东乙烯生产地位明显提升。国内乙烯产能增幅放缓，煤（甲醇）基烯烃成为新增产能的主力。低油价使得非油基乙烯经济效益大幅下滑。国内乙烯需求低迷，开工率小幅下滑，产量增速有所放缓。

一、世界乙烯行业发展状况与趋势

2015年，世界乙烯产能继续增长，中东地区在世界乙烯生产中地位进一步提升。世界乙烯需求继续增长，市场供应偏紧，价格波动频繁，装置开工率略有回升。油价下跌使乙烯原料价格大幅下降，乙烷裂解相对石脑油裂解的生产成本优势有所减弱，以石脑油为原料的乙烯生产商利润得到改善，同时对北美乙烷裂解项目和中国煤制烯烃项目建设产生一定影响。

1. 世界乙烯行业运行状况

1）世界乙烯产能继续增长，新增产能主要来自中东和亚太

2015年，世界乙烯新增产能692万吨/年（表8-3-1），主要来自印度、中东和中国。2015

年，印度有 3 套乙烯装置投产，共新增产能 177 万吨/年；中东新增产能 250 万吨/年；北美新增产能 105 万吨/年；中国新增产能 160 万吨/年，主要是一些煤制烯烃项目投产。扣除一些关闭的乙烯能力，2015 年世界净增乙烯产能约为 616.5 万吨/年，乙烯生产能力达 1.59 亿吨/年（图 8-3-1）。

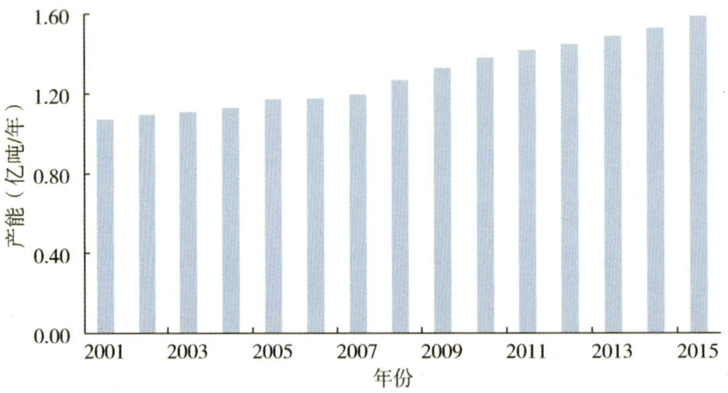

图8-3-1　世界乙烯产能变化情况

数据来源：中国石油集团经济技术研究院

表8-3-1　2015年全球新投产的乙烯项目

公司	地址	新增/扩建产能（万吨/年）	投产时间	备注
中国合计		160		
中国以外合计		532		
印度GAIL	Auraiya,UP	45	2015.09	
印度OPAL	Dahej,古吉拉特邦	110	2015.10	
印度BCPL	Dibrugarh,阿萨姆邦	22	2015.10	
伊朗Kavyan PC	Bandar 阿萨鲁耶港	100	2015.12	
沙特阿拉伯Sadara	沙特阿拉伯朱拜勒	150	2015.12	
Braskem和Idesa	墨西哥Coatzacoalcos	105	2015.11	
世界总计		692		

注：中国项目见表8-3-7。

数据来源：中国石油集团经济技术研究院。

2015 年，亚太地区乙烯产能已达 5300 万吨/年，北美地区乙烯产能达 3640 万吨/年，中东乙烯产能增至 2918 万吨/年，中东对欧洲乙烯的领先优势将继续扩大，在世界乙烯生产中的地位继续提升（图 8-3-2）。世界各国乙烯产能排位变化不大，2015 年，美国仍位居首位，中国、沙特阿拉伯仍位列第二、第三位（表 8-3-2）。

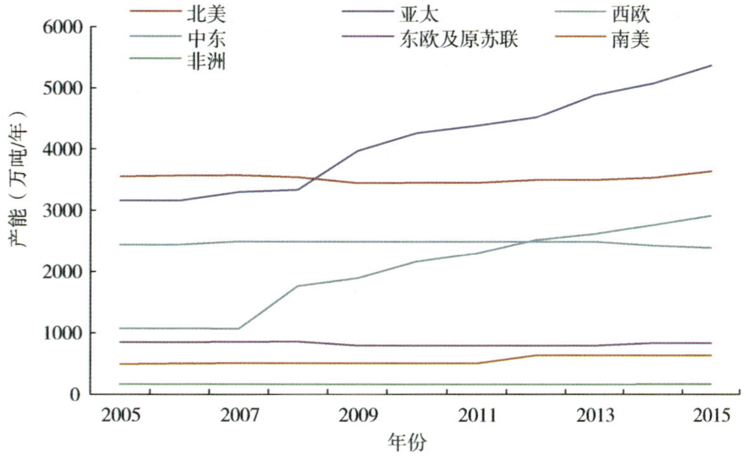

图8-3-2　世界各地区乙烯产能变化情况

数据来源：中国石油集团经济技术研究院

表8-3-2　世界十大乙烯生产国家和地区

排名	2013年		2014年		2015年	
	国家和地区	产能（万吨/年）	国家和地区	产能（万吨/年）	国家和地区	产能（万吨/年）
1	美国	2812.1	美国	2847.1	美国	2847.1
2	中国	1788.5	中国	2040.5	中国	2200.5
3	沙特阿拉伯	1435.5	沙特阿拉伯	1435.5	沙特阿拉伯	1585.5
4	日本	726.5	伊朗	673.4	伊朗	773.4
5	伊朗	673.4	日本	656	日本	614.5
6	德国	574.3	德国	574.3	德国	575.7
7	韩国	563.0	韩国	563.0	韩国	563.0
8	加拿大	553.1	加拿大	553.1	加拿大	523.6
9	中国台湾	460.6	中国台湾	460.6	中国台湾	460.6
10	荷兰	396.5	荷兰	396.5	荷兰	403.7

数据来源：中国石油集团经济技术研究院，美国《油气杂志》。

2015 年，世界乙烯装置达到 296 座，平均规模 537 万吨/年。全球十大乙烯生产商的总产能达 8848.5 万吨/年，占世界乙烯总产能的 56.7%（表 8-3-3）。沙特阿拉伯基础工业公司因与美国陶氏化学合资的 Sadara 公司 150 万吨乙烯装置建成，乙烯产能快速增加，与埃克森美孚化学公司差距缩小。伊朗国家石油公司因有一套新建乙烯装置投产，排名从 2014 年的第九位升至第六位；道达尔公司因关闭一套乙烯装置，排名从第六位降至第八位。世界前十大乙烯联合装置总产能 2256.6 万吨/年，占世界总产能的 14.7%，与 2014 年相比基本保持不变（表 8-3-4）。

表8-3-3 世界前10名的乙烯生产商（按权益产能排名）

排名	公司	装置数量	整体联合装置产能（万吨/年）	公司权益产能（万吨/年）
1	埃克森美孚化学公司	21	1511.5	855.1
2	沙特阿拉伯基础工业公司	15	1489.2	1177.4
3	陶氏化学	21	1304	1052.9
4	中国石化	16	1084	832
5	壳牌	13	935.8	594.7
6	伊朗国家石油公司	8	573.4	573.4
7	雪佛龙菲利普斯化学公司	8	560.7	535.2
8	道达尔	11	559.3	347.2
9	利安德巴塞尔公司	11	555	555
10	英力士公司	6	465.6	428.6

数据来源：中国石油集团经济技术研究院，美国《油气杂志》。

表8-3-4 世界前十大乙烯联合装置

排名	公司名称	地点	产能（万吨/年）
1	埃克森美孚化学	新加坡裕廊岛	350.0
2	台塑石化公司	中国台湾省麦寮	293.5
3	诺瓦化学公司	加拿大阿尔伯达省若夫尔	281.2
4	阿拉伯石化公司	沙特阿拉伯朱拜勒	225.0
5	埃克森美孚化学公司	美国得克萨斯州贝敦	219.7
6	雪佛龙菲利普斯化学公司	美国得克萨斯州斯韦尼	186.5
7	陶氏化学公司	荷兰泰尔纳曾	180.0
8	英力士烯烃和聚合物公司	美国得克萨斯州巧克力拜尤	175.2
9	等星化学公司	美国得克萨斯州Channelview	175.0
10	延布石化公司	沙特阿拉伯延布	170.5

数据来源：美国《油气杂志》。

2）世界乙烯需求缓慢增加，生产毛利总体好于上年，装置开工率继续回升

2015 年，全球乙烯需求量增加约 490 万吨，达 1.48 亿吨左右。从全球新装置投产情况看，2015 年 10 月以前全球乙烯市场仍处于供应紧张阶段，后两个月份有新装置逐步投产，乙烯供应紧张有所缓解。世界乙烯市场价格波动较大，自 2015 年初触底反弹后一路上扬，在 4 月末达到高峰，之后又一路下滑，在 9 月初触底又逐步回升。东北亚市场乙烯价格最高达 1440 美元/吨（CFR 东北亚），但未能突破油价暴跌前的高点水平，最低 800 美元/吨（CFR 东北亚）。

2015 年，随着乙烯原料价格走低，成本下降，乙烯生产毛利从年初开始逐渐攀升，其中东北亚乙烯现金毛利从年初的 200 美元/吨增加到 4 月末的近 700 美元/吨左右，但之后一路

下滑至8月末的低点，随9月初价格的回升有所提高，维持在400美元/吨左右。欧洲乙烯生产商的利润二季度平均高达763美元/吨，而一年前仅113美元/吨。世界大部分地区乙烯厂商利润上半年出现好转，虽然三季度开始利润有所下降，但全年情况仍好于上年水平。

2015年，因市场供应总体偏紧，乙烯装置开工率总体小幅回升，平均达85%左右，高于2014年的水平。以轻烃及混合进料为原料的乙烯装置开工率较高，北美地区保持95%左右，部分装置开工率达100%；中东地区乙烯装置开工率为86%左右；西欧地区乙烯装置开工率平均为82%左右，该地区以丙烷、丁烷为原料，装置开工率可达90%以上；亚太地区乙烯装置开工率约为83%。

2. 乙烯原料价格大幅下降，乙烷相对于石脑油的成本优势有所减弱

乙烯原料价格的波动对生产成本影响很大，油价下跌对世界主要地区乙烯生产带来不同的影响。中东地区乙烷裂解制乙烯生产成本约为350美元/吨，该地区乙烷价格并不挂钩原油，其成本优势随着国际油价大幅走低而明显削弱。北美地区乙烷裂解生产乙烯成本约290美元/吨，而该地区乙烷价格近年来已持续保持低位。油价下跌使石脑油生产乙烯成本大幅减少，而煤制烯烃相对石脑油制烯烃的成本优势则显著下降。只有国际油价高于80美元/桶，煤制烯烃相对石脑油乙烯在盈利能力上才具有明显竞争优势。2014年，国际油价平均90美元/桶，国内石脑油裂解生产乙烯成本平均约8000元/吨；2015年，国际油价平均50美元/桶，石脑油制烯烃成本平均约4300元/吨，而煤制烯烃成本因煤炭价格波动幅度不大，保持在4500元/吨左右。国际油价自2014年9月下跌以来，实际煤价跌幅远小于油价跌幅，使煤制烯烃成本优势明显减弱，截至2015年末，石脑油制乙烯成本已低于煤制烯烃。

油价下跌最直接的影响是降低石脑油制乙烯生产商的生产成本，间接提高了以石脑油为原料的石化生产商的竞争力。美国石化生产商以乙烷为原料生产乙烯虽较欧洲和亚洲的石脑油原料的石化生产商仍享有成本优势，但石油价格暴跌后地区成本差已大幅缩小，欧洲和亚洲石化生产商竞争力得到增强。过去由于石脑油和乙烷价格之间存在巨大差价，曾使得欧洲一些石化生产商尝试从美国采购乙烷原料。现在来看，这些举措从经济性看已不具太大吸引力。欧洲乙烯裂解装置的原料结构轻质化进程因目前低油价减缓，石脑油将继续维持其乙烯裂解主要原料的地位。

3. 世界各地区乙烯发展特点

1）北美继续推进新建裂解装置，油价下跌影响部分项目投资决定

利用页岩气乙烷的供应优势，美国计划新建约12套乙烷裂解装置，其中6套已开工建设。这6套装置合计产能超过800万吨/年，使美国乙烯产能增加33%（表8-3-5）。油价的下跌对美国乙烷裂解装置建设项目带来一定影响。对已宣布计划但未动工的项目或将重新审视，导致部分项目延期或取消。美国Axiall公司曾计划2015年确定是否与韩国乐天继续推进在路易斯安那州的100万吨/年乙烯项目，虽然前端工程和设计研究已完成，但还未做出最

终决定。巴西 Odebrecht 公司与 Braskem 公司已暂缓西弗吉尼亚州的新建裂解装置。

由巴西 Braskem 和墨西哥 Idesa 按 75∶25 比例合资建设的位于墨西哥夸察夸尔科斯的乙烯 XXI 项目于 2015 年 11 月底投产。该项目是北美众多新建乙烷裂解项目中第一个投产的，也是墨西哥第一套世界级乙烷裂解装置，年产乙烯 105 万吨，下游配套装置有 75 万吨/年 HDPE 和 30 万吨/年 LDPE。

表8-3-5　2017—2020年美国计划建成的主要乙烷裂解装置

公司名称	产能（万吨/年）	地点	计划建成年份
雪佛龙菲利普斯化学	150	得克萨斯州CedarBayou	2017
陶氏化学	150	得克萨斯州Freeport	2017
萨索尔	150	路易斯安那州Lake Charles	2018
台塑化学	120	得克萨斯州Point Comfort	2017
埃克森美孚化学	155	得克萨斯州Baytown	2017
西方化学	54.4	得克萨斯州Ingleside	2017
Axiall和韩国Lotte化学	100	路易斯安那州	未定
壳牌	150	宾夕法尼亚州Mocaca	2018
Appalachian Resin	23	俄亥俄州门罗	2018
道达尔	100	得克萨斯州Port Arthur	2019
PTTG/丸红株式会社	100	俄亥俄州Dilles Bottom	2020

数据来源：美国《油气杂志》等。

2）欧洲乙烯业盈利好转、加快整合，日本继续关停落后产能

2015 年，主要裂解原料价格走低，使欧洲乙烯生产成本与中东和北美乙烷裂解成本差距缩小，给欧洲石化工业带来重振的机会。但从中长期来看，相对美国和中东地区以天然气为原料的行业状况，欧洲石化产业仍处于竞争劣势。面对日益激烈的竞争，欧洲已开始对本土烯烃能力进行合理化整合，道达尔、英力士、雷普索尔公司和意大利 Versalis 公司都进行了乙烯业务整合。由于缺乏竞争力，日本自 2012 年起通过合并、关停乙烯生产装置以降低产能。2015 年，三菱化学关闭了鹿岛的裂解装置，住友化学也将关闭其位于千叶的 41.5 万吨/年裂解装置。旭化成将于 2016 年 4 月关闭位于水岛的 50 万吨/年乙烯装置。预计未来 10 年日本将不再新建乙烯装置，产能还将继续缩减。

3）“一带一路”主要国家乙烯业稳步发展，印度、中东乙烯继续扩能

2015 年，“一带一路”沿线主要乙烯生产国继续推进乙烯发展项目，印度、伊朗和沙特阿拉伯等国一些乙烯项目相继建成，印度尼西亚、俄罗斯等国计划扩大乙烯产能，但俄罗斯乙烯扩能计划可能会受到资金匮乏的影响而推迟（表 8-3-6）。当前亚太烯烃行业正在进行结构调整，一些老旧、低效的石脑油裂解装置逐渐被淘汰，新建了一批新型石脑油裂解装置和煤制烯烃、甲醇制烯烃装置。从整体看，由于亚太地区新增乙烯产能无法满足增长需求，未

来将更加依赖从中东和北美进口乙烯。中东地区将继续凭借资源优势扩大乙烯产能，沙特阿拉伯、伊朗等国继续扩大乙烯产能，但该地区乙烯投资有使用混合原料的倾向，目的是提高高价值产品的收率。解除经济制裁后的伊朗将大力发展石化业，伊朗正计划在现有霍姆尼港和阿萨鲁耶石化产业基地的基础上开发新的石化产业基地，包括阿曼湾的Chabahar、萨拉赫斯、北帕尔斯气田区等。

表8-3-6 “一带一路”沿线主要国家乙烯行业发展动向

地区	国家	主要发展计划动向
东南亚	新加坡	壳牌在2015年3月完成其新加坡乙烯装置的扩能升级改造，增加产能20%，使乙烯产能超过100万吨/年
	印度尼西亚	万丹省已确定为印度尼西亚烯烃工业基地，韩国湖南石化公司已计划在万丹建100万吨/年乙烯装置，印度尼西亚ChandraAsri公司确定将乙烯产能由目前60万吨/年扩至100万吨/年
南亚	印度	2015年该国有3套乙烯装置投产，Gail公司45万吨/年乙烯装置2015年9月投产，OPAL公司110万吨/年装置和BCPL公司22万吨/年装置10月开车。信诚工业公司位于古吉拉特邦贾姆纳格尔炼化基地的150万吨/年新建乙烯装置预计2016年下半年投产,该装置拟以美国进口乙烷为原料，届时该基地乙烯产能将达330万吨/年
中亚俄罗斯	阿塞拜疆	国有石油和天然气公司（SOCAR）计划投资170亿美元在巴库附近建设包括一座200万/年乙烯装置在内的世界级石化综合项目
	俄罗斯	俄罗斯天然气工业股份公司和西布尔公司考虑在阿穆尔州建天然气化工项目，项目若能建成，将年产240万吨乙烯及其衍生物。俄罗斯NKNK公司决定将其规划的90亿美元的石化项目分两期实施，将建造两座烯烃厂，每套年产乙烯60万吨，将分别在2020年和2025年建成。FEPCO炼化一体化基地计划2020年建成,新增乙烯产能140万吨/年
中东	沙特阿拉伯	沙特阿美与美国陶氏化学的合资公司（Sadara）2015年末建成位于朱拜勒的生产多种石化产品的一体化联合企业，150万吨/年的乙烯装置将是中东利用炼厂石脑油做原料的第一套石化装置。沙特阿美和住友化学合资的拉比格炼化公司正在推进拉比格炼化二期项目，将使目前130万吨/年乙烯产能再增加30万吨/年,预计2016年投产
	伊朗	2015年末Kavyan公司第二套100万吨/年乙烯装置投产。此后，还将有一些乙烯装置建成，预计2018年乙烯产量将从450万吨/年增至650万吨/年
	卡塔尔	卡塔尔工业公司将联合Ras Laffan 烯烃公司、卡塔尔化学公司和卡塔尔石油公司研究计划新建和扩建一些以乙烷为原料的高收益的石化装置
	阿曼	阿曼炼油石化公司正在推进位于苏哈尔的投资26亿美元的包括一套80万吨/年乙烯装置的石化项目
	埃及	埃及乙烯及衍生物公司Ethydco在亚历山大城建的产能46万吨/年乙烯装置及下游衍生物综合厂将投产

数据来源：中国石油集团经济技术研究院。

4. 世界乙烯行业发展前景预测

从现有世界乙烯装置建设项目和投产计划看，由于没有多少大型乙烯项目建成，预计

2016 年新增乙烯产能约 380 万吨/年，世界乙烯产能增速将明显放缓。新增产能主要来自印度信诚工业公司位于古吉拉特邦贾姆纳格尔炼化基地的 150 万吨/年乙烯项目和中国的煤制烯烃与甲醇制烯烃项目。2016 年全球乙烯总产能预计接近 1.63 亿吨/年。随着美国新建乙烯装置在 2017—2018 年建成，预计在 2017 年前后全球乙烯新增产能将迎来新一轮投运高峰，全球乙烯供应偏紧情况得到缓解。世界乙烯生产将继续保持北美、亚太、中东三足鼎立的格局。预计 2016 年全球乙烯需求将增长约 500 万吨，达 1.53 亿吨/年。未来全球乙烯需求保持 3%～5%的增长速度，乙烯的供需将维持偏紧格局。世界乙烯需求维持亚太、北美、西欧的格局，亚太地区仍将是世界乙烯需求增长的主要动力，欧洲、日本等发达经济体乙烯需求将继续疲软，美国乙烯及衍生物出口量将明显增加。

二、国内乙烯工业发展现状与趋势

1. 2015 年中国乙烯工业发展现状

2015 年中国乙烯产能稳步增长，增幅明显放缓。由于需求不振，煤（甲醇）基烯烃开工不足，使乙烯总开工率小幅下滑、产量增速有所放缓。油价走低，石油基乙烯成本大幅下降，经济效益有所改善。

1）乙烯总产能继续增长，新增产能主要来自煤（甲醇）基烯烃

2015 年，国内新增乙烯产能 160 万吨/年，总产能达到 2200.5 万吨/年，同比增长 7.8%，较 2014 年的增幅下降 5.0 个百分点（图 8-3-3）。2015 年新增 5 套煤（甲醇）基烯烃装置，2 套石油基乙烯装置扩能（表 8-3-7）。截至 2015 年底，煤（甲醇）基乙烯产能共 339.5 万吨/年，有 14 套装置，占乙烯总产能的 15%。

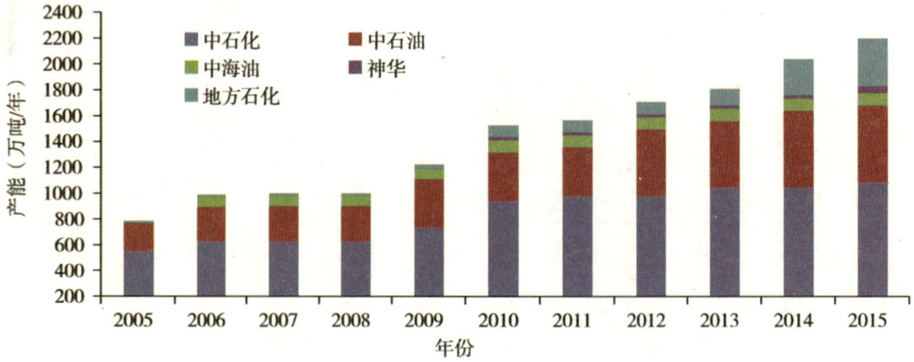

图8-3-3　2005年以来中国乙烯产能分企业构成

数据来源：中国石油集团经济技术研究院

两大石油集团乙烯产能占比由 2014 年的 80.4%降至 76.4%，而 2013 年占比为 87.3%，占比在近两年内下降较快。其中，中石油拥有 7 家乙烯生产企业，共 10 套乙烯装置，截至 2015 年底乙烯产能为 597 万吨/年，占比由 2014 年的 29%降至 27%。中石化拥有 14 家乙烯企业，共 16 套乙烯装置，截至 2015 年底乙烯产能为 1084 万吨/年，占比由 2014

年的 51%降至 49%。外资权益产能因福建石化升级改造增至 267 万吨/年，占中国乙烯总产能的 12%。

表8-3-7　2015年中国新增乙烯产能情况

项 目 名 称	所属公司	区域	乙烯产能（万吨/年）	工艺路线	投产时间
福建石化	中石化	福建泉州	30	石脑油	2015.01
镇海炼化	中石化	浙江宁波	10	石脑油	2015.02
山东阳煤恒通化工煤基烯烃	阳煤恒通	山东临沂	12	MTO	2015.02
中煤蒙大煤基烯烃	中煤	内蒙古鄂尔多斯	30	MTO	2015.04
神华榆林煤制烯烃	神华	陕西榆林	30	MTO	2015.06
浙江兴兴新能源煤基烯烃	三江化工	浙江嘉兴	30	DMTO	2015.04
青海盐湖金属镁一体化	盐湖集团	青海察尔汗盐湖	18	DMTO	2015.09
合　计			160		

数据来源：中国石油集团经济技术研究院。

各类乙烯装置平均规模 52.4 万吨/年。其中石油基装置平均规模 66.5 万吨/年，煤（甲醇）基装置 21 万吨/年。截至 2015 年底，国内共有 37 家乙烯生产企业，有生产装置 42 套（石油基乙烯装置 28 套），乙烯生产企业平均规模 59.5 万吨/年；乙烯装置平均规模 52.4 万吨/年，较 2014 年下降 2.8 万吨/年，主要是煤（甲醇）基烯烃项目产能规模相对较低拉低了平均值。其中，单套规模 80 万吨/年及以上的大型装置 10 套，合计产能 996 万吨/年，占总产能的 45.3%；60～80 万吨/年的乙烯装置 10 套，合计产能 672 万吨，占总产能的 30.5%；单套规模 60 万吨/年以下的中小乙烯装置 22 套，合计产能 532.5 万吨/年，占总产能的 24.2%。

目前中国乙烯产能在美国之后，居世界第二位，这是中国自 2005 年连续 11 年保持这一排位，且与第一位的差距逐年缩减；在全球最大的 10 家乙烯生产公司中，中石化以 1084 万吨/年的乙烯产能居第四位，这是中石化自 2009 年连续 7 年居这一位次。

2）开工率连续四年下降，产量增速继续放缓，低油价使效益有所回升

2015 年，国内乙烯产量估计为 1750 万吨，同比增长 2.7%，较 2014 年 5.0%的增速下降 2.3 个百分点，而 2013 年增速为 9.8%。虽然石油基乙烯装置开工情况较好，但由于煤（甲醇）基烯烃装置开工不足，仍使 2015 乙烯开工率有所下降，为 79.5%，较 2014 年 83.2%的开工率下降 3.7 个百分点（图 8-3-4）。分公司看，估计 2015 年中石化乙烯产量 1103 万吨，同比增长 3.1%，占 63%；中石油乙烯产量 480 万吨，同比下降 3.5%，占 27%。

估计 2015 年国内乙烯表观消费量约 1890 万吨，同比增长 1.9%。2015 年全年国内乙烯当量消费量约 3800 万吨，国内乙烯“当量”自给率仅为 46%，还存在较大的缺口，特别是高附加值的专用料等中高端产品进口比例较大。从中国乙烯消费结构看，聚乙烯是乙烯消费第一大用户，占比超过一半，其次是环氧乙烷/乙二醇、聚氯乙烯、苯乙烯等。2010—2015

年，乙烯年均当量消费增长率 5%左右，低于 2005—2010 年均约 10%的增速。

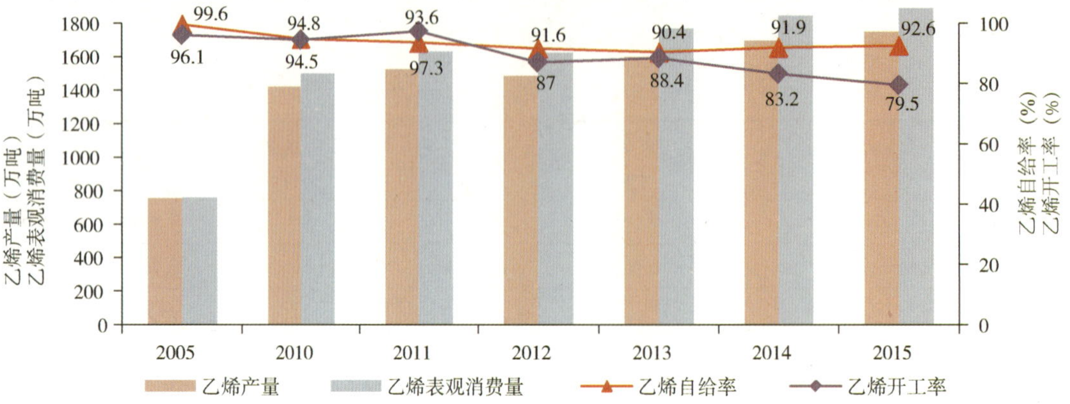

图8-3-4　2005—2015年国内乙烯行业运行情况

数据来源：国家统计局、中国石油集团经济技术研究院

3）乙烯原料多元化发展，煤（甲醇）原料占比提高，装置国产化水平提升

当前国内乙烯原料仍以石脑油为主，其他原料还有轻柴油、加氢尾油、煤、天然气等（图 8-3-5）。随着多个煤基烯烃项目的投产运行，煤炭作为乙烯原料的占比大幅上升，石脑油占比有所下降。乙烯原料总体呈轻质化趋势，中石化部分企业，如天津石化、茂名石化也已开始使用一些来自伊朗南帕斯的凝析油作部分原料。

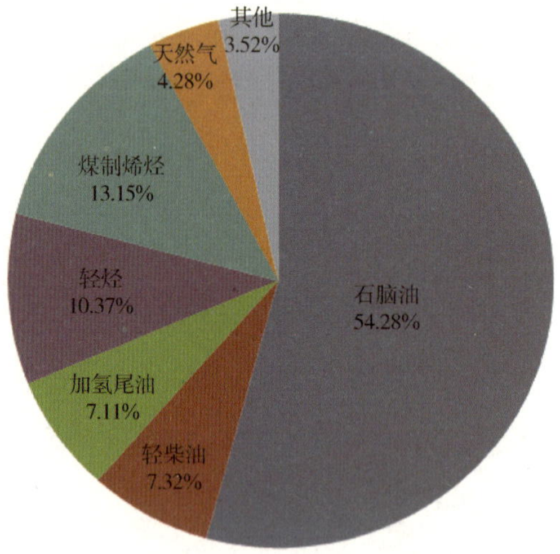

图8-3-5　2015年国内乙烯原料比例构成图

数据来源：中国石油集团经济技术研究院

截至 2015 年底，国内已建成煤（甲醇）基烯烃工业化装置 21 套，合计烯烃产能 921 万吨/年（包括乙烯、丙烯在内），煤（甲醇）基烯烃产能占烯烃总产能的比例从 2014 年的 13.5% 陡升至 19.1%。从经济角度看，考虑到财务费用，在当前的煤炭价格下，原油价格 50 美元/桶应是煤制烯烃项目与石脑油制烯烃项目相竞争的节点，在目前的情况下，多数煤制烯烃企

业亏损较严重。

随着多套煤制烯烃装置的投产，2015 年国内乙烯装置和工艺的国产化进一步取得进展。目前国内乙烯生产工艺中所用的多数设备都已实行了国产化。2015 年 1 月，中石化参与研制的国内首台大直径超厚锻件管板环氧乙烷反应器，是国内百万吨乙烯配套的最后一台国产化关键静设备，结束了国内大乙烯高端静设备长期依赖进口的历史。2015 年 9 月投产的青海盐湖 DMTO 装置拥有全部自主知识产权，煤（甲醇）基烯烃项目在工艺和设备的国产化上均取得了良好的成绩。高效环保芳烃成套技术获国家科技进步特等奖，中国成为继美国、法国后第三个掌握该技术的国家，通过技术创新，95%的设备由中国自主设计和制备。

4）“十二五”期间国内乙烯工业跨越式发展

“十二五”时期是中国乙烯业快速发展的 5 年，无论从乙烯产能总规模、装置大型化、装备国产化程度、产业布局，还是从原料轻质化、多元化程度、产品差异化、高端化等都有长足的发展，在美国之后稳居世界第二大乙烯生产国（表 8-3-8）。三大集团乙烯产能合计占比下降，市场主体多元化程度上升。乙烯总体开工率大幅下滑，这主要是因煤制烯烃开工率较低所致。乙烯自主开发技术的产业化步伐加快，技术经济指标不断优化，综合能耗下降，大型乙烯装置工业化成套技术成功应用，国产化程度进一步提高。

表8-3-8　“十二五”中国乙烯行业变化情况

项目	2010年	2015年	年均增速（%）	备注
乙烯产能（万吨/年）	1503.5	2200.5	7.94	
乙烯产量（万吨）	1421.3	1750	4.25	
油基（万吨）	1416.8	1660.2	3.22	
煤基（万吨）	4.5	89.8	81.98	
百万吨乙烯厂数量（个）	5	6		油基
乙烯装置平均规模（万吨/年）	55.7	52.3		
油基（万吨/年）	61.6	66.5		
煤基（万吨/年）	26	21		
三大集团合计产能占比（%）	93.8	80.8		
开工率（%）	94.5	79.5		
装备国产化率（%）	68～78	75～85		
表观消费量（万吨）	1499.4	1890	4.74	
当量消费量（万吨）	2950	3800	5.19	
自给率（%）	94.8	92.6		
聚乙烯产量（万吨）	985.8	1343.2	6.38	

数据来源：中国石油集团经济技术研究院。

2. 中国乙烯工业发展未来趋势

“十三五”期间国际油价或将继续低位波动运行，石油基乙烯的总体运营成本将下降，对石油基乙烯发展形成一定的利好，将增强石化产业的盈利能力。国内乙烯工业应合理把握好产业规模和发展内涵、国内自给率与国际竞争力、原料多元化与资源环境承载力之间的平衡，做到有促有控、科学发展。

1）国内乙烯产能总规模继续增长，新增产能以煤（甲醇）基烯烃为主

预计 2016 年国内乙烯总产能将达 2430.5 万吨/年，新增产能 230 万吨/年，均来自煤（甲醇）基烯烃（表 8-3-9），但实际进度可能因低油价而放缓，部分产能可能会推迟投产。

表8-3-9　2016年国内乙烯产能增长情况　　单位：万吨/年

项目/企业	所属集团	地　点	乙烯产能
中天合创煤制烯烃	中煤、中石化、申能、满世煤炭	鄂尔多斯	67
斯尔邦石化煤基烯烃	江苏盛虹	江苏连云港	60
久泰能源煤制烯烃	久泰能源	鄂尔多斯	25
青海大美煤炭深加工	青海大美煤业	青海西宁	30
神华新疆煤制烯烃	神华	新疆甘泉堡	30
富德（常州）能源化工	富德能源	江苏常州	18
合　计			230

数据来源：中国石油集团经济技术研究院。

预计 2020 年前国内乙烯需求仍然旺盛，随着建材、家电、汽车等工业的较快发展，聚乙烯、聚苯乙烯、合成橡胶等乙烯衍生品的需求量仍将保持较快增速，从而带动乙烯需求的增加。“十三五”期间，国内乙烯产能将进一步增长，随着多个大型炼化一体化项目配套的百万吨级乙烯装置、煤（甲醇）基烯烃项目以及乙烷裂解制乙烯项目的建设推进，预计石脑油基乙烯新增产能 500 万吨/年，煤（甲醇）基烯烃新增乙烯产能 520 万吨/年，乙烷裂解制乙烯新增产能 200 万吨/年，合计新增产能 1220 万吨/年。到 2020 年国内乙烯总产能预计将超 3400 万吨/年，乙烯当量自给率将上升至 65%左右。其中，煤（甲醇）基乙烯产能将达 750 万吨/年左右，占乙烯总产能的 22%（表 8-3-10）。

值得注意的是，之前获得批准的一些乙烯改扩建和新建项目，由于需求放缓等原因，已推迟了建设进度，例如中石化湛江石化乙烯项目已缓建，中石油揭阳石化乙烯建设进度已放缓。在低油价现状及预期下，煤制烯烃项目竞争力相对减弱，部分煤制烯烃装置已延期投产，部分处于早期规划项目可能被搁置。

表8-3-10　2017—2020年国内部分在建、拟建和规划的石油基乙烯项目

企业或地区	新增产能（万吨/年）	备注
古雷石化	110	新建，刚开建
惠州中卡	100	扩建，在建阶段

续表

企业或地区	新增产能（万吨/年）	备注
中国兵器华锦石化	100	新建，在建阶段
上海漕泾	80	新建，规划阶段
中化泉州石化	100	新建，在建阶段
中科湛江石化	100	新建，延迟
舟山石化	100	规划阶段
广东揭阳石化	100	新建，延迟
合计	790	

数据来源：中国石油集团经济技术研究院。

2）乙烯市场竞争主体将显著增多，布局将出现新变化

尽管“十三五”期间油价仍可能低位徘徊，加之经济新常态下煤（甲醇）制烯烃项目资金、环保压力较大，项目的经济性和外部环境发生了较大变化，部分煤制烯烃装置已延期投产，但目前国内尚有为数众多的煤制烯烃项目已进入实质性实施阶段或正在推进，此外还有一大批项目处于规划阶段（表 8-3-11）。煤制烯烃将是 2020 年前国内乙烯产能增长的主要驱动力，成为国内乙烯生产在传统石油路线外的重要补充。煤炭在乙烯原料的占比将大幅上升，同时由于煤基烯烃项目的工艺和设备多属国产，国内乙烯原料多元化和设备技术国产化程度将进一步提高。煤制烯烃参与主体既有中石化、神华等大型中央企业，也有延长石油、兖矿集团等地方国有企业，此外还有众多民营企业。烯烃市场将继续从以中石油、中石化两大集团为主的市场格局向两大集团为主、其他央企和地方国企及民营企业共同参与的多元化市场主体格局发展。

未来使用天然气、NGL 等轻质原料制乙烯占比将有所增加。根据目前国内页岩气开发进展情况，国内石化业近期内使用国产乙烷做原料尚有难度，考虑到欧洲一些乙烯生产商已进口美国页岩气乙烷作为裂解原料的情况，值得国内考虑在部分有条件的沿海乙烯厂用进口乙烷来代替部分石脑油作乙烯原料。在价格合理的前提下，这能进一步提升国内乙烯工业竞争力。一些企业 2015 年已开始了这方面的尝试，例如 2015 年 6 月，中石化齐鲁石化乙烷接卸设施项目工程建设实现中交，建成后可接卸 13 万吨/年乙烷作为乙烯裂解料，以优化乙烯原料结构。民营企业东华能源股份有限公司（简称东华能源）启动了 100 万吨/年乙烷裂解制乙烯项目，还购买了 5 艘乙烷运输船，预计将于 2017 年底投产。

表8-3-11 部分国内在建、拟建及规划的煤（甲醇）基烯烃项目

项 目	业 主	产能(万吨/年)	地点	进度
鄂尔多斯130万吨煤基烯烃	中天合创	130	鄂尔多斯	在建、缓建
道达尔中电投80万吨煤基烯烃	中电投、道达尔	40	鄂尔多斯	在建
荣信化工60万吨煤基烯烃	兖州煤业	60	鄂尔多斯	在建

续表

项目	业主	产能(万吨/年)	地点	进度
中煤伊犁60万吨煤基烯烃	中煤能源	60	伊犁	在建
富德常州100万吨甲醇基烯烃	富德能源化工	35	常州	在建
中安联合170万吨甲醇基烯烃	中安联合	30	淮南	在建
延安煤油气资源综合利用项目	延长石油	45	延安	在建
青海矿业120万吨煤基烯烃	青海矿业	60	格尔木	在建
中石化贵州60万吨煤基烯烃	中石化	30	毕节	前期工作
中石化河南60万吨甲醇基烯烃	中石化	30	鹤壁宝山	前期工作
合计		520		

数据来源：中国石油集团经济技术研究院。

未来国内建设的煤（甲醇）基烯烃项目大多分布在煤炭资源较为丰富的中西部地区，而甲醇基烯烃项目又多设在便于进口甲醇的东部沿海地区。因此，“十三五”期间，国内乙烯工业原料在由石油基向石油基、煤（甲醇）基并存转变的同时，将出现西北地区以煤（甲醇）基烯烃为主、石油基为辅，东部地区以传统石油基为主、甲醇基/煤（甲醇）基为辅的新布局。西北地区乙烯产能在全国总产能中的占比将从现在的 19%升至 25%。

尽管目前煤（甲醇）基烯烃项目众多，鉴于经济性、国内土地、煤炭、水资源现状，环保对煤炭清洁转化的要求和项目产品同质化严重的现状，若碳税或碳排放交易正式启动，尤其在今后一段低油价时期，对煤（甲醇）基烯烃的发展建设将带来一定的不利影响。

3）中国乙烯工业面对北美、中东等进口产品的国际市场竞争将更趋激烈

随着未来中东、北美低成本乙烯产能的继续较快扩张，国内乙烯行业面临的竞争态势将更加严峻。由于页岩油气革命促发了美国新一轮大规模的乙烯产能建设，据统计，未来 10 年美国将有超过 1000 万吨/年的新增乙烯产能陆续投产，其乙烯及下游衍生物生产除满足本国需求外尚有富裕，美国将成为世界主要的乙烯衍生物出口地区之一。北美乙烯等产品净出口大幅增长将出现在 2016 年后，以聚乙烯、乙二醇为主，预计 2020 年北美乙烯当量净出口量将达 1150 万吨左右，占其乙烯总产量的 27%。中东国家正在利用其得天独厚的石化原料优势，继续大力发展石化产业，成为仅次于亚太和北美的世界第三大乙烯生产中心，由于当地需求有限，产品主要用作出口，中东也将成为世界最大的乙烯衍生物出口集中地。无论如何中国将成为美国、中东扩大乙烯衍生物出口的主要目标市场。

国内石油基烯烃的生产成本较高，不少烯烃装置产品结构雷同，且中低端通用产品居多；煤基烯烃尚处初始发展中，衍生产品较为单一，技术、装备、环保等一些问题需进一步完善解决，因此乙烯业总体大而不强的矛盾仍较突出。国内乙烯工业要抓住低油价的有利时间，加快低成本化、原料多元化轻质化、产品结构及产业结构调整转型升级，配合“一带一路”、

京津冀协同发展、长江经济带等战略，加快化工园区建设，大力发展高端化、差异化、精细化产品，依靠创新驱动开拓新的应用领域，进一步夯实发展基础，提升国际竞争力，加快实现由大走强。

（本节撰写人：徐海丰　金　云　费华伟）

国际合作篇

第九章　海外投资环境

2015 年，低油价对全球主要油气资源国的影响逐步显现，主要产油国出口大幅下降，经济风险普遍提升。中东、西非地区恐怖活动增加，局势更加动荡，安全和地缘政治风险明显上升。各资源国加快开放，并为石油公司削减税负来共渡难关。石油地缘政治格局出现新变化，围绕叙利亚反恐的主导权将出现新一轮博弈，中东局势更趋复杂化。美国因油气产量大幅上升成为市场新的调节器，进一步加剧价格波动和市场供应失衡风险。中东因俄罗斯与西方国家武装干预局势更趋复杂化。

第一节　俄罗斯中亚地区

2015 年，受低油价影响，俄罗斯中亚地区经济形势恶化，主要资源国汇率大幅波动。地区内油气产量维持稳定，炼化工业积极推进。地区内主要资源国经济和安全风险有所上升。

一、2015 年油气工业概况

2015 年，俄罗斯中亚地区上游投资减少，油气储量小幅下降，油气基本维持稳产。俄罗斯远东和中亚里海大型油气开发项目推迟投产。地区内炼化工业重点进行炼厂升级改造和发展天然气化工项目。

1. 产量油增气稳

2014 年，俄罗斯中亚地区无重大发现，油气储量小幅下降。截至 2014 年底，石油剩余探明储量 184.1 亿吨，同比下降 1.4%；天然气剩余探明储量 51.8 万亿立方米，同比增加 0.7%。

2015 年，估计俄罗斯中亚地区石油产量同比小幅增长 0.8%，至 6.26 亿吨。俄罗斯石油产量基本来自老油田，受西方制裁影响，深海、北极、页岩油等非常规油气资源开发项目推迟，估计 2015 年俄罗斯石油产量 5.33 亿吨。中亚地区主要石油生产国基本维持稳产，估计石油产量 9400 万吨（图 9-1-1）。

2015 年，估计俄罗斯中亚地区天然气产量可达 7870 亿立方米。欧洲地区对俄罗斯天然气依赖下降使俄罗斯产量同比减少 3%，至 6300 亿立方米。土库曼斯坦为扩大出口使土库曼斯坦天然气产量将增加 9%，至 833 亿立方米。哈萨克斯坦则因伴生气利用率提高，商品气产量同比增加 4%，至 224 亿立方米（图 9-1-2）。土、哈两国天然气产量增加将弥补俄罗斯产量递减，地区天然气维持稳产。

受低油价影响，2015 年俄罗斯远东和中亚地区里海大型油气开发项目推迟投产。其中，俄罗斯远东地区的科维克金气田将推迟到 2022 年后投产；受制裁影响，南基林斯科气田开发计划还未落实，萨哈林-2 项目第三条 LNG 生产线也将延期。哈萨克斯坦里海地区的卡沙甘油气田因更换管道成本大幅增加，且因低油价时期投产不经济，项目将推迟到 2017 年投产；田吉兹油田增产项目由于投资增加将被推迟至 2019 年。但也有一些项目由于有外部资金支持，进展顺利，如俄罗斯北极地区的亚马尔 LNG 项目获得中国股东、俄罗斯国家财富基金和中国丝路基金支持，融资金额超过 150 亿美元，将如期投产。

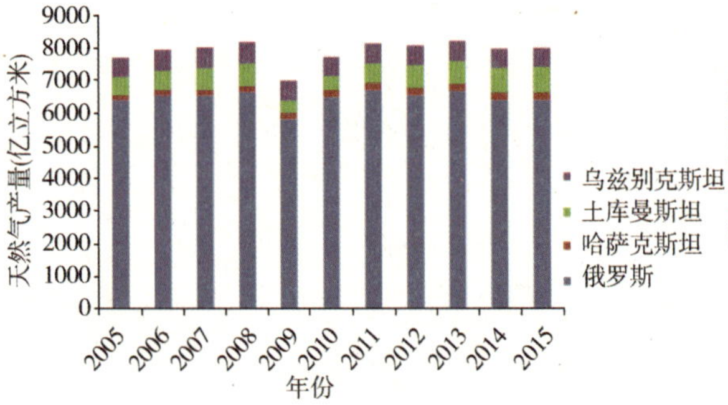

图9-1-1　地区主要资源国石油产量

数据来源：中国石油集团经济技术研究院

2015 年为估计值

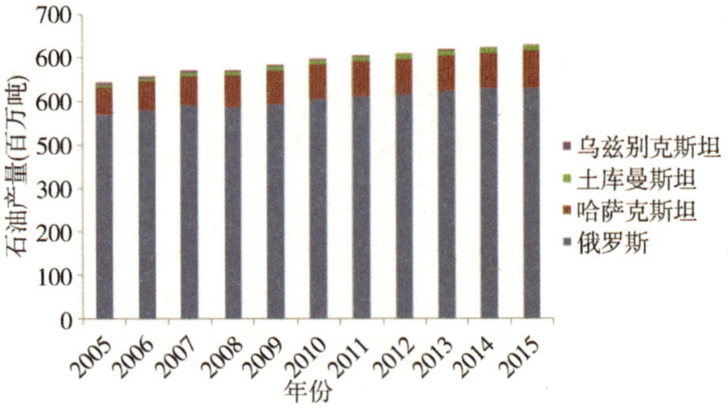

图9-1-2　地区主要资源国天然气产量

数据来源：中国石油集团经济技术研究院

2015 年为估计值

2. 积极推进炼厂改造和天然气化工

2015 年，俄罗斯炼化行业重点在于炼厂升级改造，提高深加工能力，升级改造的资金主要来自国内的石油公司。中亚地区各国炼化行业重点是发展天然气化工项目。土库曼斯坦和乌兹别克斯坦纷纷加强与亚太地区国家的合作，参与项目的主要投资公司来自日本和韩国。（表 9-1-1）。

表9-1-1　2015年俄罗斯中亚地区重点炼油化工项目

国家	项目名称	投资公司	年处理能力和产能	项目状态
俄罗斯	新建阿尔丹炼厂	俄罗斯Tuymaada石油公司、中国清华茨尤公司	200万吨	新增项目
	Perm炼厂现代化升级改造	卢克石油公司	540万吨	新增项目
	Afipsky炼厂现代化改造	美国CB&I公司	525万吨	新增项目
	Omsk炼厂现代化改造	俄罗斯天然气工业股份公司	214万吨	正在实施
土库曼斯坦	里海Kiyanly天然气化工项目	日本东洋工程公司、韩国LG集团和韩国现代工程公司	50亿立方米	正在实施

续表

国家	项目名称	投资公司	年处理能力和产能	项目状态
土库曼斯坦	阿哈尔州GTL项目	日本川崎公司、土耳其Rosesans控股公司	17.82亿立方米	正在实施
	阿什哈巴德GTL项目	韩国现代工程公司、韩国LG集团	38亿立方米	新增项目
	巴尔干州尿素生产厂	土库曼斯坦国有石化公司，日本三菱公司和土耳其Gap Insaat公司	尿素：155万吨	新增项目
乌兹别克斯坦	乌卡什卡达里亚州GTL项目	韩国现代工程公司	35亿立方米	正在实施
塔吉克斯坦	新建Danghara炼厂	中国东营和力投资发展公司	170万吨	新增项目

3. 管道建设进程表现不一

2015年，俄罗斯天然气向西出口管道出现不确定性，向东出口管道稳步推进。其中，西向的土耳其流天然气管道因政治、资金、气价纠纷推进受阻，加之年底前土耳其击落俄罗斯苏-24战机事件导致俄罗斯中断与土耳其能源合作，该项目难以继续推进。估计2016年两国不可能达成政府间协议。由俄罗斯天然气工业股份公司与巴斯夫、德国意昂、壳牌等国际石油公司签署的北溪天然气管道扩建项目因资金问题还未正式启动建设，预计2019年不能按计划完工。东向的中俄东线天然气管道中国境内段已于6月底开工，中俄双方境内管线建设规划已经完成，跨境段管线设计和建设协议也已经签署，预计2018年完工。

中亚地区油气出口管道建设比较顺利。土耳其为减少对俄罗斯天然气依赖，阿塞拜疆与土耳其更加积极推进跨安纳托利亚（TANAP）天然气管道建设，该管道已于8月提前开始建设，预计2018年可向土耳其供气60亿立方米，而与该管道连接的跨亚德里亚海天然气（TAP）管道最早将在2020年完成，届时可向欧洲供气100亿立方米。此外，土库曼斯坦积极推进土库曼斯坦—阿富汗—巴基斯坦—印度（TAPI）天然气管道土库曼斯坦境内管线建设，已于12月开工，并计划在两年内完成境内段建设。TAPI管道要过境阿富汗和巴基斯坦，安全风险大，加之负责TAPI管道融资和建设的土库曼斯坦国家天然气公司（Turkmengaz）没有独立建设跨国管道的经验，在融资渠道、基础设施物流和跨国天然气交易方面都存在不足，预计未来几年土境外段管道很难全部建成。

4. 石油出口增加，天然气出口减少

俄罗斯中亚地区是世界上主要的油气出口地区。2014年石油出口量达2.93亿吨，其中，俄罗斯石油出口量2.23亿吨，同比基本持平；中亚地区石油出口量同比下降5%。地区天然气出口2917亿立方米，同比下降4.5%；其中，俄罗斯天然气出口量达2217亿立方米，同比下降6%。中亚地区天然气出口量达700亿立方米，同比增长0.7%。

2015 年，估计俄罗斯中亚地区石油出口量达 3.2 亿吨，同比增长 9%，出口增长主要来自俄罗斯。估计 2015 年俄罗斯石油出口量达 2.52 亿吨，同比增长 13%。低油价下，高加索地区和欧洲对俄罗斯石油需求增加。其中，俄罗斯向高加索地区出口石油 2500 万吨，同比增长 13.6%；向欧洲出口石油 1.66 亿吨，同比增长 13%。由于亚太地区国家能源需求增大，2015 年俄罗斯向中国出口石油 3700 万吨，同比增长 9%。

2015 年，估计俄罗斯中亚地区天然气出口量超过 2800 亿立方米，同比下降 1.4%，因欧洲对俄罗斯天然气依赖减少，俄罗斯天然气出口量达 2100 亿立方米，同比下降 5%。中亚地区出口量超过 700 亿立方米。其中，因土库曼斯坦扩大对中国供气，天然气出口量达 480 亿立方米，同比增加 11%。

二、油气对外合作动向

1. 油气资产交易和对外合作表现活跃

2015 年，俄罗斯中亚地区油气上游招投标活动并不活跃。除了阿塞拜疆在里海有少量勘探项目进行招标外，其他国家基本没有对外公开招标区块。

2015 年，受油价低迷，经济形势恶化，财政吃紧影响，俄罗斯和中亚国家加快出售油气资产，为外国投资者进入该地区提供新机遇（图 9-1-3）。俄罗斯中亚地区上游资产交易活跃。据 IHS 统计，截止到 2015 年 11 月，该区共有 23 宗资产交易，交易金额 130.8 亿美元，同比

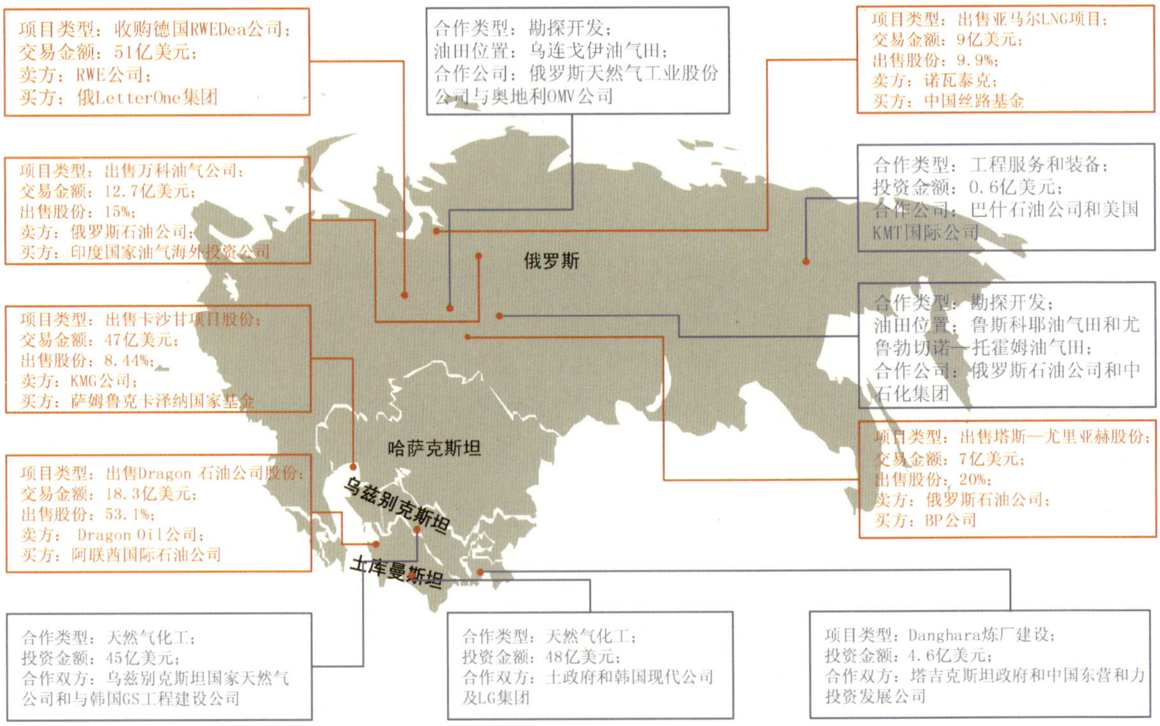

图9-1-3　2015年俄罗斯中亚地区重点上游资产交易及对外合作情况

红色框为资产交易，蓝色框为油气合作开发

增长 29%。BP 公司不顾制裁，收购俄罗斯石油公司子公司塔斯—尤里亚赫公司 20%的股份。亚洲公司在俄罗斯的油气资产收购引人注目。如印度国家油气海外投资公司收购万科尔油气公司 15%股份；中国丝路基金收购亚马尔 LNG 项目 9.9%股份等。在中亚地区，哈萨克斯坦国家油气公司为解决债务负担过重，向萨姆鲁克卡泽纳国家基金出售卡沙干项目股份；龙油公司（Dragon Oil）向阿联酋国际石油公司出售土库曼斯坦资产。

同时，在美欧制裁条件下，俄罗斯加大对外开放力度，与多国油气公司签署了油气合作协议。如俄罗斯天然气工业股份公司与奥地利 OMV 公司达成共同开发乌连戈伊油气田协议。中石化与俄罗斯石油公司签订了《共同开发鲁斯科耶油气田和尤鲁勃切诺—托霍姆油气田合作框架协议》。中亚地区，土库曼斯坦为扩大天然气生产和出口，与日本多家公司组成的财团签署《复兴气田三期联合开发框架协议》。此外，地区多国积极与亚太公司开展炼化合作，包括俄罗斯石油公司和中国化工集团公司签署在远东地区霍德卡市共建最大炼油石化联合体谅解备忘录；土库曼斯坦与韩国公司签署总价值 48 亿美元的炼厂现代化改造和天然气化工项目合作协议。

2. 能源政策有收有放

2015 年，俄罗斯能源政策调整与其经济形势密切相关。一方面，低油价使经济下滑，油气工业资金紧缺，急需放宽对外投资政策吸引外资，为此俄罗斯对一些急需引资发展的区域出台了优惠政策，同时改变以往不出售战略型资产的政策，开放上游战略资产，转让大型项目的股权。另一方面，为应对低油价导致财政收入锐减，俄罗斯通过提高资源开采税等措施增加财政收入。哈萨克斯坦则通过减税、简化矿产资源使用程序等优惠政策吸引外资（表 9-1-2）。

表9-1-2　2015年俄罗斯中亚地区能源政策变化情况

地区	国家	能源政策变化
俄罗斯	俄罗斯	俄罗斯联邦地下资源局计划修订地下资源法，延长地质勘探许可证的期限，对陆上远东和东西伯利亚区的勘探期限从5年延至7年，对大陆架区块勘探期限延长至10年
		俄罗斯将开放大陆架开发。新法规将允许国内有海外经验的油气公司和一些独立石油公司进入大陆架勘探开发，并允许独立石油公司在波罗的海进行勘探开发
		提高资源开采税，2016年俄罗斯天然气工业股份公司天然气开采税将提高36.7%。此外，改变油气出口关税逐年递减计划，将2016年的关税维持2015年水平
		俄罗斯自然资源部支持对俄罗斯天然气工业股份公司远东海上气田实施税收减免
中亚地区	哈萨克斯坦	哈萨克斯坦总统签署了矿产使用法的修正案。主要修改内容包括：合同强制审批减少了40%；更改合同中规定的开采量，减产不得小于合同规定开采量的20%，增产则不得小于最大设计产量；采用新的矿产使用权发放模式，参照“先到先服务”的原则，简化发放流程

续表

地区	国家	能源政策变化
中亚地区	哈萨克斯坦	计划取消国家获取地下资源项目的优先权。
		降低39家低利润油气公司资源开采税，并批准石油公司额外燃烧伴生气以鼓励油气行业发展
		外国石油公司原油内销比例增加。2015年原油内销比例将提高至37%，比2014年提高了12%
地区	**国家**	**未来发展规划**
俄罗斯	俄罗斯	俄罗斯计划在未来5年向北极项目投资42.7亿美元
		俄罗斯计划在2045年前投资60亿美元开发新油田，并对东西伯利亚油田免征矿产资源开采税的优惠期将延长至2022年
中亚地区	土库曼斯坦	土库曼斯坦计划到2020年前建设14个天然气发电厂,既满足国内电力消费，同时扩大向国外出口

三、主要资源国投资风险

2015 年，俄罗斯中亚地区经济和安全风险明显升高（表 9-1-3）。低油价及欧美对俄罗斯的制裁使得整个地区经济形势恶化，货币大幅贬值，外资直接投资减少，经济风险上升。国际部队从阿富汗撤军后，中亚地区受阿富汗恐怖组织活动外溢，毒品泛滥的影响，地区社会安全受到严重威胁。此外，因税费政策、投资政策调整，增加本国含量，限制外来劳工等因素使得俄罗斯和哈萨克斯坦面临较高的政策风险。

表9-1-3　2015年俄罗斯中亚地区主要风险指标变化情况

国家	风险评估图	主要关注风险
俄罗斯	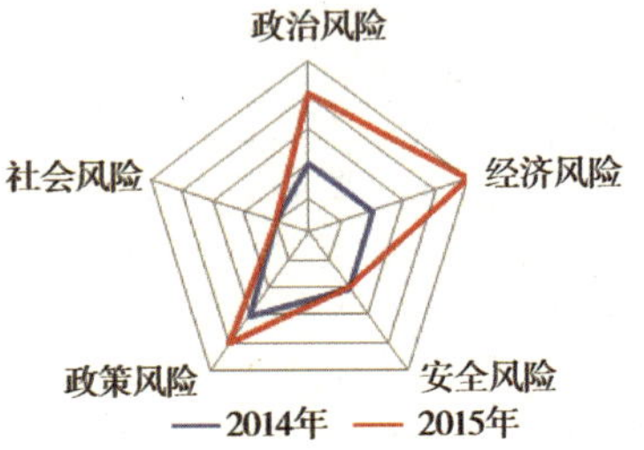	（1）地缘政治风险升高。因乌克兰危机，西方国家在政治、经济，能源以及军事方面打压俄罗斯。 （2）经济风险升高。油价下行和西方制裁导致俄罗斯经济衰退，卢布大幅贬值，外汇储备持续下降，债务上升，外国直接投资大幅下降。 （3）政策风险维持较高风险。投资政策不稳，税费政策及其他法律法规处于调整中
哈萨克斯坦	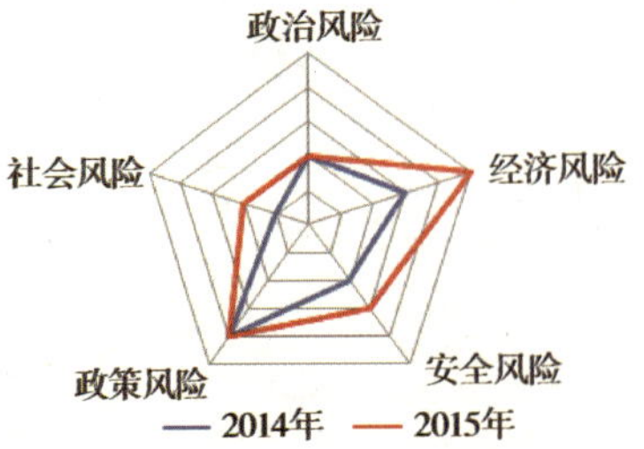	（1）经济风险上升。受低油价和俄罗斯经济衰退影响，哈萨克斯坦坚戈大幅贬值，石油出口收入下降，外汇和黄金储备减少，外国直接投资大幅下降,经济增速放缓。 （2）政策维持高风险。哈萨克斯坦强化政府权力，增加本国含量，限制外来劳工，环保政策收紧。 （3）社会风险上升。受低油价影响，哈国油服企业开始大批裁员。哈萨克斯坦政府考虑允许石油企业自主决定工资，罢工风险上升

续表

<table>
<tr><th>国家</th><th>风险评估图</th><th>主要关注风险</th></tr>
<tr><td>土库曼斯坦</td><td>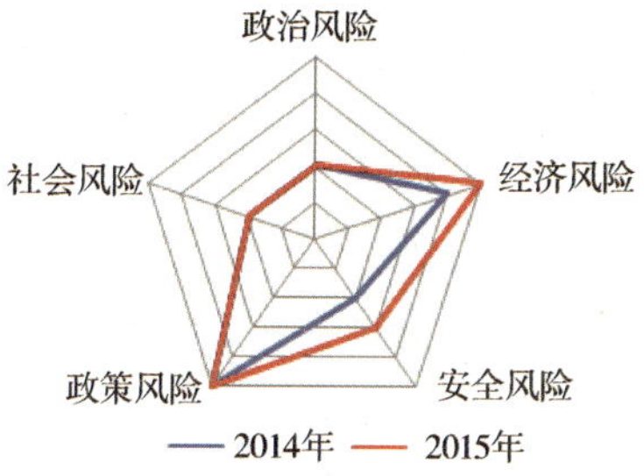
</td><td>（1）经济风险上升。受俄罗斯卢布和周边国家货币影响，马纳特大幅贬值，GDP增速放缓。
（2）政策维持高风险。总统权力集中，外国投资相关的法律法规不健全，执法的随意性强。本地员工比例要求高，油气行业国有化程度较高，只开放难度较大的海上区块</td></tr>
<tr><td>乌兹别克斯坦</td><td>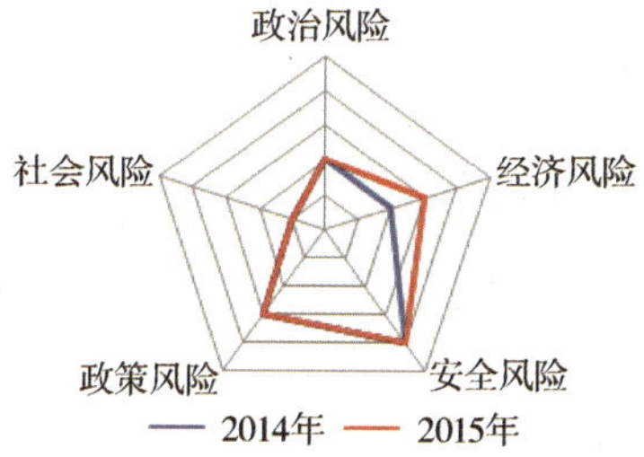
</td><td>（1）经济风险上升。俄罗斯和中亚其他国家货币贬值使苏姆贬值，经济增速放缓。
（2）安全维持较高风险。“三股势力”十分活跃，阿富汗乱局成为乌兹别克斯坦安全隐患，毒品泛滥，恐怖主义势力抬头。此外乌吉、乌塔之间围绕水资源和天然气资源引发的矛盾冲突不断</td></tr>
</table>

四、2015 年重大事件回顾

1. 中亚地区出现货币贬值潮

2015 年，中亚地区主要资源国货币都出现了不同程度的贬值。土库曼斯坦、乌兹别克斯坦、塔吉克斯坦和吉尔吉斯斯坦货币贬值幅度超过 20%。哈萨克斯坦实行自由浮动汇率制后坚戈贬值幅度超过 30%。

此次货币贬值潮的主要原因：一是低油价导致资源国油气出口收入减少。哈萨克斯坦在 2014 年油气出口收入减少了 8%的基础上， 估计 2015 年油气出口收入继续大幅下降 50%；土库曼斯坦也因气价下跌，天然气出口减少将超过 16 亿美元。受此影响，地区各国贸易和经常账户余额大幅降低，经常账户余额甚至出现赤字。二是中亚地区外汇市场发育不成熟。政府成为外汇市场的重要参与者，且主要依靠外汇和黄金储备调节，在本币面临压力时，政府靠有限的外汇和黄金储备难以稳定外汇市场，最终放弃了保汇率政策。三是卢布贬值加剧中亚地区各国货币贬值压力。中亚 5 国经济与俄罗斯贸易联系紧密，与俄罗斯贸易额占其贸易总额的 20%～25%。2014 年俄罗斯卢布大幅贬值 50%，2015 年卢布进一步贬值 11%，导致与俄罗斯有密切经贸往来的国家本币面临巨大的贬值压力。

由于国际油价仍然保持低位，俄罗斯经济近期很难有大起色。此外，面临美联储加息，中亚各国货币仍然有贬值的可能性。中亚各国货币大幅贬值，以及国内供应义务提高将给油气行业带来负面影响。

2. 俄罗斯经济进一步恶化，通过反危机计划应对当前经济困局

2015年，受低油价和西方制裁影响，俄罗斯经济陷入2008年金融危机后最严重衰退。估计全年GDP萎缩3.3%，外汇储备减少约500亿美元，石油出口收入大幅下降至900亿美元。另外，西方制裁严重影响了俄罗斯投资和经营环境，诱发大量资本外逃。2015年上半年，外国直接投资大幅缩减43.4亿美元，同比资本净流出超过200亿美元。

西方对俄罗斯制裁使油气工业长期发展受阻。目前，西伯利亚的页岩油、重油和致密油项目都面临不同程度的放缓；北极项目因技术受限无法达到原计划的规模和进度；远东项目也可能因资金问题进展不如预期。此外，油公司也出现不同程度的资金问题，新项目开发能力明显下降。这些都将使俄罗斯油气工业中长期发展失去后备支持。

为应对当前经济困局，俄罗斯出台一系列措施应对经济危机。首先，制定反危机计划，通过削减财政支出，支持进口替代，加大金融，基础设施建设等一系列措施推动国内生产。其次，俄罗斯加大油气领域对外开放力度，通过出售战略型油气资产和开放上游领域，减少外国企业准入限制。第三，加强与中国的合作。2015年俄罗斯总统普京批准开放海参崴为自由港，以吸引中国投资开发远东地区；并与中国签署一系列油气合同等，每年可从中国获得超过100亿美元的石油预付款。第四，积极参与国际反恐，争取战略空间。俄罗斯在叙利亚打击ISIS和“土库曼旅”等在内的极端组织，转移了国际社会对“乌克兰事件”的关注，并促进与法、德、英等欧洲大国在反恐方面的合作，缓和双方紧张关系，缓解制裁压力。

（本节撰写人：张燕云　张　晶　罗继雨　冯　贺）

第二节　中东地区

2015年，中东地区主要资源国因实施保份额策略，油气产量不降反升；各国计划大力发展炼油项目，新建炼厂计划庞大；伊朗和世界大国达成联合全面行动计划，拟借机推出新版石油合同；地区局势动荡，招标与资产交易清淡；ISIS恐怖活动猖獗，大国反恐中角力，地缘政治局势更趋复杂。

一、2015年油气工业概况

2015年，中东地区油气发现不多，主要资源国油气产量在低油价下大幅增长。地区内各国继续实施炼厂新建和升级改造计划，提高石油产品出口附加值。

1. 勘探活动放缓

2014年，中东地区油气储量微幅变化，油增气减。截至2014年底，石油探明剩余储量约为1103亿吨，同比增长0.2%；剩余探明储量约为79.81万亿立方米，同比减少0.2%。

截至2015年12月初，受中东局势动荡以及油价低迷的影响，中东地区勘探活动放缓，

据不完全统计，中东地区共获得 6 个油气发现，共计石油储量超过 32 亿吨，天然气储量超过 109 亿立方米，主要分布在科威特、伊拉克、阿曼和以色列。除阿曼的一个非常规气发现外，均为常规陆上油气发现，且发现规模不大。最大的发现为科威特中部阿拉伯省的 Umm Ruaiss North 1 油气发现，油储量为 17 亿吨，天然气储量为 40 亿立方米。以色列 Afek 油气公司在戈兰高地发现大油田，油层厚度达 350 米，估计石油储量超过 1.4 亿吨（图 9-2-1）。如若对新发现进行商业开采，以色列将实现石油消费自给自足。

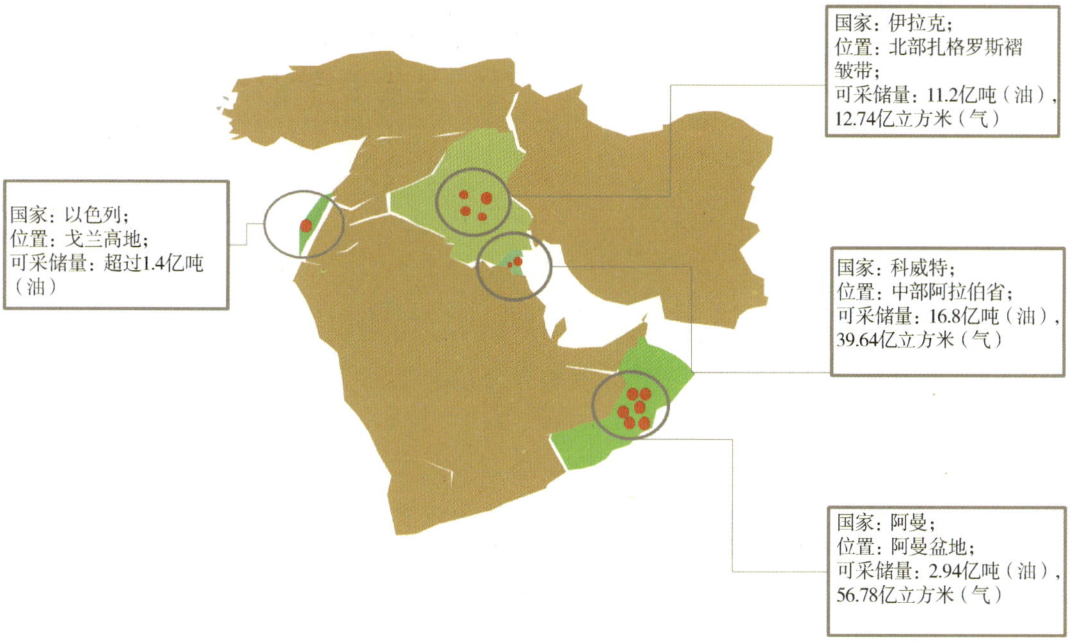

图9-2-1 2015年中东地区重要新发现分布图

数据来源：IHS EDIN 等

2. 开发活动活跃，油气产量双增长

2015 年，中东地区油气产量双增长，中东地区石油产量约 14 亿吨（图 9-2-2），天然气产量约 6200 亿立方米（图 9-2-3），分别比 2014 年增长 5400 万吨和 160 亿立方米，增幅均约 3%。在持续低油价背景下，以沙特阿拉伯、伊拉克和阿联酋为代表的欧佩克国家为保市场份额大幅提升石油产量，其中伊拉克、沙特阿拉伯和阿联酋分别提高了 2800 万吨/年、2700 万吨/年和 900 万吨/年，占地区石油产量增加总量的 97%以上。其他国家产量有增有降，除科威特和阿曼石油产量小幅增长外，总体呈现下降的趋势，估计总体下降了 1000 万吨，主要集中在卡塔尔、叙利亚和也门。卡塔尔石油产量下降的原因是老油田产量递减，而叙利亚和也门石油产量下降是因为国内局势动荡。2015 年，中东地区天然气产量主要来自非伴生气产量增长，伊朗、卡塔尔和阿联酋三国天然气增产最多，分别增长了 100 亿立方米/年、60 亿立方米/年和 22 亿立方米/年，合计占地区增长总量的 85%。其他国家天然气产量有增有减，

总体呈现下降的趋势，估计总体下降了18亿立方米/年，除伊拉克、阿曼和沙特阿拉伯等国产量小幅增长外，叙利亚和也门天然气产量下降，分别下降了24亿立方米/年和26亿立方米/年，主要是因为国内形势动荡所致。

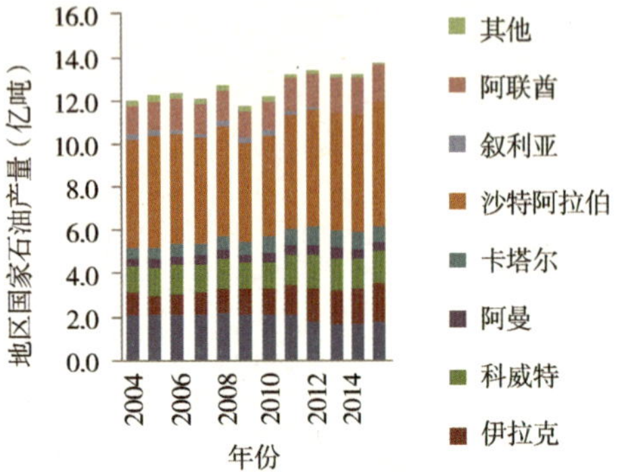

图9-2-2　地区主要资源国石油产量

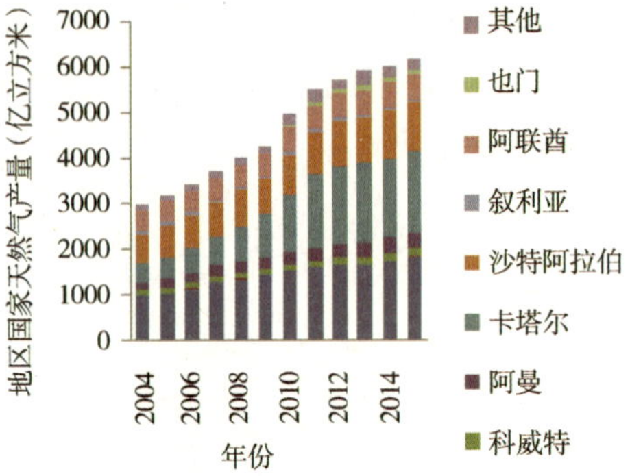

图9-2-3　地区主要资源国天然气产量

3. 炼化行业发展步伐不一

中东地区近年来制定了宏伟的炼厂项目发展规划，但进展不一。沙特阿拉伯、卡塔尔和阿曼的炼油项目预期可顺利实施。巴林作为后来发展炼油项目的国家，炼油计划面临政府延期的风险。受制裁影响，伊朗的炼油扩能新建进展极不理想，估计伊朗除波斯湾之星炼厂外，其余炼厂建设均面临不确定性。伊拉克因资金不足、安全环境不佳和国内需求不振，估计拟定的炼厂项目除卡尔巴拉可能延期建成，其他项目在短期内开建的可能性不大。2015年10月，科威特正式签署中东地区最大炼厂建设合同。其中西班牙TecnicasReunidas公司、中国石油化工集团公司（简称中国石化）、韩国韩华公司组成的联合企业将建设Al Zour炼厂主要生产装置。但受科威特政府与议会矛盾影响，该国炼厂计划如期开建存在困难（表9-2-1）。

表9-2-1　2015年—2020年中东地区扩建或新建炼厂计划

国家	炼厂名称	扩建或新建炼油能力	计划投产时间	实际进展情况
卡塔尔	Ras Laffan炼厂	14.6万桶/日	2016年	在建
伊朗	波斯湾Star炼厂	36万桶/日	2015—2016年	在建
伊朗	Siraf炼厂	48万桶/日	2017—2018年	在建
阿曼	苏哈尔炼厂	8.1万桶/日	2016年	在建
沙特阿拉伯	吉赞炼厂	40万桶/日	2016年	在建
沙特阿拉伯	延布炼油石化联合体	40万桶/日	2023年	计划
沙特阿拉伯	拉斯塔努拉炼厂	40万~44万桶/日	2016年	在建
阿曼	杜古姆炼厂	23万桶/日	2018年	在建
巴林	Sitra炼厂	9.3万桶/日	2017年	在建
伊拉克	Karbala炼厂	14万桶/日	2019年	协议
伊拉克	纳西里耶炼厂	30万桶/日	2019年	计划
伊拉克	基尔库克炼厂	15万桶/日	2018年	计划

续表

国家	炼厂名称	扩建或新建炼油能力	计划投产时间	实际进展情况
伊拉克	米桑炼厂	15万桶/日	2018年	计划
伊拉克	Fujairah炼厂	20万桶/日	2020年	计划
科威特	AI-zour炼厂	61.5万桶/日	2018—2021年	协议

4. 油气出口双双小幅增长，石油出口增幅大于气出口增幅

2015 年，中东地区油气净出口增长，石油出口增幅大于气的出口增幅。2015 年，中东地区石油净出口量为 10.62 亿吨，高于 2014 年的 10.14 亿吨，增幅为 4.8%，出口量增长主要来自伊拉克和沙特阿拉伯，增量分别占中东地区增长总量的 81%和 27%，其余仅占 3%；2015 年，中东地区天然气出口量约为 1649 亿立方米，高于 2014 年的 1618 亿立方米，增幅为 1.9%，增长主要来自于伊朗、阿联酋和也门，分别占增长总量的 42%、32%和 26%；2015 年，中东地区天然气进口量为 311 亿立方米，高于 2014 年的 302 亿立方米，增幅不大，增量主要来自阿联酋和伊朗，分别占增长总量的 56%和 44% 。

二、油气对外合作动向

中东地区招投标活动和资产交易不活跃，除伊朗和伊拉克拟调整对外合作合同条款以外，其他国家并未出台新的能源政策。

1. 招投标及油气资产交易

2015 年，中东地区油气招标活动屈指可数，只有阿联酋顺利举行了陆上石油特许权合同招标活动，道达尔公司、日本 Inpex 公司、韩国 GS 公司分别获得该特许权合同 10%、5%、3%的权益。包括中国石油在内的数家外国公司仍在竞标该特许权合同部分权益。2012 年 10 月发起了伊拉克纳西里耶油田炼厂一体化项目招标活动，项目包括开发储量为 40 亿桶的纳西里耶油田、建设一座炼油能力为 30 万桶/日的炼厂，项目总价值超过 200 亿美元，外国公司投资兴趣不高，一再推迟后，又因国内战乱被搁置。黎巴嫩于 2013 年发起 10 个天然气区块招标活动，由于缺少相关法律无法开始，至今仍未举行。

2015 年，地区资产交易也不活跃，没有上规模的并购交易。伊朗自 7 月 14 日达成伊核联合全面行动计划以来，多家外国公司积极和伊朗进行谈判，拟在制裁解除后投资伊朗油气项目，参与谈判的公司既有壳牌、道达尔、埃尼等国际大石油公司，也有中石化以及印度国家石油公司等亚洲国家石油公司，还有鲁克石油公司等俄罗斯的石油公司以及斯伦贝谢等国际大型工程服务公司等。2015 年 11 月 28 和 29 日，伊朗在国内召开了油气峰会，在国内发布了新版合同模式，推出了 18 个勘探区块项目和 52 个油气对外合作项目机会，来自 33 个国家 137 家公司大约 250 多名代表参加了这一会议，显示出国际石油公司对投资伊朗油气项目的高度热情。

2. 能源政策变化及发展规划

2015年，中东地区受低油价的影响，部分资源国正在考虑调整政策、放松合同条款（表9-2-2）。伊拉克考虑调整合同条款，使服务费与油价挂钩。伊朗修改回购服务合同，采取新的合同模式与外国石油公司合作。阿曼计划私有化Orpic公司部分股份，吸引更多私人资本进入本国油气行业。2015年，虽然受低油价的影响，中东各国仍然在积极的制定未来的发展规划，拟大力发展本国的油气行业。

表9-2-2 2015年中地区能源政策变化情况

地区	国家	能源政策变化
中东	伊朗	2016年2月，伊朗将在伦敦发布新版石油合同。新的合同将放弃有关10年及以下固定合同期限的规定；允许外国公司参与整个勘探至生产作业过程，改变分两段招标的规定；向外国公司支付酬金从固定酬金制转向以产量计算报酬费的方式，允许外国公司修改预期的投资和成本，比原来的成本回收条款更灵活
中东	伊拉克	伊拉克石油部表示将重新与外国公司谈判修改合同条款，一是将伊拉克本土公司的持股比例由5%调整至25%。二是改变固定报酬费模式，将其与国际油价以及降低生产成本效果相关联；三是调整项目高峰产量目标；四是要求外国公司重新制定油田项目开发计划；五是调整合同周期等其他优惠措施；六是削减投资预算
中东	阿曼	计划私有化Orpic公司部分股份部分公司，吸引更多私人资本进入油气行业
地区	国家	未来发展规划
中东	伊朗	2021年前吸引外资1850亿美元，将本国的石油生产能力提高200万桶/日，天然气产能提高720亿立方米/年。石油部计划吸引资金优先发展石化项目，预期总共需要资金达334亿美元，预计这些项目完成后，伊朗的石化产品产能将从目前的6000万吨/年提升至1.2亿吨/年。伊朗希望中国为其18个石化项目提供资金支持
中东	伊拉克	伊拉克石油部致信在伊南部作业的外国石油公司，希望其削减2016年在伊的开发投资，受该国乱局尚未平息、基础设施薄弱以及国际油价下跌等多种不利因素影响，伊拉克政府再次削减本国2020年的石油产量目标，由900万桶/日削减至600万桶/日

三、主要资源国投资风险

2015年中东地区安全风险、政治风险和经济风险总体呈现上升趋势，其中因ISIS的崛起以及大国军事干预，使得伊拉克、叙利亚的安全风险上升。伊朗与世界6大国达成联合全面行动计划，政治风险下降（表9-2-3）。

表9-2-3　2015年中东地区主要国家风险指标变化情况

国家	风险评估图	主要关注风险
伊朗	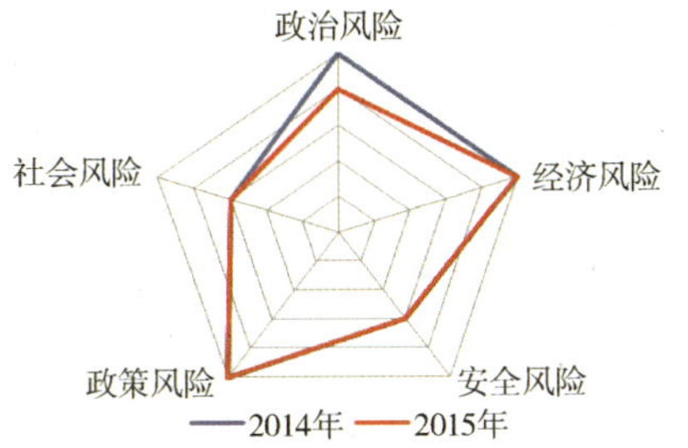	（1）政治风险降低。联合全面行动计划达成，即将进入实施期。估计国际社会或将在2016年初解除对伊朗核问题相关制裁，政治风险降低。 （2）经济风险维持高位。受低油价以及所遭受石油禁运等核心制裁仍未解除的影响，2015年，该国石油收入减少，通货膨胀率上升，经济风险维持高位。 （3）政策风险维持高位。伊朗新版石油合同尚未正式推出。此外，伊朗外汇管制严格，资金周转缓慢，货币结算困难，面临较大风险。2015年，该国的政策风险依然高企
伊拉克	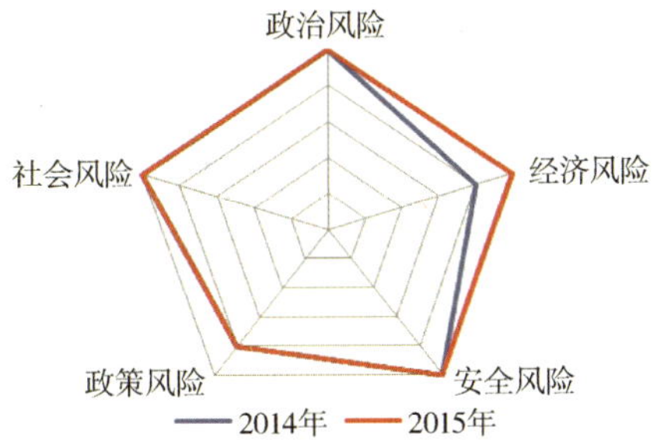	（1）政治风险保持高位。2013年以来，ISIS在伊拉克攻城略地，2015年，国内局势并无明显改善，政治风险依旧高。 （2）经济风险升高。持续低油价使伊拉克石油出口收入大幅度下降，加之打击伊斯兰极端势力，军费支出上涨，政府因资金短缺大量拖欠在伊外国石油公司石油款项。 （3）安全风险维持高位。暴力犯罪和恐怖袭击事件屡有发生。内外恐怖和极端势力不断制造暴力袭击，油气设施日益成为其攻击目标。 （4）社会风险维持高位。石油收入未能惠及民众，存在很严重的罢工风险和国民及非政府组织抵制石油合作的风险
阿联酋	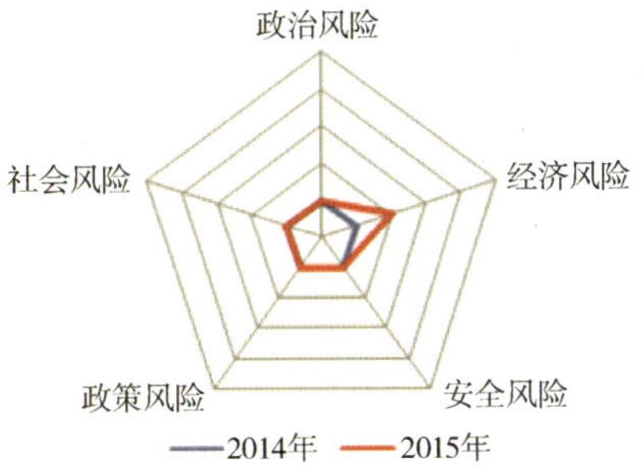	经济风险略有上升。低油价使阿联酋石油收入下降，对其经济造成一定影响。2015年，其经济风险略有上升，但总体仍维持低位
卡塔尔	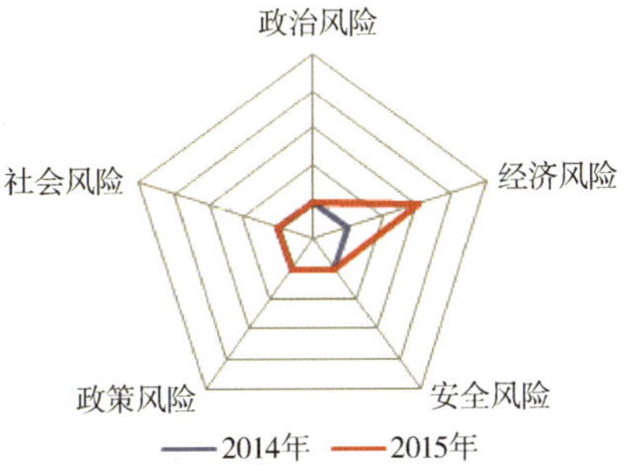	经济风险升高。卡塔尔经济结构单一，油气工业在GDP中的占比达60%，持续低油价在一定程度上影响了卡塔尔经济发展，据世行预测，2015年卡塔尔经济增速将降低3个百分点。经济风险由2014年的“低”上升至“中等”

续表

国家	风险评估图	主要关注风险
阿曼	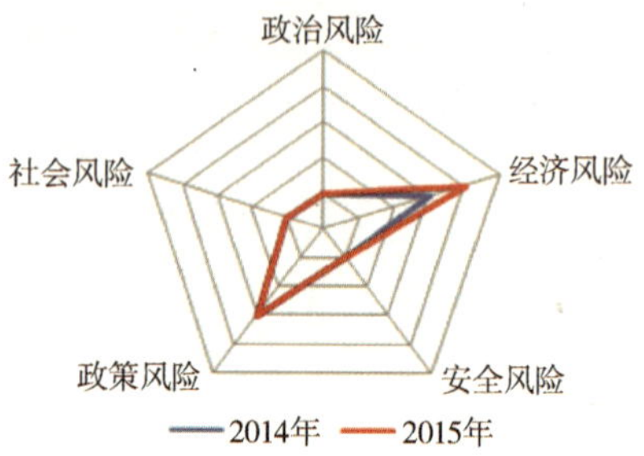	经济风险升高。阿曼经济对油气行业依赖性强，受低油价影响，2015年阿曼经济增长率可能降至负增长，维持汇率稳定的压力增大，经济风险由“中等”上升至“高” 政策风险维持高位。在国际油价持续低迷的背景下，阿曼存在将油气工业国有化的风险

四、2014年重大事件回顾

1.伊朗与六大国达成联合全面行动计划（JCPOA），国际社会或将在2016年初解除对伊朗的制裁，未来实施面临不确定性

2015年，伊朗核问题谈判进入冲刺阶段。4月2日，伊朗与世界六大国（美国、英国、法国、德国、俄罗斯和中国）就伊朗核问题达成框架性解决方案。7月14日，各方终于达成了历史性的全面解决伊朗核问题的协议，即联合全面行动计划，就解决延续了12年的伊核问题达成了政治共识。10月18日，伊朗和世界六大国批准了联合全面行动计划，根据计划规定，一旦伊朗限制了核能力，并得到国际原子能机构的证实，美欧以及联合国对伊朗的核相关制裁将被解除。一旦伊朗违背了计划规定义务，制裁将难以解除或将重新遭到制裁。此次JCPOA达成具有历史性意义，但只是解除伊朗制裁的第一步。估计国际社会最早会在2016年初开始逐步解除对伊制裁，这将对伊朗的经济、石油出口和对外合作都将产生深远影响。第一，解除制裁将使伊朗重新恢复国际货币结算业务，将对伊朗的对外贸易等金融活动产生实质性的影响。第二，短期对国际油价造成一定程度冲击。受制裁影响，伊朗原油产量和出口量分别由实施制裁前的420万桶/日和250万桶/日降至2013年的历史低点320万桶/日和140万桶/日后，随着伊核初步协议的达成，伊朗的石油产量和出口量逐步回升，目前约340万桶/日和185万桶/日。预计制裁解除后，伊朗的出口量将逐步提高，2016年底将增加40万~100万桶/日，对国际石油市场的影响也将逐步显现，估计2020年以后伊朗才能实现制裁前的石油产量和出口量水平。

2.中东地区大国博弈使其形势更趋复杂

2015年,中东地区延续依然动荡，叙利亚内战持续、伊拉克乱局尚无缓解。此外，2015年，中东发生多起重大事件、比如2015年4月，沙特阿拉伯等国对控制萨那的也门胡塞武装进行了空袭。此后，俄罗斯空袭叙利亚极端势力、土耳其击落俄罗斯战机等以及近期ISIS的空袭活动猖獗，连续发生俄罗斯航班坠毁埃及西奈半岛、黎巴嫩炸弹袭击和巴黎恐怖袭击等恐怖事件。ISIS恐怖活动目前正呈现从中东向欧洲乃至世界范围蔓延的态势，由此引发了

地区大国和世界大国在该地区的博弈加剧。中东地区的教派冲突由来已久，该地区大国之间的较量多年不止，加上地区外大国的强势介入，使该地区局势长期紧张，不断出现新的不稳定因素。俄罗斯战机被击落后，对叙境内恐怖势力展开猛烈报复，切断了 ISIS 与土耳其的油路，促进了新的反恐阵营形成，将使本来就剪不断、理还乱的局面更加复杂。由美国主导的打击 ISIS 极端组织已持续相当长一段时间，但收效甚微。俄罗斯战机被击落事件发生以后，美国、北约对土耳其给予了有限支持，旋即呼吁各方保持冷静，避免事态升级。联合国安理会一致通过打击 ISIS 决议， 法、德、英等欧洲国家相继加入打击叙利亚恐怖组织的行列，围绕叙利亚反恐的主导权将出现新一轮博弈，美国在反恐中的领导地位受到挑战。俄土事件发生后，俄罗斯必然会以土耳其为敌，甚至可能与库尔德人接触并武装库尔德人，土耳其面临内战或分裂的风险。

（本节撰写人：尚艳丽　王　莹　任重远）

第三节 非 洲 地 区

2015 年以来，除利比亚、南苏丹等国外，非洲地区政局总体稳定。受油价影响，非洲地区油气勘探开发活动放缓，油气储量均有不同程度的下降。北非地区推行的油气对外开放政策逐步发挥功效，在外资大量涌入的同时获得多个大型天然气发现。

一、2015 年油气工业概况

2015 年，非洲地区油气发现“北多南少”，产量“油降气升”。北非资源国推进油气合作，东非地区勘探开发遭遇瓶颈。地区炼化行业发展动力不足，推进缓慢。

1. 油气探明储量略有下降，新发现以天然气为主

2014 年非洲地区油气储量均有不同程度的下降，西北非获多个大型天然气发现。石油探明储量约为 172 亿吨，占全球探明总量的 7.2%；天然气探明储量约为 16 万亿立方米，占全球探明总量的 9.1%。油气探明储量较 2013 年分别减少 0.18%和 0.3%。

2015 年，非洲油气发现的看点在西北非。西北非地区海上发现大型天然气藏。非洲地区全年共获得 32 个油气发现，全部为常规油气发现，分别来自埃及、毛里塔尼亚等国，以海上天然气为主；累计发现石油储量 0.61 亿吨，天然气储量 12014 亿立方米。其中，埃尼公司在埃及近海发现迄今为止地中海地区最大的 Zohr 气田，估计储量为 6.8 亿吨油当量。科斯莫能源公司在毛里塔尼亚的塞内加尔海上盆地发现 Tortue 气田，油气当量为 1.92 亿吨。为应对低油价，北非国家在油气领域实施多项吸引外国投资的优惠政策，带动了该地区油气勘探开发进程，全年共获得 21 个油气发现，储量合计油气当量 9.2 亿吨；东非地区勘探开发热度锐减，2015 年仅坦桑尼亚获得 1 个天然气发现，探明储量油气当量 0.24 亿吨（图 9-3-1）。

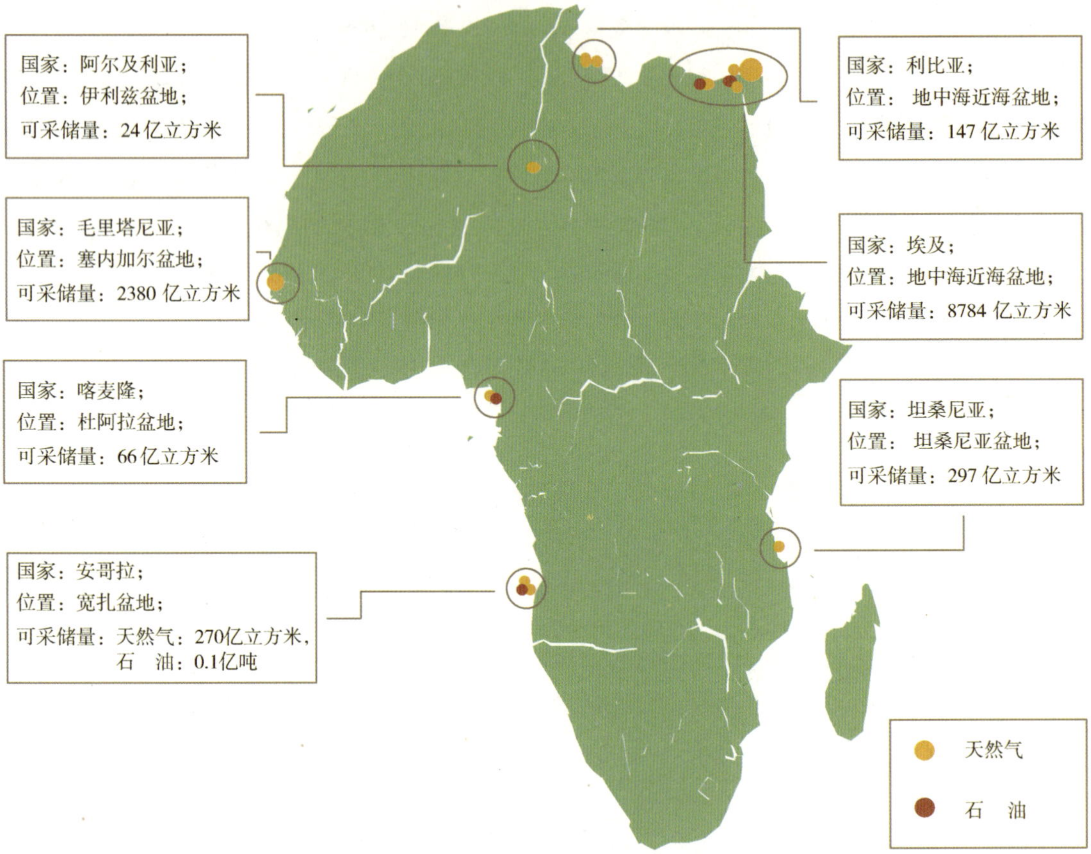

图9-3-1　2015年非洲地区主要油气新发现分布图

数据来源：IHS EDIN

2. 石油产量持续下滑，天然气产量小幅提升

2015 年，非洲石油产量延续近年来的下滑趋势，估计全年产量 3.6 亿吨，同比下降约 1%。天然气产量略有上升，从 2014 年的 2027 亿立方米上升到 2121 亿立方米，同比提高 4%（图 9-3-2 和图 9-3-3）。

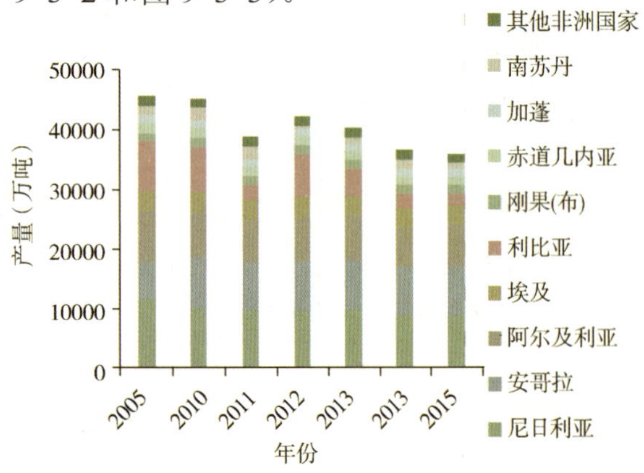

图9-3-2　2002—2015年非洲地区石油产量

数据来源：OPEC，EIA

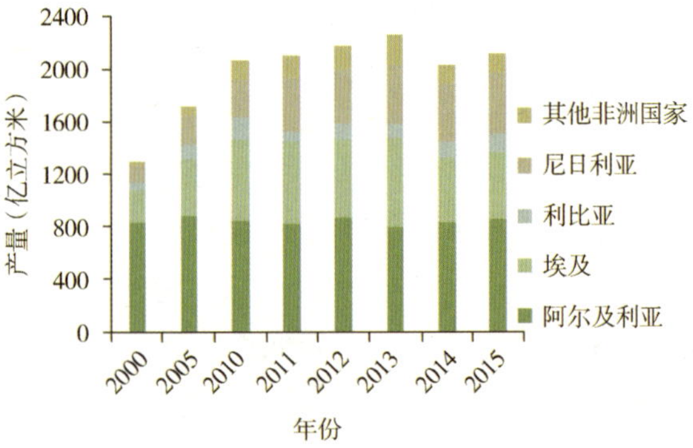

图9-3-3　2002—2015年非洲地区天然气产量

数据来源：OPEC，EIA

国际油价的低迷以及部分资源国政治安全局势动荡是非洲石油产量继续下降的主要原因。尼日利亚境内极端组织趁总统换届之机，将恐怖袭击范围扩大至乍得、尼日尔、喀麦隆等邻国。利比亚、南苏丹内战持续，严重阻碍两国油气生产，利比亚原油产量一度跌至 30 万桶/日的历史最低点。

天然气产量上升则得益于主要资源国政治安全局势相对平稳，同时阿尔及利亚和埃及等北非国家放宽油气合作政策，并加大了对外合作力度，促进国内天然气开发，使地区天然气产量稳步增长。东非地区虽然开发潜力较大，但由于资源国油气政策尚不明朗，多个海上天然气项目存在延期风险。

3. 炼化行业投资不足，新建炼厂计划多有搁置

2015 年，非洲地区炼化项目投资不足，没有新炼厂如期建成（表 9-3-1）。低油价、政策、安全和政局动荡等因素，影响非洲炼油行业发展。刚果国家石油公司计划在 2015 年底前后开始扩建国营炼厂，炼油能力由目前的 100 万吨/年增至 120 万吨/年，初步计划于 2017 年投产。尼日利亚政府虽多方吸纳投资以完成丹格特炼厂建设项目，但由于该国国内成品油销售价格和国际油价持续低迷，项目开工日期一再拖延。

表9-3-1 2015年非洲地区炼厂建设情况

国家	炼厂名称	年加工能力	炼厂状态
刚果	国营炼厂	100万吨	年底完成扩建
乌干达	霍伊马炼厂	30万吨	计划搁置
尼日利亚	丹格特炼厂	200万吨	计划搁置

二、油气对外合作动向

2015 年，非洲地区招标和资产交易均不如往年活跃。北非埃及、阿尔及利亚等国新政府上台后持续放宽油气政策；东非新兴资源国开始建立本国油气法。

1. 招投标及资产交易情况

2015 年，非洲地区招标活动趋冷，油公司保持观望态度。因国际油价下跌，埃及、安哥拉、加蓬、刚果、乌干达和莫桑比克等 6 国举行的油气区块招标没有达到预期效果。其中，莫桑比克第五轮油气招标推出的 15 个区块仅授出 6 个。

2015 年，非洲地区资产交易 36 笔，与 2014 年基本持平。交易额约 27 亿美元，是 2014 年交易总额的四分之一。资产交易主要发生在西非地区，往年较为热门的东非资源国本年度仅发生 10 笔资产交易，其中 5 笔是油公司放弃开采权，资源国的新油气法规延期出台和 LNG 市场饱和两方面因素导致该地区资产交易遇冷（图 9-3-4）。

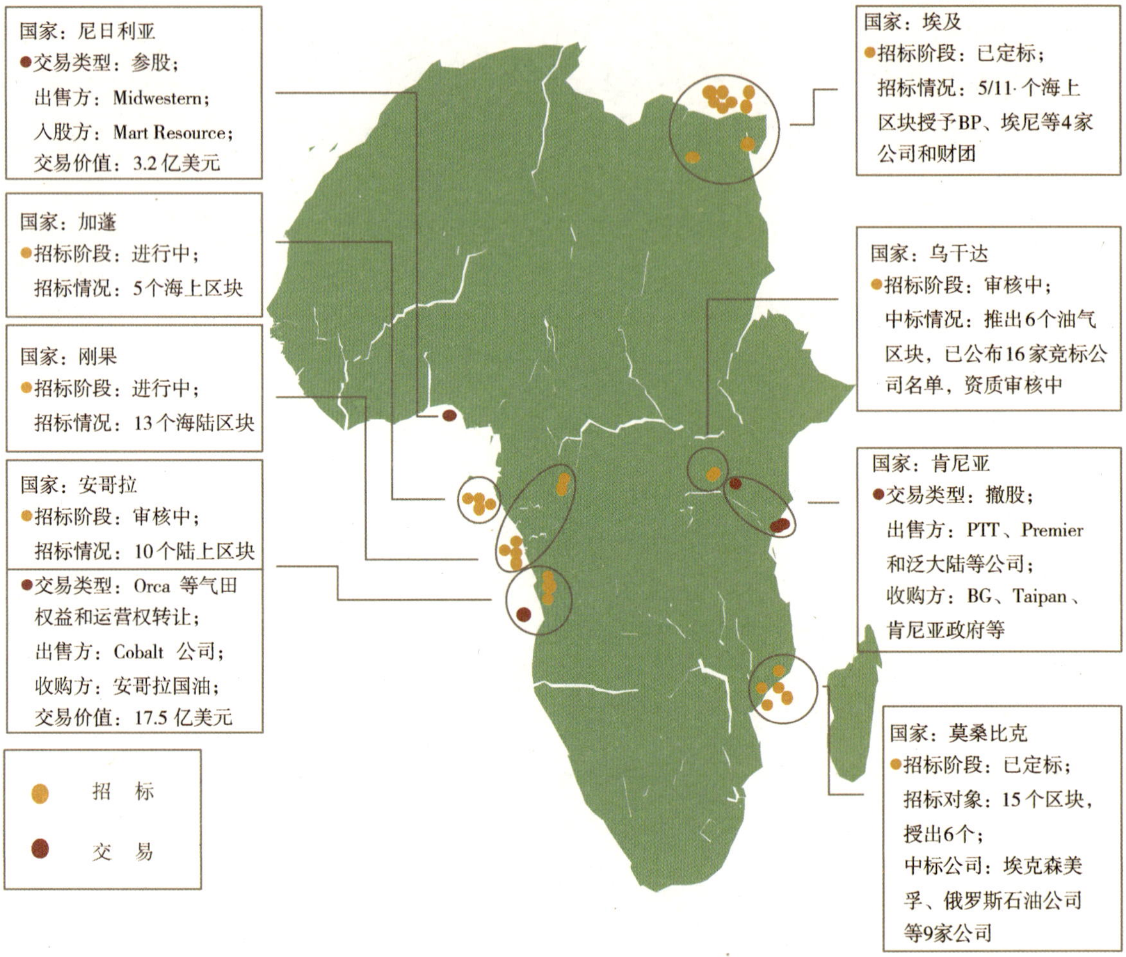

图9-3-4 2015年非洲地区对外合作情况

数据来源：IHS Herold

2. 能源政策变化

2015年，北非资源国为恢复经济、吸引外资，相继出台油气相关法案，通过改善税收条款、减少石油公司义务等优惠政策吸引外国公司投资。东非国家为提高政府收益，以出台石油法和重新审定合同等方式，延续油气合作政策不断收紧的趋势。尼日利亚总统布哈里执政以来，为根除腐败和效率低下等问题，对该国油气行业实施了全面的改革措施（表9-3-2）。

表9-3-2 2015年非洲地区能源政策变化情况

地区	国家	政 策
北非	阿尔及利亚	减少基础设施补贴，推行页岩气开发计划
	埃及	向外籍投资者开放油气开发领域；修订油气财税法案，区别于上游40.55%的所得税，规定中下游油气经营所得税为22.5%，免除5%的个人所得附加税

续表

地区	国家	政　策
东非	肯尼亚	新油气法或将于2016年出台，将对招标流程进行规范；拟重新启用于1985年废止的30%资本利得税，并提高至32.5%~37.5%
	坦桑尼亚	重新审议产量分成合同；组建油气谈判专家组，参与未来所有油气合同的谈判工作
西非	尼日利亚	重新审定20年内的石油合同；拆分油气租赁协议；改组国家石油公司领导层
	刚果（布）	议会通过新油气法，法案拟新增15类税费，规定国家石油公司参股比例为20%（原为7%~20%）

三、主要资源国投资风险

2015 年，非洲政局总体稳定，多国政权平稳过渡。资源国赤字攀升，货币贬值，外汇储备锐减，经济面临考验。西北非地区安全形势不容乐观，东非地区政策不确定性增加。以尼日利亚为代表的传统产油国，国内经济和安全局势遭受低油价和恐怖袭击冲击，挑战新任总统的执政能力（表 9-3-3）。

表9-3-3　2015年非洲地区风险指标变化情况

<table>
<tr><th>国家</th><th>风险评估图</th><th>主要关注风险</th></tr>
<tr><td>阿尔及利亚</td><td>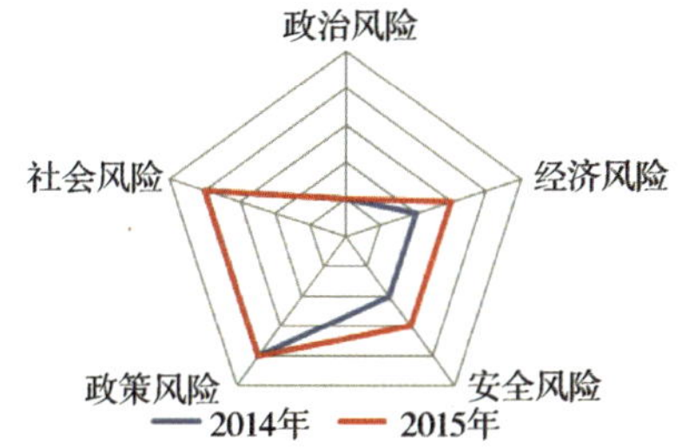
</td><td>（1）经济风险上升。低油价造成货币贬值超过20%，通胀压力大，外汇储备缩减。
（2）安全风险上升。恐怖袭击频发，周边国家安全局势恶化或波及阿国境内。
（3）政策风险维持较高水平。失业率升高，劳工政策呈收紧趋势；对外油气合作政策虽在调整，但未根本放松</td></tr>
<tr><td>尼日利亚</td><td>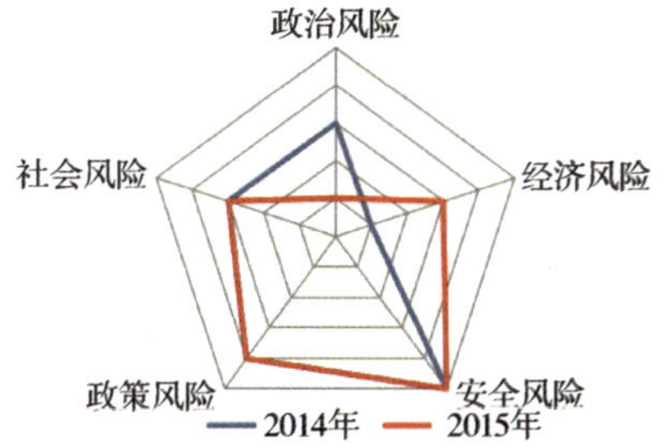
</td><td>（1）经济风险上升。低油价严重打击经济领域，外商投资规模降低。新总统上台后厉行改革，但能源行业腐败严重。
（2）安全风险维持极高水平。恐怖活动频繁并有加剧之势。
（3）政策风险维持较高水平。油气改革步伐加快，环保要求提高</td></tr>
<tr><td>埃及</td><td>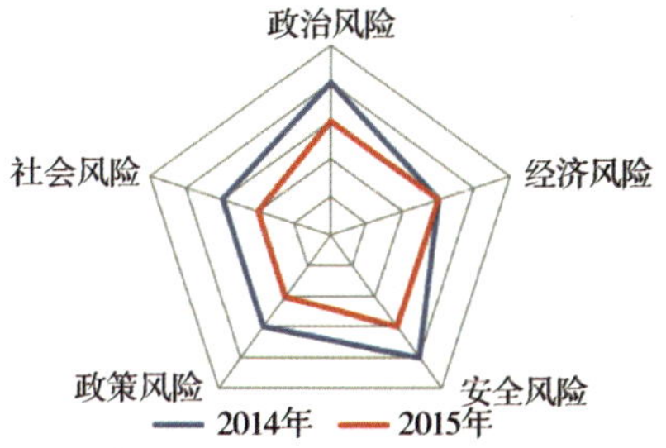
</td><td>（1）经济风险不变。2014年塞西总统执政后实行的能源改革，一定程度弥补了低油价对该国经济的冲击。
（2）其余风险均有所下降。塞西总统上台后，政治安全局势趋于稳定；能源领域对外开放，政府招商引资步伐加快</td></tr>
</table>

续表

国家	风险评估图	主要关注风险
苏丹	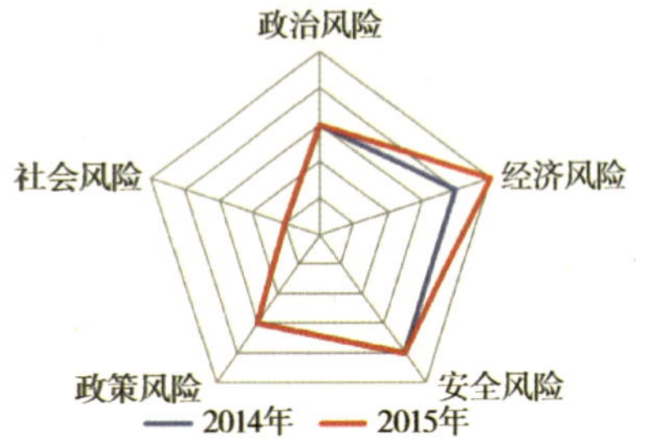	(1) 经济风险升高。油价下跌导致国民经济衰退，本国货币大幅贬值。 (2) 安全风险维持较高水平。政府难与反政府军就停火达成一致，达尔富尔地区安全局势难以扭转
南苏丹	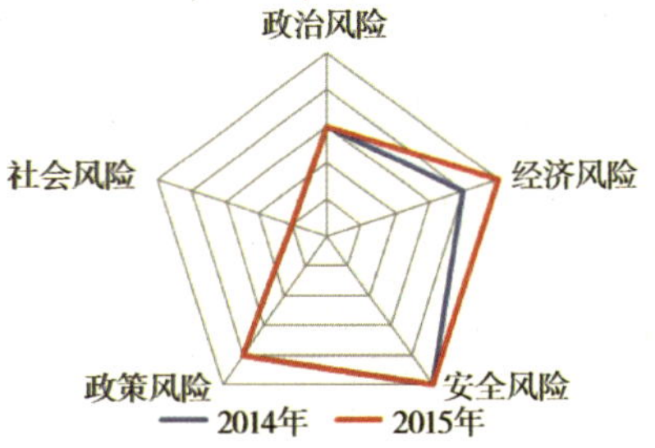	(1) 经济风险升高。低油价将脆弱的国民经济推向崩溃边缘。 (2) 安全风险维持极高水平。政府军与反政府军和谈陷入僵局，武装冲突蔓延全国

四、2015年重大事件回顾

1. 西北非安全局势堪忧

北非国家在茉莉花革命后政局波动，西非尼日利亚长期受“博科圣地”恐怖威胁。特别是2015年以来，西北非多国政府换届，加之该地区长年战乱，恐怖组织伺机渗透，导致该地区安全局势严重恶化。2015年3月，尼日利亚境内恐怖组织“博科圣地”宣誓效忠ISIS后，加大对周边国家恐怖袭击的频率和力度，截至2015年底，该组织已在周边地区制造数十起恐怖袭击，数千人遇难。2015年底，为躲避美国、俄罗斯等国的围剿，ISIS极端组织头目及其残余势力窜逃至利比亚，对地中海沿岸的北非和欧洲国家构成进一步威胁。11月20日，隶属于基地组织的“穆拉比通”恐怖组织在马里首都巴马科丽笙酒店制造人质劫持事件，造成3名中铁建员工遇难。一系列迹象表明，西北非地区恐怖活动不断升级，对阿尔及利亚、乍得、尼日尔和喀麦隆边境地区油气项目的员工和财产威胁随之增加。

2. 莫桑比克大型LNG项目不确定性增加

近年来，随着东非获得重大天然气发现，以及亚洲LNG价格走高，国际大石油公司相继投资莫桑比克多个大型LNG项目。然而，随着全球政策和市场环境变化，项目面临多方面挑战。一是国内供应义务条款导致项目成本提高。2014年底，莫桑比克颁布的新石油法相关条款规定，该国LNG项目投产后，其产量的25%供应当地市场。莫桑比克国家石油公司与运营商就此展开长达一年的讨论，项目开发计划的审批进度也因此迟滞。二是亚洲国家LNG供需由紧转松影响项目市场前景。亚洲作为莫桑比克LNG项目的目标市场，2014年以来，供需形势发生重大变化，由紧缺转为宽松。莫桑比克LNG项目投产后，届时将面对更加严峻的市场竞争，项目市场前景也有待重新评估。三是低油价缩减项目收益。油价低位运行迫使项目运营商通过修改设计方案、减持项目权益等措施，降低开发成本，分散经营风险。海上4区的运营商埃尼公司计划转让部分油气资产用于项目开发，预计成交价为15亿美元，目前正在与多家大型公司进行洽谈，其中包括中国华电集团。

（本节撰写人：赵　洁　殷冬青　史凌涛　孙　黎）

第四节　拉美地区

2015年，拉美地区继续保持政局相对平稳，但经济表现欠佳。受低油价影响，拉美地区勘探步伐放慢，油气储量增长乏力，油气产量同步小幅增长，炼油工业表现依旧平平，油气政策适度放松，地区内主要资源国投资风险有所上升。年内，美、古关系缓和，为古巴油气工业对外开放提供了契机。

一、2015年油气工业概况

拉美地区油气资源丰富，但受国际油价下跌影响，2015年地区油气发现呈“点多量小、常多非少”特点，油气产量保持“双升”，炼油工业发展继续放缓。

1. 勘探步伐放缓，油气储量略有变化

2014年，拉美地区储量呈现油升气降的态势，估计石油剩余探明储量约为526.6亿吨，同比增长1%，天然气剩余探明储量约为8.02万亿立方米，同比下降0.3%。

2015年，拉美地区勘探步伐放缓，共获得35个油气发现，共计新增石油储量0.86亿吨，天然气储量426亿立方米，主要分布在阿根廷、玻利维亚、巴西、哥伦比亚、墨西哥、圭亚那等6国。除阿根廷的3个外，均为常规油气发现，且发现规模不大（图9-4-1）。

2. 油气产量保持同步增长

2015年，拉美地区石油产量为5.68亿吨，天然气产量为2201亿立方米，同比均增长1%（图9-4-2和图9-4-3）。

得益于巴西产量增长，拉美地区石油产量同比略有提升。巴西深海盐下油藏开发推动国家石油产量由2014年的1.2亿吨增长到2015年的1.3亿吨，增幅达到8%。作为地区传统重点产油国，委内瑞拉、哥伦比亚和阿根廷三国石油产量基本维持去年水平，分别为1.7亿吨、0.5亿吨、0.26亿吨。墨西哥石油产量连续第11年下滑，2015年为1.36亿吨，同比下降1%。

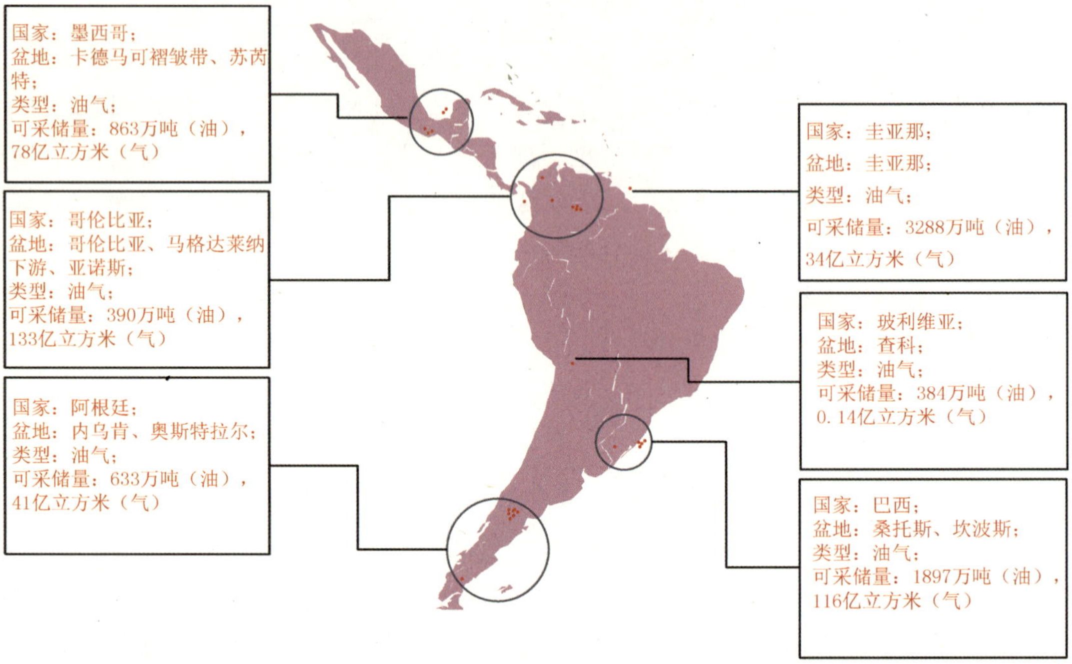

图9-4-1　2015年拉美地区重要新发现分布图

数据来源：IHS EDIN

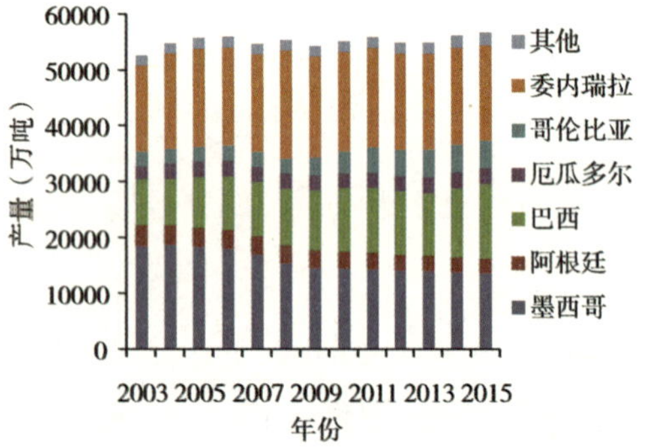

图9-4-2　2003—2015年拉美地区石油产量

数据来源：中国石油集团经济技术研究院

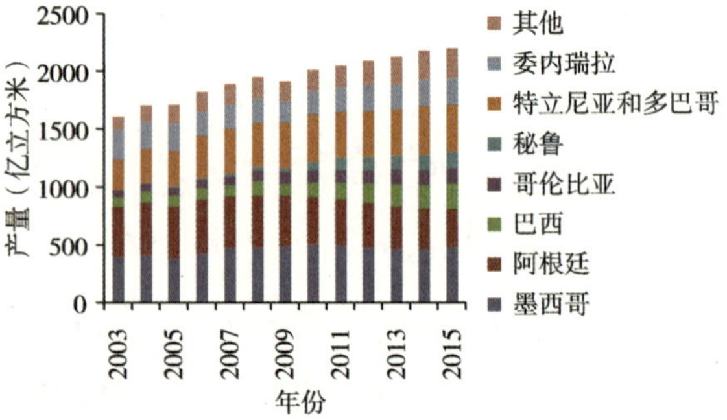

图9-4-3　2003—2015年拉美地区天然气产量

数据来源：中国石油集团经济技术研究院

未来3~5年，预计拉美地区石油产量仍将受到低油价的持续影响，传统产油大国发展形势不容乐观。巴西在年初推迟了部分新项目开发，并将2020年石油产量预期由2.2亿吨调减至1.49亿吨。委内瑞拉受经济、政治和法律等诸多不确定性影响，预计未来两年原油产量不会有显著提高。

在产成熟天然气项目成为拉动地区天然气产量低幅微增的重要“引擎”。2015年，巴西、玻利维亚、秘鲁和特立尼达和多巴哥四国天然气产量保持增长，增幅分别为9%、4%、5%和6%；委内瑞基本维持上年水平；由于投资不足，阿根廷天然气产量为333亿立方米，同比下降6%。

3. 炼化行业发展依旧迟缓

拉美地区炼厂长期投资不足，发展缓慢。2015 年，拉美地区没有新炼厂投产，炼油能力仍保持在 5 亿吨/年水平。年度内，哥伦比亚卡塔赫纳炼厂和苏里南帕拉马里博炼厂完成升级改造；巴西国家石油公司计划 2015—2016 年建设的利马炼厂二期以及卡布瑞吉两座炼厂，受国际油价影响，目前计划已搁置（表 9-4-1）。

表9-4-1 2015年拉美地区炼厂建设情况

国家	炼厂名称	年加工能力	炼厂状态
巴西	利马炼厂二期	575万吨	计划搁置
	卡布瑞吉炼厂	825万吨	计划搁置
哥伦比亚	卡塔赫纳炼厂	825万吨	完成升级未投产

4. 油气进出口保持增长态势

2015 年，拉美地区石油进出口均以 5%的速度保持增长，其中石油进口量为 3714 万吨，巴西与特立尼亚和多巴哥是该地区主要进口国，进口量分别为 2065 万吨和 480 万吨，同比增长 1%和 69%，两国进口石油归因于炼厂加工需要；石油出口量为 2.7 亿吨，其中巴西石油出口量为 4244 万吨，同比增长超过 60%。委内瑞拉由于基础设施不完善，投资不足等原因石油出口量同比下降 2%，不足 1.1 亿吨。墨西哥受老油田产量下降、新油田尚未投产影响，石油出口量为 5929 万吨，同比下降 2%。由于安全形势困扰，哥伦比亚石油出口量也略微下降为 3687 万吨。

2015 年，拉美地区天然气进出口保持快速增长，其中天然气进口量 632 亿立方米，同比增长 7%。其中阿根廷、巴西和墨西哥是该地区天然气主要进口国，进口量分别为 195 亿、166 亿和 205 亿立方米，同比分别增长 22%、1%和 0%；天然气出口量为 484 亿立方米，同比增长 3%。其中，特立尼亚和多巴哥与玻利维亚出口量分别为 206 亿和 185 亿立方米，高于去年水平。秘鲁和哥伦比亚天然气出口量维持去年水平，分别为 60 亿立方米和 33 亿立方米。

二、油气对外合作动向

2015 年，拉美地区招标活动有所降温，但资产交易继续保持活跃势头。除阿根廷和厄瓜多尔修订税法，降低准入门槛外，委内瑞拉、巴西和墨西哥等重要生产国并未出台实质性的优惠政策。

1. 招投标结果不理想但资产交易依旧活跃

2015 年，拉美地区油气招标结果不及预期。地区内只有阿根廷、巴西、墨西哥、秘鲁、乌拉圭、苏里南等 6 国举行了招标活动。秘鲁最大石油区块 192 招标无人问津，只得通过私下会谈与加拿大太平洋勘探开发公司完成了签约。备受关注的墨西哥首轮第一阶段招标提供的 14 个浅水区块只授出 2 个。经调整合同条款，第二阶段 5 个产量分成合同授出 3 个，第三阶段 25 个区块全部授出。目前，墨西哥正积极筹备下一阶段招标活动。巴西积极筹备长达两年之久今年举行的第 13 轮招标中共提供 266 区块，却只授出 37 个区块。阿根廷、哥伦比亚和苏里南等 3 国招标结果也并不理想，乌拉圭甚至没有收到标书（图 9-4-4）。

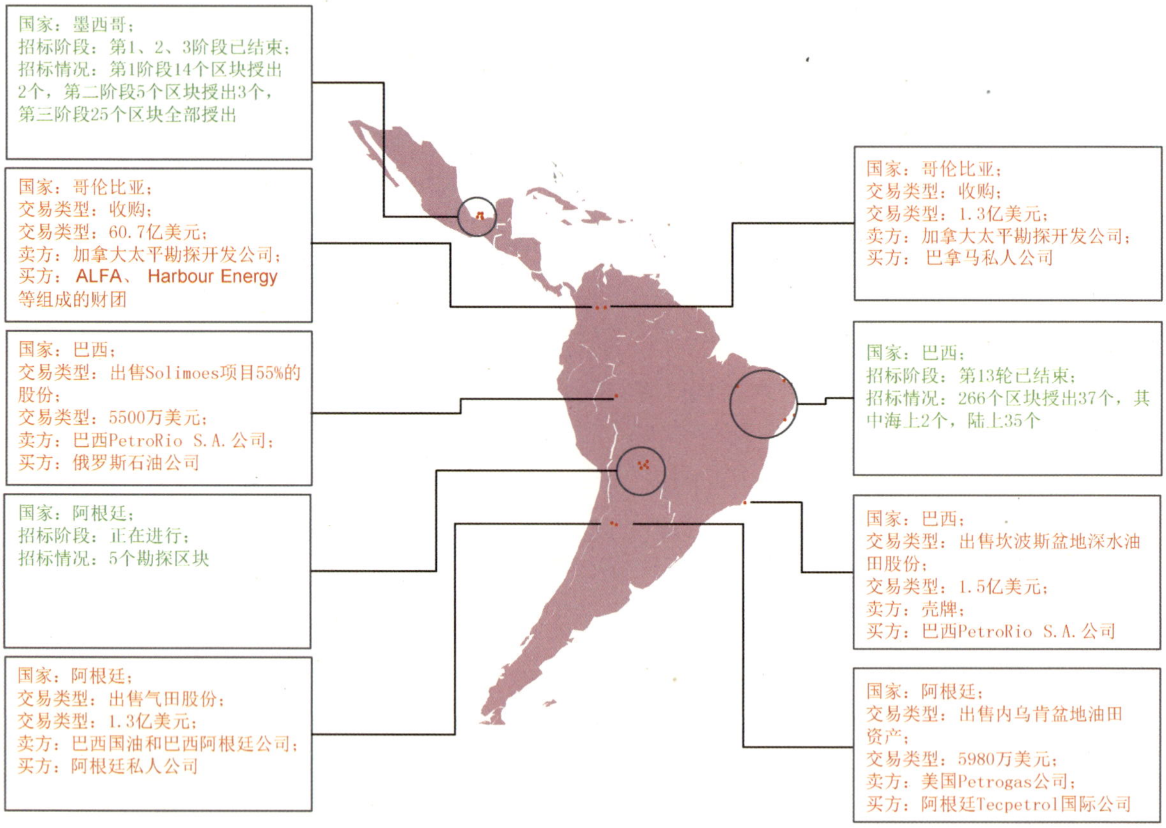

图9-4-4　2015年拉美地区招投标及资产交易情况

数据来源：IHS Herold

2015 年，拉美地区上游资产交易以中小规模资产为主，总金额保持增长。拉美地区共发生 29 笔资产交易，其中地区内 9 笔，地区间 20 笔，主要涉及重油、深水和常规油气资产。资产交易总金额达 67 亿美元，同比增长 6%。2015 年 5 月，加拿大太平洋勘探开发公司以 60.7 亿美元出售了哥伦比亚重油资产，成为年度地区最大上游资产交易，占地区上游资产交易总金额的近 91%。

2. 部分资源国政策有所放松 但投资环境未有明显改善

2014 年 6 月以来，持续低位运行的国际油价导致拉美地区多数资源国财政赤字加剧，债务压力加重，违约风险上升。新的形势下，除委内瑞拉和巴西等外，地区内多个油气资源国政策均开始松动。拉美地区资源国油气政策变化详见表 9-4-2。

表9-4-2　2015年拉美地区多国能源政策松动

国家	政　策
阿根廷	降低原油及原油产品出口税率，每桶税费优惠2美元
厄瓜多尔	颁布税收特赦法，对税费实行全部减免或减半等优惠
哥伦比亚	计划降低海上区块钻井的相关税费，同时海上区块不同类型合同的所得税也将获得25%的优惠，增值税和关税将免除
秘鲁	计划将油气产量矿区使用费由20%降至5%
玻利维亚	通过《促进油气勘探开发投资319号法案》，对于勘探成功的项目，返还12%的勘探税费

三、主要资源国投资风险

2015年，拉美地区政局总体保持相对平稳，执政党更迭有序；经济需求不足，增长乏力，速度放缓，债务问题凸显；社会腐败问题依然突出，政策法律风险依然攀高。尤其是委内瑞拉，油气投资面临经济危机和政治危机带来的风险更加凸显（表9-4-3）。

表9-4-3　2015年拉美地区主要国家风险指标变化情况

国家	风险评估图	主要关注风险
委内瑞拉	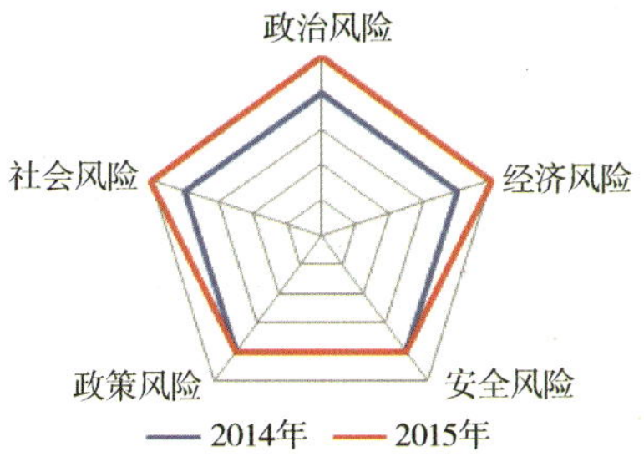	（1）政治风险上升。反对派赢得议会选举，拥有修改宪法等权利，执政党前景堪忧。 （2）经济风险上升。受国际油价暴跌影响，经济陷入严重衰退，货币严重贬值，公共债务上升。 （3）政策法律风险维持较高水平。政策和法律法规修改随意性大
巴西	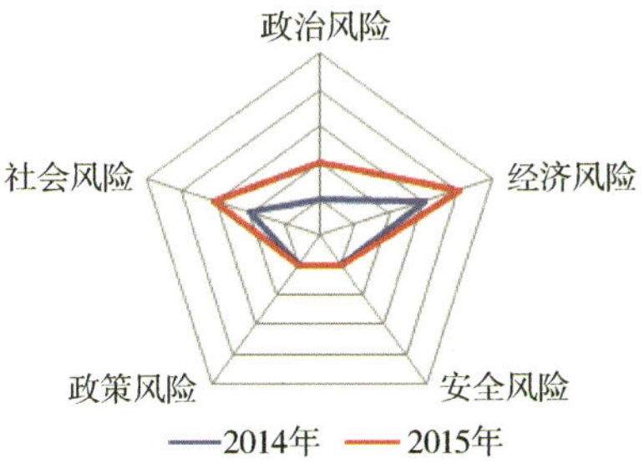	（1）政治风险有所上升。政局总体保持相对稳定，但总统罗塞夫支持率不断下滑。 （2）经济风险上升。受国际油价下跌及国家石油公司腐败丑闻等影响经济风险升高；吸引外资能力减弱。 （3）社会风险上升。年度内爆发数次大规模游行示威活动
墨西哥	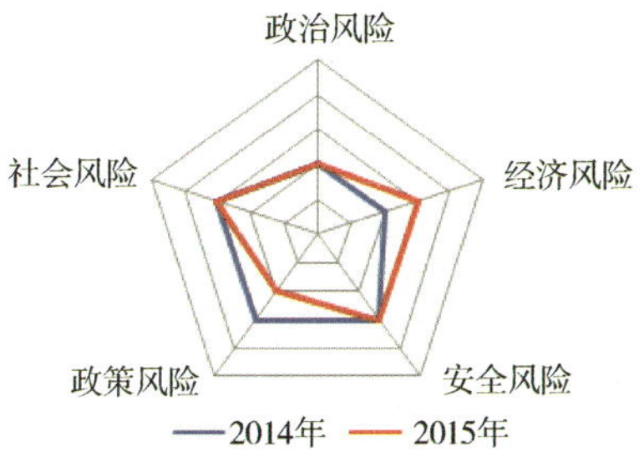	（1）政治风险维持低水平。政治局势稳定。 （2）经济风险上升。经济受低油价冲击影响显著，吸引外资能力有所下降。 （3）政策风险下降。受第一阶段招标失利影响，墨西哥不断调整合同条款，政策有所放松

续表

国家	风险评估图	主要关注风险
厄瓜多尔	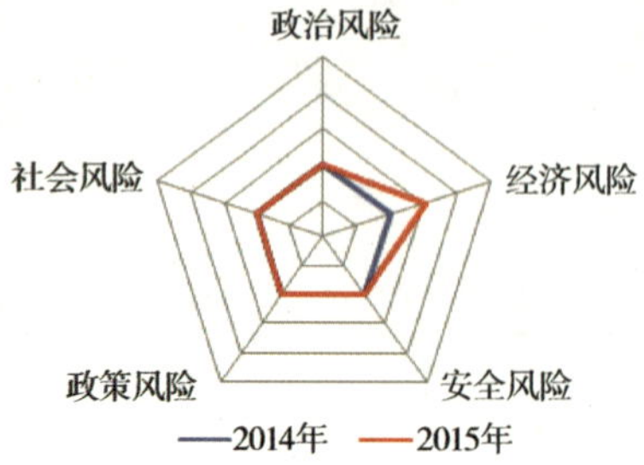	（1）政治风险维持低水平。政局保持稳定。 （2）经济风险升高。债务上升，主权信用评级降低，债务风险提高，外国直接投资同比增加超过10%
秘鲁	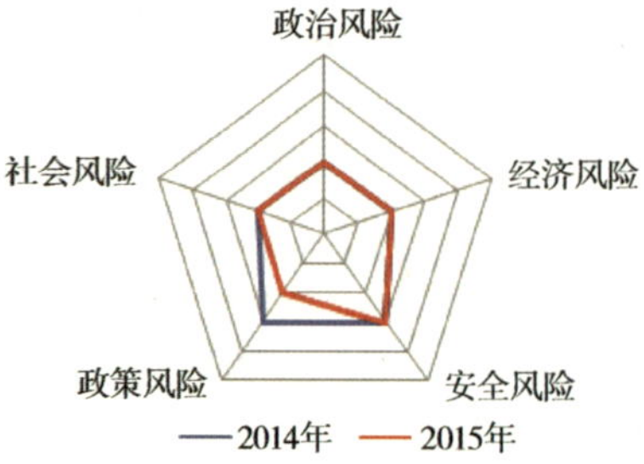	（1）政治风险维持低水平。社会冲突和安全形势导致内阁改组，执政联盟力量削弱，但政局基本稳定。 （2）经济风险维持较低水平。汇率和债务风险小，但存在腐败和勒索风险。 （3）政策风险下降。政府修改油气政策，条款放松

数据来源：中国石油集团经济技术研究院。

四、2015年重大事件回顾

1.拉美地区政治格局正在发生微妙变化，政坛钟摆渐向中右倾斜

2015年以来，拉美左右翼博弈加剧，阿根廷中右翼赢得总统大选，委内瑞拉执政党在议会选举中惨败，巴西总统罗塞夫正面临弹劾窘境，左翼政权正在遭遇阴霾，地区或将进入“左消右涨”的新时代。拉美左翼政权动摇，有着深刻的经济和社会原因。一方面，大宗商品量价齐跌引发外源性经济危机，导致地区经济表现不佳，通货膨胀加剧，社会支出减少，民众生活水平下降，抗议示威不断，政府支持率下滑。另一方面，拉美部分国家腐败问题严重、犯罪案件高企、社会治安恶化，民生问题始终难以改善，民众不满情绪增加，对左翼政权失去信心。目前，尚难断言拉美左翼“熄火”，但地区政治版图异动，必将对中拉关系及中国在拉美油气投资产生重要影响，需要持续关注。

2.油企高管腐败丑闻持续发酵，影响波及巴西政治、经济

2015年初，巴西国家石油公司（简称巴西国油）涉及大规模贪污受贿案，原高管集体辞职，该企业经营效益、公司股价和品牌形象大幅下滑。受贪腐丑闻及低油价综合影响，巴西国油股价跌至近10年低点，穆迪将其信用等级从Ba2下调至Ba3，该公司首次失去投资级的信用评级。此外，腐败案牵连势头仍在持续。经济衰退与油企腐败一定程度上动摇了罗塞夫总统的执政地位。今年以来，经济增长停滞、失业率上升、通胀高企、汇率下滑以及巴西

国油丑闻案等，引发巴西数次大规模反政府示威游行，要求总统罗塞夫“下台”。目前，罗塞夫总统的支持率仅为8%，已经跌至历史低位。巴西政治、经济形势短期内难有好转迹象，石油工业投资环境不容乐观。

3. 美古关系解冻，古巴油气对外合作或将出现新契机

2015 年，美古两国恢复中断了 54 年的外交关系，将给古巴油气对外合作带来诸多机遇。据 USGS 数据，古巴石油资源量约为 50 亿~90 亿桶，而且勘探程度低，开发规模小。主要集中在陆上北古巴盆地和部分浅海区域，具有良好资源前景的墨西哥湾地区勘探活动不多。目前，古巴已划出 59 个油气投资经济特区，吸引外资参与北部深海水域油气勘探。另外，古巴炼油化工存在合作空间。目前，古巴共有 4 座炼厂，总加工能力 22 万桶/日，多为苏联援建，设备严重老化，炼厂开工率仅为 30%~50%，古巴正积极筹划新炼厂建设和旧炼厂升级改造。此外，古巴在石油管道、存储设施以及港口等基础设施方面也对外资需求很大。美古外交关系的恢复，将吸引更多外资进入古巴。

（本节撰写人：郭　瑶　朱颖超　孙依敏　钟文新）

第五节　亚 太 地 区

2015 年，亚太地区整体政局较为稳定，但局部地区安全形势不容乐观；受低油价影响，区内油气上游投资下降；成品油需求疲软，炼油能力减少；油气招标活跃但上游资产交易相对乏力；部分国家油气对外合作政策放宽。

一、2015 年油气工业概况

2015 年亚太地区油气行业表现缺乏亮点，上游投资较 2014 年减少 280 亿美元。石油与天然气储量增长，产量都有增长，幅度均不大。LNG 价格低迷致多个大型项目被迫推延；需求不振使部分国家被迫关闭或淘汰低效炼厂。

1. 油气勘探发现多、规模小，缺乏亮点

2014 年，亚太地区油气储量略有增长。其中，石油剩余探明储量 69.6 亿吨，同比增长 1.1%；天然气剩余探明储量 19.0 万亿立方米，同比增长 1.9%。油气剩余储量增量主要来自中国，增幅分别为 2.0%和 7.4%。

2015 年，亚太地区油气发现数量较多，但规模均较小。据 IHS 数据统计，截至 11 月底，亚太地区共获得 82 个油气发现，呈现出数量上常规多于非常规、陆上多于海上，储量上气多油少、海上大于陆上的特点。新发现油气可采储量共计 2.06 亿吨油当量，其中，石油新增探明储量 0.4 亿吨，天然气新增 2057 亿立方米。地区平均发现规模为 251 万吨油气当量，其

中石油可采储量最大的发现是马来西亚 Salam 1，储量约 685 万吨，天然气可采储量最大的发现是马来西亚海上 Jerun 1，储量为 849 亿立方米（表 9-5-1）。

表9-5-1　2015年亚太前5大石油与天然气发现

序号	油田名称	天然气储量（亿立方米）	海陆状况	所在国家
1	Jerun 1	849	海上	马来西亚
2	Lingshui 25-1（Qg）1	269	海上	中国
3	South Sesulu 1ST1	142	海上	印度尼西亚
4	Isosceles 1	113	海上	澳大利亚
5	Permai 1	59	海上	马来西亚
序号	油田名称	石油储量（万吨）	海陆状况	所在国家
1	Salam 1	685	海上	马来西亚
2	Bestari 1	548	海上	马来西亚
3	Penglai 20-2（Bo）1	548	海上	中国
4	Liuhua 20-2（Pr）1	329	海上	中国

数据来源：IHS。

2. 油气产量均呈现小幅增长

2015 年，亚太地区石油产量估计为 3.86 亿吨，较 2014 年增长 1.2%（图 9-5-1）。产量增长的国家主要是中国和马来西亚，其中，中国石油产量由 2.10 亿吨增长到 2.14 亿吨，增幅为 1.8%；马来西亚石油产量受益于老油田采收率提高及海上新油田投产，由 2968 万吨增长到 3131 万吨，增幅达 5.5%。印度尼西亚等区内传统产油国的石油产量较 2014 年略微下降，澳大利亚石油产量则连续第七年下滑，降幅为 8.9%。

2015 年，亚太地区天然气产量估计为 5391 亿立方米，较 2014 年增长 0.8%（图 9-5-2）。区内主要产气国中，中国、澳大利亚等国天然气产量略有增长，马来西亚天然气产量略有下降，降幅为 1.6%。

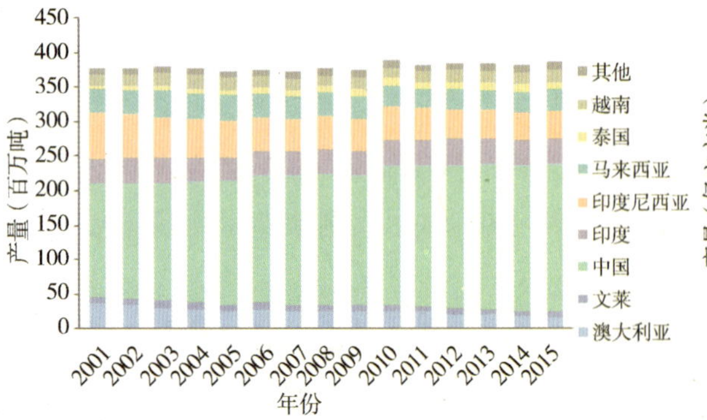

图9-5-1　2001—2015年亚太地区石油产量

数据来源：中国石油集团经济技术研究院

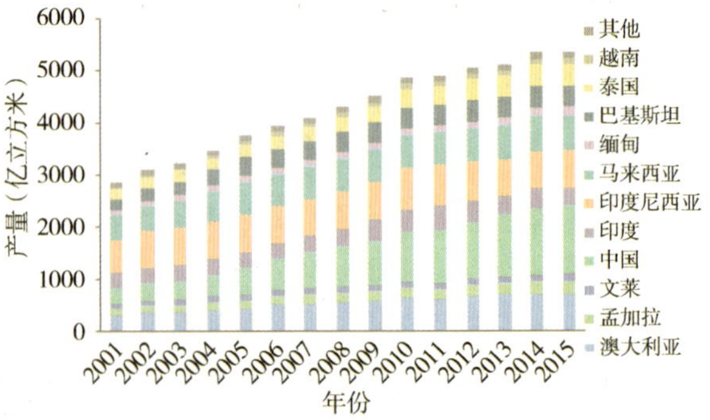

图9-5-2　2001—2015年亚太地区天然气产量

数据来源：中国石油集团经济技术研究院

2014 年下半年以来，在国际油价下跌影响下，LNG 价格持续走低，亚太地区 LNG 项目经济性受到冲击，多个项目受到不同程度影响。2015 年，澳大利亚 QCLNG、Gladstone LNG 等新项目虽已投产，但开工率不高；Gorgon LNG、Wheatstone LNG 等原计划 2015 年投产的新项目选择了推延投产策略；壳牌已正式宣布放弃 ArrowLNG 项目；Browse LNG 项目再次推迟最终投资决定时间，由 2015 年下半年推迟到 2016 年中期。

3. 炼化行业两极分化

截至 2015 年底，亚太地区炼油能力估计为 16.3 亿吨，同比略有下降。其原因主要有两方面，一是全球成品油需求的持续疲软使得个别国家关闭或限产部分产品单一的老旧炼厂，如澳大利亚关闭了位于布里斯班的一座 500 万吨/年的炼厂，日本关闭了位于冲绳的一座 500 万吨/年的炼厂；二是中国放开进口原油使用权，允许符合条件的地方炼厂在淘汰一定规模落后产能的前提下使用进口原油，导致中国 2015 年淘汰 4057 万吨的落后炼油能力，主要集中在山东地区。

亚太地区炼油行业发展不均衡，呈现两极分化状态。东亚的中国、日本、韩国以及中国台湾地区炼油工业趋于成熟，产能出现过剩；其他地区除新加坡外，其他国家均将发展炼油工业作为石油行业的重点，2015 年印度和越南均有炼厂新建和扩能升级项目（表 9-5-2）。

表9-5-2 2015年亚太炼厂建设情况

国家	炼厂名称	投资方	年加工能力（万吨）	状态
印度	巴拉迪布炼厂	印度石油公司	1500	完成
越南	Dung Qua炼厂	越南国家石油公司	1000	升级改造中
越南	Vung Ro	越南国家石油公司	800	在建
越南	Nghi Song炼厂	日本出光兴产、三井化学	1000	在建
越南	Nhon Hoi炼厂	泰国国家石油公司、沙特阿美公司	2000	计划中

数据来源：中国石油集团经济技术研究院。

4. 油气进出口

亚太地区是全球主要的油气进口区，出口量相对较小。2014 年，亚太地区原油进口量 9.89 亿吨，其中，中国、印度、日本和韩国是主要的原油进口国，其进口量分别占地区进口总量的 31.2%、18.9%、17.4%和 12.7%，原油进口主要来自中东、非洲和美洲等地区；原油出口量为 5635 万吨，澳大利亚、越南、印度尼西亚和马来西亚是主要的出口国，其出口量分别占地区出口总量的 21.5%、21.3%、20.5%和 18.1%，主要流向区内消费国。亚太地区天然气进口以 LNG 为主，2014 天然气进口量 3050 亿立方米，其中，日本、中国和韩国是前三大天然气进口国，其进口量分别占地区进口总量的 39.7%、19.5%和 16.6%，LNG 进口主要来自中东、亚太以及俄罗斯中亚等地区；天然气出口量为 1234 亿立方米，澳大利亚、印度尼西亚和马来西亚是主要的出口国，其出口量合计约占地区总出口量的 81.5%，几乎全部流向地区内国家。

全球油价的持续低迷为亚太油气消费国获取石油资源提供了良好的机遇。2015 年，估计亚太地区原油进口量将达 10.30 亿吨，同比增长 4.2%，增加量主要来自中国、韩国和印度；原油出口量为 5766 万吨，同比增长 2.3%，增量主要来自越南、马来西亚和澳大利亚，其中，越南和马来西亚的原油产量增长促进了出口量的增加，澳大利亚则因关闭一家炼厂使得出口量增加。

低油价环境下，天然气现货与长贸合同之间不断扩大的价差使得亚太地区的主要天然气消费国不断减少长贸合同的天然气购买量、增加现货天然气的购买量。2015 年，估计亚太地区天然气进口量为 3110 亿立方米，同比增长 2.0%；天然气出口量为 1306 亿立方米，同比增加 5.8%，主要原因在于澳大利亚有新的 LNG 项目投产以及巴布亚新几内亚 LNG 项目全面投产。

二、油气对外合作动向

1. 招投标情况及资产交易活动

2015 年，亚太地区招标活动较为活跃，共推出近 200 个区块进行招标，大大超出 2014 年招标区块的数量。印度尼西亚、澳大利亚和马来西亚等国均举行了区块招标，且多集中在海上区域。目前，多数招标活动尚未到截止日期，少数已结束的招标也未公布结果。

2015 年，亚太地区上游油气资产交易相对乏力，共发生 25 宗资产交易，交易额总额为 70 亿美元，仅为 2014 年资产交易总额的一半。交易类型主要涉及常规油气和公司权益，就国家而言，主要集中在澳大利亚、印度等国（图 9-5-3）。

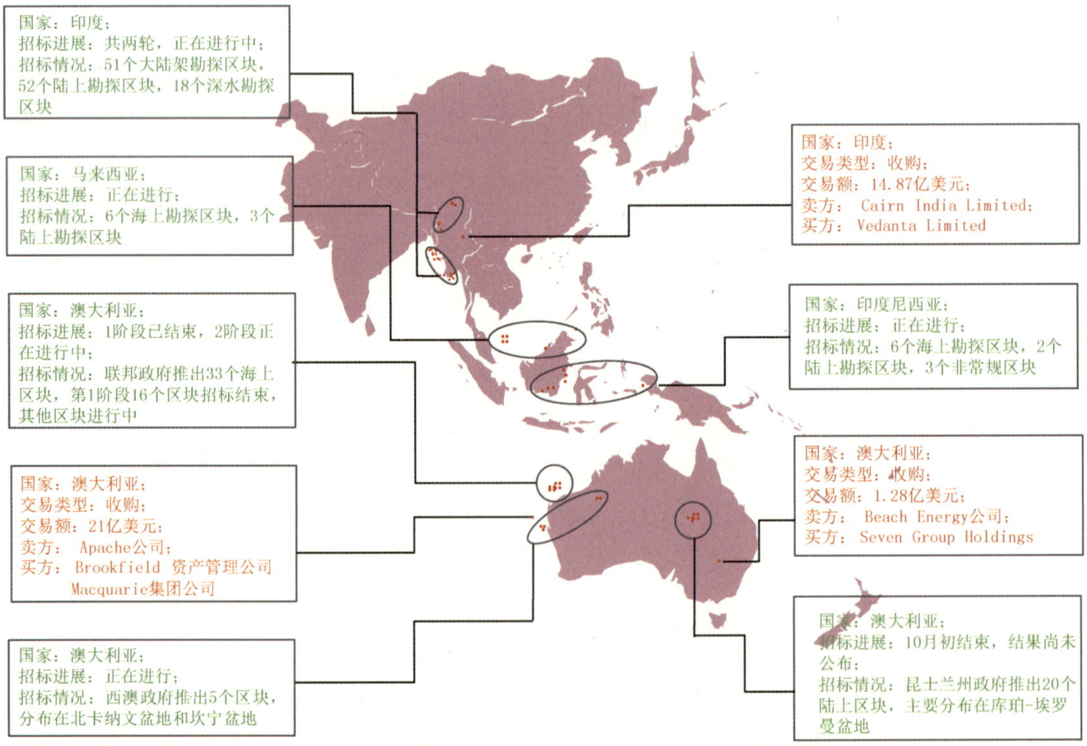

图9-5-3　2015年亚太地区投标活动及上游资产并购

数据来源：IHS

2. 能源政策变化及未来发展计划

2015 年，在国际油价暴跌、油气上游勘探开发投资锐减的情况下，地区内多国调整政策，吸引投资。缅甸、印度等国均出台更优惠的政策；印度尼西亚则实施简化审批手续、提高投资者分成比例等政策。为加强发展资源基础，印度、菲律宾、巴布亚新几内亚等多国均制定了增储上产和海外投资计划（表 9-5-3）。

表9-5-3　2015年亚太地区能源政策变化及未来发展计划

国家	能源政策变化
泰国	取消油气勘探土地税、修改油气合同模式，试行产品分成合同
印度尼西亚	简化LNG审批手续；提升投资者对油气区块的分成比例；增加印度尼西亚国家石油公司对国内油气资产的掌控
缅甸	加大深海勘探力度；积极改善油气投资环境，简化相关审批手续
印度	大力发展天然气发电行业；加大国内油气上游投资；试行有利于承包商的油气收入分成模式
国家	**未来发展计划**
巴布亚新几内亚	计划5~7年内将PNG LNG项目产量翻番
菲律宾	计划2019年将石油产量提升到195万吨
印度	ONGC公司计划2030年之前投资1760亿美元用于增加油气储量；计划修建一条绕过巴基斯坦的印度—伊朗海底直通管道
日本	计划2020年海外油气权益产量达到500万吨

数据来源：中国石油集团经济技术研究院。

三、主要资源国投资风险

作为油气进口大区，低油价对亚太地区各国经济影响总体利大于弊，地区内主要资源国的投资风险主要是政治风险和安全风险。2015 年，亚太地区整体政局稳定，个别国家政权交替，政局存在变数。局部地区的安全形势依然不容乐观，安全风险仍保持较高水平。国际油价持续低迷，澳大利亚、印度尼西亚等资源国的高成本油气投资项目风险上升（表 9-5-4）。

表9-5-4　2015年亚太地区主要国家风险指标变化

<table>
<tr><th>国家</th><th>风险评估图</th><th>主要关注风险</th></tr>
<tr><td>缅甸</td><td>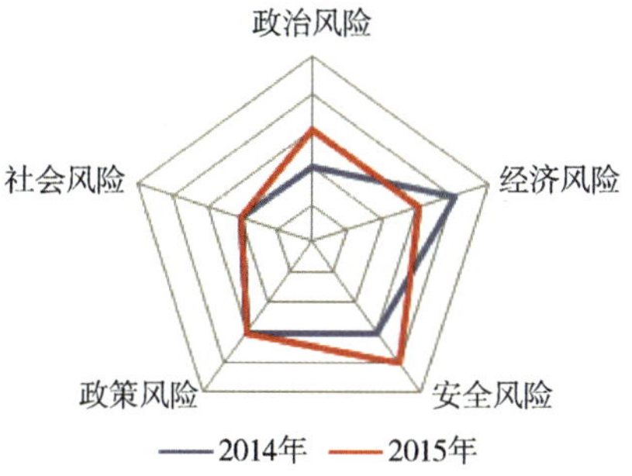
</td><td>（1）政治风险上升。年内议会选举结束，但总统选举和新政府组建中各方政治势力的博弈和交锋仍将继续，变数增大，风险上升。
（2）安全风险升高。2015年缅甸政府与民地武势力武装冲突升级，安全风险升高。
（3）经济风险降低。2015年缅甸经济增长率有望达到8%以上，FDI达到81亿美元，大大超出预期；世界银行等债权人相继免除或重组缅甸拖欠的债务，缅甸外债大幅减少</td></tr>
</table>

续表

国家	风险评估图	主要关注风险
澳大利亚	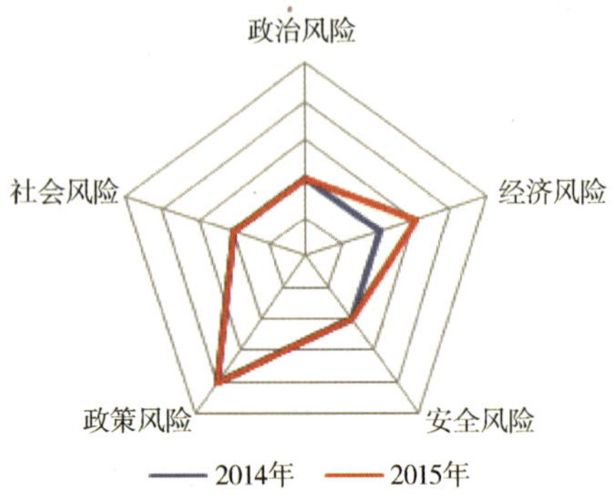	（1）政策法律风险维持较高。环保和劳工制度严格，投资成本高，违规风险大。 （2）经济风险升高。2015年汇率波动频繁，变化幅度大；全球油价下跌，澳大利亚大型项目多为边缘项目，经济风险上升
印度尼西亚	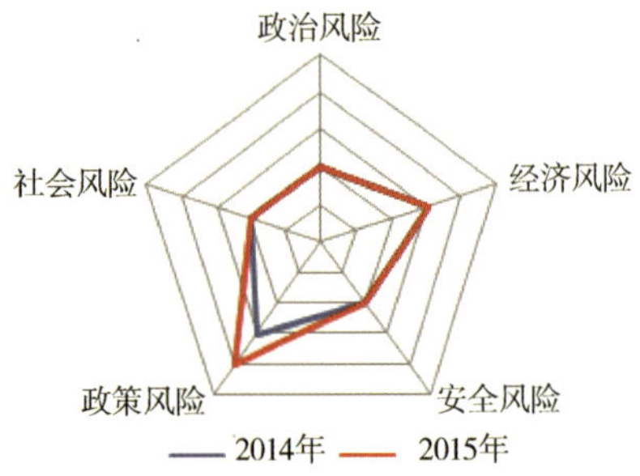	政策法律风险升高。对外合作政策有所收紧，对常规油气领域外国投资进行限制，并提高本地供应义务；在低油价环境下，为保护本国劳工权益，劳工政策趋于严格

数据来源：中国石油集团经济技术研究院。

四、2015年重大事件回顾

1.缅甸大选

11月8日，缅甸大选正式结束。根据缅甸联邦选举委员会公布的最终结果，昂山素季领导的缅甸全国民主联盟（民盟）总共获得886个席位，执政党联邦巩固与发展党（巩发党）共获得118个席位，两党在联邦议会人民院、民族院和省帮议会获得席位比分别为255∶30、135∶12和496∶76。现政府及军方相继表示接受并尊重选举结果。依据选举安排，联邦议会明年2月将正式选举新一届总统，并由新总统组建新一届政府。

目前，缅甸大选已经完成，政局尘埃尚未落定。首先，受宪法限制，昂山素季无缘总统竞选，民盟推出的总统候选人影响力可能有限；其次，民盟没有执政经验，其治国能力尚待检验；最后，军方的态度至关重要，军方在联邦议会25%的固有席位意味着民盟上台组阁、修宪等任何重大决策，离开军方的支持，都将变得十分艰难。缅甸军方长期享有特权，且与巩发党关系密切。未来执政党的改革与政策一旦与军方利益发生冲突，缅甸的局势可能发生动荡，若冲突加剧，甚至不排除军人统治卷土重来。

2. TAPI 管道

多年来进程缓慢的土库曼斯坦—阿富汗—巴基斯坦—印度（TAPI）天然气管道项目取得新进展。8 月，TAPI 天然气管道指导委员会任命 Turkmengaz（土库曼斯坦国家天然气康采恩公司）作为 TAPI 管道建设的领导者。11 月 6 日，土库曼斯坦总统别尔德穆哈梅多夫签署了建设 TAPI 管道土境内段管线的总统令；12 月 13 日，该管道正式动工，预计 2018 年 12 月竣工，年输气能力 330 亿立方米。该项目由 Turkmengaz 出资和融资，并由该公司与 Turkmengazneftstroi（土库曼斯坦油气建设康采恩）共同设计与施工。土库曼斯坦对 TAPI 管道建设积极性最高，该管道对打通土气南向出口通道具有重要意义，而且也有助于满足本国南部供气需求。

尽管 TAPI 管道进入了实施建设阶段，但该管道项目仍充满不确定性。首先，Turkmengaz 缺乏融资和建设能力，难以独自承担 TAPI 管道项目。同时，该项目若想获得外国公司的融资，土库曼斯坦需要权衡是否改变不向外国公司开放其上游油气领域的政策；其次，阿富汗安全局势呈现恶化趋势，和平进程存在诸多障碍。拟建管道在阿富汗境内途径坎大哈等多处塔利班控制的地区，面临着恐怖袭击的现实风险。再次，印度和巴基斯坦政府面临 TAPI 管道高气价的压力。通过 TAPI 管道进口天然气需要支付高额的运输费，将导致印度和巴基斯坦国内气价上涨，易引发民生与政治问题。最后，伊朗—巴基斯坦—印度（IPI）管道计划是制约 TAPI 管道经济性的重要因素。一是 IPI 管道无需经过安全形势不佳的阿富汗直接到达印度、巴基斯坦市场；二是美伊关系缓和、伊朗制裁逐渐解除，IPI 管道建设的政治障碍即将消除，较 TAPI 管道更具有现实性。

3. 南海问题

2015 年，南海问题继续升温，出现新的不和谐因素。为更好地履行海上搜索与救助、航行安全和海洋科研等方面的国际责任和义务，中国对南沙部分驻守岛礁进行了建设和设施维护。美国以此为由，先后三次派遣军舰和轰炸机近距离“巡航”中国南海岛礁周边海域，直接挑战中方对有关岛屿海域的主权声索；菲律宾表示中国“大规模填海造地行动”对地区安全和稳定构成威胁，并联合越南推动第 26 届东盟峰会发表主席声明，对中国的南海岛礁建设活动表示关注，欲使南海问题国际化；印度尼西亚在南海问题上的立场由以往的“调停人”突转强硬，开始一再发声指责中国南海领土主张；日本、印度在双方联合声明中强调南海航线对地区能源安全及商贸的重要意义，呼吁各方不采取可能导致局势紧张的单边行动，其针对中国的用意明显。此外，印度石油与天然气公司决定重启由于中越南海争议而中止的油气区块勘探工作，使得南海形势更为复杂。

尽管南海局势依然复杂，也出现了一些积极进展。11 月 6 日，中越两国签署中越联合声明，双方同意共同管控好海上分歧，全面落实《南海各方行为宣言》，推动在协商一致的基础上早日达成“南海行为准则”，不采取使争议复杂化、扩大化的行动，及时妥善处理出现的问题，维护中越关系大局以及南海和平稳定；同时，中越双方于 12 月中旬启动北部湾湾口外海域共同考察海上实地作业，标志着双方开展海上合作的重要开端。菲律宾也表示管控好中菲的领土冲突，对双方都有好处，并于 3 月以不可抗力为由中止了外国企业在争议海域南海礼乐滩 SC72 区块的油气勘探活动。

（本节撰写人：魏新强　王轶君　余功铭　金焕东　程熙琼）

第十章　国际油气合作

中国国内油气上游合作进展不大，下游合作现新动向，一批大型新建炼油石化项目搁置或延期，民营炼厂开展与外资合作。中国企业海外油气权益产量稳定增长，三大国有石油企业调整生产和优化资产结构，民营企业继续加快“走出去”。国际油气并购市场呈现上游市场冷淡、下游市场活跃的特点，大公司以收购为主，中小公司以出售为主，金融资本再度成为重要购买者。

第一节　中国油气行业对外合作状况

2015 年，中国国内油气上游领域对外合作进展有限，部分公司因低油价退出。下游合作出现新变化，一批计划中的新建项目因国内石油市场形势变化搁置或延期，而民营企业在获得原油进口权后，开始与外资在华开展下游合作。

一、勘探开发业务

1. 非常规和海上继续推进新合作项目

2015 年，中国油气上游对外合作主要在非常规领域和海上。其中，在 BP 和中国石油天然气集团公司（简称中国石油）建立战略合作伙伴关系的框架下，双方将合作勘探开发四川盆地的页岩气。BP 长期看好中国未来天然气需求增长和页岩气开发潜力，随着中国页岩气开发快速发展，BP 公司通过与中国石油的合作可直接参与该领域投资，并可为中国提供丰富的非常规油气开发技术经验。

海上新项目合作主要在南海区域，中海油分别向韩国 SK 集团、澳大利亚洛克石油公司和加拿大哈斯基公司授出产量分成合同。2 月，与韩国 SK 集团签订南海 04/20 区块和 17/03 区块产量分成合同，韩国 SK 集团担任作业者，中海油与韩国 SK 集团按照 20%：80%的权益比例承担勘探费用，进入开发阶段后，中海油将有权获得合同区内任一商业发现不超过 60%的权益。8 月，中海油与澳大利亚洛克石油公司就南海 16/07 区块和 03/33 区块签订了产量分成合同。在勘探期内，澳大利亚洛克石油公司担任作业者并承担 100%的勘探费用。进入开发阶段后，中海油将有权获得合同区内任一商业油气发现最多 51%的权益。12 月，中海油与加拿大哈斯基公司签订 15/33 区块产量分成合同，在勘探期内，加拿大哈斯基公司担任作业者并承担全部勘探费用，进入开发阶段后，中海油有权获得合同区内任一商业发现最多 51%的权益。

2. 低油价导致部分外资放弃前景不佳的上游项目

2014 年下半年以来，国际油价持续低迷，直接冲击了外国公司在中国的合作项目，一些外国公司选择退出。2014年，阿纳达科、赫斯和新田石油等美国独立石油公司进行了大规模的资产重组活动，出售包括中国在内的亚太国家资产；BP为了节省勘探成本，已撤离在南中国海的三个勘探区块；2015年，康菲石油停止与中国石油在内江地区和与中国石化在綦江地区的页岩气勘探合作。外国公司退出在中国石油行业上游的合作，主要原因有三类：一是在当前国际油价低迷和中国油气市场发展放缓的情况下，对合作项目经济前景不看好；二是外国公司在合作中其技术优势解决资源有效开发效果不理想；三是外国公司出于本公司资产优化的要求做出的正常调整，如康菲需要缩减开支，利用有限资金经营性价比更高的项目。

二、炼油业务

1.合资新项目延期甚至取消

2015年，中国石油和中国石化与国外合资的多个炼厂项目延期或取消。其中，中国石油与卡塔尔石油、壳牌合资的台州石化项目已取消，与俄罗斯石油公司合资的东方石化（天津）项目将缓建，与委内瑞拉国家石油公司（简称委内瑞拉国油）合资的揭阳石化项目将投产时间延后至2017年，与沙特阿美等公司合资的云南石化项目将推迟至2016年投产。中国石化与科威特石油合资建设的中科大炼厂（湛江）项目将推迟投产，该项目计划炼油部分2014年年底建成，2015年投产，化工部分2015年年底建成，2016年投产，但直到2015年项目才完成优化设计方案，2015—2016年投产的目标已不可能完成。目前看，只有中国石化与台湾石化业合资的古雷石化项目相对进展顺利，将在2015年年底完成谈判，2016年初开工建设（图10-1-1、表10-1-1）。

表10-1-1　合资石油化工项目进展情况

项目名称	中方公司	外资公司	炼油能力（万吨/年）	乙烯能力（万吨/年）	进展情况
东方石化	中国石油	俄罗斯石油公司	1300	—	缓建
揭阳石化	中国石油	委内瑞拉国油	2000	100	缓建
中科大炼厂	中国石化	科威特石油	1500	100	缓建
云南石化	中国石油	沙特阿美	1000	100	基本建成，延迟到2016年投产
台州石化	中国石油	卡塔尔石油、壳牌	1500	120	取消
古雷石化	中国石化	台湾石化业	1600	120	2015年底完成谈判，2016年1月开工

2008年以来，资源国国家石油公司看好中国市场，凭借资源和成本优势，积极参与中国炼化行业合作机会，在中国支持炼化行业集约发展和以市场换资源政策导向下，一批大型项目陆续达成合资建设协议，开始筹建。随着中国成品油需求增长速度大幅下滑，炼油产能迅速增长，出现过剩，进入去产能阶段。在此新形势下，合作双方被迫重新评估项目前景，是缓建或取消的重要原因。

图10-1-1 合资新炼油项目分布

2.政策放宽，民营炼厂与外资联手合作

2015 年，中国政府新出台的《外商投资产业指导目录》中取消了炼油和乙烯的外资股比限制，批准了多家民营企业原油进口权和使用权，突破了外国投资者只能与中国石油和中国石化等国有石油公司合作开展炼化项目的约束。在新政策的推动下，外资开始将目光投向民营炼油企业，并取得进展。

中国最大的民营炼油企业山东东明石化集团（以下简称东明石化）与卡塔尔两家投资公司签署合资运营炼厂协议。东明石化向两家卡塔尔公司以 50 亿美元出售了 49%股权，随后又与 BP 签订长期原油供应协议，获得了长期稳定的原油供应保障。除东明石化外，利华益集团股份有限公司（以下简称利华益集团）、山东恒源石油化工集团有限公司（以下简称恒源石化）

等地方炼油企业也在积极与海外投资者接触，预计未来可能有新的国外投资与民营企业股权合作项目发生。

三、成品油销售

外资石油企业继续关注和扩大在华下游销售业务。壳牌作为中国成品油销售领域最大的外资企业，一直在持续开拓中国的零售市场。2014 年，壳牌与陕西延长石油集团成立广东零售业务合资公司，重点开展加油站零售及相关业务；2015 年起，合资公司不断扩大在广东地区的加油站网络。除壳牌外，BP 和道达尔公司也在关注国内下游零售网络新的合作机遇。2015 年 10 月，BP 与中国石油签署的战略合作框架协议也包含了推进在中国油品销售合资合作项目的内容。道达尔则更加关注能否拿到批发经营许可证，希望成为真正的、独立的零售商。

四、2015 年重大事件回顾

东明石化引入外资，民营炼厂对外合作取得突破。东明石化是目前中国最大的民营炼油企业，也是唯一进入千万吨级炼油能力的地方炼油企业，总资产 300 亿元，原油加工能力达 1500 万吨/年。

2015 年 3 月，东明石化与两家卡塔尔公司签署股权出售协议，将以 50 亿美元向卡塔尔投资发展集团和哈马德•本•苏海姆企业集团出售 49%股权。根据协议，卡方将参股东明石化下属菏泽炼厂，并参与终端加油站建设。此外，双方还将在卡塔尔成立贸易公司，解决菏泽炼厂的原油供应及所需进口的化工原料供应问题；同时在天然气领域，也计划在国内建设 LNG 站，销售卡塔尔天然气。此次民营炼厂的股权合作在中国炼油领域对外合作中具有重要意义，标志着民营炼厂通过与资源国建立合作关系，获得了资金和资源双重支持，同时，资源国石油公司利用民营企业在中国开辟了一个新的投资和销售渠道，并可能对今后的外资投资模式产生重要影响。

作为民营炼厂，东明石化过去加工油源是与中国石油合作获得马瑞原油（委内瑞拉原油）。2015 年，东明石化正式成为国家批准的同时拥有进口原油使用权和原油非国营贸易进口权的地方民营炼油企业。11 月，东明石化与 BP 签订长期原油供应协议。这是“双权”放开后，国内首次由民营企业与外企签订原油供应协议，双方合作未来可能延伸至终端成品油销售环节。此举意味着民营炼厂在获取油源方面将有更多的选择权和主动权，也预示中国未来炼油与销售市场的竞争将更为激烈。

（本节撰写人：金焕东　吴谋远　金　云）

第二节　中国石油企业海外合作状况

2015 年，中国石油企业海外油气合作在低油价环境下进入新的发展阶段。国有石油企业调整生产和资产结构，民营企业继续大举进军海外，成为2015年度主要看点。

一、2015年中国企业海外油气权益产量稳定增长

截至2015年年底，以中国石油、中国石化、中国海洋石油总公司（简称中国海油）为主的中国公司已在海外拥有200余个油气投资项目，2015年油气权益产量继续稳定增长，估计接近1.5亿吨油当量，同比增长约6%，如图10-2-1所示。由于苏丹6区项目增产和伊朗北阿扎德甘项目顺利投产，估计2015年中国石油权益产量达到7300万吨油当量；中国石化年权益产量维持4000万吨油当量，同比基本持平。2014年，安哥拉项目和巴西项目顺利投产，对2015年中国石化海外权益产量稳定做出贡献。同时，中国石化对海外项目生产结构进行了调整，调减低效无效产量115万吨。中国海油年产量小幅增长，达到2350万吨油当量。其他公司海外权益油气产量与2014年持平，估计为1000万吨油当量。

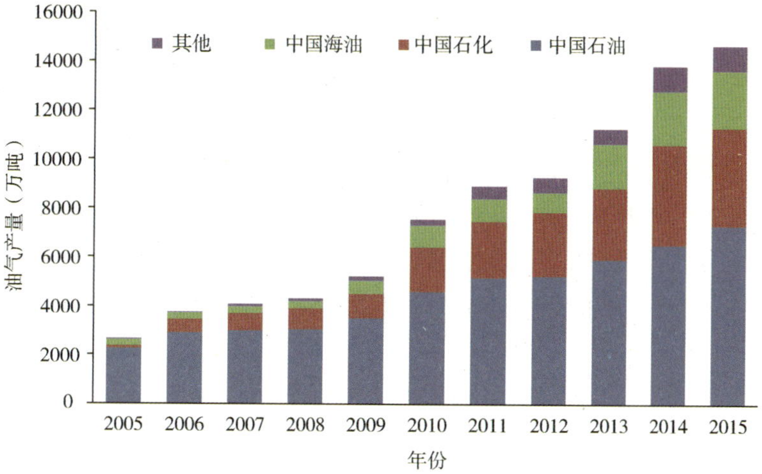

图10-2-1　中国企业2005—2015年海外油气权益产量

二、“一带一路”油气合作取得新的进展

2015年，中国石油企业油气合作总体处于调整期，三大石油公司发展重点聚焦在更具优势的陆上常规油气领域和“一带一路”区域。

在国家“一带一路”战略驱动下，中国各类石油公司在俄罗斯、哈萨克斯坦等国的上游、下游合作均有实质性的突破。2015年，中国和俄罗斯合作再取得全方位进展。上游领域，中国石化与俄罗斯石油公司签署共同开发俄罗斯两个油气田的框架协议。根据协议，中国石化有权收购其所属东西伯利亚石油天然气股份公司和秋明油气公司49%的股份，这两家公司分别拥有鲁斯科耶油气田和尤鲁勃切诺—托霍姆油气田的开发许可证。鲁斯科耶油气田目前年产量370万吨，尤鲁勃切诺—托霍姆油气田证实储量4100万吨，计划2017年投产，2019年达到500万吨/年。中国石油与俄罗斯天然气工业股份公司签署合作备忘录，双方将共同研究在俄罗斯和第三国开展上游领域合作。中海油与俄罗斯天然气工业股份公司签署合作谅解备忘录，双方将在大陆架和陆上进行油气开发合作。中国华信能源有限公司（以下简称华信能

源）与俄罗斯天然气工业股份公司签署合作协议，获得俄罗斯东西伯利亚地区贝加尔项目3个油田区块股权，3个区块油气预计储量19.05亿桶油当量，双方共同投资开发贝加尔项目并共享收益。丝路基金也获得亚马尔液化天然气（LNG）项目9.9%权益。在管道建设方面，中国石油与俄罗斯天然气工业股份公司签署《中俄东线天然气管道项目跨境段设计和建设协议》，东线建设顺利推进，并就俄罗斯远东萨哈林向中国供应管道天然气项目签订谅解备忘录。下游领域，中国石化收购西布尔公司10%股权并完成交割，成为其战略投资者。中国中化集团（以下简称中化）与俄罗斯远东石化公司签署了收购后者股权的谅解备忘录。在贸易方面，中化与俄罗斯石油公司达成股权收购和供油协议，俄罗斯石油公司将收购中化下属中国化工油气股份有限公司30%股权，在未来3年内每年向中化提供400万吨原油，并可能延期和提高供油量。中国石油与俄罗斯天然气工业股份公司石油签署合作备忘录，俄罗斯天然气工业股份公司石油计划以人民币结算的方式对华供油，双方还讨论了通过西线对华供气可能性。

2015年，中国企业在哈萨克斯坦的油气合作也有新进展。民营企业洲际油气股份有限公司（以下简称洲际油气）收购哈萨克斯坦克山公司100%股份，克山公司油气资产位于哈萨克斯坦滨里海油气富集盆地，距洲际油气公司2014年收购的哈萨克斯坦马腾石油公司资产只有30千米的距离。新疆准东技术有限公司（以下简称新疆准东）获得Galaz油田资产。新疆广汇能源也计划投资哈萨克斯坦LNG清洁能源一体化项目。另外，中国华信能源与哈萨克斯坦国家石油公司（以下简称哈国油）签署长期战略性合作协议，华信能源将收购哈国油国际公司欧洲子公司51%权益，并通过定增扩股与设立能源投资开发基金，进一步收购欧洲黑海、地中海区域加油站，拓展下游物流体系及上游资源股权，完善公司海外油气终端布局，推动公司的欧洲终端销售网络和炼化、储备一体化产业体系，与国内市场形成联动互补。

另外，与其他“一带一路”地区的油气合作也不断推进。在中东地区，中国石油与阿联酋穆巴达拉石油公司签署战略合作协议，双方将在阿联酋境外上游油气投资及相关项目服务等领域开展合作，具体包括陆上常规项目、海上项目和LNG项目等。在中国南海，中国与越南同意本着先易后难、循序渐进的原则，加大北部湾湾口外海域工作组谈判力度，稳步推进湾口外海域划界谈判并积极推进该海域的共同开发，2015年年内在北部湾湾口外海域启动共同考察，尽早确定合作区域和领域，落实北部湾湾口外海域工作组谈判任务。双方欢迎两国有关企业签署的中越北部湾协议区联合勘探协议修改协议，同意扩大协议区面积，延长协议期限，共同推动北部湾内跨界油气构造联合勘探尽快取得积极进展。另外，中国石化将参与印度尼西亚国家石油公司的炼厂扩建项目。

中国公司在构建新的海外业务增长点的过程中，也注意增强与传统合作伙伴的关系。在中国和苏丹石油合作20年之际，中国石油与苏丹方面达成了增加苏丹石油产量的共识，并将在苏丹境内的东部红海和西部油气带等区域合作进行油气勘探和开发，全面提升在石油、天然气领域合作。油价下跌对委内瑞拉经济和财政影响严重，中国向委内瑞拉提供50亿美元贷款，将用于石油项目，提高委内瑞拉石油产量。指明用途的贷款在以往中国向委内瑞拉贷款中尚无先例，新的贷款有利于解决委内瑞拉因经济困难投资不足影响中国和委内瑞拉合资企业在委内瑞拉项目进展问题。另外，中国国家开发银行与巴西国家石油公司签订了一份价值 35 亿美元的融资交易协议。中国企业 2015 年海外投资新项目分布如图 10-2-2 所示。

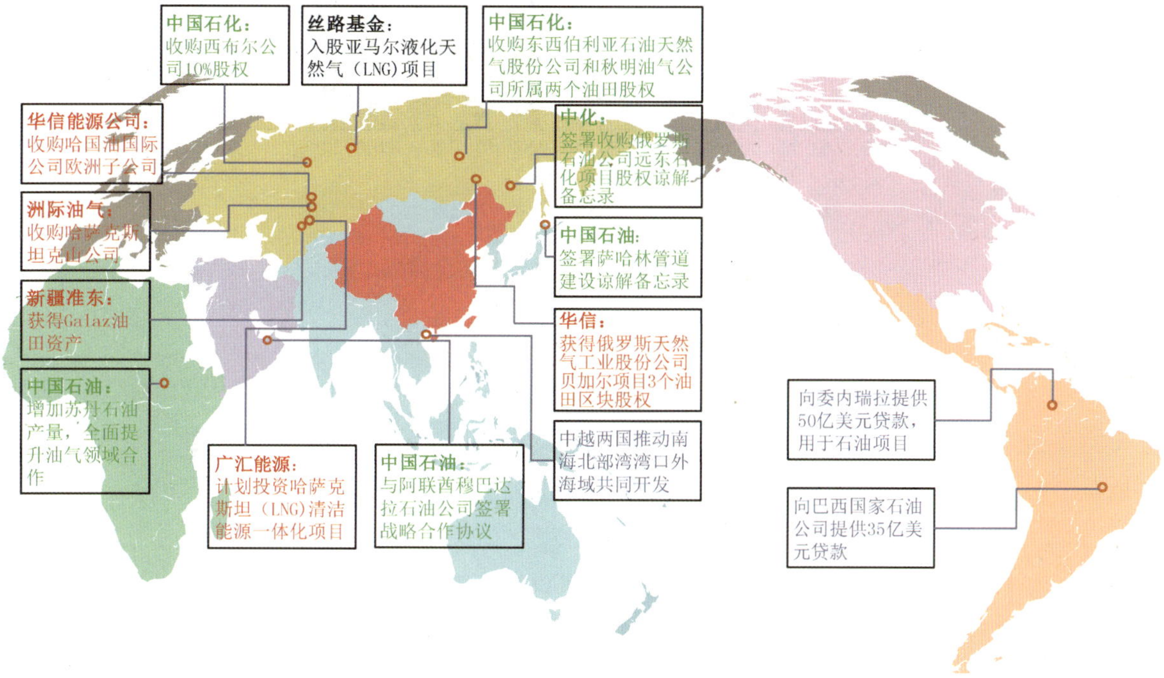

图10-2-2　中国企业2015年海外投资新项目分布

三、国有企业加快海外资产优化调整

2014 年开始，中国国有石油公司实施资产优化调整策略，经营重心从注重规模转向更注重效益，2015 年的低油价加快了这些公司的调整步伐。中国石油通过调整投资节奏，优化资产结构，提高海外业务运行效益。将投资更集中于陆上常规项目和开发项目的同时，也开始出售部分资产。目前公司已向中国国新控股有限责任公司转让卡沙甘项目部分股权，并拟以 150 亿~155 亿元人民币等价美元的价格出售中亚管道公司 50%股权（不包括中亚管道公司 D 线资产以及中亚管道公司部分现金等资产）。中国石化对海外项目运行情况深入分析，从资源国政局、政策变化、合作者投资意向等因素对经营困难的海外项目进行分析，并以此为依据，逐一制定压投资、去产能等新的运行策略。2015 年同比压缩了投资规模 22.2%，压减了低效无效产量 115 万吨。中国海油 2015 年工作重点是强化海外各区域资产的运营效率和盈利能力，继续推动尼克森石油公司资产的深入整合，优化资源调配和项目管理。在收购方面，国有石油公司较为谨慎，仅有中国石化完成了对鲁克石油哈萨克斯坦资产的收购。中国企业历年海外并购情况如图 10-2-3 所示。

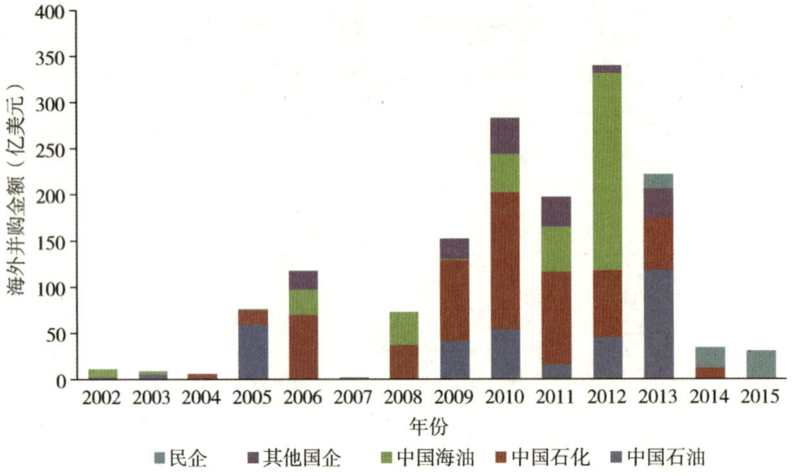

图10-2-3　中国企业历年海外并购金额统计

四、民营企业加快“走出去”

中国民营企业从2013年起尝试参与海外油气投资。2015年海外收购力度增加，仅是已公布交易金额项目的并购投资就达30亿美元（表10-2-1）。民营油气企业投资主要集中在两个领域，一是借助“一带一路”战略实施的机遇期，积极开展在“一带一路”国家的投资，如华信能源公司成功进入俄罗斯上游业务并收购哈萨克国家石油公司国际公司在欧洲的子公司51%股权，洲际油气公司、新疆准东公司和新疆广汇能源积极拓展在哈萨克斯坦油气业务。二是通过收购方式进入发达国家油气行业，如烟台新潮实业股份有限公司（以下简称烟台实业）斥资13亿美元获得美国页岩油资产，弘毅投资公司则以3.5亿美元获得澳大利亚桑托斯公司权益。前者是看准“一带一路”战略机遇，与大趋势相吻合；后者则是非油气公司希望通过收购资产进入油气行业。油气资产收购除一般意义的投资风险以外，资源风险也非常突出，常会因此导致收购失败，业外投资者对此很难把握，政府如何帮助业外民营资本规避海外油气资产收购风险值得思考。

表10-2-1　2015年民营企业海外投资项目统计

公司	国家	项目名称	资产类型	获取方式
华信能源	俄罗斯	贝加尔项目3个油田区块	常规	收购
华信能源	欧洲	Dyneff公司	下游	收购
洲际油气	哈萨克斯坦	克山公司	常规	收购
新疆准东	哈萨克斯坦	Galaz公司	常规	收购
广汇能源	哈萨克斯坦	LNG清洁能源一体化项目	LNG	直接投资
烟台实业	美国	德州非常规资产	页岩油	收购
弘毅投资	澳大利亚	桑托斯公司权益	页岩油	收购

注：广汇能源的投资项目为计划项目。

数据来源：中国石油集团经济技术研究院。

五、2016年展望

2016年，中国企业海外油气权益产量将保持稳定，一方面近两年投产项目产量将继续增长，部分新收购在产项目也将带来产量增长；另一方面，在低油价持续的形势下，三大国有石油公司将继续实行降本增效策略，压减低效产量。国有企业将继续资产优化，或将出售部分资产，但仍会抓住国家“一带一路”政策实施的机遇，积极开展在“一带一路”地区的油气合作。民营企业将继续“走出去”步伐，一是寻找在“一带一路”国家的投资机会，二是一些金融资本和非石油企业趁低油价时期，继续在公开市场购入发达国家油气资产。

（本节撰写人：金焕东　吴谋远）

第三节　国际油气并购市场分析

2015年国际油气并购市场随油价大幅下跌进入低潮期，但也不乏大公司并购，中小公司则通过出售渡过难关；金融资本继续在市场中扮演重要的购买者角色。

一、2015年油气并购市场基本情况

1.上游并购市场进入低潮期

2015年国际油气并购市场受低油价影响，交易数量和交易金额同比均大幅降低。全年共发生交易290笔，达成交易额1820亿美元，同比分别下降39%和27%（图10-3-1）。壳牌公司整体收购BG公司是2015年全球油气上游最大的资产交易。市场低迷的主要原因是当前环境下买卖双方对资产价格的分歧大，交易难以成功。买方希望能在此时买到廉价资产，但卖方仍对未来油价上升抱有信心，不愿意低价出售，双方难以达成一致。此外，在收购方式上，由于资金稀缺，有些公司提出的换股收购方式不被卖方接受，也导致了交易失败。

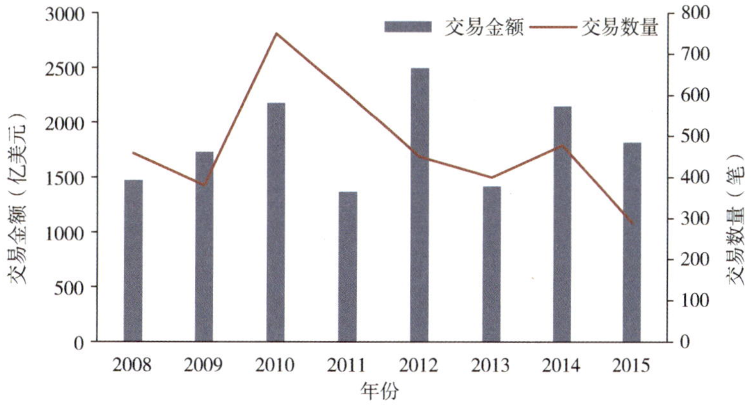

图10-3-1　2008—2015年全球油气并购数量和金额

数据来源：IHS Herold 公司

北美地区仍是全球油气并购最活跃的地区，交易数量 198 笔，占全球总交易数量的 69%；交易金额超过 622 亿美元，占全球总交易额的 34%，如图 10-3-2 所示。一方面，在北美地区经营油气项目的中小公司众多，且地区内市场环境开放，该地区历来交易最多。另一方面，非常规资产是 2015 年交易的热点，这些资产主要位于北美地区。其他地区完成交易数量仅起 84 笔，远低于北美地区，如中东地区仅有 4 笔交易。

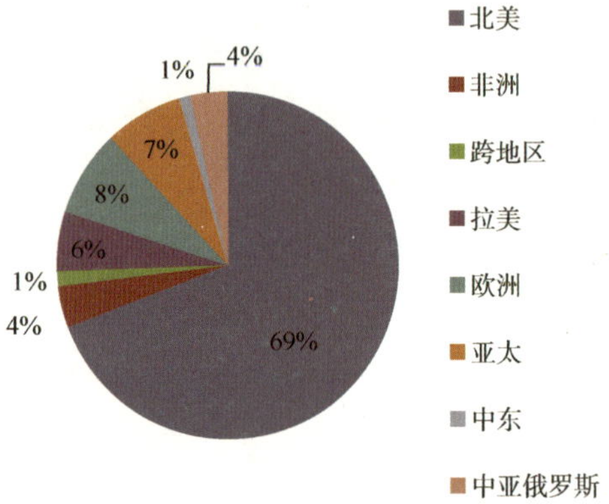

图10-3-2　全球上游并购数量的地区分布

数据来源：IHS Herold 公司

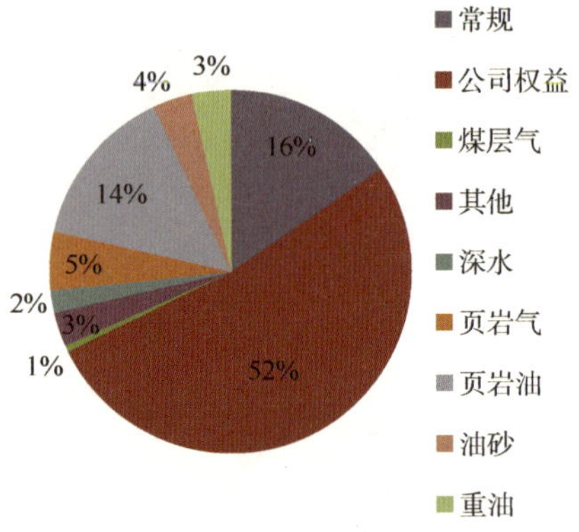

图10-3-3　全球上游并购金额的资产类型

数据来源：IHS Herold 公司

从交易资产类型看，除公司整体或部分股权出售外，北美非常规资产并购超越常规资产，成为 2015 年油气并购的热点，全年达成交易金额 356 亿美元，占总交易额的 19%，如图 10-3-3 所示。其中页岩油资产交易达 261 亿美元，占总交易额的 14%。低油价下，美国页岩油产业一些负债率较高的公司开始申请破产保护，但业内仍有些公司看好页岩油产业发展前景，该类资产不乏购买者。主要收购者包括北美中小型同业公司、BP 等国际大石油公司及部分非石油资本。全球上游并购储量交易分布情况如图 10-3-4 所示。

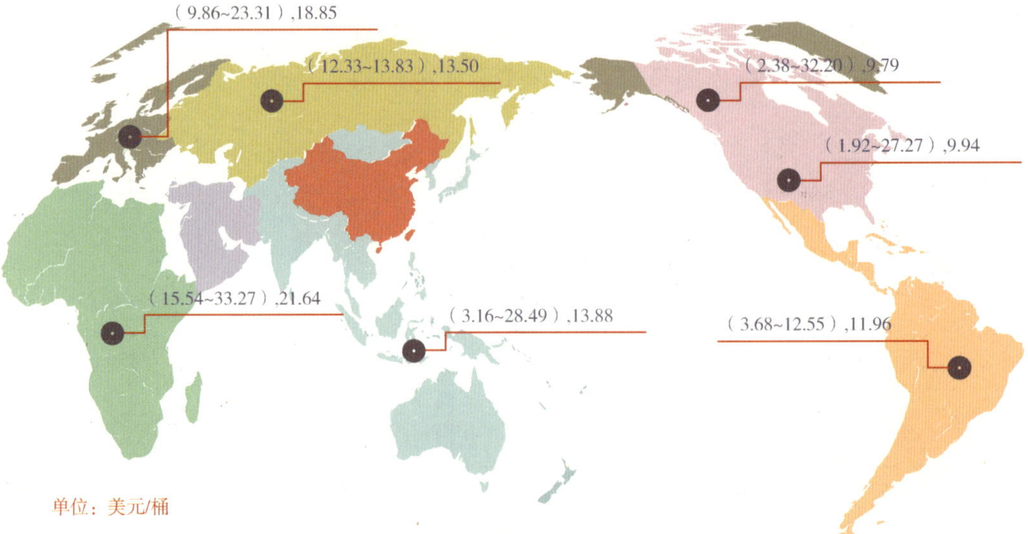

图10-3-4　全球上游并购储量交易价格分布

标注的价格为该地区探明储量交易价格区间及平均价格

2. 全球下游并购市场活跃

2015 年全球下游油气并购市场继续活跃，全年完成 91 起交易，交易金额达到 762 亿美元（不包含陶氏化学公司和杜邦公司合并交易），分别比 2014 年增长 36%和 19%，化工行业巨头陶氏化学公司和杜邦公司合并更是引起业内关注。其中天然气分销业务是交易量最大的领域，全年完成交易额 371 亿美元，占总交易额近一半（表 10-3-1）。

下游资产交易主要集中在北美和亚太地区下游行业比较发达的国家，其中北美是全球下游资产并购最大的地区，全年并购交易量达到 49 起，占全球下游总交易量的 54%；完成交易额近 600 亿美元，占总交易额超过 75%。交易的资产主要是天然气分销资产，交易额超过 350 亿美元，占地区总交易额的 60%。主要是美国南方公司和加拿大 Emera 公司两家电力企业为扩大规模斥巨资收购同业公司，主要包括天然气分销资产，这也是年度最大的两笔交易。亚洲及太平洋地区也是 2015 年全球下游并购交易较活跃的地区，交易数量 19 起，交易金额达到 100 亿美元，主要发生在澳大利亚、日本和韩国等发达国家。雪佛龙股份有限公司（简称雪佛龙）以 39 美元出售了其在澳大利亚的 Krunell 和 Lytton 炼厂 50%权益；日本两大炼油商出光兴产和昭和壳牌在国内炼油能力过剩和需求下降的不利经营环境下进行合并，以增强竞争力；韩国化工业务资产交易比较活跃，三星集团继续剥离非核心资产，将其化工业务以 27 亿美元出售给乐天公司。

表10-3-1 近年全球下游并购交易额 单位：亿美元

类型	2011年	2012年	2013年	2014年	2015年
天然气分销	85	115	67	84	371
化工	132	14	9	97	76
炼油	59	212	14	36	30
存储终端	29	69	54	104	76
成品油销售	26	37	14	237	96
公司权益	17	2	15	84	114
总计	348	449	172	643	762

数据来源：IHS Herold公司。

二、2015 年全球油气并购市场特点及展望

1. 国际大石油公司趁低开展大型收购，资产处置力度大幅放缓

2015 年市场中最大的一笔并购交易由壳牌公司实施，壳牌公司斥资 857 亿美元（含债务）整体收购 BG 公司，也是近几年并购市场最大的交易。低油价、低利率和业务互补是促成收购的主要因素。BG 公司在深水项目中的地位以及在勘探、液化技术和液化天然气（LNG）运输及营销中的优势，可以与壳牌公司的规模、开发专长和资金优势很好地结合，壳牌公司在此时大手笔收购 BG 公司反映其对未来液化天然气（LNG）和深水行业的信心。此外 BP 公司也在美国非常规市场有所动作，斥资 21 亿美元收购了美国页岩油资产。相比而言，国

际大石油公司资产处置力度比往年大幅放缓，全年出售资产总额仅 20 亿美元，且以小型资产处置为主，没有单笔超过 10 亿美元的大型交易。

2. 大中型独立石油公司买卖意愿均强烈，仍以剥离资产为主

大中型独立石油公司是 2015 年交易市场的重要参与者（表 10-3-2）。一些公司为改善经营和财务状况，剥离资产，甚至选择整体出售，资产出售总额高达 1100 亿美元。除 BG 公司外，加拿大油砂公司由于负债严重被 Suncor 以 62 亿美元收购。澳大利亚桑托斯公司由于公司的液化天然气（LNG）项目负债过多，出售了价值 13 亿美元的资产。

2015 年大型独立石油公司完成的收购少，但还是有些公司表现出了强烈的购买意愿，希望能趁机收购同类型或同地域资产，形成协同效应。其中 Woodside 和 Anadarko 分别对 Oil Search 和 Apache 提出收购要约，但由于目标公司认为报价低或不接受换股收购方式，均未能成功。

表10-3-2　大型独立石油公司主要资产交易统计

出售方	交易金额（亿美元）	收购方	资产类型	地区	主要国家
BG	857	壳牌	公司	跨地区	澳大利亚
Canadian Oil Sands	62	Suncor	油砂	北美	加拿大
Cenovus	27	Ontario Teachers	矿权	北美	加拿大
Apache	21	Brookfield	常规	亚太	澳大利亚
Encana	18	Broe	页岩油	北美	美国
		GSO Capita，GeoSouthern	页岩气	北美	美国
Linn	18	GSO Capita，Blackstone	公司权益	北美	美国
		Quantum	公司权益	北美	美国
		Undisclosed company（ies）	页岩油	北美	美国
Santos	13	Hony Capital	公司权益	亚太	澳大利亚
		Mitsui	常规	亚太	澳大利亚
		Central Petroleum	常规	亚太	澳大利亚
Chesapeake	10	FourPoint Energy	页岩油	北美	美国
		FourPoint Energy	页岩油	北美	美国
		Icahn Enterprises	页岩气	北美	美国
		Undisclosed company（ies）	页岩油	北美	美国
Rosetta	39	Noble Energy	页岩油	北美	美国
Oil Search①	81	Woodside	公司权益	亚太	巴布亚新几内亚
Apache①		Anadarko	公司权益	北美	美国

①未达成交易，交易金额为买方报价。

数据来源：IHS Herold公司。

3. 上游市场消沉，下游市场活跃

国际原油价格低位运行对油气行业上游和下游影响不同，国际油气上游和下游并购市场也呈现对比鲜明的特点。低油价使上游业绩普遍下滑，很多公司试图以出售资产改善财务状况，甚至部分企业选择整体出售，市场上并购机会较多。但卖方仍不愿廉价出售，买方自身受资金稀缺，收购较为谨慎，导致上游并购市场整体消沉，交易量很少。相对上游，下游并购市场非常活跃，主要是低油价时期，下游产业普遍盈利较好，业内也看好下游资产价值，交易量和交易金额同比均大幅增加。

4. 金融资本再度成为市场重要买家

在石油公司普遍面临经营压力的情况下，以私募基金为主的金融资本等非油资本趁机进入油气行业，希望在低油价时期抄底购进油气资产，获得高额回报。 2015 年，金融资本在油气市场的收购金额 333 亿美元，其中，单笔金额超过 10 亿美元的交易有 7 笔（58%）。主要交易是哈萨克斯坦“SAMRUK-KAZYNA”国家主权基金公司以 47 亿美元获得哈萨克斯坦国家石油公司卡沙甘项目 8.44%股权，加拿大安大略教师养老金计划委员会（Ontario Teachers Pension Plan Board）以 27 亿美元收购独立石油公司 Cenovus Energy 旗下全资子公司 Heritage Royalty。

5. 储量交易价格略有下降，但仍处于高位

2015 年，全球油气上游交易实现探明储量交易价格 10.72 美元/桶，2P 储量交易价格 7.21 美元/桶，较 2014 年同比分别下降 18%和 13%，原因是国际油价大幅下跌，油气资产估值随之同步降低。但相对于 2008—2009 年低油价时期，2015 年储量交易价格仍处于高位（图 10-3-5）。主要原因是目前潜在出售者预期油价将会较快回复，对待售优质资产估值较高，不愿降价出售，达成的交易多为溢价收购。

图10-3-5 储量交易价格

根据历史经验，全球油气上游并购储量交易价格变化趋势与国际油价变动趋势相同，但时间上滞后于国际油价变动。2015 年平均国际原油价格远低于上一个低油价时期，且总体呈

下降趋势，预测2016年储量交易价格将继续下降，或将出现好的并购机会。

6. 2016年、2017年全球油气并购交易数量不高，但交易金额较大

预计2016年、2017年两年全球油气上游并购市场将随油气行业的深入调整有望触底反弹。从收购方角度分析，国际大石油公司、金融资本和部分资金充裕的大型独立石油公司将凭借资金优势伺机购入优良资产补强公司业务组合。据彭博新闻社（简称彭博社）的数据显示，六大石油巨头有超过5000亿美元的股票和现金可用于收购。一些公司已经释放出收购意愿，包括Woodside，Scepter和Anadarko都已经向目标公司发出了收购要约。虽然这些交易因为出价未达到预期而遭到拒绝，但一定程度上表现了油气并购市场未来趋势。从出售方角度分析，油价持续低迷，一些小型公司将难以维持经营，面临股东压力，只能选择部分或整体出售。估计随着各公司年报陆续公布，一些经营业绩不佳的中小公司，出售的意愿将更为强烈。

三、2015年重大事件回顾

1. 壳牌整体收购BG，更加专注于天然气和深水业务

2015年4月8日，荷兰皇家壳牌公司以约470亿英镑（700亿美元）现金加股票方式（不含债务）收购BG集团，成为油气行业10年来规模最大的一笔交易。以BG公司近90个交易日的平均股价来看，收购溢价约为52%。合并后的公司市值将是BP公司的两倍，并超越雪佛龙，仅次于埃克森美孚。目前该交易还等待澳大利亚等国监管部门审查。低油价、低利率和业务互补是促成收购的主要因素。壳牌看好天然气行业的未来，认为天然气将在未来能源结构中发挥越来越重要的作用，不断增加的天然气需求将支撑其未来的利润。BG公司在深水项目中的地位以及在勘探、液化技术和液化天然气（LNG）运输及营销中的优势，可以与壳牌的规模、开发专长和资金优势很好地结合。趁BG公司出现亏损，股价大幅降低的时机实现收购。

2. 陶氏化学和杜邦合并，或将影响化工行业竞争格局

2015年12月11日，陶氏化学和杜邦宣布对等合并，合并后的公司将被命名为陶氏杜邦公司，双方各持50%的股份，新公司市值将达到1300亿美元，成为化工行业最大公司。此次合并还须通过政府部门的批准以及双方股东的同意，预计将在2016年下半年完成。两家巨头选择合并的主要原因是近期业绩下滑，公司的大股东多是大的基金公司，对公司业绩倾向于追求高期望值和短期回报。在股东意愿的推动下，公司希望通过重组拆分来提高公司的业绩和在资本市场的表现。合并后的公司未来将寻求拆分为三家独立的上市公司，分别专注于农业、材料和特种产品，可能在合并完成后的18~24个月内进行，公司拆分业务过程中或将带来更多化工业并购机会。同时，两大巨头的合并可能引起一系列大规模合并，以具备与之竞争的能力。

（本节撰写人：金焕东　吴谋远）

石油公司篇

第十一章　国外石油公司经营状况与发展动向

2015年前9个月，国外石油公司经营业绩显著下滑，总体看，国际一体化石油公司和国家石油公司业绩好于独立石油公司和技术服务公司。油气产量、原油加工量、油品销售量等生产指标普遍保持增长势头。

国际石油公司一方面积极应对行业寒冬，另一方面利用下行周期，围绕“效益至上，简约发展”深化调整，谋求新发展。国家石油公司采取缩减投资、推迟项目建设、削减成本、加强合作等措施积极应对低油价。同时，积极履行社会责任，没有实施大规模裁员。工程技术服务公司通过降薪减员、减少装备订单等方式降低成本，通过兼并、结盟等方式构建一体化业务布局，增强全产业链的综合服务能力，持续跟进核心和前沿技术领域，保持研发投入强度，通过合作研发、技术收购、自主研发等方式获得新技术。

第一节　国际石油公司经营状况与发展动向

2015年前9个月国际石油公司主要生产指标总体不降反升，但经营业绩因油价大跌而显著下滑。总体上看，一体化国际大石油公司的业绩好于独立石油公司。低油价环境下，国际石油公司一方面积极应对，确保安全度过行业寒冬，另一方面利用下行周期出现的机会，紧密围绕提升效益、深化调整、改进管理、改善成本结构，谋求新的发展。

一、国际石油公司经营状况

2015年，国际大石油公司、独立石油公司原油产量小幅增长，天然气产量有升有降，其中，上下游一体化公司的原油加工量和油品销售量实现双增长。由于国际油价低位运行，国际大石油公司、独立石油公司上游利润、营业收入大幅下降，导致公司整体业绩下滑（表11-1-1）。

1. 主要生产指标总体增长

（1）原油产量不降反增，天然气产量有升有降。

近年来受资产剥离、油田递减等因素影响，国际大石油公司油气产量等指标持续下滑，2006—2014年五大石油公司油气产量年均下降2%。但2015年前9个月，得益于新项目投产，五大石油公司原油产量不降反增，增幅在1.8%～20.9%之间；天然气产量BP、雪佛龙、道达尔小幅增长，埃克森美孚与壳牌同比下降5%～9%（图11-1-1）。

表11-1-1　2015年前9月国际石油公司经营状况

项目	埃克森美孚		BP		壳牌		雪佛龙		道达尔		康菲		加拿大自然资源		戴文能源		美国西方		切萨皮克	
	数量	同比（%）	数量	同比（%）	数量	同比（%）	数量	同比（%）	数量	同比（%）	数量	同比（%）	数量	同比（%）	数量	同比（%）	数量	同比（%）	数量	同比（%）
营业收入	2090.8	-35.6	1695.7	-39.4	2119.8	-43.8	1019.1	-35.7	1276.1	-30.5	241.7	-44.7	95.7	-33.9	102.6	-24.4	98.5	-34.4	86.9	-45.4
净利润	133.7	-48.5	-31.8	-138.8	10.0	-93.0	51.8	-67.2	65.9	-34.7	-9.78	-114.2	-7.7	-128.1	-99.2	-592.4	-26.5	-165.8	-125	-1078.9
总资产	3406.6	-3.4	2733.0	-11.8	3437.01	-4.4	2684.3	-5.1	2291.3	-7.1	1059.5	-11.0	606.3	-10.1	343.5	-32.4	500.9	-30.0	212.9	-21.0
经营现金流	260	-31.0	133.3	-47.8	243.9	-31.2	149.0	-40.4	151.1	-17.2	59.8	-56.6	41.5	-32.5	43.0	-14.3	24.0	-62.4	10.6	-62.4
资本支出	236.4	-15.8	133.9	-21.4	188.3	-17.6	252.7	-13.0	214.4	-4.1	79.1	-37.9	39.5	-58.5	36.8	-67.3	23.9	-58.3	31.0	-26.3
资产负债率	48	2.7	62	5.8	53	6.2	42	3.2	57	-2.1	58	8.9	55	5.1	54	13.3	40	5.2	79	41.0
油气产量	4048	2.7	3195	3.4	2877	-3.5	2605	1.5	2244	11.1	1586	2.4	542	-0.2	680	0.6	655	10.6	685	0.0
原油加工量	4444	-1.6	1701	0.1	2863	-3.4	1703	2.0	1938	11.7	—	—	—	—	—	—	—	—	—	—
油品销量	5779	-1.8	5534	4.2	6478	1.9	2747	2.2	1825	4.0	—	—	—	—	—	—	—	—	—	—

注：“营业收入”“净利润”“总资产”“经营现金流”“资本支出”单位为亿美元；“资产负债率”单位为%；“油气产量”“原油加工量”“油品销售量”单位为千桶／日。

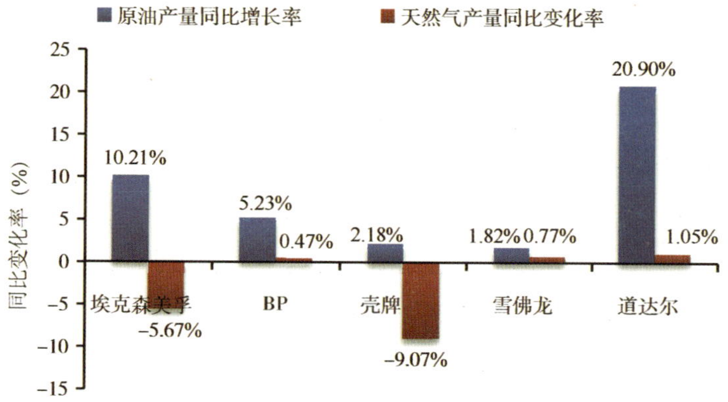

图11-1-1　2015年前9个月国际大石油公司原油产量与天然气产量同比变化率

2015 年前 9 个月，独立石油公司油气产量也有所提高，同比增幅为 0.59%～15.02%（图 11-1-2）。主要得益于效率提高、服务成本下降及美国核心页岩油气田盈亏平衡油价低等因素。估计 2015 年多数独立公司的油气产量将略有增长。康菲估计四季度日产量将增至 1.59 亿～1.63 亿桶油当量。戴文能源提高了 2015 年全年油气产量估计。阿帕奇将其 2015 年北美洲和陆上产量预计值从 30.5 万～30.8 万桶油当量提高到了 30.7 万～30.9 万桶油当量，该公司还将其国际和海上 2015 年气产量估计从 16.4 万～16.8 万桶油当量提高到了 17.2～17.4 万桶油当量。切萨皮克能源公司 2015 年的钻井平台数量虽减少，但预计产量仍将温和增长。西方石油公司 2015 年全年产量估计增长 7 万桶油当量/日。

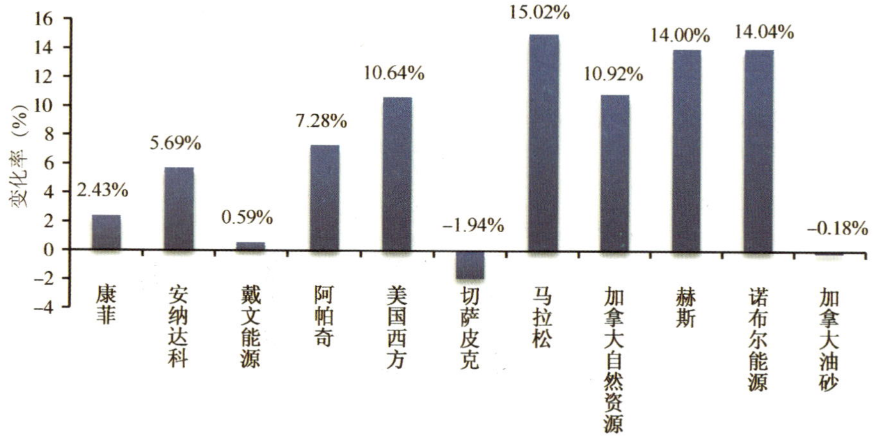

图11-1-2　2015年前9个月独立石油公司油气产量同比变化率

（2）一体化国际大石油公司合计原油加工量和油品销售量实现双增长。

2006—2014 年，上下游一体化的五大国际石油公司成品油销量年均下降 2%，原油加工量年均下降 3%，呈连续下降趋势。但 2015 年前 9 个月，这些公司利用低油价下炼油成本减低，全球各地炼油毛利有不同程度改善，尤其是欧美地区炼油毛利明显增加的有利时机，努力提高原油加工量，增大油品销售量，努力增加下游利润，来弥补上游损失，合计原油加工量同比增长 0.48%，合计油品销量同比增长 1.66%（图 11-1-3）。

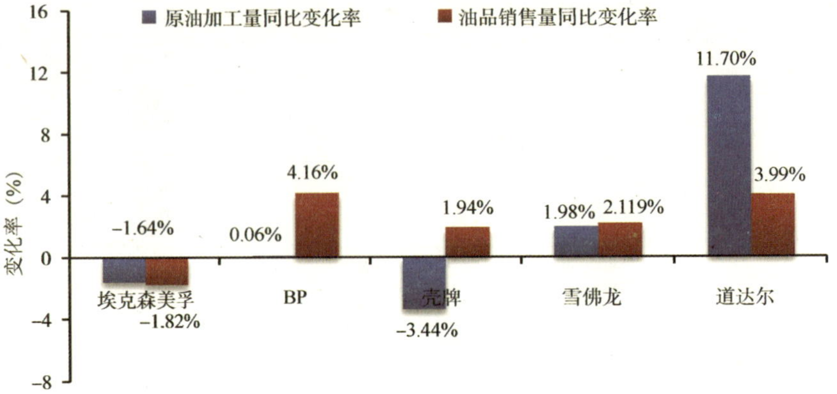

图11-1-3　2015年前9个月国际一体化石油公司原油加工量与油品销售量同比变化率

2. 受低油价影响，国际大石油公司业绩大幅下滑，独立石油公司更甚

（1）国际一体化大石油公司营业收入、利润大幅下滑，业绩降幅创 10 年最高。

2015 年前 9 个月，油气价格大幅下跌，尽管原油产量均有所增长，但仍导致五大国际大石油公司上游经营利润出现了大幅跳水，降幅高达 54.8%～140.4%，由此拖累了公司的整体经营业绩。公布的业绩数据显示，2015 年前 9 个月五大公司营业收入降幅 30.5%～43.8%；五家国际大石油公司合计营业收入同比下降 38.03%。估计 2015 年四季度五大石油公司营业收入还会继续下滑，估计全年营业收入同比降幅为 35%～40%（图 11-1-4）。

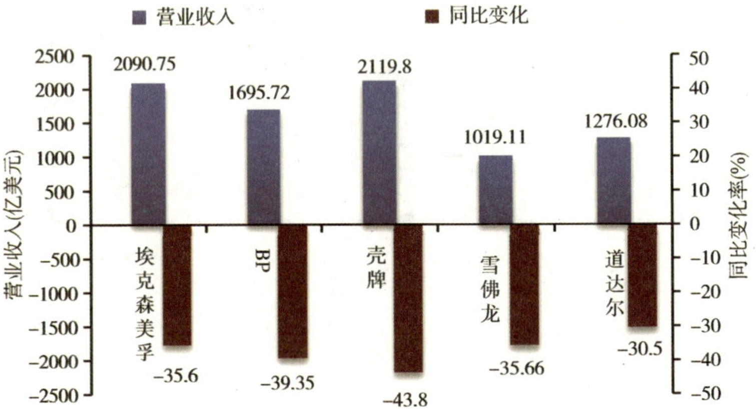

图11-1-4　2015年前9个月国际大石油公司营业收入及同比变化

同时，国际一体化大石油公司前三季度净利润也出现大幅下滑。其中，BP 和壳牌下降幅度大，分别达 138.78%和 93%。BP 出现亏损，原因包括油价下跌、墨西哥湾漏油事件及重组支出等。壳牌因为油价下跌导致其阿拉斯加和加拿大项目的资产出现减值，加上三季度计入高达 79 亿美元的支出，另外还有 37 亿美元的减值支出，使壳牌在三季度转为亏损。道达尔净利润降幅最小，为 34.74%，主要得益于其在油价大跌初始即积极采取行动，努力压缩成

本提高产量、加大下游投资等。公布数据显示五大国际石油公司 2015 年前三季度合计净利润同比下降 69.09%（图 11-1-5）。

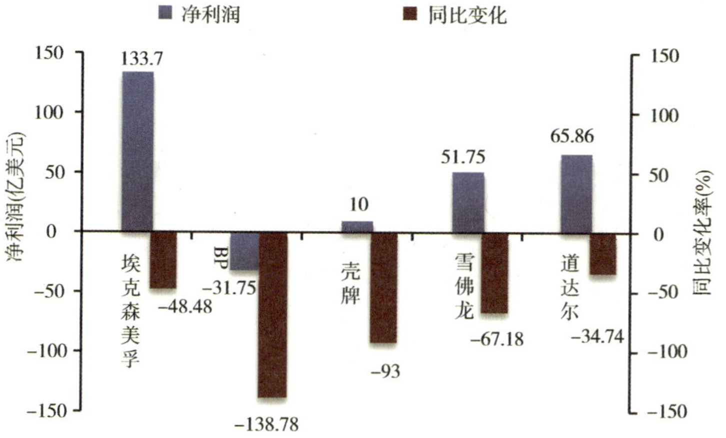

图11-1-5　2015年前9个月国际大石油公司净利润及同比变化

总体上看，五大国际一体化石油公司 2015 年前三季度业绩跌幅创近 10 年最高，自 2014 年下半年油价下跌以来的 15 个月营业收入合计下降 27.17%，合计净利润下降 60.50%；2015 年国际一体化大石油公司利润总额估计为 350 亿美元，仅为 2011 年利润总额的四分之一（图 11-1-6）。

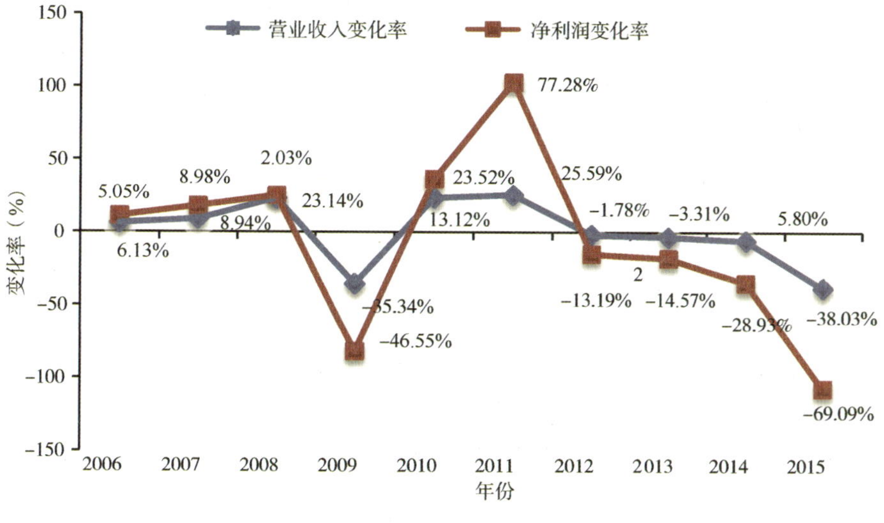

图11-1-6　2006—2015年国际石油公司营业收入及净利润变化率

（2）独立石油公司亏损严重，经营困难。

2015 年前 9 个月，以原油、天然气、油砂、非常规为主营业务的独立石油公司受低油价等因素影响，营业收入普遍下降，降幅为 25%～60%；经营现金流大幅下降，降幅在 14.3%～132.8%；资产负债率上升，幅度在 5.2%～15.2%之间；实际资产负债率已达 52%～88%，反映出低油价下艰难的经营状况（图 11-1-7）。

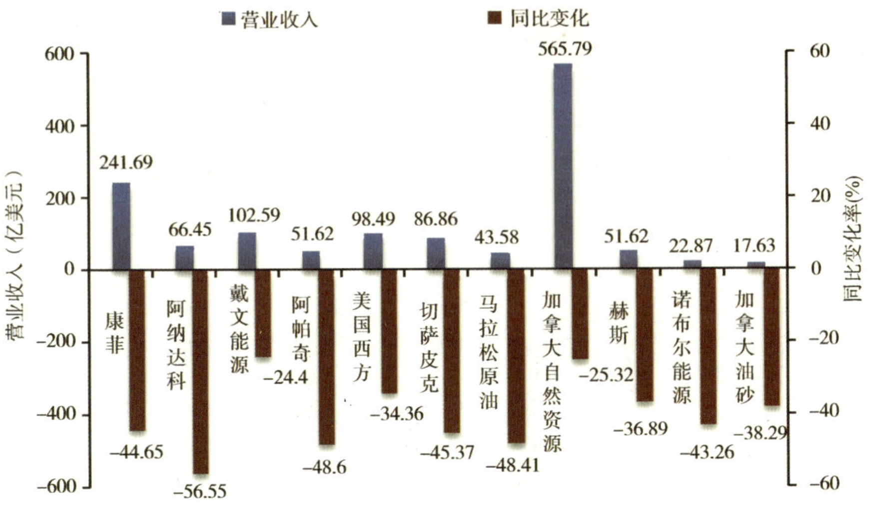

图11-1-7　2015年前9个月独立石油公司营业收入及同比变化

2015 年前 9 个月，独立石油公司净利润为负，普遍亏损，同比降幅高达 114.16%～2600.51%。切萨皮克能源公司由于页岩油气业务受到严重冲击，利润降幅高达 1078.86%。加拿大油砂公司业绩大幅下滑归因于低油价及加元对美元汇率的疲软。马拉松原油公司被迫出售资产、收缩业务来应对经营困难。阿帕奇公司由于长期重组、剥离业务以及大规模国际投资活动，2014 年利润已为负，2015 年受低油价进一步影响，利润下降高达 2600.51%（图 11-1-8）。

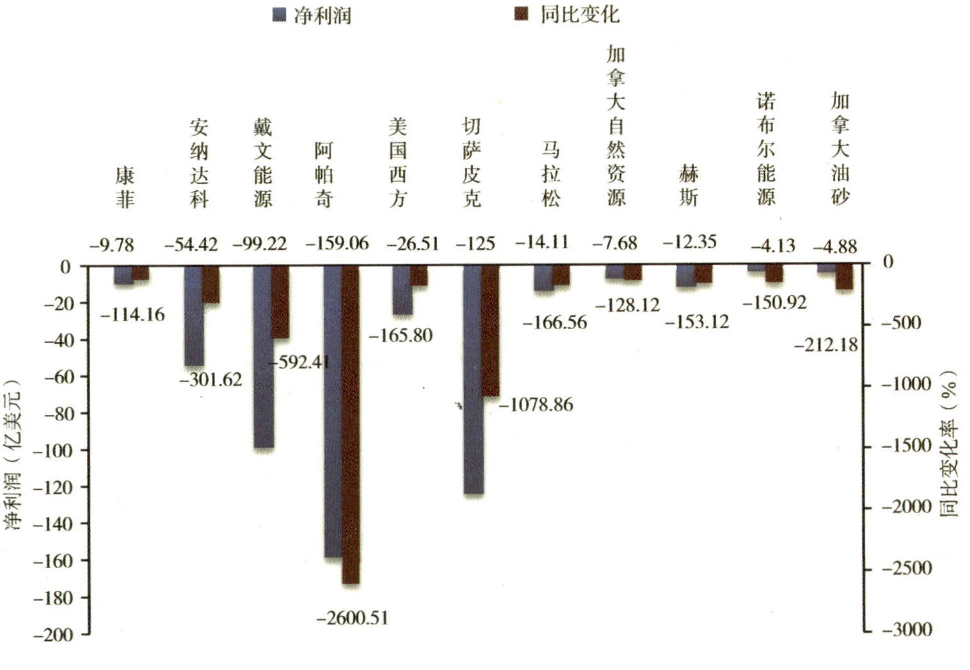

图11-1-8　2015年前9个月独立石油公司净利润及同比变化

值得注意的是，2015 年前 9 个月，由于油价大跌，国际一体化石油公司总体业绩虽大幅下降，但其下游利润却大幅上升，减缓了整体业绩的下滑。而独立石油公司受到油价下跌影响巨大，合计营业收入和合计净利润的降幅较国际一体化大石油公司要大得多。在国际一体化石油公司中，上下游资产较为均衡的埃克森美孚和道达尔 2015 年前 9 个月利润下降幅度最小，分别同比下降 48.48%与 34.74%（图 11-1-9）。

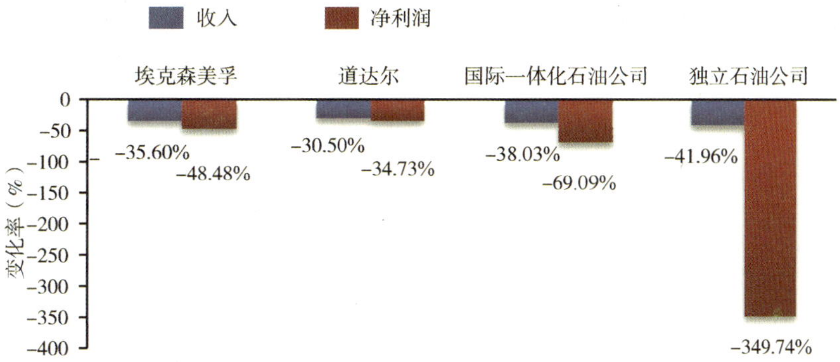

图11-1-9　2015年前9个月国际石油公司业绩同比变化率

3. 一体化公司营业收入和净利润受油价影响总体小于独立石油公司

从 2015 年前 9 个月国际油价降幅与国际一体化石油公司、独立石油公司的营业收入和净利润降幅的相关性简单比较可以看出，国际石油公司营业收入降幅与油价降幅的相关度为 0.5~1.2。从整体上看，一体化石油公司营业收入随油价下降而下降的幅度低于以上游为主的独立石油公司。五家国际一体化大石油公司相关性全部低于 1，而五家独立石油公司中，多数公司相关性在 1 左右，只有一家公司的相关性相对较低。

国际石油公司净利润降幅与油价降幅的相关度在 0.7~53.8 之间，差异更为明显。从整体上看，一体化国际大石油公司净利润随油价下降而下降的幅度低于独立石油公司。五大石油公司的相关性在 0.7~2.9 之间，80%的公司相关性低于 2。而独立石油公司的相关性在 2.4~53.8 之间，所有公司的相关性均高于 2。由表 11-1-2 可见，一体化程度最高的埃克森美孚和道达尔无论营业收入还是净利润的降幅与油价的降幅的关联性都最低。

表11-1-2　2015年前9个月油价降幅与国际石油公司营业收入、净利润降幅相关性比较

公司	营业收入		净利润	
	降幅（%）	相关性	降幅（%）	相关性
油价	-48.37	—	-48.37	—
埃克森美孚	-35.6	0.7	-48.48	1.0
BP	-39.35	0.8	-138.78	2.9
壳牌	-43.8	0.9	-93	1.9
雪佛龙	-35.66	0.7	-67.18	1.4
道达尔	-30.5	0.6	-34.74	0.7

续表

公司	营业收入		净利润	
	降幅（%）	相关性	降幅（%）	相关性
康菲	−44.65	0.9	−114.16	2.4
阿纳达科	−56.55	1.2	−301.62	6.2
戴文	−24.4	0.5	−592.41	12.2
阿帕奇	−48.6	1.0	−2600.51	53.8
马拉松	−48.41	1.0	−166.56	3.4

二、国际石油公司发展动向

大幅下跌且持续低迷的油价使国际石油公司的生产经营遭受严重冲击，如何安全度过行业寒冬成为国际石油公司 2015 年的主要任务。总体来看，在低油价环境下，国际石油公司努力控制资本投资、控制高风险勘探项目、控制人员、控制成本，保证现金流，同时没有放松对生产经营活动安全性的重视，并坚持研发投入和股东回报。此外，国际石油公司还利用下行周期出现的精简、降本机会，继续着眼长远深化调整，改善成本结构，为适应全球能源新格局实现新发展奠定基础。

1. 控投资、控风险，缓解资金压力，提高投资回报

近些年，高投资导致国际石油公司资金偏紧，油价大幅下跌且持续低迷进一步加剧了问题的严重性。为缓解资金压力、确保健康稳定发展，国际石油公司开始量入为出，严控投资。五大国际石油公司 2014—2016 年投资持续下降（图 11-1-10），进入 21 世纪以来第一个投资持续削减期，根据目前情况预计 2017 年投资将继续下降。由于缺乏上下游一体化能力，独立石油公司受低油价的冲击更大，因此投资削减力度高于国际大石油公司，2015 年国际大石油公司的投资降幅为 12%~22%，独立石油公司的降幅则全部高于 20%，有的甚至超过 50%。预计 2016 年独立石油公司将继续大幅削减投资，已公布投资预算的公司的降幅在 24%～50% 之间。

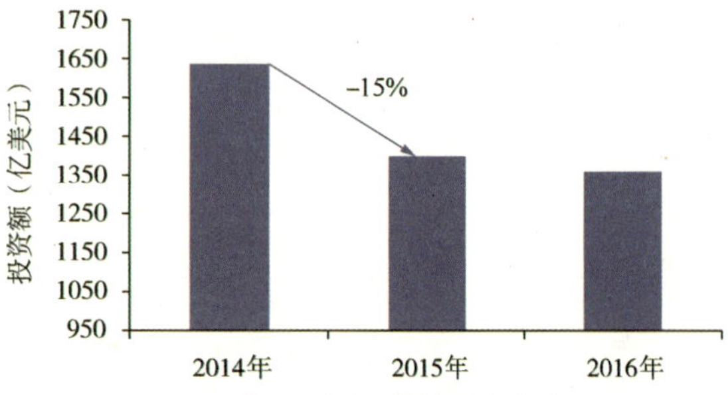

（a）国际大石油公司

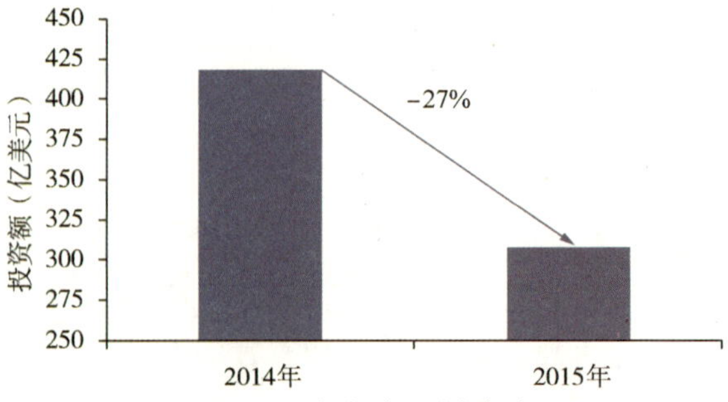

（b）独立石油公司

图11-1-10　国际石油公司投资

从区域上看，国际石油公司在北美和俄罗斯的投资降幅最大，在 40%~60%之间。北美投资削减最为显著，约一半以上的北美陆上项目的投资削减幅度超过 45%，特别是一批效益相对差的非常规油气项目和未开发的常规油气项目。国际石油公司在非洲、拉美和欧洲的投资降幅为 20%~40%，对亚太区的投资降幅平均在 20%左右。

在严格控制投资额的同时，国际大石油公司还注重控制投资风险、减少低效投资、提高投资回报率。首先是调整勘探策略，包括削减勘探投入（表 11-1-3），减少盐下层、超深水、非常规和极地等高风险前沿区的勘探活动，重视挖掘已探明区或现有油气田周边区的资源潜力。例如，道达尔对高风险前沿区的勘探投资占比从之前的 40%下调到 25%。壳牌放弃了投入数十亿美元的美国北极海域勘探计划，埃克森美孚、BP、雪佛龙均暂停了加拿大北极圈内的勘探活动。

表11-1-3　2015年国际大石油公司勘探投资预算削减计划

公司	勘探投资
壳牌	2015年常规勘探投资从2014年的40亿美元降至30亿美元，再降至20亿美元
雪佛龙	2015年计划削减10%～15%的勘探支出
道达尔	2015年计划削减勘探投资30%至19亿美元

其次是全面审查、优化投资组合。将投资项目按经济效益排队，优先发展回报高、回收快的项目，推迟、暂停或取消高成本、高投资、长周期项目，主要涉及油砂、液化天然气（LNG）、深水、特大型石化等项目。例如，壳牌将其所有在建和待建液化天然气（LNG）项目根据建设成本和投资效益进行排队，优先发展成本可控、盈利能力强的项目，一些投资大、成本高的项目则按照 5 年甚至 10 年后发展进行规划，2015 年取消了卡塔尔世界级石化厂项目，搁置加拿大皮埃尔河油砂项目，退出 Carmon Creek 油砂项目等。独立石油公司则注重优化投资、提高资金效率，主要措施包括集中资金开发优势项目、优先考虑在“甜点”区打井等，对于成本较高的项目则缩减投资、推迟打井或出售。

值得注意的是，尽管当前削减投资但国际石油公司不忘谋划未来。由于油价预计将在 2017—2018 年复苏，国际石油公司密切关注和研究未来可能的投资区，北美非常规油气、北海、美国墨西哥湾和非洲部分地区可能成为油价回升后这些公司投资的热点。预计油价回升到 60 美元/桶以上时，至少有超过 30%的国际石油公司将扩大对北美非常规油气的投资。

2. 大幅削减运营成本，抓住时机改善上游中长期成本结构

持续低迷的油价严重压缩了盈利空间，迫使国际石油公司大幅削减成本、提升效率。多数国际大石油公司制订了明确的运营费用削减目标（表 11-1-4）。独立石油公司也同样大力削减成本。2015 年康菲不仅两次削减投资，而且运营费用也一减再减，从年初的 92 亿美元降至 89 亿美元再降至 82 亿美元。2015 年前 9 个月赫斯公司削减成本约 6 亿美元，投资和运营成本基本各占一半。西方石油公司计划 2016 年的一般性费用和行政费用从 15 亿美元削减至 12 亿美元。

表11-1-4 国际大石油公司成本削减目标及裁员计划

公司	成本削减目标	裁 员
壳牌	2015年运营投入比2014年减少40亿美元，2016年进一步削减	2015年下半年宣布裁员6500人以上，涉及北海支持性业务和承包商等
BP	通过标准化、规模优化和成本管控，确保90%以上的开发项目投资压缩至2014年50%左右的水平。预计2017年成本比2014年减少60亿美元以上	实施精简计划，削减数千名员工。目前已在全球削减700多个工作岗位，涉及澳大利亚炼厂、休斯敦后勤人员、北海项目、阿塞拜疆等
雪佛龙	计划将支出减少30亿美元，主要来自运营费用	计划裁员6000~7000人
道达尔	原计划2015年削减8亿美元运营投入，之后改为削减12亿美元，重点压缩上游运营费用	计划2017年前削减约2000个工作岗位，预计可减少2亿美元运营费用
康菲	2015年两次下调运营费用，从最初的92亿美元降至82亿美元，削减11%	2014年底削减了近14%在英国工作的员工

降低人工成本是国际大石油公司削减运营费用的主要措施之一，包括在全球范围减少工作岗位、减少承包商数量、不招聘新员工、暂停工资上涨等（图 11-1-11）。壳牌、BP、雪佛龙和道达尔都计划减少数千个工作岗位以节约数十亿美元成本，只有埃克森美孚表示不进行大规模裁员。措施之二是通过重新谈判、重新招标等方式降低供应链成本。例如，供应链成本下降已使埃克森美孚减少了约 70 亿美元的运营支出，雪佛龙计划削减 10%~40%与设备和油田服务供应商有关的成本，壳牌有约 15 亿美元的费用削减来自于 2014 年相比供应链成本的下降。独立石油公司则利用技术提高钻井效率和单井采收率来实现降本。例如，不少美国非常规油气公司采用丛式井场技术、改进钻井工艺等缩短水平井钻井时间，通过增加水平段长度、加大压裂液等方式提高单井采收程度。

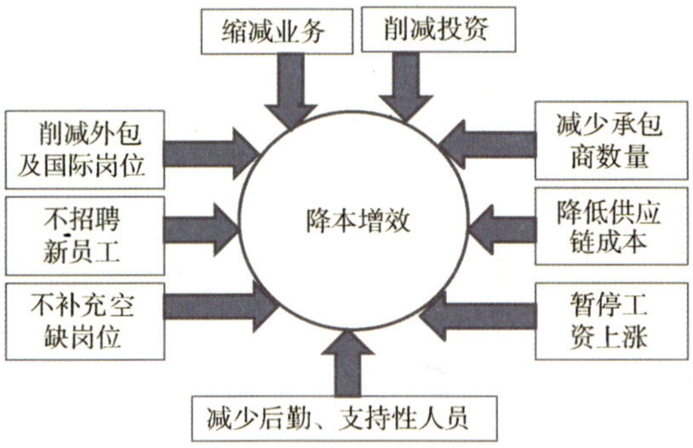

图11-1-11 国际大石油公司降本增效措施

随着油价持续下跌，新项目开工率普遍下降，行业成本开始下降。2014 年三季度到 2015 年二季度，全球上游资本成本指数下降 16%，非常规油气、浅水、深水及超深水开发项目的钻井成本、非常规项目的完井成本、公司一般费用和行政费用等均已下降，预计成本下降趋势将至少持续到 2016 年。国际石油公司积极利用这个机会改善自身上游成本结构。例如，BP 通过推迟墨西哥湾 Mad Dog 项目二期，使项目成本从最初预计的 220 亿美元下降到 140

亿美元，到 2016 年初 BP 对该项目做出最终投资决定时，预计项目成本很可能降至 100 亿美元以下。道达尔虽已看到钻机和地震成本的显著下降，但将继续等待平台建设成本进一步下降后才开始推进新项目，该公司表示可能两年内不对新项目做出投资决定。

3. 以“效益至上、简约发展”为指导，深化资产管理

2015 年国际石油公司一方面积极应对油价下跌带来的中短期影响，另一方面继续着眼长远深化调整谋发展。在全球能源新格局正在形成、多重因素导致石油公司价值创造力面临严峻挑战、高效成为未来生存和发展关键的背景下，国际石油公司更加坚定地秉持“价值胜过规模”的发展理念，紧密围绕提升效益深化资产管理，继续为构建“规模适当、业务集中、资产优质、精干高效”的公司业务发展模式体系而努力。

壳牌提出“简约发展”的思路，认为“通向未来成功的跳板是将壳牌发展成为一个更精干、更盈利的公司”，公司的资产和业务应“集中在数量更少但价值更高的领域”。在集中发展优势业务思想的指导下，壳牌通过收购 BG 显著加强了两个最具优势的业务领域——液化天然气（LNG）和深水。而为了保持合适的发展规模，尽管液化天然气是优势业务，但完成这项收购后壳牌可能会“出售一些资产”以免液化天然气业务过于庞大。与此同时，壳牌开始收缩油砂业务，2015 年搁置加拿大皮埃尔河油砂项目，并退出正在建设的 Carmon Creek 油砂项目，未来一段时间可能将不投资任何新的油砂项目。壳牌还继续剥离下游非核心资产以将力量集中在最具竞争力的资产和市场上，启动了剥离全球液化石油气（LPG）业务计划，出售了法国液化石油气业务、挪威加油站网络、中国统一润滑油股份等多项下游资产（图 11-1-12）。

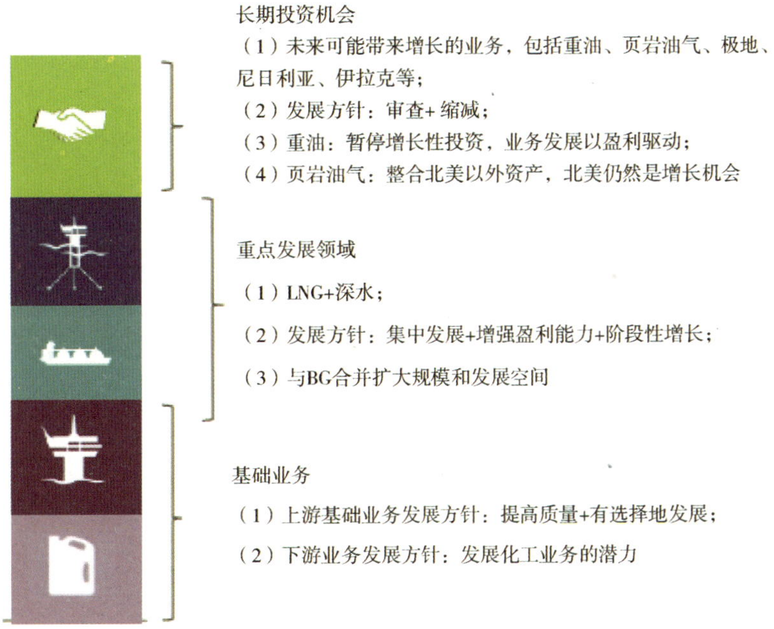

图11-1-12　壳牌业务发展战略

BP 在墨西哥湾漏油事故后大量出售资产，目前已成为一家“规模较小、结构更简单、业务更集中”的公司。自 2010 年以来 BP 上游剥离了近 50%的运营装置、35%的运营油井和 50%的油气运营管线，炼油能力自 2000 年以来减少了 38%，形成了相对集中的资产结构——业务主要集中在深水、天然气产业链、巨型油田和高质量的下游 4 个领域。其上游将美国墨西哥湾、北海、阿塞拜疆和安哥拉 4 个高盈利地区作为重点发展区。精简和集中显著降低了 BP 资产和业务结构的复杂度及风险，使管理更加直接和高效，决策更加迅速。在集中发展核心业务思想的指导下，2015 年 BP 出售墨西哥湾 Gila 和 Tiber 的部分权益并放弃了在这两个项目上的作业者身份，以便将其墨西哥湾勘探业务集中在另外 4 个有利可图的项目上。

国际石油公司优化资产的努力仍将继续（表 11-1-5）。2015 年雪佛龙两次提高了 2014—2017 年资产出售金额目标至 160 亿~200 亿美元，增幅 7%~33%。BP 原计划 2015 年之后资产出售目标为 20 亿~30 亿美元/年，但三季度宣布 2016 年将再出售 30 亿~50 亿美元资产。独立石油公司也在出售资产，目的同样是在缓解资金、财务压力的同时实现资产组合的优化，剥离掉非核心资产，将业务向高盈利地区集中。例如，2015 年西方石油公司以 6 亿美元出售 Bakken 致密油资产，向盈利性更好的 Permian 盆地集中。还计划进一步减少中东、北非地区的非核心资产，向该地区的核心区集中。2015 年阿纳达科已出售 20 亿美元资产，还在继续“寻找机会”，出售重点是非核心资产。马拉松石油公司计划出售 5 亿美元北美以外的资产。

表11-1-5　2015年国际大石油公司主要资产剥离交易

地区	资产剥离交易
欧洲	上游：道达尔出售北海拉干托莫尔项目80%的股份，退出俄罗斯西伯利亚页岩油项目、退还施托克曼气田项目25%的股份。 中游：（1）BP出售英国北海CATS管线系统股份，计划出售阿姆斯特丹石油存储终端； （2）道达尔出售北海Frigg UK天然气管线、法国Geodel Manosque地下存储设施50%的权益。 下游：（1）道达尔出售德国Schwet炼厂16.67%的股份； （2）壳牌出售法国LPG业务、英国加油站、丹麦零售、商业燃料和航空燃料业务，以及挪威加油站、商用燃料油和供应、分销后勤业务
亚洲	上游：（1）埃克森美孚出售印度尼西亚两个成熟海上区块； （2）雪佛龙出售越南全部资产，包括3个区块和一条天然气管线的权益。 下游：壳牌出售日本炼厂子公司股份和中国统一润滑油75%的股份，考虑调整马来西亚炼油业务
大洋洲	下游：（1）BP出售澳大利亚沥青业务，计划关闭澳大利亚Bulwer岛炼厂； （2）雪佛龙出售澳大利亚炼油销售公司Caltex股份，出售在新西兰唯一一家炼厂中持有的股份
北美洲	上游：（1）埃克森美孚出售XTO在阿拉斯加的上游资产； （2）壳牌出售在美国Elba液化公司中持有的全部股权； （3）BP出售墨西哥湾两个深水区块权益； （4）道达尔出售加拿大Fort Hill油砂项目10%的股份。 下游：（1）埃克森美孚将出售洛杉矶托兰斯炼厂； （2）BP将美国14个油品终端的主要股份出售并完全剥离另一个终端； （3）道达尔拟出售美国阿瑟炼厂50%的权益

续表

地区	资产剥离交易
非洲	上游：（1）壳牌出售尼日利亚一个浅水区块及管线等相关设施； （2）雪佛龙完成尼日利亚两个浅水区块股份出售交易，计划再出售两个浅水区块股份。 下游：壳牌和道达尔计划出售留尼旺岛加油站业务

4. 充分发挥一体化优势，缓和低油价冲击

低油价给炼油行业带来利好，世界主要地区炼油毛利出现好转甚至大幅提高。尤其是上半年，加工布伦特原油的欧洲裂化毛利同比增长142%，2015年上半年美国墨西哥湾炼油毛利快速增加，美国海湾地区炼厂加工HLS/LLS混合油的裂化毛利同比增长40%。国际大石油公司抓住时机灵活调整经营策略，借上下游一体化优势适当增加下游投资，利用炼油化工的盈利缓冲低油气价格对上游业务和公司整体业绩带来的冲击。

国际大石油公司削减的投资主要来自上游。2014年和2015年前9个月，五大公司的合计上游投资降幅近17%，而下游投资降幅则低于10%。下游投资占比有所上升（表11-1-6）。被推迟、暂停或取消的项目多数是上游项目，下游除个别项目如壳牌卡塔尔化工大项目外，整体调整不大，多个项目继续按原计划推进（表11-1-7），有的公司甚至改变原定的关闭计划。例如2015年初道达尔原计划永久关闭法国La Mede炼厂，将其转变为生物燃料厂，但面对欧洲炼油毛利和炼厂效益因低油价显著改善的局面，道达尔决定保持该厂的运营直到2017年。2015年前9个月，国际大石油公司的原油加工量和油品销售量均有一定增加。

表11-1-6　国际大石油公司上下游投资变化及占比　　单位：%

业务板块	投资额同比变化		投资占比	
	2014年	2015年前9个月	2014年前9个月	2015年前9个月
上游	-16.8	-16.5	88	87
下游	-3.4	-7.2	11	12

表11-1-7　2015年国际大石油公司主要下游投资动向

地区	下游投资项目
欧洲	（1）埃克森美孚继续推进投资10亿美元的安特卫普炼厂改造项目，以生产船用清洁燃料； （2）埃克森美孚拟投资2亿~3亿欧元将荷兰鹿特丹炼厂加氢裂化装置能力提高40%，同时提高生产II类润滑油基础油的能力，预计2016年开工，2018年投产； （3）道达尔投资4亿欧元改造法国Donges炼厂，新建一套约4万桶/日的减压瓦斯油（VGO）加氢脱硫装置，增加该厂低硫燃料产能，以适应欧盟燃料标准的提高

续表

地区	下游投资项目
亚太	（1）埃克森美孚在新加坡裕廊岛建合成润滑油装置，生产包括旗舰品牌美孚1号合成发动机油在内的合成润滑油产品，预计2017年下半年建成。该装置将是亚太地区唯一生产美孚1号的装置，也是埃克森美孚全球5套生产该高档润滑油产品的装置之一； （2）壳牌东方石化厂投产两套新建设备：14万吨/年的高纯度环氧乙烷（HPEO）和14万吨/年的乙氧基化物生产装置，使两种产品在新加坡的产能增长一倍以上； （3）壳牌投资2亿美元在印度尼西亚雅加达建第一个润滑油调和装置，年产能12万吨/年，预计2016年达到满负荷生产，将成为外国公司在印度尼西亚最大的润滑油调和装置； （4）BP珠海化工公司PTA厂的第三条生产线正式投产，进一步提高了BP在PTA市场的地位。这条生产线设计能力125万吨/年，是全球最大的单列PTA装置，也是第一个使用BP最新PTA技术的项目； （5）道达尔计划未来10年将其亚洲润滑油产量提高一倍。2015年其在新加坡新建的润滑油厂投产，产能31万吨/年，是道达尔在全球最大的润滑油厂，可将道达尔在新加坡的润滑油产量提高一倍
中东	道达尔和沙特阿美有意对沙特阿拉伯朱拜勒的沙特阿美道达尔炼油和石化（Satorp）合资企业进行扩能，扩能计划包括新建一套乙烯联合装置以及线性 α-烯烃、聚 α-烯烃和弹性体生产装置
北美	（1）埃克森美孚计划将得克萨斯州博蒙特34.5万桶/日炼厂的原油加工能力提升2万桶/日，以增加该厂加工美国轻质页岩油的能力并提高能效； （2）壳牌对增加美国路易斯安那州Geismar化工厂 α-烯烃（AO）产能项目做出最终投资决定，将建设第四个AO装置，可增加42.5万吨产能，从而使该厂AO产量达到130万吨/年以上，成为全球最大的AO生产厂。新装置预计于2016年一季度开建

5. 低油价下保持必要的研发投入，保证科技创新

石油市场同质化的特点决定了成本领先是石油公司提升竞争力和抵御价格风险的关键，而技术创新则是实现成本领先的核心。国际大石油公司普遍把科技创新视为核心竞争力，视其为公司的生命线和持续发展的力量源泉。一直以来国际大石油公司坚持研发、鼓励创新，致力于掌握核心技术，培育新竞争优势，抢占未来制高点。埃克森美孚认为需要持之以恒的技术投入和创新，才能做好常规和非常规油气资源的开发，保障公司产储量稳定。各家公司都拥有并不断加强自己的核心和特色技术。如 BP 将地震成像技术、生产优化技术、EOR 技术和油气运输技术视为其核心和特色技术，依靠这些技术赢得效益和市场。壳牌计划凭借浮式液化天然气与深海勘探技术等特色技术推动公司发展。

尽管低油价迫使国际大石油公司大幅削减投资、压缩成本，但坚持科技创新的一贯做法没有动摇，在资金极其紧张的情况下依然保证研发投入。2014 年五大公司的合计研发支出仅小幅下降 3%，远低于上游投资 17%的降幅（表 11-1-8）。道达尔在上、下游投资均出现两位数降幅的情况下，研发投资却上涨 7%。预计 2015 年国际大石油将继续“保研发”，相关投入不会出现显著下降。

表11-1-8　2014年国际大石油公司研发投入

公司	2014年总投入（亿美元）	2014年同比变化（%）		
		研发投入	上游投资	下游投资
埃克森美孚	9.71	-7	-14	36
BP	6.63	-6	-36	-31
壳牌	12.22	-7	-22	7
雪佛龙	7.07	-6	-2	-18
道达尔	13.53	7	-11	-15
合计	49.16	-3	-17	-3

6.保回报，坚持回馈股东

国际大石油公司非常重视股东回报，维护其在资本市场的形象和商誉。2015 年国际大石油公司在努力压投资、降成本的同时，仍然维持股利稳定或增长（表 11-1-9）。

表11-1-9　2015年国际大石油公司每股股利

公司	2014年前9个月每股股利（美元/股）	2015年前9个月每股股利（美元/股）	同比变化（%）
埃克森美孚	2.01	2.15	7.0
BP	1.74	1.8	3.4
壳牌	2.82	2.82	0
雪佛龙	3.14	3.21	2.2

（本节撰写人：张　蕤　林晓红）

第二节　国家石油公司经营状况与发展动向

2014 年下半年以来，国际油价大幅下降，国家石油公司经营业绩受到极大冲击。2015 年国家石油公司在油价持续低迷的环境下，油气生产基本保持稳定，但收入急剧下降，利润降幅更甚。面对严峻形势，国家石油公司普遍采取缩减投资规模、剥离低收益资产、推迟部分项目投资、加强合作等措施来应对。

一、经营状况

2015 年国家石油公司石油产量稳中有升、天然气产量总体保持增长，炼油能力持续提升，经营业绩遭受重创。在 2015 年的油价环境下，国家石油公司减收降利，除个别公司外，没有亏损，仍能维持油气生产。

1. 油气生产基本平稳

（1）石油产量稳中有升。

在国际油价大幅下跌的环境下，大部分国家石油公司并没有减少石油产量，有的甚至大幅提升产量，仅有少数国家石油公司石油产量出现下滑。这反映出低油价下国家石油公司仍坚持采取增加石油产量以维持或扩大国际市场份额的竞争战略。

2015年前9个月，伊拉克国家石油公司借助稳定南部油田产量，恢复北方石油出口，石油产量同比大幅上升20%。马来西亚国家石油公司则因近几年收购了大量的海外资产，2015年随着阿塞拜疆新井投产、伊拉克权益产量增长等因素，该公司前9个月石油产量同比增长14%。挪威国家石油公司因海外产量持续增长，2015年前9个月石油产量同比增长7.5%。巴西国家石油公司2015年盐下油田产量屡创新高，前9个月石油产量同比增长5.5%。沙特阿美继续采取提高石油产量的策略，2015年前9个月石油产量同比增长4.2%。伊朗国家石油公司2015年前9个月石油产量同比增长2%。2015年，国家石油公司石油产量估计增长3%左右（图11-2-1）。

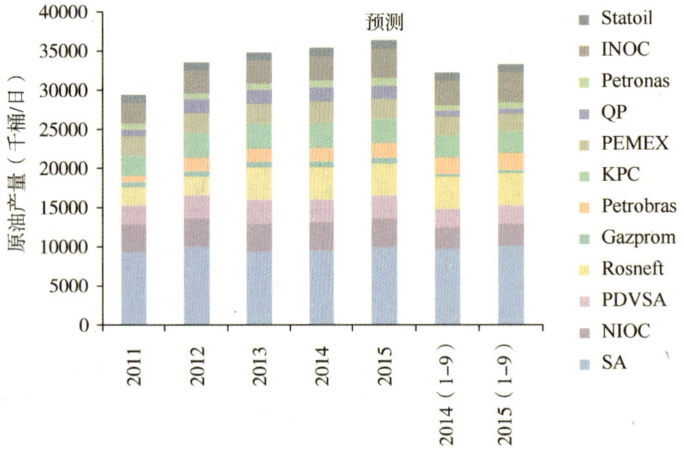

图11-2-1　2011—2015年前9个月主要国家石油公司原油产量[1]

数据来源：PIW、OPEC公报、各石油公司年报和季报；2015年全年产量为预测值

（2）天然气产量总体保持增长。

近年来，国家石油公司普遍重视发展天然气业务（图11-2-2），其中，资源国国家石油公司主要通过加大投资，增加本国天然气勘探开发力度；新兴市场国家的国家石油公司主要通过资产并购增加产量。

[1] 本节各图中国家石油公司英文缩写对应的公司分别是：SA—沙特阿美；NIOC—伊朗国家石油公司；PDVSA—委内瑞拉国家石油公司；Rosneft—俄罗斯石油公司；Gazprom—俄罗斯天然气公司；Petrobras—巴西国家石油公司；KPC—科威特国家石油公司；PEMEX—墨西哥国家石油公司；QP—卡塔尔国家石油公司；Petronas—马来西亚国家石油公司；INOC—伊拉克国家石油公司；Statoil—挪威国家石油公司。

2014 年，俄罗斯石油公司因收购 TNK-BP，天然气产量大幅增长 54%。进入 2015 年，随着新区块和新井的投产，以及 Vankor 油田的天然气产量增加，前 9 个月该公司的天然气产量同比增长 14%。2015 年前 9 个月，巴西国家石油公司和挪威国家石油公司都因国内油田开发获得新进展，天然气产量同比分别增长 9%和 6%。

俄罗斯天然气工业股份公司天然气产量自 2014 年以来显著下降，主要是因为上游投资减少和欧洲市场需求下降，2015 年前 9 个月天然气产量同比减少 13%。

2015 年，国家石油公司天然气产量总体将保持增长态势，估计年增长率在 1%左右。

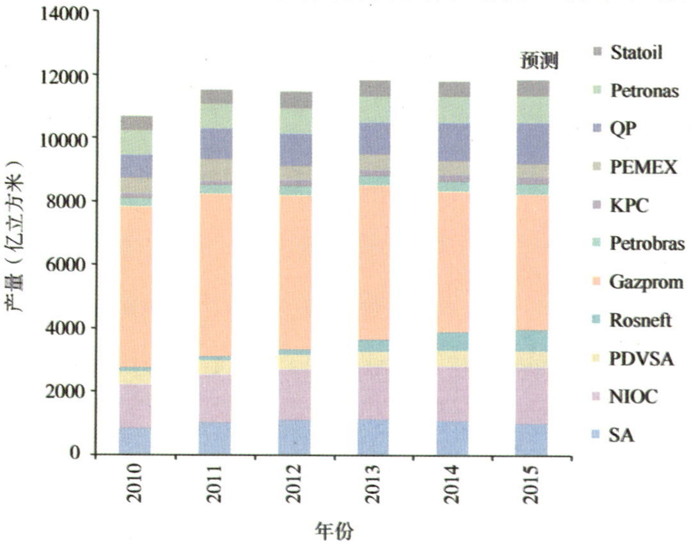

图11-2-2　2011—2014年主要国家石油公司天然气产量

数据来源：PIW，石油公司年报；2015 年数据为预测值

（3）炼油能力和原油加工量持续提升。

近年来，大部分国家石油公司都非常重视一体化发展，加大了下游投资力度，通过新建、扩建或资产收购，炼油能力和原油加工量稳步提升（图 11-2-3、图 11-2-4）。

不同公司在发展炼化能力方面出现差异。以沙特阿美为代表的资源国国家石油公司仍将大力发展炼化业务，沙特阿美炼油能力提升显著，2014 年同比增长 18%，主要得益于该公司前几年投资的大型炼化项目陆续投产，包括 2014 年投产的 SATORP 和 YASREF 合资炼厂项目，2017 年吉赞项目也将投产，届时这 3 家炼厂完全投产后，沙特阿美的炼油能力将增加 120 万桶/日。

2015 年，在低油价环境下，部分国家石油公司一体化发展的优势开始显现，炼油板块盈利好于上游板块。巴西国家石油公司 2015 年前 9 个月炼化板块大幅盈利，同比增长 166%。但也有部分公司放缓或者关闭高成本、低收益的炼化项目，缩减投资成本。巴西国家石油公司延期了里约热内卢石化项目和 RNEST 炼厂二期工程，并于 2015 年初决定关闭其在日本的 Nansei Sekiyu 炼厂。

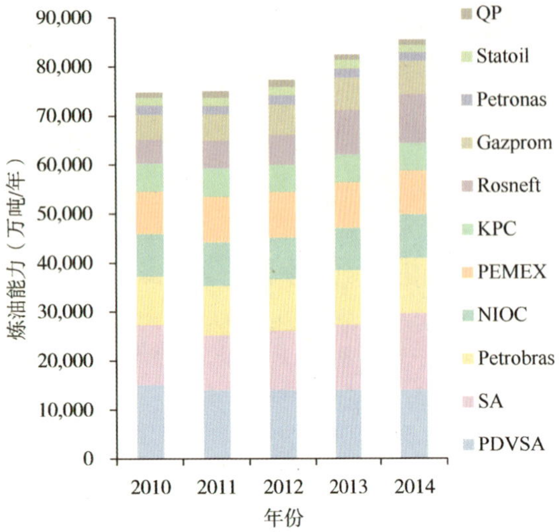

图11-2-3　2011—2014年主要国家石油公司炼油能力

数据来源：PIW

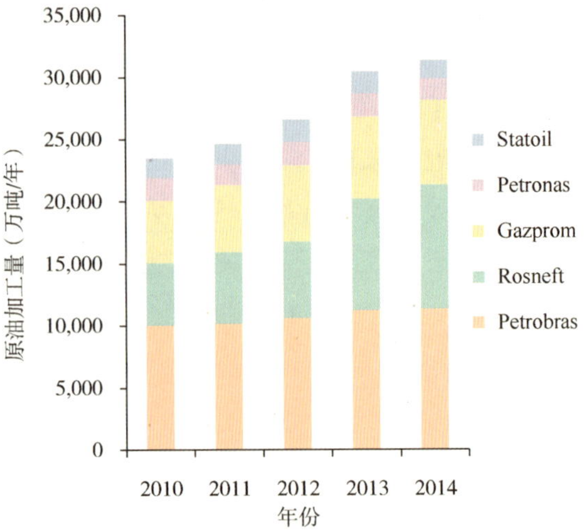

图11-2-4　2011—2014年新兴市场国家的国家石油公司原油加工量

数据来源：石油公司年报

2. 国家石油公司销售收入和盈利双降

2015 年国家石油公司销售收入和盈利出现双下降，部分公司延续了 2014 年亏损，经营业绩持续恶化。2015 年前 9 个月，主要国家石油公司以美元计算的公司收入同比平均下降 31% ,净利润同比平均下降 62%。但是，除个别公司亏损外，大部分公司仍能实现盈利（表 11-2-1、图 11-2-5）。

表11-2-1　2011—2014年主要国家石油公司总收入和净利润　　单位：亿美元

公司名称	2011年		2012年		2013年		2014年		2015年（1-9月）	
	总收入	净利润	总收入	净利润	总收入	净利润	总收入	净利润	总收入	净利润
挪威国家石油公司	1196	141	1241	118	1079	68	963	35	450	-36
巴西国家石油公司	1459	201	1441	110	1415	108	1437	-74	752	10
俄罗斯天然气工业股份公司	1580	445	1534	394	1650	358	1474	41	525	102
俄罗斯石油公司	925	113	994	117	1474	171	1433	91	468	34
马来西亚国家石油公司	943	195	943	162	1008	172	1006	113	497	63
墨西哥国家石油公司	1114	-65	1266	2	1230	-130	1079	-361	530	-207

数据来源：各石油公司年报。

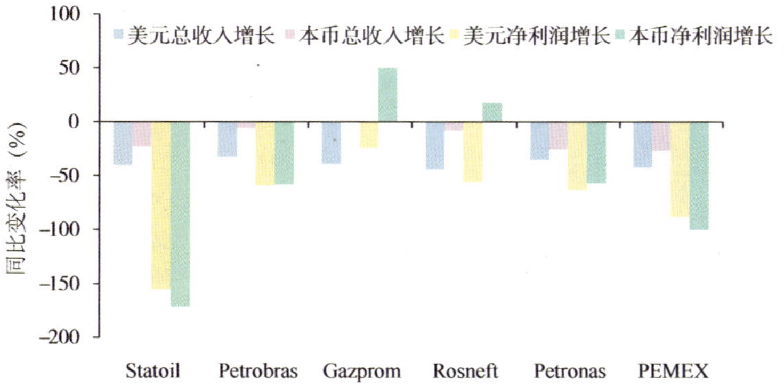

图11-2-5　主要国家石油公司2015年前9个月总收入和利润同比变化情况

数据来源：石油公司年报和季报

2015 年前 9 个月，挪威国家石油公司总收入和净利润同比分别大幅下降 40%和 171%，首次出现经营亏损。墨西哥国家石油公司因油价下跌、产量下降和炼厂开工率不足导致收入下滑、净利润在去年亏损的情况下持续恶化。

受美国制裁和所在国经济萧条等不利因素的影响，2015 年前 9 个月俄罗斯和巴西货币兑美元的平均汇率比 2014 年同期下降了 30%以上，对美元计算的公司业绩产生了较大影响。巴西国家石油公司 2015 年前 9 个月，以本币计算的公司收入和净利润同比分别下降 6%和 58%，而以美元计算的收入和净利润同比分别下降 32%和 59%。两家俄罗斯公司由于支出以卢布计算，收入多以美元计算，使得卢布贬值有利于以本币计算的利润，2015 年前 9 个月以卢布计算，俄罗斯天然气工业股份公司的净利润同比大幅增长 50%，俄罗斯石油公司的净利润同比增长 18%；而以美元计算的净利润，俄罗斯天然气工业股份公司和俄罗斯石油公司同比分别下降 24%和 56%。

二、发展动向

自 2014 年下半年国际油价大幅下跌以来，国家石油公司受到收入大幅减少、效益下滑的冲击。2015 年，国家石油公司普遍采取缩减投资规模、剥离低收益资产、推迟部分投资项目、加强合作等措施应对。

1. 缩减投资规模降低公司资本支出

进入 2015 年，国际油价持续低迷，造成国家石油公司收入普遍减少，制约了再投资，各公司纷纷调整了中短期的投资计划。但各公司投资计划削减的幅度不同，特别是实力较强的资源国国家石油公司尚未明确投资削减的计划。

与国际大石油公司和独立石油公司最显著的不同是，绝大多数国家石油公司在收入减少缩减投资的计划中，鲜少有裁员安排，主要是通过降低薪资来压缩人工成本，这进一步反映出国家石油公司所承担的保障就业责任与独立石油公司明显不同（表 11-2-2）。

表11-2-2 2015年部分国家石油公司调整的投资计划

公司名称	投资计划	主要内容	具体举措
巴西国家石油公司	新的五年计划（2015—2019年）	2015—2019年计划投资将减少440亿美元左右，降到大约1,770亿美元，其中，上游资本支出大幅削减38%。2015年投资额削减至230亿美元，2016年投资额再减至190亿美元	剥离一部分非核心资产，并将2015-1016年资产剥离目标从137亿美元提升至151亿美元，其中上游资产占30%
挪威国家石油公司	2015—2016年资本支出计划	2015年的资本支出较2014年削减17%。2015年油气勘探和开采投资同比将下降11%，2016年将进一步下降3%	计划大规模裁员，2016年底员工数量将缩减至2013年的80%
俄罗斯石油公司	2015—2016年资本支出计划	公司将持更为谨慎的投资态度，将2015年油气生产保持在不低于2014年的水平	确保充足的自由现金流，并力求息税前利润最大化
墨西哥国家石油公司	2015—2016年资本支出计划	2015年的资本支出减少了50亿美元。2016年投资计划下调40亿美元至200亿美元，为近10年最低	削减100亿比索工资，采取紧缩计划以获得额外积蓄

2015年，部分国家石油公司已经明确提出降低投资计划，采取更为谨慎的投资策略，但减少下游支出比重，向上游业务倾斜仍是各公司投资的主要方向。由于汇率原因，出现了部分公司以本币计算投资增加，而折算成美元，投资则呈下降的现象。2015年前9个月，挪威国家石油公司、俄罗斯天然气工业股份公司、俄罗斯石油公司和马来西亚国家石油公司以美元计算资本支出同比分别减少16%、23%、31%和9%，而以本币计算的资本支出则同比分别增加了9%、26%、11%和6%（图11-2-6）。

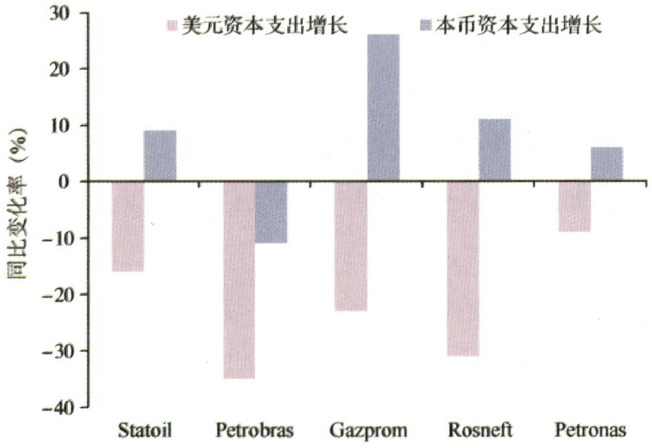

图11-2-6 部分国家石油公司2015年前9个月资本支出同比变化比率

2015年前9个月，巴西国家石油公司的资本支出同比降幅最大，主要因为公司大部分投资用于增加油气产量，减少了对炼油、运输和销售板块的资本支出。

俄罗斯天然气工业股份公司和俄罗斯石油公司资本支出受本币贬值影响明显，2015年上半年以美元计算的资本支出均下降20%以上。如不考虑汇率因素，两家公司上半年资本支出分别增长 26%和 14%，增长主要来自钻井活动的增加和对新项目的投资。俄罗斯石油公司对下游的投资明显减少，2015 年上半年同比下降 13.25%，下游投资主要用于俄罗斯境内的炼厂升级和对现有产能项目的维护。

2. 剥离低收益资产，推迟或搁置高成本、低收益项目

2015 年，在油价不断下滑的背景下，国家石油公司的收入大幅减少制约了投资规模的增长，为维持或持续提高油气产量， 国家石油公司在投资规模总体下调的基础上，进一步优化投资结构，剥离低收益资产，推迟或搁置高成本、低收益项目，更加集中发展成熟的、回报率高的上游项目和一体化程度高的炼化项目。

从投资项目结构调整可见，国家石油公司以开发油气资源为基础构建上下游一体化的发展战略并没有因为低油价而发生实质性改变（表 12-2-3）。

表11-2-3 2015年部分国家石油公司投资项目调整情况

公司名称	重点投资项目	剥离、推迟或搁置项目
沙特阿美	计划2015—2019年间花费700亿~800亿美元在海外通过收购和投资，扩大炼油化工业务；投资4830亿里亚尔发展油气和石化产业，提升产业本地化程度；投资100亿美元开发本国的非常规天然气资源	暂停一个总投资20亿美元的清洁燃料厂的计划；停止了红海深水的油气勘探作业
巴西国家石油公司	重点投资核心盐下资产，保证油藏经济性好、产量有望短期内增长的项目；优先发展勘探和原油生产项目，主要集中在大西洋深水区域	将10个独立项目从其2020年前投产的项目计划中剔除；计划剥离非洲的勘探业务和阿根廷的炼油和分销业务；计划出售公司在阿根廷的天然气生产资产
挪威国家石油公司	重点开发挪威最大海上Johan Sverdrup油田	退出收益前景不明朗的阿拉斯加地区勘探业务（16个勘探租约区，以及50个勘探租约区）；推迟了北极Johan Castberg大油田的投资，及挪威海域Arctic AastaHansteen天然气田；英国北海马里纳油田的投产日期从2017年推迟到2018年下半年
俄罗斯天然气工业股份公司	亚马尔液化天然气项目；东西伯利亚和俄罗斯远东地区项目	中俄西线天然气管道项目
俄罗斯石油公司		库页岛液化天然气（LNG）厂的建设
墨西哥国家石油公司	重点发展原油勘探和开采业务；投资5亿美元建设全国第一家甲醇生产厂	计划出售部分炼油和石化业务，并可能出售部分中游资产
马来西亚国家石油公司	2015年动工建设位于马来西亚柔佛州边佳兰一体化综合体内的炼厂和石化一体化开发项目；投资30亿马来西亚币，发展合成氨气、新型化工等	
委内瑞拉国家石油公司	重点发展上游勘探开发业务	公司以3.22亿美元价格向美国PBF公司出售位于美国路易斯安那州的查尔梅特（Chalmette）炼厂

续表

公司名称	重点投资项目	剥离、推迟或搁置项目
卡塔尔国家石油公司	集中投资油气业务，并大力拓展海外业务，提高公司原油产量	退出保险、餐饮等业务
科威特国家石油公司	不削减油气上游项目投资，未来两年内开展海上石油勘探活动	延缓133亿美元祖尔炼厂的施工，寻找新的再融资方法

3. 加强合资合作，实现风险共担

2014 年下半年以来，石油公司的财务风险不断加大。为了在低油价环境下保持平稳发展，国家石油公司更加重视通过合作分散风险，包括发展与战略合作伙伴关系的全方位合作、成立合资公司开发新资源、出售项目股权引入新的投资者，以及上下游互投等多种合作方式。不仅加强与资金、技术和管理有优势的国际石油公司的合作降低开发新资源的技术风险，而且更加重视与拥有资金和市场优势的消费国国家石油公司合作（表 11-2-4）。

表11-2-4　2015年部分国家石油公司合资合作情况

公司名称	主要合作项目
挪威国家石油公司	与俄罗斯石油公司达成6个合资项目，将在位于巴伦支海的俄罗斯大陆架以及在靠近北极圈地区共同勘探和生产石油；与俄罗斯石油公司建立合资企业， 2016年将在鄂霍次克海开始石油钻井
俄罗斯石油公司	计划与中国石化共同开发鲁斯科耶油气田和尤鲁勃切诺-托霍姆油气田，并将旗下东西伯利亚油气公司和秋明油气公司49%的股份出售给中国石化，引入战略投资者；购买了中国化工油气股份有限公司（CCPC）旗下中化集团30%的股份，并将在未来3年向CCPC提供400万吨原油；将向印度ONGC出售Vankor油气田15%的股权
俄罗斯天然气工业股份公司	计划与壳牌、德国意昂和BASF/Wintershall，奥地利OMV以及法国Engie共同修建北溪-2天然气管线（Nord Stream-2），俄罗斯天然气工业股份公司在该项目持股51%；与BASF签订资产互换协议
墨西哥国家石油公司	将与美国两家公司合作，建设将美国天然气运往墨西哥中部的管道项目，获得约9亿美元的投资；与美国资产管理公司黑石集团合作，提供能源基础设施项目的融资和开发；获得与美国交换7.5万桶/日原油的许可
委内瑞拉国家石油公司	与阿尔及利亚国家石油公司联合生产和出售轻质原油；与俄罗斯石油公司达成140亿美元的石油与天然气业投资协议
伊朗国家石油公司	与中国三大石油公司在增加原油、凝析油进出口贸易、中国公司参与伊朗油气新项目和加强油气研究等3个领域签订合作协议
科威特国家石油公司	与俄罗斯天然气工业股份公司达成协议，在液化天然气等石化项目及科技和投资领域开展合作

（本节撰写人：余　岭　熊　靓）

第三节　国际石油技术服务公司经营状况与发展动向

2014 年下半年起国际油价持续下跌，对工程技术服务业的影响在 2015 年充分显现。石

油公司控制投资，工程技术服务市场规模萎缩，工程技术服务价格下降，国际工程技术服务公司采取多种措施应对，却难挡收入利润大幅下降。

一、国际技术服务公司经营状况

1. 行业全面遇冷，收入利润大幅下降

2015 年国际油价持续低位运行，工程技术服务市场工作量和价格双双下降，工程技术服务公司的收入和利润纷纷大幅下滑。

（1）服务收入大幅下降。斯伦贝谢和哈里伯顿是工程技术服务行业中的领先者，收入下降幅度相对较小。在业务环境恶化的压力下，2015 年前三季度，斯伦贝谢实现营业收入 277.3 亿美元，同比下降 22.8%。哈里伯顿实现营业收入 185.5 亿美元，同比下降 23%。与综合型技术服务公司相比，业务结构相对单一的技术服务公司更容易受到行业不利环境影响，2015 年钻完井服务业务受到最大冲击，Nabors 钻井公司受动用钻机数暴跌的影响，前三季度收入下降 37.7%（表 11-3-1）。

表11-3-1 2010—2015年国际石油技术服务公司收入变化

公司	收入（亿美元）							同比增长（%）
	2010年	2011年	2012年	2013年	2014年	2014年前9个月	2015年前9个月	
斯伦贝谢	262.8	365.79	417.31	452.66	485.8	359.39	277.31	-22.8
哈里伯顿	179.73	248.29	285.03	294.02	328.7	241.00	185.51	-23.0
贝克休斯	144.14	198.31	213.61	223.64	245.51	179.16	123.48	-31.1
NOV	111.01	134.75	171.94	192.21	214.4	157.31	120.35	-23.5
威德福	102.21	129.88	152.15	152.63	149.11	111.84	74.21	-33.6
CGG	29.04	31.81	34.11	37.66	30.95	21.90	15.13	-30.9
Nabors	41.75	60.60	69.90	61.52	68.04	50.20	31.26	-37.7

数据来源：根据各公司年报及季报整理。

（2）净利润的下降幅度大于收入。哈里伯顿、贝克休斯以及 Nabors 钻井公司的净利润由正转负。前三季度哈里伯顿公司受资产减计以及收购支出的拖累，陷入亏损，净利润同比大幅下降 124.7%；贝克休斯也因 7.47 亿美元的重组费用导致净利润下降 188.6%（表 11-3-2）。

表11-3-2 2010—2015年国际石油技术服务公司净利润变化

公司	净利润（亿美元）							同比增长（%）
	2010年	2011年	2012年	2013年	2014年	2014年前9个月	2015年前9个月	
斯伦贝谢	42.67	49.97	54.90	67.32	54.38	51.36	30.88	-39.9
哈里伯顿	18.35	28.39	26.35	21.25	35.00	25.99	-6.43	-124.7
贝克休斯	8.12	17.39	13.11	10.96	17.19	10.56	-9.36	-188.6
NOV	16.67	19.94	24.91	23.27	25.02	19.07	7.54	-60.5

续表

公司	净利润（亿美元）							同比增长（%）
	2010年	2011年	2012年	2013年	2014年	2014年前9个月	2015年前9个月	
威德福	−2.17	1.89	−7.78	−3.45	−5.84	−1.09	−7.77	−612.8
CGG	−0.59	−0.3	0.55	−6.92	−10.65	−4.40	−12.17	−176.6
Nabors	1.13	2.49	1.65	1.40	−6.71	2.20	−2.09	−195.0

数据来源：根据各公司年报及季报整理。

预计短时间内原油市场供给过剩将持续，国际油价也将持续低迷，为稳定收支平衡，2016年石油公司将继续缩减勘探开发投资计划，延迟项目建设，这也将进一步压缩工程技术服务市场空间。

2. 受勘探开发活动减缓拖累，北美地区收入现最大降幅

北美地区是工程技术服务公司的主要经营区域，也是全球页岩油气的主要产区。受油价跳水的影响，北美陆上页岩气勘探首先受到冲击，北美地区勘探活动放缓，石油钻井活动降温，直接导致工程技术服务公司在北美的工作量骤减，收入降幅超过其他地区。大部分美国页岩油生产厂商现金流减少、资金匮乏，2015 年 1 月，美国页岩油开采公司 WBH Energy 率先宣布破产。

过去几年，工程技术服务公司的三巨头凭借竞争优势不断扩大在北美地区的市场份额，2014 年，斯伦贝谢、哈里伯顿和贝克休斯在北美地区的收入占总收入的比重分别为 33%、54% 和 49%。在北美市场业务所占比重较高也成为三大公司 2015 年收入下降的重要原因。根据贝克休斯公司统计，2015 年前三季度，北美地区动用钻机数量同比下降 43%，三家公司北美地区营业收入下降幅度均超过 30%，估计第四季度北美地区的钻探活动将进一步减弱，工程技术服务公司在北美的市场环境也将进一步恶化（表 11-3-3）。

表11-3-3　2015年前9个月三大公司地区收入

公司	项目		北美地区	拉美地区	欧洲/非洲/独联体地区	中东/亚洲地区	其他地区	合计
斯伦贝谢	收入（亿美元）	2014年前9个月	118.27	56.46	94.52	87.81	2.33	359.39
		2015年前9个月	78.56	46.06	72.25	76.5	3.94	277.31
	同比增长（%）		−34	−18	−24	−13	69	−23
哈里伯顿	收入（亿美元）	2014年前9个月	129.69	28.01	41.44	41.86	−	241
		2015年前9个月	87.01	24.55	32.13	41.82	−	185.51
	同比增长（%）		−33	−12	−22	0	−	−23
贝克休斯	收入（亿美元）	2014年前9个月	87.74	16.45	32.69	32.41	9.87	179.16
		2015年前9个月	48.72	13.71	25.55	26.21	9.29	123.48
	同比增长（%）		−44	−17	−22	−19	−6	−31

数据来源：根据各公司年报及季报整理。

3. 国际工程技术服务公司积极采取应对措施

（1）严控支出。面对油价的下滑以及工作量持续减少的压力，降低服务价格以争取市场份额成为技术服务公司的重要课题，哈里伯顿 CEO 估计 2015 年油田服务价格下降幅度可能达到 20%。面对石油行业的寒冬，技术服务公司积极推进成本管理，缩减投资预算，前三季度各技术服务公司的资本支出同比约减少 36%。技术服务公司的管理费用也得到了控制，哈里伯顿前三季度管理费用同比下降 38%，CGG 同比下降 36%。只有斯伦贝谢的管理费用小幅上升 2.5%，远低于之前年份的增长幅度（表 11-3-4）。

表11-3-4　2010—2015年国际石油技术服务公司资本支出变化

公司	资本支出（亿美元）							同比增长（%）
	2010年	2011年	2012年	2013年	2014年	2014年前9个月	2015年前9个月	
斯伦贝谢	29.14	40.16	46.94	39.43	39.76	27.66	17.83	-35.5
哈里伯顿	20.69	29.53	35.66	29.34	32.83	22.84	17.48	-23.5
贝克休斯	14.91	24.61	29.1	20.85	17.91	12.88	7.51	-41.7
NOV	2.32	4.83	5.83	6.69	6.99	4.68	3.32	-29.1
威德福	9.77	15.24	21.77	15.75	14.5	10.45	5.42	-48.1
CGG	2.8	3.66	3.69	3.47	2.82	2.39	1.13	-52.7
Nabors	9.30	20.43	15.19	11.78	18.21	13.44	7.44	-44.6

数据来源：根据各公司年报及季报整理。

（2）削减成本。与此同时，技术服务公司通过削减装备、降薪裁员压缩成本。哈里伯顿在 2014 年四季度最先宣布裁员计划，2015 年初其他公司也纷纷加入裁员行列，随着行业环境的不断恶化，技术服务公司被迫进一步降薪裁员。截至 2015 年上半年，斯伦贝谢共裁员 20000 人，占总员工人数的 16.7%；贝克休斯共裁员 13000 人，占总员工人数的 20%；哈里伯顿截至 10 月份共裁员 18000 人，占员工总数的 21%，并宣布如环境没有好转，四季度不排除继续裁员（表 11-3-5）。

表11-3-5　技术服务公司裁员情况

公司	裁员计划
斯伦贝谢	2015年1月份裁员9000人；4月份裁员11000人，共裁员20000人，占员工总数的16.7%
哈里伯顿	2014年四季度在东半球裁撤1000个职位。2015年2月份宣布共裁员6400人（包括2014年底的裁员），占员工总数的8%；4月份表示已解雇16%的员工；截至10月份，共裁员18000人，占员工总数的21%
贝克休斯	2015年1月份宣布裁员7000人，截至6月底共裁员13000人，占总员工人数的20%
NOV	2015年6月份挪威分部宣布裁减1500个职位，占挪威分部的三分之一
威德福	2015年一季度裁员5000人，二季度裁撤3000人，三季度裁撤3000人，计划年底前共裁撤14000人，占员工总数的25%
CGG	计划裁员950人，约占员工总数的13%，在2016年上半年实施

（3）通过财务及库存管理稳定现金流。低油价下，技术服务公司更加注重现金流的稳定来保持公司的流动性。面对营业收入大幅减少，技术服务公司通过增加折旧、折耗以及加强应收账款和库存管理稳定经营现金流。虽然大部分公司经营现金流较 2014 年有较大幅度下降，但降幅小于净利润（表 11-3-6）。由于技服公司资本支出的控制和成本缩减的措施，2015 年前三季度贝克休斯和威德福的自由现金流分别同比增长 10.3%和 76.1%，斯伦贝谢自由现金流 41.6 亿美元，同比增长 11.3%（表 11-3-7）。

表11-3-6　2010—2015年前三季度技术服务公司经营现金流

公司	经营活动现金流（亿美元）							同比增长（%）
	2010年	2011年	2012年	2013年	2014年	2014年前9个月	2015年前9个月	
斯伦贝谢	55.09	58.8	69.15	106.9	111.95	72.82	66.27	-9.0
哈里伯顿	22.12	36.84	36.54	44.47	40.62	29.13	20.21	-30.6
贝克休斯	8.56	15.07	18.35	31.61	29.53	17.54	12.65	-27.9
NOV	15.42	21.43	6.2	33.97	26.14	18.78	7.18	-61.8
威德福	11.55	8.52	12.21	12.29	9.63	3.79	3.83	1.1
CGG	5.66	7.9	9.21	9.08	8.64	5.17	2.90	-43.9
Nabors	11.07	14.56	15.63	14.18	17.82	12.44	6.05	-51.4

数据来源：根据各公司年报及季报整理。

表11-3-7　2010—2015年前三季度技术服务公司自由现金流

公司	自由现金流（亿美元）							同比增长（%）
	2010年	2011年	2012年	2013年	2014年	2014年前9个月	2015年前9个月	
斯伦贝谢	22.71	15.87	18.49	58.45	61.58	37.35	41.58	11.3
哈里伯顿	1.43	7.31	0.88	15.13	7.79	6.29	2.73	-56.6
贝克休斯	-6.35	-9.54	-10.75	10.76	11.62	4.66	5.14	10.3
NOV	7.54	6.22	-17.16	3.86	16.24	14.1	3.86	-72.6
威德福	1.78	-6.72	-9.56	-3.46	-4.87	-6.66	-1.59	76.1
CGG	2.86	4.24	5.52	5.61	5.82	2.78	1.79	-35.6
Nabors钻井公司	2.30	-5.86	0.44	2.40	-0.39	-1.00	-1.39	-39.0

注：自由现金流=经营现金流-资本支出。

数据来源：根据各公司年报及季报整理。

二、国际石油技术服务公司战略动向

工程技术服务公司普遍降低了市场预期，通过各种手段来应对“寒冬”，既通过降薪减员、减少装备订单等方式降低成本，也在市场上通过兼并、结盟等方式来提高和稳定市场份额。同时，大型工程技术服务公司坚持推动构建一体化业务布局，增强全产业链的综合服务能力，持续推进产业链、公司运营、技术研发等方面的优化来降低整体运营和现场作业成本。期间，斯伦贝谢兼并 Cameron 公司备受行业内外关注。

1. 大型技术服务公司推动勘探开发一体化服务布局，提升产业链综合服务能力

借助低油价的有利时机，大型国际技术服务公司正积极向综合性服务公司方向发展，通过并购，消除短板，提升综合一体化服务能力。继 2014 年斯伦贝谢收购英国 RDR 公司和加拿大 Saxon 公司拓展了钻井承包业务后，2015 年收购了 Cameron 公司提升了油井井口业务，形成了以油藏、油井、井口为核心的从地质到钻采一体化服务体系，实现了集地震采集、处理、解释和油藏工程、钻完井优化、生产设计和增产、井口地面装备等多领域一体化服务，同时通过公司内部信息充分共享，推动勘探、开发、工程协同工作，促进部署、产能和工作量的多重优化，实现开发效益最大化。

2. 持续跟进核心和前沿技术领域

技术服务公司保持了对核心技术领域的业务扩充，充分重视前沿领域，加大对深水、超深水技术和市场的获取。本轮油价下跌之前，全球油田服务市场中海底装备市场增长速度领跑其他领域，年均增长 15%。基于对未来几年海底市场仍将以相对较高速度增长的预期，海底装备领域被服务公司争相争夺，以获取优势技术，扩大市场份额为主的兼并不断发生。2013 年 6 月，斯伦贝谢完成了与 Cameron 公司合资组建针对海底油气市场的生产、研发和服务的 OneSubsea 公司后，收购海底装备供应商 Frame，2015 年又宣布了对 Cameron 公司的全资收购，实现了其对海底业务和技术的大幅扩张。其他公司如哈里伯顿近年来也加紧了对海上关键领域装备制造和研发，进一步增强了海上装置的制造和研发能力；Aker solution 公司完成收购 Enovate Systems 井控公司，加强了其在海洋海底控制方面的业务能力；另外大型装备公司，如 GE，有媒体称其也在该领域快速跟进，计划吸收贝克休斯部分业务，增强对海底业务的服务能力。

3. 强强联合，优势互补，提升市场竞争力

低油价下，斯伦贝谢、哈里伯顿等大型技术服务公司在向装备制造业务、工程承包业务扩展的同时，积极与业务不交叉的行业内公司形成战略联盟，补全公司业务结构的“短板”，获得更大效率。如 GE 油气与 McDermott 合作，提高海上油气开发中的设计和规划能力；OneSubsea 与 Subsea7 合作提高项目交付率、海底开发的采收率和运营效率；FMC 和 Technip 合作全面提高海底油田运营效率；贝克休斯与 Aker Solution 合作提高海底油田开发的产量和最终采收率，斯伦贝谢（OneSubsea）与 Helix 合作优化海底油井增产系统，提高效率，降低成本。

4. 通过管理创新和技术创新持续降低成本

在低油价下，钻井承包商采用各种方式来降低运营成本和作业成本，包括加快淘汰落后钻机，取消钻机订单；优化资金管理，优化工艺流程，提高装备运营性能，延长正常运行时间，降低保养费用，降低全生命周期装备成本。低油价以来，ENSCO 公司海上人工成本降低了 15%，年度陆上支持费用降低了 5700 万美元，实现了低油价下和日费降低的情况下仍能获得盈利。

三、重大事件

技术是工程技术服务公司存在和发展的基础，国际大型技术服务公司高度重视技术研发，除了通过合作研发、收购公司等方式获得新技术以外，也加大自主研发力度，不断通过核心技术形成技术壁垒，以求获得垄断性地位和利润。

近年来，国际大型技术服务公司的研发投入总体呈逐年上升趋势，研发投入强度保持在 2%~3%，各公司积极建立研发管理系统，在全球建立研发中心，加强与政府和高校的科研协作来强化技术优势，即使在油价下跌的时期，仍然保证公司的研发投入强度。2008 年下半年，国际油价在登到顶峰后出现暴跌，2009 年斯伦贝谢、哈里伯顿和贝克休斯的收入分别同比下降 16.4%、19.7%和 18.5%，但三家公司研发投入的下降幅度远低于收入的降幅，哈里伯顿的研发投入基本与 2008 年持平。

2015 年，面对技术服务市场的“寒冬”，虽然技术服务公司控制资本支出并采取多种手段降低成本，但仍然持续跟进核心和前沿技术领域。例如 2015 年前三季度，斯伦贝谢销售收入减少 22.8%，研发投入仅下降 8.3%，研发投入强度反而由 2.48%上升至 2.95%。

（本节撰写人：王　超　田洪亮）

第十二章　国内石油公司经营状况与发展动向

2015 年 1—9 月，国内三大石油公司销售收入与净利润大幅下滑，油气产量等主要生产运营指标小幅增长，业绩表现与国际大石油公司大致相当。面对严峻形势，国内石油公司突出质量效益，努力降本增效，积极应对低油价。同时，深化改革，提升管理，调整结构，创新驱动，转型升级，适应新常态；加快油品质量升级，推进绿色低碳发展；抓机遇，谋发展，完善国内外战略布局。民营企业在国家政策引导鼓励下，努力推进油气业全产业链发展，同时积极开拓海外市场。

第一节　国内石油公司经营状况

2015 年，国内三大石油公司面对严峻形势，积极应对低油价带来的挑战，主动适应市场变化，强化统筹协调运行，上下游联动，科学组织优化生产，注重质量效益，合理调整结构，狠抓精细化管理，大力开源节流降本增效，实现了生产经营平稳运行。但受国际油价大幅下跌影响，前三季度销售收入和实现利润仍有较大幅度下降，公司经营面临严峻考验。

一、生产运行平稳，主要生产运营指标总体保持稳定

2015 年，国内石油公司面临的挑战空前，主要表现在：（1）国际油价持续低位振荡，能源行业陷入低潮期，油气供需持续宽松，严重压缩石油公司盈利空间；（2）中国经济进入“新常态”，能源消费增速放缓；（3）国内油气体制和国企改革深入推进，行业竞争性与日俱增；（4）政府对安全环保节能减排方面的政策法规更加严格，并着力发展新能源、新技术，对传统能源和商业模式造成巨大冲击。

2015 年 1—9 月，三大公司生产运行总体平稳，油气产量稳步增长，原油合计产量达到 1.77 亿吨，较上年同期增长 5.54%；天然气合计产量达到 901 亿立方米，同比增长 3.40%。原油加工量、成品油和乙烯产量小幅增长。同时根据市场需求变化积极调整产品结构（表 12-1-1），适当增产汽油，减少柴油产量，降低生产柴汽比，增产高附加值产品，保持了生产经营的平稳运行。估计 2015 年全年，中石油、中石化、中海油油气当量产量分别达到 2 亿吨、6600 万吨和 6700 万吨。这与同期国际大石油公司生产运营指标的小幅增长大致相似（图 12-1-1、图 12-1-2）。

表12-1-1　2015年1—9月国内三大石油公司生产经营状况

项　　目	2015年1—9月			2014年1—9月			同比变化（%）		
	中石油	中石化	中海油	中石油	中石化	中海油	中石油	中石化	中海油
原油产量（万吨）	9783	3695	4186	9474	3787	3478	3.27	-2.41	20.36

续表

项　目	2015年1—9月			2014年1—9月			同比变化（%）		
	中石油	中石化	中海油	中石油	中石化	中海油	中石油	中石化	中海油
天然气产量（亿立方米）	648.2	150.1	102.6	621.2	150.3	99.7	4.33	-0.12	2.90
油气产量（万吨）	14948	4941	5036	14424	5034	4310	3.63	-1.84	16.85
原油加工量（万吨）	10038	17832	—	10102	17583	—	-0.63	1.42	—
汽柴煤产量（万吨）	6881	11218	—	6800	10899	—	1.16	2.94	—
汽油（万吨）	2383	4085	—	2254	3813	—	5.71	7.13	—
柴油（万吨）	4094	5332	—	4225	5550	—	-3.11	-3.93	—
煤油（万吨）	404	1801	—	321	1537	—	25.58	17.18	—
成品油销量（万吨）	11930	14075	—	11757	13815	—	1.47	1.88	—
乙烯产量（万吨）	359.5	827.3	—	368.8	785.8	—	-2.52	5.28	—

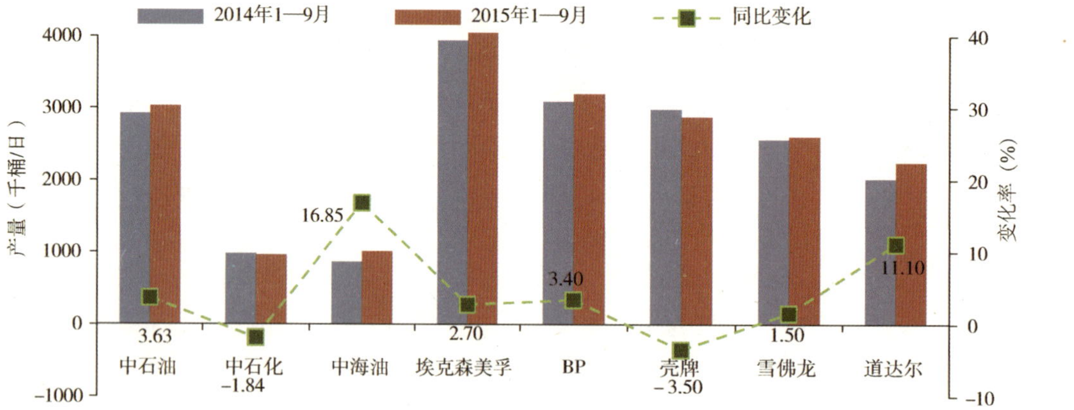

图12-1-1　国内外八大石油公司油气产量对比

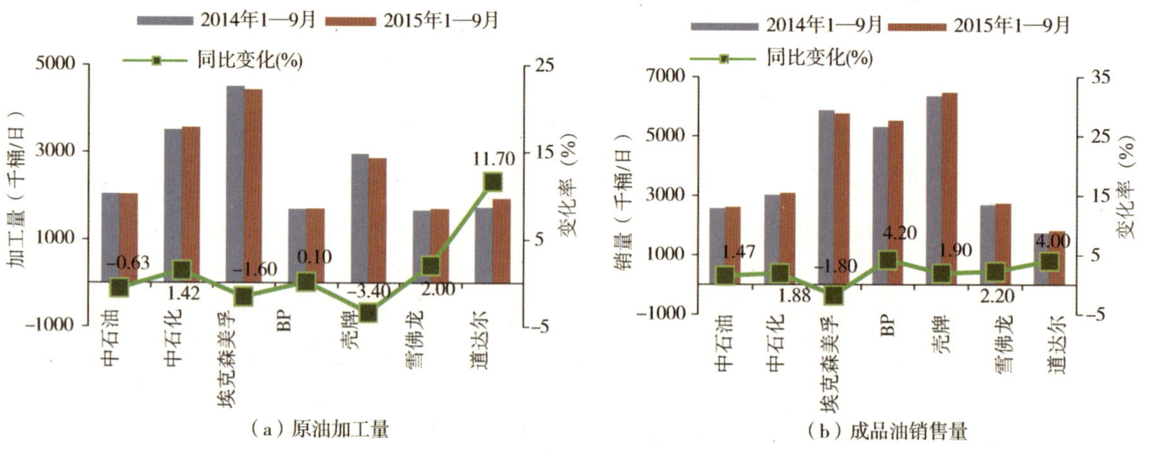

图12-1-2　中石油、中石化与国际大石油公司原油加工量、成品油外销量对比

二、前三季度业绩大幅下滑，各公司降幅略有差异

2015 年，国内三大公司受国际油价大幅下跌和国内经济放缓带来的市场需求增长乏力等因素的共同影响，经营业绩大幅下滑。1—9 月，中石化、中石油、中海油销售收入同比分别下降 25.62%、27.36%、33.43% 。分季度的销售收入降幅在 20%～40%，其中，中海油前两个季度降幅均超过了 30%（图 12-1-3、表 12-1-2）。在严峻形势下，三大公司以质量和效益为中心，推进降本增效，取得一定的成效，但受油价持续低位的影响，第 4 季度业绩难有明显起色，全年销售收入仍将有较大幅度下降。

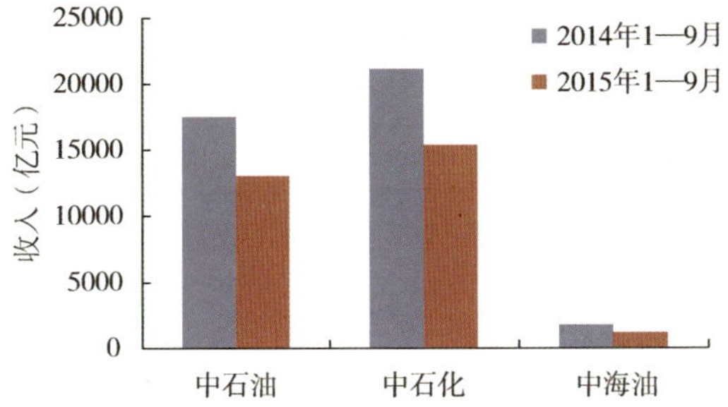

（a）销售收入

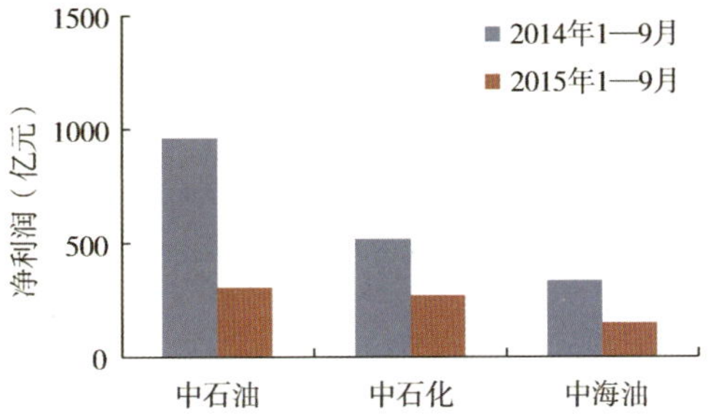

（b）净利润

图12-1-3　国内三大公司销售收入与净利润

中海油净利润为 2015 年 1—6 月数据

表12-1-2　2015年国内三大石油公司各季度销售收入

指　　标	中石油			中石化			中海油		
	2015年（亿元）	2014年（亿元）	同比变化（%）	2015年（亿元）	2014年（亿元）	同比变化（%）	2015年（亿元）	2014年（亿元）	同比变化（%）
一季度	4103.36	5289.47	-22.42	4782.41	6410.65	-25.40	367.19	604.58	-39.27
二季度	4672.88	6250.21	-25.24	5621.21	7151.07	-21.39	528.70	783.42	-32.51
三季度	4274.81	6005.80	-28.82	4964.75	7594.76	-34.63	271.56	365.76	-25.75

2015 年 1—9 月，中石油、中石化两大公司净利润同比分别下降了 68.14%和 47.82%（表 12-1-3），中海油上半年净利润同比下降 56.14%。因三大公司资产结构和业务布局不同，油价大幅下跌对各公司盈利的影响略有不同，中石油和中海油主要资产和投资在上游业务板块，而中石化下游资产比重较大（图 12-1-4），因此中石油、中海油业绩下滑较中石化稍明显些。

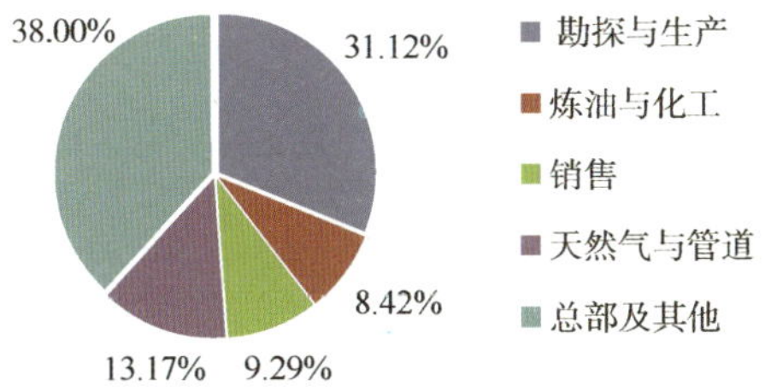

（a）中石油资产结构

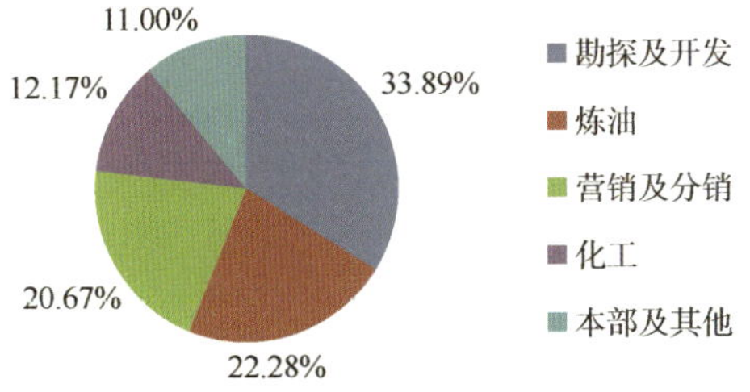

（b）中石化资产结构

图12-1-4　中石油与中石化资产结构图

表12-1-3　2015年1—9月国内三大石油公司经营业绩

指　　标	中石油			中石化			中国海油		
	2015年1—9月	2014年1—9月	同比变化（%）	2015年1—9月	2014年1—9月	同比变化（%）	2015年1—9月	2014年1—9月	同比变化（%）
销售收入（亿元）	13051.05	17545.48	-25.62	15368.37	21156.48	-27.36	1167.45	1753.76	-33.43
净利润（亿元）	305.98	960.47	-68.14	270.3	517.98	-47.82	—	—	—
经营利润（亿元）	633.21	1455.35	-56.49	494.76	763.64	-35.21	—	—	—
勘探与生产（亿元）	465.13	1459.54	-68.13	-34.44	417.48	-108.25	—	—	—
炼油（亿元）	16.61	25.67	-35.29	149.05	111.02	34.26	—	—	—
销售（亿元）	-9.78	105.67	—	215	264.39	-18.68	—	—	—
化工（亿元）	13.98	-113.22	—	150.08	-35.16	—	—	—	—
天然气与管道（亿元）	253.84	92.34	174.90	—	—	—	—	—	—
资本支出①（亿元）	616.53	911.01	-32.32	380.65	693.87	-45.14	478.17	743.99	-35.73
原油实现价格（美元/桶）	51.16	99.93	-48.80	48.91	94.72	-48.36	54.49	103.91	-47.56
天然气实现价格（美元/千英尺^3）	6.4	6.4	16.79	7.12	7.05	0.99	6.5	6.5	0.00
经营现金流（亿元）	1993.41	2547.1	23.84	1165.93	1082.47	7.71	—	—	—

①中石油资本支出为1—6月数据。

分季度看，一季度中石油、中石化净利润跌幅大致相当；二季度由于国际油价有所反弹，中石油净利润降幅收窄，中石化则由于下游业务返补的有力支持，净利润同比反而增长26%；但三季度油价继续下行，炼油毛利也转而走低，致两大公司第三季度净利润又转而大幅下降（表12-1-4）。

表12-1-4　2015年中石油和中石化各季度净利润

指　　标	中石油			中石化		
	2015年（亿元）	2014年（亿元）	同比变化（%）	2015年（亿元）	2014年（亿元）	同比变化（%）
一季度	61.5	342.48	-82.04	21.72	141.21	-84.62
二季度	192.56	338.76	-43.16	232.22	184.22	26.06
三季度	51.92	279.23	-81.41	16.36	192.55	-91.50

综观全年，由于原油价格持续低位徘徊，同时，成品油价格随着国际油价同步频繁下调，估计2015年三大公司全年实现净利润均有较大幅度下降，主要依靠上游业务的中石油和中海油降幅会稍大于中石化。展望2016年，预计国际油价仍将在低位徘徊，三大公司经营发展将面临极为困难的境况。

值得注意的是，2015年国内三大公司销售收入和净利润的大幅下降与国际大石油公司的业绩表现基本一致，其原因是国内石油公司与国际大石油公司一样，经营业绩与国际油价高度相关。2015年1—9月，埃克森美孚、壳牌、雪佛龙、道达尔、BP等公司销售收入同比分别下降 35.6%、43.8%、35.66%、30.5%和 39.35%（图 12-1-5）；前 4 家公司实现净利润同比分别下降了 48.48%、93%、67.18%、34.74%，BP 则亏损 31.75 亿美元。相比同期中石油、中石化销售收入下降 25.95%和 27.69%，净利润 68.29%和 48.05%的降幅大致相当（图 12-1-6）。

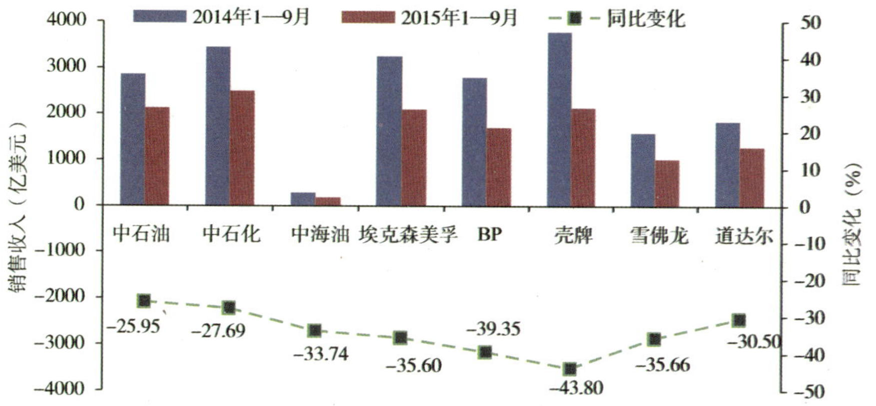

图12-1-5 八大石油公司销售收入比较

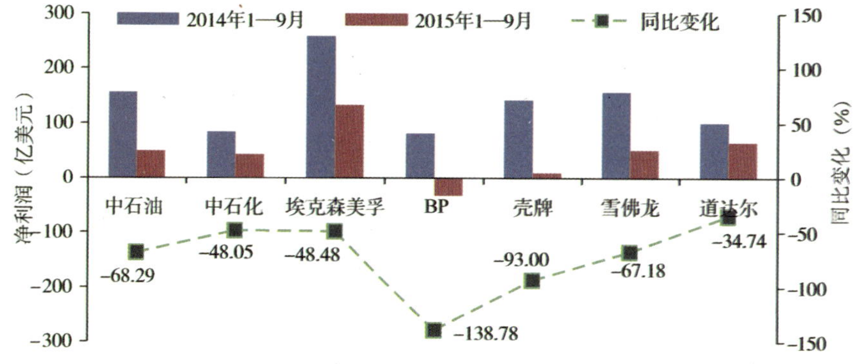

图12-1-6 中石油、中石化与国际大石油公司净利润比较

三、资本市场表现弱于大盘

2015 年，世界经济缓慢复苏，国际资本市场在振荡中小幅攀升，国内 A 股上半年延续 2014 年的涨势，上证指数强劲上扬突破 5000 点，6 月中旬以后转而断崖式下跌至 3000 点以下企稳，10 月以后缓慢回升，港股则在振荡中小幅下跌。截至 2015 年 12 月 31 日，港股市场，恒生指数下跌 7.16%，同期中石油、中石化、中海油港股价格涨幅分别为-40.93%、-23.79%、-22.70%，三大公司股价跌幅大于恒生指数。上证 A 股方面，上证指数收于 3539.18 点，涨幅为 9.41%。同期，中石油、中石化分别下跌 21.60%、21.14%。表现大幅落后于大盘（图 12-1-7）。总体看，三大公司 2015 年资本市场表现不尽人意，这主要是受油价大幅下跌、公司净利润大幅减少，投资者预期不佳所致。但三大公司本着回报投资者的宗旨，继续坚持每年两次派发现金红利，继续保持合理的利润分配。2015 年中期，中石油、中石化分别派发现金红利每 10 股 0.6247 元和 0.9 元，中海油每股派发现金 0.25 港元。

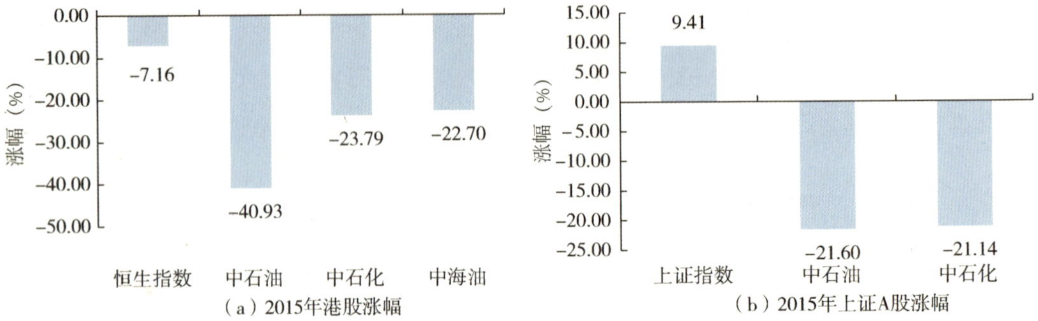

图12-1-7　三大公司2015年截至12月31日股市表现

（本节撰写人：刘　松）

第二节　国内石油公司发展动向

面对严峻形势，国内石油公司积极应对，多措并举，化解不利影响。一是采取开源节流、降本增效，缩减投资、出售低效资产、严控资本支出、发挥一体化优势下游返补上游等一系列举措，积极应对低油价带来的不利影响；二是对现有管理体制、业务结构和运行机制进行大刀阔斧的市场化改革，推进体制机制改革；三是抓住"一带一路"等重大机遇，积极谋划，整合资源，拓展优良市场，实施优质项目，发展国际合作；四是加快产业转型升级，适应新常态，实施创新驱动战略，加快油品质量升级，大力发展清洁能源，促进低碳绿色可持续发展。

一、降本增效积极应对低油价挑战

国内石油企业利润空间在低油价时期受到极大挤压，倒逼国内公司采取各种措施降本增效，以应对低油价挑战。

1. 削减投资规模，优化投资结构

国内三大公司转变生产方式，通过大幅削减投资规模（图 12-2-1）。在着力推进油气上游勘探开发业务发展的同时，适当收缩产业链和经营规模，集中精力巩固自身优势领域，发展效益优良业务，剥离非核心业务，保持企业健康运营。

2015 年三大公司前三季度与 2014 年同期相比，资本支出普降三分之一以上（中石油、中石化、中海油投资支出分别降低 32.3%、45.1%、35.7%），三大公司削减投资的力度大大超出了年初的计划。从资本支出结构看，为确保上游勘探开发业务平稳发展，三大公司资本支出重点仍是上游勘探开发与生产板块，中石油、中石化在勘探与生产板块资本支出比重分别为 77.86%和 53.97%（图 12-2-2）。炼化方面，尽管中石化大幅缩减炼化投资，但仍维持 24%投资用于炼化业务，以巩固其优势领域；销售方面，中石油与中石化加大了对销售业务的投资，用以拓展国内高效市场、加强销售网络建设、发展非油业务等。此外，中石油大

幅缩减天然气与管道业务的投资比例；中海油则减少对新领域的投资，投资更加聚焦上游领域。

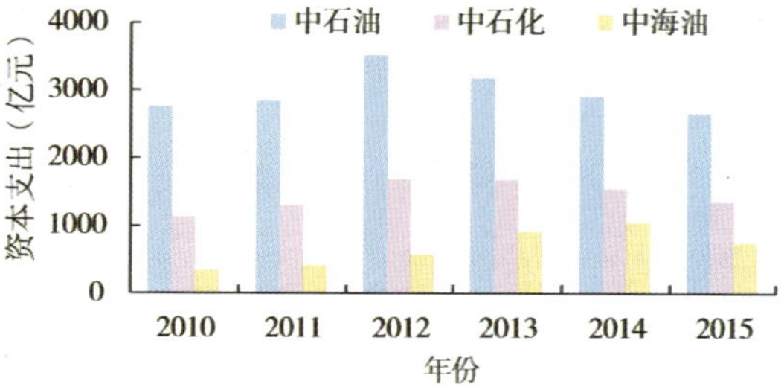

图12-2-1 三大公司2010年至2015年资本支出情况

2015年资本支出为计划数

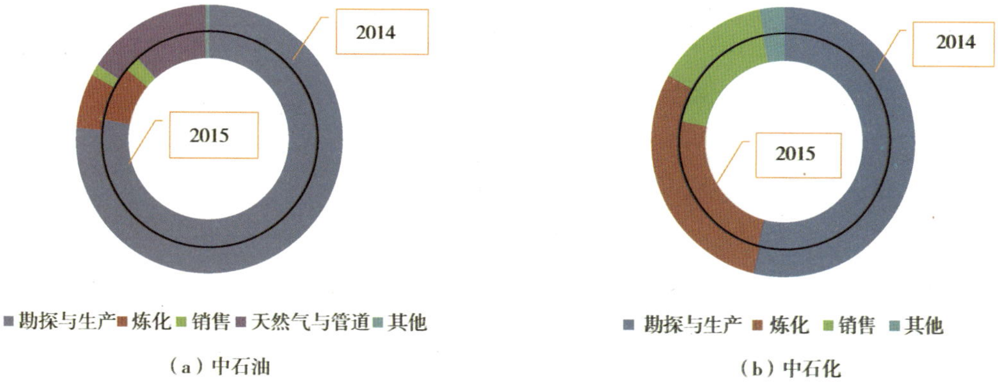

图12-2-2 2015年、2014年中石油、中石化资本支出结构变化图

2. 大力削减成本

加强经营管理力度，优化资源配置和流程，大力削减成本推进降本增效。

（1）在上游领域，通过强化成本费用管控，促使操作成本和完全生产成本硬下降，压减高成本原油产量，提高油气商品率，关停低效井等一系列措施实现降本增效（表12-2-1）。

表12-2-1 国内三大石油公司单位成本

公司	单位油气操作成本		
	2015年1—6月（美元/桶）	2014年1—6月（美元/桶）	同比变化（%）
中石油	12.61	12.97	-2.78
中石化	17.16	17.35	-1.11
中海油	9.6	11.78	-18.51

（2）在炼化方面，各公司实施全流程优化，努力使原料、产品和加工过程的所有生产要素配置最优化，推行各生产环节的精细化管理，开展炼油乙烯的绩效评价，精打细算努力

控制和压缩装置生产成本。

（3）在销售方面，各公司加强生产经营计划"一本账"管理，通过产销衔接促降本。同时减少柴油批发，扩大出口，实现成品油降库存；优化物流管理，加强加油站管理，并实现低库存管理。

（4）在削减人工成本方面，与国际油气行业大幅裁员不同，作为担负着较大社会责任的国有控股公司，国内大石油公司本着积极稳妥的原则，采取相对温和的系列举措控制人工成本。2015年年底，中海油出台了《关于健全人员退出机制的指导意见》，进一步完善了员工能进能出的体制机制。

3. 面向市场，精心组织生产运营

面对低油价形势，国内油公司主动作为，积极应对市场变化，力争效益最大化。

（1）在炼化方面，各公司以市场为导向不断优化柴汽比，着力调整装置及油品结构，通过科技创新攻关，增产适销对路和高附加值产品，走品牌化发展之路；降低非计划停工，稳定装置运行，实现炼化业务的扭亏为盈和效益的最大化，一定程度上弥补了国内油公司上游生产领域的利润损失。

（2）销售业务坚持市场导向，针对供需形势灵活调整营销策略，密切产运销衔接，优化资源流向和物流配送，突出高效市场资源投放，发挥网络和品牌优势，不断增强终端销售能力，大力开拓高端高效市场，推动油品扩销增效，提升营销网络的价值创造能力；同时加快互联网与传统销售模式的有效融合，培育非油业务逐步成为新的效益增长点。中石油目前有1.6万余座加油站设立了便利店，站均非油销售额达67万元，近5年实现利润年均增长42%。中石化非油营业额达192亿元，同比增长66.7%。中海油加快零售终端布局。延长石油从集团战略层面谋划销售工作，变被动等用户上门为主动开拓市场。

（3）在工程技术服务方面，各公司把市场开发的"极寒期"转化为质量效益的"提升期"，从"多头管理"的行政化管理向"市场独立主体"的现代公司治理转型,在市场结构上从内向型向国际化转型，努力开拓国内国际工程技术服务市场。

比较表明，2015年国内石油公司通过上述努力，在油价低迷、经营困难的情况下取得的业绩表现在全球油气业同行中总体不落下风。

二、加快转型升级，适应新常态

随着中国经济发展进入新常态，以往的粗放经营、规模扩张、外延发展模式已不再适用，国内石油公司2015年采取各种举措加快了转型升级、内涵发展的步伐，以适应新常态，进而引领新常态。

1. 创新驱动促升级

（1）管理创新上台阶。

各石油公司利用信息化手段改造传统产业，变革生产组织模式，形成上下一体的协同生

产、调度指挥新模式，精简人工成本，提升劳动效率。例如，中石油在川中龙王庙组特大气藏开发中边摸索边创新，探索出一套精简高效的大型气藏开发新模式，创造了中石油大型整装气藏从发现到全面投产的最快速度。中石化正在打造支撑世界一流炼化一体企业的信息化平台——智能工厂，并已在九江石化等4家炼化企业试点，以大幅提升生产与工艺模式的智能化水平；此外，还推行互联网+检测、大数据分析+设备物联、互联网+物流，强化成油品质量及过程管理。中海油致力建设海上智能油田，通过工程设施数据信息系统监测管理国内近六成平台的设计、建造、运维等全生命周期的数据，提升海上油田的信息化、智能化水平。

（2）科技创新促升级。

在效益下滑投资削减的情况下，国内石油公司仍努力确保科技投入，加快适用技术和新产品的研发和推广应用，通过科技创新降本增效，通过科技创新促进产品质量提高和产品结构的高端化，促进公司技术水平和核心竞争力的提升（表12-2-2）。

表12-2-2　国内石油公司科技创新发展实例

	典型范例
中石油	（1）中石油的“中国油气战略通道建设与运行关键技术”项目获国家科技进步一等奖； （2）依靠石油重大科技专项助力，中国油气管道国产化率达90%； （3）自主研发5000米自动化钻机面世； （4）通过应用精细刻画储层技术，加强现场地质导向技术研究，促进致密油规模效益开发； （5）自主研发并大规模推广应用能有效降低汽油质量升级生产成本的催化轻汽油醚化技术； （6）自主研发催化剂提升高硫劣质原油加工技术水平； （7）吉林石化自主研发乙丙橡胶生产技术，弥补了国内空白并实现了出口； （8）研制新型催化剂增强芳烃业务核心竞争力； （9）1-己烯实现工业化生产，成功打破国外产品垄断，提高了聚乙烯产品的质量
中石化	（1）涪陵页岩气田一系列关键设备陆续实现国产化； （2）创新应用相关技术，探索低油价下特低渗油藏经济开发的新途径； （3）“元坝超深层生物礁大气田高效勘探及关键技术”获国家科技进步一等奖； （4）茂名石化近三年来努力攻关成功开发36个化工新产品，新产品产量达56.7达万吨； （5）镇海炼化大乙烯经努力使高附加值产品率高达62%； （6）首个成套技术国产化的海南炼化60万吨/年芳烃装置连续长期平稳运行，创多项“世界之最”； （7）低成本生产高品质柴油的催化剂技术研发成功并推广应用； （8）生产高纯度异戊烷，提高了碳五精细化工产品效益
中海油	（1）研发并推广应用随钻测井、旋转导向，打破国际垄断局面； （2）“超深水半潜式钻井平台研发与应用”获国家科技进步特等奖
延长石油	（1）自主开发具有世界领先水平的煤油共炼（Y-CCO）成套工业化技术； （2）实现了煤油气综合利用

2. 加快油品质量升级、努力实现绿色低碳可持续发展

2015年，国内出台并实施新《环境保护法》和新《安全生产法》等法规，环保要求越来越高。绿色低碳可持续发展已成为国家的意志和全民的心声，这要求国内能源行业成为科技

含量高、资源消耗低、环境污染少的绿色产业。国内几大石油公司作为国有能源龙头企业，通过不断推进技术创新，在实现绿色低碳、可持续发展方面身先士卒，砥砺前行。

（1）积极推进并加快油品质量升级。

各石油公司按照国家加快油品质量升级计划的要求，在资金困难的情况下加大投入，采取加快实施技改项目，大力推进汽柴油油质量升级关键技术的研发公关、加强产运销统筹协调、加强油品升级质量控制等一系列措施，努力保障国 V 油品按时供应市场。

（2）通过低碳技术和实施相关综合整治计划，打造清洁优美的绿色能源企业形象。

中石油不断加强天然气的勘探开发和储运设施建设，积极推动常规和非常规天然气开发利用，在城市燃气、公共交通、天然气发电与化工等领域持续开展“煤改气”和“气代油”工程，加大低碳技术研发，从源头控制温室气体排放；积极稳健发展新能源，有序开发利用可再生能源。

中石化不断探索形成清洁生产长效机制，其中“碧水蓝天”环保综合整治项目共计投资322.8 亿用于 928 个环保项目，此外，2014 年又启动了“能效倍增”计划，积极推进节能减排、改善环境等工作。同时，积极为社会提供绿色产品，开发地热，不断大力推进绿色低碳发展，努力塑造低耗高效、清洁环保的企业新形象。

延长石油坚持“感恩自然、低碳延长”的环保理念，按照“开发一块，绿化一片”的工作思路，坚持资源开发与环境保护协调发展。通过不断加大环保投入力度，开展多项举措保护生态环境，着力打造绿色油田、清洁工厂，全力建设“美丽延长”，构建油气煤盐综合发展，具有循环经济和节能减排特征的一体化产业集群。

三、抓住历史新机遇，加快海内外战略布局

低油价虽对国内石油公司的海内外经营带来不小的冲击，但“一带一路”国家战略的实施和低油价下全球油气业的新调整也给了这些公司调整完善布局、改进经营、突出重点谋新发展的历史新机遇。

1. 完善海外业务在重点地区的布局

面对油价持续走低的环境，国内三大油公司更加注重加强海外油气业务风险控制，根据不同合同模式对油价的敏感性，差异化制定各项目经营策略，并积极优化资产结构，更加重视效率与投资回报；同时，抓住国家推进“一带一路”战略新的历史机遇，着眼长远优化战略布局（表 12-2-3）。

表12-2-3　2015年中石油和中石化主要海外项目

		主要海外项目
中石油	上游	5月，与阿联酋阿布扎比陆上石油公司签署合同，开发阿联酋曼德油田，合同总额3.3亿美元
		10月，与BP签署了战略合作框架协议，合作重点放在页岩气开发、国内燃油零售合资以及石油和液化天然气的全球贸易机会上，继续深化伊拉克鲁迈拉油田再开发合作

续表

		主要海外项目
中石油	上游	12月，与阿布扎比穆巴达拉石油公司签署战略合作协议，将在阿联酋境外上游油气投资及相关项目服务等潜在领域开展合作
		12月，与俄罗斯天然气工业股份公司签署了一项为期3年的在石油领域进行合作的谅解备忘录
	其他	5月，和俄罗斯天然气工业股份公司签署战略合作协议，就西西伯利亚天然气供应的条款达成协议
		6月，签署建造第二条运送俄罗斯原油管道合同
		10月，中国石油工程建设公司与莫桑比克石油工程公司签订合资协议
		11月，与通用电气技术与研发合作，签署谅解备忘录
中石化	上游	8月,从卢克石油公司收购一家哈萨克斯坦石油生产商50%股权，并实现对该公司的完全控股
		9月，与俄罗斯石油公司签订《共同开发鲁斯科耶油气田和尤鲁勃切诺-托霍姆油气田合作框架协议》，收购俄罗斯石油公司所属东西伯利亚油气公司和秋明油气公司49%股权
		10月，恢复对伊朗Yadavaran油田的开采
		12月，中石化获准收购俄罗斯西布尔公司20%股份，其中10%股权的交易已于当月完成
		12月，与哈萨克斯坦国家石油公司签署合作谅解备忘录
	其他	4月，联手ABB开拓海内外石油化工市场
		7月，与西班牙、韩国公司组成联合体，承包科威特国家石油公司新炼厂项目
		7月，中石化沙特阿拉伯分公司成为沙特阿美公司最大的石油工程承包商

2015 年，中石化优化海外上游业务布局，有放有收，扩大在俄罗斯、中亚、中东的业务，做实东盟，拓展中东科威特、沙特阿拉伯等地业务。海外业务首次延伸进入俄罗斯，与俄罗斯石油公司、哈萨克石油公司签订协议并收购相应股权，获得相应油田开发许可。

中石油突出优质高效共享，结合“一带一路”战略，扩大在阿联酋的布局。2015 年先后与阿联酋两家石油公司、BP、俄罗斯天然气工业股份公司等签署合同，拓展合作领域，将在开发油田、推动能源投资等领域的务实合作，实现共赢。此外不断推进标准国际化，增进与国际标准组织的交流合作，提升标准化主导能力，全面提升发展创效能力和国际化经营水平。

延长石油加快中亚地区的布局和拓展。目前，该公司与哈萨克斯坦就几个油气和煤炭资源区块开发进行了商谈，与乌兹别克斯坦、土库曼斯坦等其他中亚国家也在进行接洽合作事宜，努力与现有技术和资产形成协同效应，打造更加扎实稳健的上游油气资源项目。

中海油海外项目有取有舍。中海油在确保中国海域为勘探核心区的前提下，更加注重中南美洲市场。同时，积极应对低油价挑战，通过裁员、出售降低资本支出。旗下加拿大尼克森能源公司已裁员 400 人，出售加拿大石油交易业务，还招标出售澳大利亚液化天然气（LNG）股份。此外通过快速发展海油工程海外业务，提升作业高效价值。

2. 完善国内业务战略布局

尽管低油价对非常规油气发展带来严峻挑战，但国内石油公司顶住压力继续巩固页岩气勘探的战略地位，加强非常规油气布局，并在页岩气勘探方面获重大突破。

中石油2015年首次提交页岩气探明地质储量：四川盆地新增含气面积207.87平方千米，页岩气探明地质储量1635.31亿立方米，技术可采储量408.83亿立方米；并与BP公司签署协议在四川页岩气勘探开发进行合作。

中石化高效推进涪陵页岩气产能建设，取得页岩气勘探重大突破，新增探明储量2738.48亿立方米，探明储量增至3805.98亿立方米，含气面积扩大到383.54平方千米，成为全球除北美之外最大的页岩气田。估计到2015年年底，涪陵页岩气田将建成50亿立方米产能，累计产气突破40亿立方米；该页岩气示范区已于2015年12月11日通过专家组验收，正式成为国家级页岩气示范区。该项目也是中国第一个投入大规模商业开发的页岩气田，实现了关键技术和装备的国产化。此外，元坝大气田也于2015年底建成投产。

四、进一步深化企业改革，促进管理提升

2015年也是国内石油公司进一步深化改革，提升管理之年。在国家的总体部署下，相关举措逐步推进。

1. 加快推进混合所有制改革

一是继续扩大企业经营自主权。上游勘探开发领域的增量资源和石油流通领域有序向社会资本开放，倚重企地合作模式，共促互惠双赢局面。中石油继辽河油田和吉林油田之后，又下放部分炼化和销售公司的经营自主权，新疆试点的驻疆央企体制改革取得突破性成果，其他油田与各地政府及其他所有制企业也纷纷开展共投油气站等相关合作。

二是部分管网业务开始实施市场化引资。中石油西气东输三线中段工程向社会资本开放，并对中亚天然气管道公司进行内部重组；此外，以155亿向国新国际投资有限公司控制的曼松控股有限公司出售50%股权；

三是非油业务领域进行混合资本市场化合作和混合所有制改革。中石油的合作主要在销售、液化天然气（LNG）、客户数据方面，同时还在谋划新能源业务合作。中海油通过放开加油站特许经营权积极引进民营资本，联合气电集团开拓加油加气市场，实现下游加油站点的快速扩张。中石化在油品销售领域的混合所有制改革深入推进。

2. 继续深化专业化重组，推进新业态的商业模式创新

（1）继续推进炼化、工程、销售等领域的专业化重组与整合。

各公司通过有效整合企业，优化产业结构，实现公司协同效益最大化，打造可持续发展的竞争力。中石油整合旗下燃气业务，整合昆仑能源和昆仑燃气；有序开展第一批宾馆酒店专项整改工作；油田服务公司重组也在酝酿之中；2015年年底，中石油宣布以全资子公司中

油管道为平台，对东部管道、管道联合及西北联合进行整合并收购三家公司全部股权，收购完成后将占有中油管道 72.26%的股权。中石化在完成了对销售公司的重组、实现油田服务公司的分拆上市、原油管道业务成立专业化子公司的基础上，启动并完成石油工程与仪征化纤资产重组，进行油公司体制机制建设。中海油推出《总公司炼化产业优化整合方案》，快速收缩炼化战线，剥离炼化板块不良资产；将炼化与销售打通，实现产销协同提高盈利能力，同时优化炼化产业结构，打造公司可持续发展的竞争力。

（2）落实"互联网+"战略，推进商业模式创新。

各公司从油品销售业务板块发力，借助"互联网+"丰富加油站业务，与腾讯、阿里巴巴等公司合作构建互联网+生态，着力打造黄金终端，顺应新兴支付模式，承载电商等业务系统，加快从油品销售商向综合服务商转变。中石油实现"油卡非润"一体化营销、在加油站推行消费终端移动支付、用微信打造搭建智慧加油站等；中石化主要运用"互联网+"布局加油站的易捷便利店发展六大非油业务，打造多业态的商业服务新模式。

（本节撰写人：刘月洋）

第三节　民营企业在国内外油气行业发展状况

2015 年，国家相继出台了一系列政策措施，加快石油天然气体制向全产业链市场化方向改革，逐步推进上游业务放开、管网分离、原油进口权放开，鼓励民营资本进入符合产业政策、有利于转型升级的项目，使得民营油企在油气行业的全产业链发展稳步推进。在"一带一路"利好政策的助推下，民营资本通过各种方式拓展国际业务。在全国工商联公布的 2015 年民营企业 500 强中，已有 19 家民营企业进入到油气业务领域，实现营业收入 4613.38 亿元，占 500 强民营企业业务总收入的 3.14%。

一、政府进一步出台政策，对民营资本的引导支持更具体

近年来，国家陆续出台多项政策措施引导民营资本进入油气行业，各项政策由目标、方向走向具体化，为加快民营企业全面进入油气行业各领域提供了政策保障和支持（图 12-3-1）。

2015 年国企牵手民企发展油气领域多方面合作的事例不断增加。继 2014 年中石化实施成品油销售领域混合所有制改革以来，2015 年中石油新疆销售有限公司牵手广汇能源、光正集团两家民企开展了加气站合作，同时在勘探开发领域以新疆为试点地区引入地方国有资本及民营资本，这是中石油首次在油气销售领域和勘探开发领域引入民资。2015 年 9 月，中海油与民企美钻能源科技（上海）有限公司共同出资成立合资公司，主要发展国家海洋深水油气勘探钻采核心系统装备。

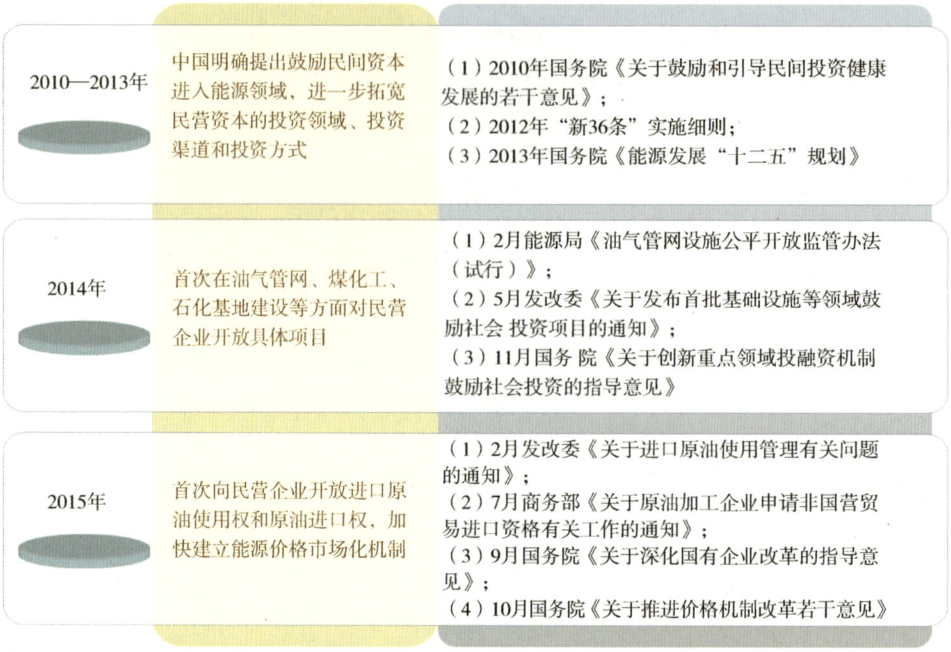

图12-3-1　2010—2015鼓励民企进入油气行业政策汇总

二、首次允许鼓励民营资本独立进入常规油气勘探开发领域

为切实落实国家关于鼓励民营企业进入油气行业的各项政策，扩大国内油气勘探开发对民营企业的开放程度，在 2012 年国土资源部实行页岩气探矿权国内公开招标对民营开放的基础上，2015 年 7 月国土资源部以新疆 6 个油气勘查区块为试点，首次向国内企业公开招标常规油气勘探开发项目，中国华信能源有限公司、美都能源股份有限公司、新疆国际实业股份有限公司、华瀛石化有限公司等多家有实力的民营企业参加了此次公开招标。中国油气资源上游领域改革正式拉开序幕，具备实力的民营企业可以独立进行常规油气的勘探与开发项目运作。

2012 年中标第二轮页岩气探矿权的两家民营企业，近年来努力推进中标地区的勘探开发工作，2015 年有新进展（表 12-3-1）。

表12-3-1　民营企业参与油田开发情况

序号	企业名称	合作企业/部门	参与方式	合作区块	参与情况
1	永泰能源股份有限公司	国土资源部	中标	贵州凤冈页岩气二区块	在2012年页岩气探矿权出让招标项目中，中标贵州凤冈页岩气二区块,成为首次获得页岩气探矿权的两家民营企业之一。目前，该区块已完成第一阶段勘探工作，第一阶段的地质勘探估算出2000亿立方米左右地质储量

续表

序号	企业名称	合作企业/部门	参与方式	合作区块	参与情况
2	北京泰坦通源天然气资源技术有限公司	国土资源部	中标	贵州凤冈县三页岩气区块	在2012年页岩气探矿权出让招标项目中，中标贵州凤冈县三页岩气区块。该区块已经完成野外地质勘探、采样化验，以及280千米二维地震信号的采集、处理和解释等一系列勘探工作
3	山东科瑞石油装备有限公司	延长石油集团		内蒙古二连盆地	2014年10月20日，从延长石油集团获得内蒙古自治区位于二连盆地的一个小型石油区块
4	MI能源控股有限公司	美国Microbes公司	海外收购	吉林大安、莫里青及庙3三个石油区块	通过收购美国Microbes公司吉林油田三区块90%权益，获得大安、莫里青及庙3三个石油区块的勘探权与开发权，年产量超过90万吨
5	智慧石油投资有限公司	中国海洋石油总公司	产品分成	渤海05/31区块	就渤海05/31区块签署了产品分成合同，该区块位于渤海西部海域，面积270平方千米，水深约5~15米。这打响了中国民营石油企业参与国内上游勘探的第一枪
6	青海茫崖和利石油开发公司	青海边远油田开发公司	劳务承包	青海小凉山、大风山	小凉山、大风山是青海油田2015年首批采用劳务承包方式进行开发的边远低产低效老油区。目前，青海小凉山油田劳务承包产量突破4.8万吨，同比增长1.5万吨

三、民营企业借低油价时机加快海外石油业务收购与布局

2015年国际油气价格低迷，给民营企业海外并购带来机会。同时，中国推行“一带一路”国家战略和油气体制改革，为民营企业加大海外投资力度提供了机遇。目前中国民营企业的油气资产投资已发展到布哈萨克斯坦、美国、刚果、俄罗斯、吉尔吉斯斯坦、加拿大等全球一些资源富集的国家和地区（图12-3-2）。2015年民营海外投资呈现出金额大、项目集中的特点。

2015年，以新疆准东石油技术股份有限公司、洲际油气股份有限公司、兰州海默科技股份有限公司、四川仁智油田技术服务股份有限公司、烟台新潮实业股份有限公司等为代表的民营油企，通过合并、股权并购、资产并购等方式不断开拓美国加拿大市场，从“走出去”向“走得好”发展。一些民营企业甚至通过拓展海外其他业务转而渗透到油气行业中（表12-3-2）。

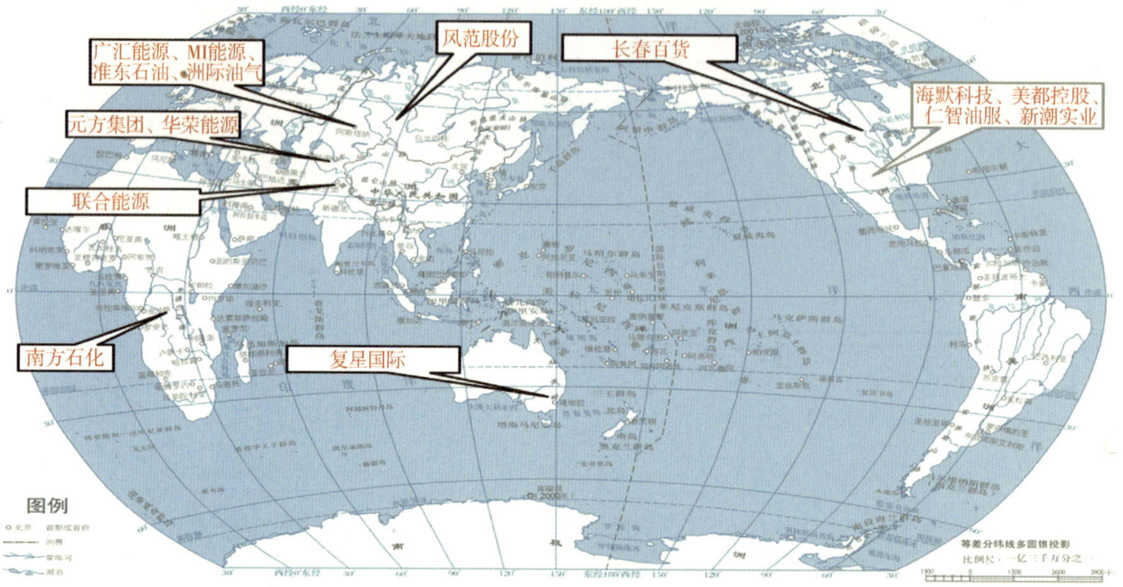

图12-3-2 中国民营企业海外油气资源图

表12-3-2 近年国内民企收购海外油气资源情况

公司名称	并购方式	投资额	时间	并购资产内容	资产来源	进展情况
新疆准东石油技术股份有限公司	参股	1亿美元	2015.10.14	收购哈萨克斯坦Galaz and Companny LLP油气田100%权益	荷兰震旦纪投资有限公司	在Galaz油气田开井5 口，日产不含水轻质原油1250桶
洲际油气股份有限公司	现金收购	1.2亿美元	2015.03.04	收购哈萨克斯坦卡门区块100%权益	GIG公司	卡门区块处于勘探后期，可采储量约6227万桶
	现金收购	3.5亿美元	2015.08.14	收购克山公司3个油田区块的剩余可采储量1.109亿桶	哈萨克斯坦国克山公司	已办理完毕股份过户手续，基础地质研究、开发方案规划基本完成
兰州海默科技股份有限公司	现金收购	约2850万美元	2012—2015	收购美国Niobrara页岩油气资产和Permian盆地的两个页岩油气区块	Carrizo 公司	已完成Permian盆地Irion县第一口评价井的完井和试采作业，Howard县区块的第一口评价井钻井工作
四川仁智油田技术服务股份有限公司	现金收购	8750万美元	2014.12.24	收购美国俄克拉何马州Osage郡Pearsonia West 区块	美国PO1	收购后的后续工作已全面展开
中国华荣能源股份有限公司	现金收购	2.827亿美元	2014.08.21	收购吉尔吉斯斯坦费尔干纳盆地5个采油区块	吉尔吉斯大陆油气有限公司	已完成吉尔吉斯油田项目其中三个石油开采区块的石油储量报告，华荣能源享有税后净现值约19.25亿美元

续表

公司名称	并购方式	投资额	时间	并购资产内容	资产来源	进展情况
中国华信能源有限公司	转让	—	2015.07.06	收购俄罗斯贝加尔项目3个油田区块	俄罗斯天然气工业股份公司	该合作项目是俄罗斯方首次出让上游油气资源权益
	收购	—	2015.12.24	收购哈萨克斯坦境内石油和石化产品运输公司控股权	DGT公司	公司对DGT公司进行投资，有利于其向中亚纵深地区进一步拓展
新疆准东石油技术股份有限公司	参股	1亿美元	2015.10.14	收购哈萨克斯坦Galaz and Companny LLP油气田100%权益	荷兰震旦纪投资有限公司	在Galaz油气田开井 5口，日产不含水轻质原油1250桶
洲际油气股份有限公司	现金收购	1.2亿美元	2015.03.04	收购哈萨克斯坦卡门区块100%权益	GIG公司	卡门区块处于勘探后期，可采储量约6227万桶
	现金收购	3.5亿美元	2015.08.14	收购克山公司3个油田区块的剩余可采储量1.109亿桶	哈萨克斯坦国克山公司	已办理完毕股份过户手续，基础地质研究、开发方案规划基本完成
烟台新潮实业股份有限公司	发行股份	13亿美元	2015.10.30	收购美国西得克萨斯州Crosby郡油田资产	浙江犇宝股权投资有限公司	该交易已获中国证监会的正式核准文件
长春百货大楼集团股份有限公司	现金收购	2亿美元	2015.11.11	收购加拿大新星能源油田资产	中天石油天然气有限公司	已开展收购后的后续工作

近年来，民企借国家推进“一带一路”战略之利，在与沿线国外石油公司的合作上已初见成效。例如宁夏宝塔石化集团有限公司（简称宝塔石化）已在香港、新加坡设立了金融和国际贸易平台，在哈萨克斯坦、吉尔吉斯斯坦、俄罗斯、新加坡、阿联酋等国际原油富集区设立了国际业务公司或商务机构，形成了在俄罗斯和中亚、中东获取石油供应，在生产基地实施各具特色的石油加工的资本运营战略格局。在中石化、中石油、中海油和中化的大力支持和帮助下，中国诚通控股集团有限公司代理的宝塔石化从俄罗斯的伊尔库斯克经蒙古至二连口岸到宁夏银川炼化基地的国际石油联运年内已开通，年运输原油 300 万吨。在获得原油进口资质后，宝塔石化更是与俄罗斯、阿联酋等多家大型国外石油企业洽谈了合作意向，2015 年 7 月 9 日，宝塔石化规划运作的俄罗斯、蒙古和中国的油气管道项目在俄罗斯乌法会晤中被提升为其国家战略，并得到中国政府的关注和支持，公司正筹划在莫斯科建立办事处。此外，中国华信能源有限公司、洲际油气股份有限公司、中国华荣能源股份有限公司于 2015 年也先后收购了俄罗斯、哈萨克斯坦和吉尔吉斯斯坦的一些油气区块（表 12-3-2）。初步统计，2015 年民企海外油气领域的投资额达 30 多亿美元。

四、获得原油进口双权，为民企在炼油业进一步发展铺平道路

2015年，国家相关部门相继发布文件，首次向民营企业有条件开放原油进口使用权及原油进口资格，促进了民营炼油企业原料的多元化，拓宽了民营炼油企业所需原油的获取渠道，为民营炼油企业进一步健康发展创造了条件。民营油企顺应国际经济形势，紧随国家战略，积极应对，在取得资质的同时，部分企业随即与国外公司签订油气进口合同，部分进口原油已到货。

截至2015年年底，已有7家民营企业获得进口原油使用权，分别为山东东明石化、辽宁盘锦北方沥青燃料公司、山东垦利石化、宁夏宝塔石化、东营亚通石化、山东利津石油化工厂、潍坊中化弘润。4家民营企业初步获得原油使用权。总计进口原油使用量已达4919万吨。同时，有7家民营企业获得原油进口权，原油进口权总量达2814万吨。作为中国最大的民营炼油企业山东东明石化集团现年度加工能力已达到1500万吨。2015年7月底公司配额原油已到港，进口品种以阿曼原油、阿联酋原油、澳大利亚比利牛斯原油为主。8月底，其首船原油已到港。11月11日，山东东明石化集团又与英国BP签订长期原油供应协议，预计第一批原油将于2016年2月运达，这是原油进口权及原油进口使用权放开后，中国首家民营企业与国外大石油公司签订的首份原油供应协议。宝塔石化也在半年内连续获得原油使用资质、原油进口资质、原油配额、燃料油进口资质和成品油批发资质（图12-3-3）。

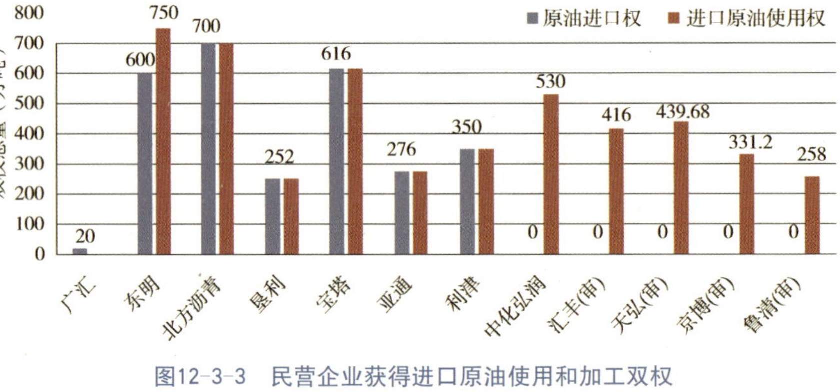

图12-3-3 民营企业获得进口原油使用和加工双权

民营炼油企业凭借获得进口原油双权的有利时机，不断更新、升级改造扩建新建炼油装置，努力提高产品质量。清源石化已成为国内率先可大规模专业化生产国Ⅴ汽柴油的炼油生产企业。东明石化业也成功生产出国Ⅴ柴油，汽油也于2015年年底达到国Ⅴ标准。东明石化前几年还与中国石油合作配套建设了1000万吨/年日照—东明原油管道，在装置能力、原油储存、物流设施等方面具备了建设现代化石油化工基地的条件。2015年，盛虹控股集团有限公司总投资约750亿的连云港1600万吨炼油和100万吨乙烯炼化一体化项目、恒力石化（大连）炼化有限公司2000万吨炼化一体化项目分别获得了辽宁省和江苏省发改委的批准，荣盛石化、巨化集团、中石化、桐昆集团等也计划共同出资，在舟山建设1500万吨/年炼化项目。预计到“十三五”末将迎来民营企业千万吨级石化项目投产高峰，累计新增炼能达5100

万吨/年，约占目前中国总炼能的7%。

五、扩展国内油田服务领域市场的同时继续进军国际市场

民营企业经过多年发展已成为中国石油装备领域的重要力量。近年来，中国民营企业依托已有的石油装备领域的基础，逐渐向油田技术服务领域扩张，在钻井工程、采油增产服务、测井服务等方面取得了显著成绩。2015年，由于油气投资整体萎缩，造成油田服务市场整体下滑，一批国内民营油田服务企业及时调整战略，收缩油田专用设备制造和油田工程技术服务板块，延伸海洋工程和油气勘探板块，布局国内页岩气开发，不断适应和提高国际营销能力，拓展海外油田服务业务（表12-3-3）。2015年初杰瑞公司通过参与百勤油服配股占有百勤油服的发行股份达到参与该公司海外业务的目的。

表12-3-3　民营企业在海外油田服务领域发展情况

企业名称	合作方	合作形式	发展情况
美钻能源科技（上海）有限公司	中海油能源发展股份有限公司	共同出资成立海油发展美钻深水系统有限公司	通过与国有企业以混合所有制合作形式，充分发挥企业在深海勘探上的技术实力，发展国家海洋深水油气勘探钻采核心系统装备
科瑞石油装备有限公司	哥伦比亚工业安全协会组织	获得RUC认证证书	凭借其自主研发的先进高压制氮设备及天然气驱动海上油田氮气增产设备，与泛俄罗斯区域、中东、非洲等地区多国签署了战略合作协议
西安通源石油科技股份有限公司	美国Cutters公司	收购	2015年收购完成后，不仅增强了公司钻井、压裂、完井、射孔一体化服务能力，同时为企业进入北美市场提供了技术支持
四川仁智油田技术服务股份有限公司	四川仁智石化科技有限责任公司	共同出资在墨西哥设子公司仁智墨西哥石油公司	墨西哥子公司的设立为该公司拓展墨西哥及其他拉美地区的油田技术服务业务提供业务平台
杰瑞股份有限公司	Plexus公司	认购Plexus公司新发行的5%股份	通过与Plexus战略合作，将Plexus的技术优势和产品业绩与杰瑞优秀的制造能力和市场开拓能力相结合，共同发展海洋油气开发水下设备

六、国家降低LNG进口门槛，民企积极建设LNG接收站

2014年，国家发改委发布了《天然气基础设施建设与运营管理办法》，鼓励、支持各类资本参与投资建设纳入统一规划的天然气基础设施，为引导民企参与LNG进口提供了政策支持。2014年12月，随着新奥集团6万吨LNG船舶顺利停靠中石油江苏如东LNG接收站，新奥能源成为国内首家成功利用第三方接收站设施进口LNG的民营企业。随着LNG进口门槛的降低，2015年民企加大了LNG接收站的建设，目前中国首个民营接收站——东莞九丰LNG接收站成功运行，广汇能源、新奥能源、哈纳斯新能源集团（简称哈纳斯集团）等民营LNG接收站项目也在顺利进行（表12-3-4）。

表12-3-4 民营企业LNG接受站建设情况

序号	企业名称	项目名称	项目情况
1	哈纳斯集团	与韩国SK集团签署全面合作协议	哈纳斯目前年分销LNG已达200万吨，占全国LNG市场15%的份额，已形成覆盖全国大多省份的LNG销售网络。与SK集团合作涉及天然气上、中、下游整个产业链，包括码头工程、接收站工程、海底管线工程、LNG装车站工程、输气管道工程、燃气电厂、绿色能源推广中心等。2015年公司计划到2020年逐步把液化天然气产量从目前的每年150万吨提升到1000万吨，扩建200个加注站、30个绿色新能源推广中心
2	哈纳斯集团	莆田国家级LNG项目	2014年6月，哈纳斯集团与福建莆田市政府签署莆田LNG项目投资意向书，该项目总投资约110亿元，计划建成年接收规模达900万吨的国家级的天然气战略储备基地
3		珠海国家级LNG项目	2014年7月，哈纳斯集团与广东珠海市万山海洋开发试验区签署了珠海LNG项目投资意向书，该项目总投资约245亿元，计划建成年接收规模达600万吨的国家级的天然气战略储备基地
4	新奥能源	浙江舟山液化天然气（LNG）接收及加注站项目获国家发改委核准	2015年3月，中国首个由民营企业投资建设的LNG接收及加注项目获国家发改委核能源局核准。该项目在舟山经济开发区新港工业园区，分三期实施，一期总投资58.5亿元，设计年接收LNG能力300万吨；二期规模500万吨/年，远期规模扩建至1000万吨/年
5	广汇能源	吕四港区广汇能源LNG码头工程开工	2015年3月，吕四港区LNG码头工程获准开工，将建一个320米长的LNG泊位和两个长111米的工作船泊位，设计年通过能力180万吨
6		与壳牌达成LNG全产业链合作协议	2015年8月，广汇能源与壳牌公司签署合作框架协议，合作包括LNG的采购、储存、销售及下游业务开发。2013—2017年，广汇能源计划建设908座液化天然气（LNG）、压缩天然气（L-CNG）或民用加注站。预计到2017年年末，加注站数量将达1000座
7	九丰集团	东莞九丰LNG接收站成功运行	东莞九丰LNG接收站是中国首个成功运行的民营接收站，气源来自印度尼西亚和马来西亚。东莞九丰LNG接收站于2012年6月开车运行，目前年周转能力为30万吨左右，设计年周转能力100万吨
8	潮州华丰	潮州LNG储配站	2015年10月，宝塔石化集团与潮州华丰集团合建潮州LNG储配站。项目总投资50亿元，计划建52万立方米LNG储罐，首期20万立方米，首期供气规模100万吨/年

随着国家“一带一路”战略的深入推进，中国民企正紧跟国家西进的脚步，结合自身实际，从产能转移、技术合作、商务贸易等多个方面楔入，加快由单一服务转向油田一体化服务企业的转型。

（本节撰写人：刘　红）

专题分析篇

专题一

对油气行业“十二五”期间发展的认识与思考

“十二五”期间，油气行业发展环境发生了较大变化，美国“能源革命”带来非常规油气的大幅增产，全球经济放缓致油气需求疲弱，供需趋于宽松，油价大幅下跌。中国经济进入新常态，经济增速下滑，经济结构趋于轻型化，油气消费由高速增长转为中低速增长，天然气甚至在“十二五”末期出现阶段性低水平过剩状况。中国油气供应能力进一步提高，油气储产量继续增长，页岩气勘探开发取得历史性突破。油气基础设施建设加快，四大战略通道基本建成。炼油能力得到快速发展，炼化大型化、一体化、集约化进程取得较大进展，油品质量升级加快。技术创新和装备自主化成绩显著。市场化步伐明显加快。海外油气合作实现跨越式发展。与此同时，天然气生产、消费目标，以及页岩气、煤层气产量目标未能实现“十二五”规划预期，需要进一步完善政策设计和充分发挥市场的作用。中国油气发展进入新的历史阶段，加强供应侧管理，是保障未来油气行业健康发展的关键。

一、“十二五”期间油气行业发展概况

1. 油气储产量再创新高

1）常规油气储产量持续增长

“十二五”以来，中国油气行业立足大盆地、大发现，不断扩大勘探成果，石油新增探明地质储量连年超过 10 亿吨，估计“十二五”期间全国新增探明石油地质储量较“十一五”期间增加 2.6 亿吨，新增探明天然气地质储量较“十一五”期间增加 1 万亿立方米。

国内石油公司科学高效落实各项生产部署，加快推进重点产能建设工程，精细老区开发，原油产量稳中有增，天然气产量较快增长。中国原油产量由 2010 年的 2.03 亿吨升至 2014 年的 2.11 亿吨，全球产量排名由第 5 位升至第 4 位，估计 2015 年产量可达 2.14 亿吨。天然气产量进入快速增长阶段，由 2010 年的 942 亿立方米升至 2014 年的 1301.6 亿立方米，全球产量排名由第 7 位升至第 6 位，估计 2015 年可增至 1318 亿立方米（图 1）。

继“海上大庆”后，“西部大庆”如期建成，长庆油田 2013 年油气产量当量达到 5195 万吨，成为中国石油工业发展史上又一个里程碑。

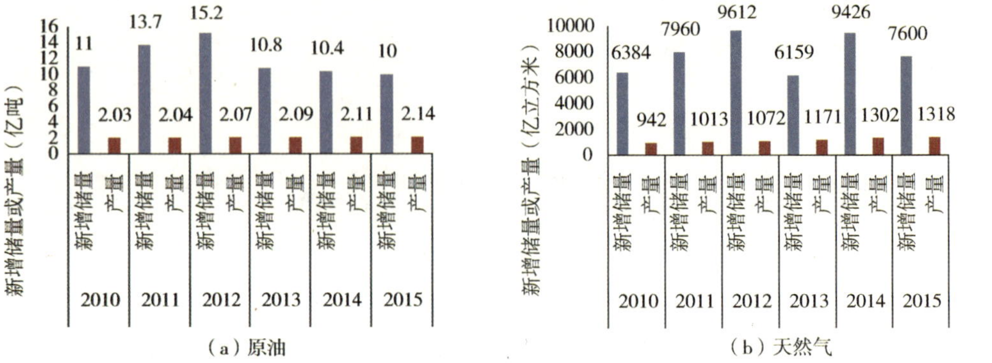

图1　2010—2015中国油气产量及新增查明地质储量

数据来源：2010—2014 中国国土资源公报，中国石油集团经济技术研究院

天然气历史产量包括气田天然气、油田天然气（油田气层气、油田伴生溶解气）和煤田天然气（煤层气）。

新增储量为新增查明地质储量。2015 年数据为估计数

2）页岩气发展进入启动期，储产量从无到有

中国页岩气资源量 25 万亿立方米，探明地质储量已超过 5000 亿立方米，形成涪陵、长宁、威远、延长四大产区，产能逾 60 亿立方米。2015 年，中国页岩气产量接近 50 亿立方米，成为继美国、加拿大之后第三个实现页岩气工业化生产的国家（图 2）。中石化涪陵页岩气田焦石坝区块探明储量增至 3806 亿立方米，含气面积 383.5 平方千米，成为全球除北美之外的最大页岩气田。国内页岩气开发效率逐步提升，钻井完井周期从 150 天减少到 70 天，水平井单井成本从 1 亿元下降到 5000 万~7000 万元。

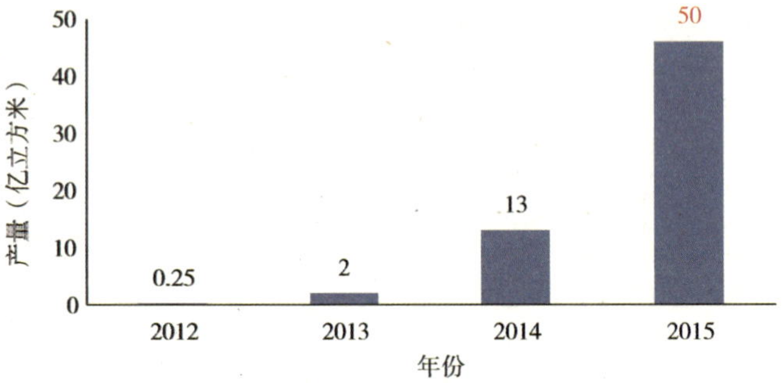

图2　2012年以来中国页岩气产量

数据来源：国土资源部、中国石油集团经济技术研究院

2015 年数据为估计数

3）海上勘探开发取得多项突破

中国海域油气产量连年达到 5000 万吨级油当量。在南海西部和东海分别获得了陵水 17-2、宁波 22-1 等天然气新发现，在渤海取得了旅大 21-2 和锦州 23-2 等原油新发现。深水油气田开发实现突破，荔湾 3-1 成功投产，中国已初步具备自主开发南海深水油气资源的能力。

2. 油气基础设施不断完善

国内石油公司持续推进国际化战略，西北、东北、西南、海上四大油气战略通道基本形

成，在保障国家能源安全方面发挥了重要作用。国内石油公司在管道建设中充分发扬“智慧+拼命”的作风，创造出“中亚管道速度”这一世界管道建设史上的奇迹。西北通道逐步完善，中亚 A 线、B 线输送气量逐年增加，中亚 C 线建成投产，中亚 D 线开工建设；中俄原油管道建成运行，中俄东线天然气管道开工建设；中缅油气管道初具规模。三大陆上通道油气管线总里程达到 14000 千米，年输油能力 8500 万吨，输气能力 600 亿立方米。

国内油气管网设施建设进程加快，促进了上游资源与下游市场的有效连接和国内油气消费的快速发展。陆上油气管道总里程由“十一五”末期的 7.8 万千米增加到目前的 12 万千米以上，覆盖 31 个省区市和特别行政区。以西气东输、陕京、川气东送等管道为主线，以兰银线、淮武线、冀宁线、中贵线等为联络线的天然气骨干管网基本形成，天然气干线、支线管道总里程超过 6.5 万千米。原油、成品油管道网布局日益完善，已建成原油、成品油管道均超过 2 万千米。

为提高供应保障和调峰能力，中国大力推进储备、进口能力建设。截至 2015 年年中，中国共建成 8 个国家石油储备基地，总储备库容为 2860 万立方米，利用上述储备库及部分社会库容，储备原油 2610 万吨。储气库工作气能力超过 150 亿立方米，海上 LNG 接收能力超过 4000 万吨/年。

3. 炼化集约化发展提速，油品质量升级步伐加快

为化解产能过剩，加快石化产业结构调整，中国规划了大连长兴岛、广东大亚湾等七大石化基地。中国千万吨级炼厂由 2010 年的 13 家升至 2015 年的 24 家，合计炼油能力占全国的 44%，已形成镇海炼化、独山子石化等 16 个大型炼化一体化炼厂，长三角、珠三角和环渤海湾三大产业聚集地区集中了全国 70%的炼油能力和 60%的乙烯能力。一次原油加工能力超过 7 万吨，占全球 15.2%。

全国层面上基本完成了国Ⅲ汽柴油升级至国Ⅳ汽柴油的工作，北京、上海、天津、广东、海南等地车用汽柴油已更换为国Ⅴ标准，2015 年底前，京津冀、长三角、珠三角等区域内重点城市全面供应符合国Ⅴ标准的车用汽柴油。目前，中国经济发达地区的油品标准不低于国际先进水平，其他地区的油品标准不低于先进发展中国家水平（图 3）。

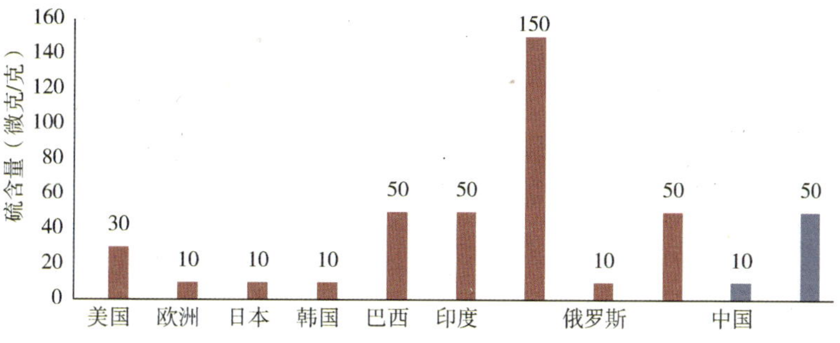

图3　部分国家汽油硫含量比较

数据来源：EPA,TransportPolicy.net

印度、俄罗斯和中国存在不同质量油品同时在售的情况

4. 技术创新和装备自主化成绩显著

中国低渗透油藏及稠油的高效开发、三次采油等技术已居于世界前列，油气田定向钻井、随钻测井技术领域打破了国际垄断，攻克了 X80 钢管断裂控制及大规模应用技术，页岩气体积压裂技术、超深层碳酸盐岩成像测井配套技术、CO_2 驱油技术得到有效应用，数字油田等信息化技术逐渐普及。海洋石油超深水半潜式钻井平台、20 兆瓦级电驱压缩机组和 48 英寸全焊接球阀等装备实现国产化，有望大幅降低国内油气田开发和管道建设的综合成本。制订首个煤层气业务国际标准，增强了中国在国际煤层气行业的话语权和影响力。

5. 油气消费持续增长，油气贸易迅速扩大

油气消费快速增长，石油表观消费量由 2010 年的 4.3 亿吨增至 2015 年的 5.4 亿吨左右，石油消费占一次能源消费比重由 2010 年的 17.4%升至 2015 年的 18%左右；天然气表观消费量由 2010 年的 1069 亿立方米增至 2015 年的 1910 亿立方米左右，天然气占一次能源消费比重由 2010 年的 4.0%升至 2015 年的 5.9%左右。全国用气人口从 2010 年的 1.88 亿人增加到 2015 年的 2.8 亿人左右。

油气贸易量迅速扩大，原油进口量由 2010 年的 2.39 亿吨升至 2015 年的 3.3 亿吨左右；天然气进口量由 2010 年的 166 亿立方米，增至 2015 年的 624 亿立方米左右（图 4）。

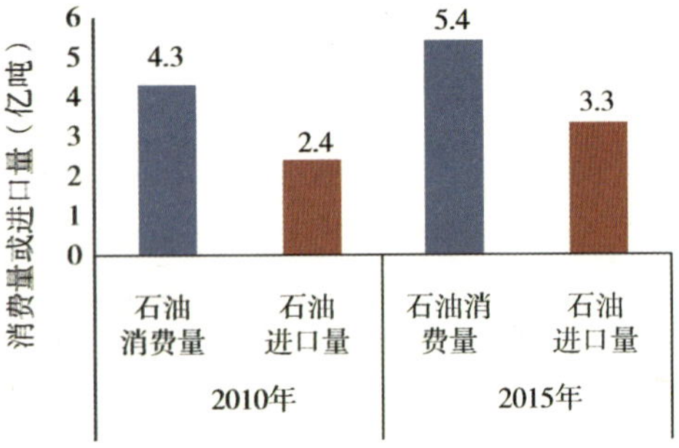

（a）石油

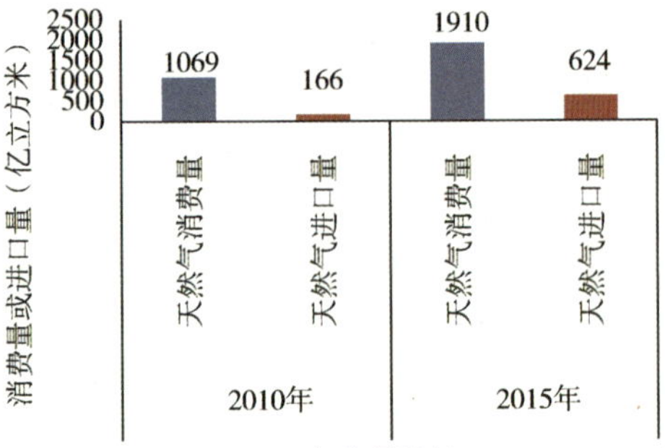

（b）天然气

图4　2010年和2015年中国油气消费量及进口量

数据来源：国家统计局、中国石油集团经济技术研究院

2015 年数据为估计数

6. 海外油气合作成效显著

中国海外油气合作进入规模发展的新阶段。中东、非洲、中亚、俄罗斯、美洲、亚太海外油气合作区不断完善，已形成海陆项目兼顾、油气项目并举、介入非常规资源、油气投资业务与工程技术等服务保障业务一体化协调发展的勘探开发新格局。中国与俄罗斯、土库曼斯坦、哈萨克斯坦、委内瑞拉、东盟等国家的能源合作进一步扩大，中俄历经十余载终于签署东线天然气合作协议，中国“一带一路”战略得到沿线油气资源国的普遍认同。国内石油公司通过入股、兼并等方式，在海外上游、中游、下游及仓储等领域与合作方展开深入合作。中石油成功入股卡沙甘油田，参股亚马尔 LNG 项目，收购埃尼东非公司，拓展了里海、北

极和东非海上油气合作，随着鲁迈拉、艾哈代布等项目的成功达产和投产，中石油率先高水平高质量建成“海外大庆”；中石化成功介入天然气和深水领域，以及沙特阿拉伯红海炼油项目和印度尼西亚仓储项目；中海油收购加拿大尼克森石油公司以及美国页岩气项目，进入非常规油气领域，大幅提高了资源储备。2015 年中国境外油气权益产量估计可达到 1.5 亿吨左右，是 2010 年的两倍（图 5）。

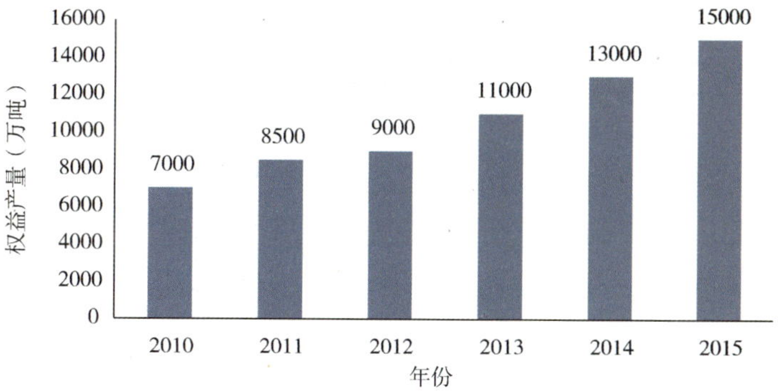

图5　2010—2015年中国海外油气权益产量

数据来源：中国石油集团经济技术研究院

2015 年数据为估计数

7. 油气行业市场化步伐加快

中国油气上游矿权改革持续深入。页岩气进行了两轮公开招标，新疆石油天然气勘查区块试点招标出让，在管道和销售领域也有了混合所有制的尝试。成品油、天然气定价机制向市场化大幅迈进。成品油调价周期缩短至 10 个工作日，国内油价调整基本与国际油价走势接轨。天然气定价机制实现了存量气和增量气价格并轨，全面理顺了非居民用气价格，试点放开了直供用户用气价格，价格弹性大幅提高，非居民用气由最高门站价格管理改为基准门站价格管理，为下一步价格改革打下坚实基础。原油进口权、使用权有序放开，山东地炼企业原油炼油使用比例已提高至 80%以上。

8. 国内油气行业和公司实力不断增强

中国石油在 PIW50 强中的排名由 2010 年的第 5 名升至 2015 年的第 3 名，中国石化由第 22 名升至第 19 名，中国海油由第 34 名升至第 32 名。财富世界 500 强排名中，中国石油由 2010 年的第 10 位升至 2015 年的第 4 位，中国石化由第 7 位升至第 2 位，中国海油由第 252 位大幅升至第 72 位（表 1）。

中国石油和化学工业总产值占全国工业总产值的比重，从 2010 年的 13%升至 2014 年的 14.7%。中国石油、中国石化、中国海油三大石油公司 2014 年上缴税费合计 8500 亿元左右，超过当年全国税收收入的 7%。

表1　国内三大石油公司排名变化

公司/排名	PIW排名		财富世界500强排名	
	2010年	2015年	2010年	2015年
中国石油	5	3	10	4
中国石化	22	19	7	2
中国海油	34	32	252	72

数据来源：PETROLEUM INTELLIGENCE WEEKLY,November 16,2015，http：//www.fortunechina.com/fortune500/。

“十二五”期间，中国油气行业成绩斐然，但也应该看到，部分“十二五”发展目标未能如期实现，主要体现在天然气发展方面，原因在于经济增速下滑、天然气价格竞争力相对较差，实际需求量仅为 1910 亿立方米，与 2300 亿立方米的规划目标差距较大。“十二五”期间，天然气发展目标除了新增地质储量超过规划目标 5000 万立方米外，其他指标完成情况不尽如人意。常规天然气产量与 1385 亿立方米的预期目标相差 100 亿立方米左右，页岩气实际产量与预期目标相差 15 亿立方米左右，煤层气地面开采量与 160 亿立方米的预期目标相差一半左右，煤制气受其经济性影响，产量离 150 亿～180 亿立方米的预期目标相差甚远。新增储气库工作气量也未达到 220 亿立方米的预期目标。“十二五”期间建设 1000 个天然气分布式能源示范项目的规划目标仅完成 10%左右，凸显了天然气分布式项目高效率低效益、体制和利益关系尚未理顺等发展中的问题。

二、对中国油气行业发展的几点思考

“十二五”期间，中国油气发展进入新的历史阶段，油气需求由中高速增长转为中低速增长，供应能力继续提升，供需呈宽松局面。油气发展思路由保供为主转为更加注重开放条件下供应安全和需求侧管理。油气行业由快速发展时期转而进入低景气周期和改革、优化发展阶段。

1. “十二五”期间中国油气发展主要特征

油气供需格局发生较大变化，总体上由偏紧转为宽松。随着中国经济进入新的发展阶段，能源及油气需求增速的放缓难以避免，符合部分先行国家的历史发展规律，中国油气消费增速也正在步入类似的“新常态”。油气供应短缺局面大为改善，甚至在某些环节出现过剩情况。

非常规油气的接替作用开始显现。“十二五”期间中国非常规油气勘探开发取得较大进展，进入规模化勘探开发阶段，新增探明地质储量中致密及低渗透油气资源占一半以上，已落实页岩油、致密油探明地质储量 1 亿吨以上，页岩气累计探明地质储量 5000 亿立方米以上，致密气产量已占到天然气总产量的 30%左右，页岩气产量从无到有，快速增至 50 亿立方米左右。

市场化改革进入深化阶段，由点式改革转为全产业链立体式改革。矿权改革由页岩气这一独立矿种探矿权竞争出让向常规油气勘查区块招标有序推进，管道开始了混合所有制尝试，成品油和天然气价格形成机制向市场化方向进一步迈进，原油进口权、使用权逐步放开。

油气需求侧管理不断加强。国内汽油、石脑油等产品的消费税由 1 元/升提高到 1.52 元/升，柴油、航空煤油等产品的消费税由 0.8 元/升提高到 1.2 元/升，成品油进口环节消费税同比例提高，有效促进了资源节约、环境治理和节能减排。中国部分地区还实施了居民阶梯气价，控制了基本生活以外民用气的过快增长。

石油市场透明度大幅提升。2014 年 11 月，国家统计局首次公布国家石油储备建设进展情况，一年后国家统计局再次发布，落实了中国定期发布有关战略石油储备的国际承诺，有助于中国进一步参与全球能源治理。

民营企业国内外油气合作进入快速发展期。中国民营企业从 2013 年起尝试参与海外油气投资，当年完成近 10 亿美元收购，2014 年总投资达 22 亿美元，2015 年仅已公布交易金额项目的并购投资就达 30 亿美元，近两年民营企业已成为海外油气并购的主力。中国最大的民营炼油企业——东明石化以 50 亿美元向卡塔尔两家投资公司出售 49%股权，并成立合资贸易公司，标志着民营炼厂与资源国合作关系达到了新的高度。

2. 石油消费减速换挡，供应安全压力有所缓解

中国石油消费在 20 世纪 90 年代年均增长 7%，“十五”期间年均增速达到 7.7%，“十一五”期间回落到 6.3%，“十二五”期间进一步回落到 4.2%左右。分品种看，中国经济进入新常态后，工业尤其是重化工业增速下滑、大宗物资需求低迷及铁路运力相对富裕，公路货运量及公路货物周转量近几年增速逐步下滑，中国柴油消费增长基本陷入停滞状态，预计“十三五”期间柴油需求进入高位平台期并可能达到峰值；汽油需求受中心城市限购、限行和大气污染防治影响，以及来自天然气汽车和电动汽车的替代，预计消费增速将进一步放缓；煤油需求将继续较快增长。2020 年，石油总需求量预计达到 6 亿吨左右，“十三五”期间年均增长 2.5%左右，炼油产能仍将增加，增量主要来自地方炼厂，国有石油公司炼油市场份额继续下降，成品油市场供大于求的局面难有根本改善，市场竞争进一步加剧，出口尤其是柴油出口将进一步增长。2030 年，预计石油总需求量达到 7 亿吨左右，2020—2030 年年均增长 1.5%左右，总体石油需求量在 2030 年前后基本达到峰值。

中国原油产量自 2010 年以后一直维持在 2 亿吨以上的水平。目前，国内石油资源呈劣质化趋势，勘探难度、成本逐渐增大，稳产基础变差。大庆、胜利、辽河等东部老油田逐步进入开发中晚期，含水率高、稳产难度大，整体产量将逐步递减，大庆油田 2020 年产量将调减至 3200 万吨。中部长庆等油田前期上产过快，今后一段时期将进入稳产阶段。未来增产潜力主要来自西部地区和海上，在预期低油价情况下，难有突破性进展，预计原油产量“十三五”期间仍将维持在 2 亿吨以上。2030 年，如果国内剩余石油资源能够有序接替，已开发油田努力提高采收率，实现致密油、页岩油规模动用，届时原油产量有望达到 2.2 亿吨左右。

中国石油对外依存度仍将攀升，但有望控制在 70%以内。全球石油资源丰富，目前储采比在 53 左右，资源供应充足。中国石油需求增速将是进入逐渐下台阶的过程，很难再出现突发式增长的情况。预计 2020 年中国石油储备能力将达到 90 天净进口量，意外情况保障能力大幅提高。国内电动汽车消费进入爆发期，中国在 2020 年将基本建成满足超过 500 万辆电动汽车的充电需求，为电动车发展创造了良好的基础设施条件，未来随着车载电池能量密度的提高、成本的降低和整车技术的突破，电动汽车的经济性和环境友好性将凸显，有望迎来大发展时期，预计 2030 年前后将对燃油车形成规模替代，届时中国石油消费可能呈加速下滑态势。

在石油对外依存度仍将攀升的一段时期内，如何获取低成本资源是关键。此外，加强管道和航道的安全保障能力需要值得关注和重视。

3. 天然气发展需要提高经济性、体现环境价值

进入新世纪以来，中国天然气进入快速发展阶段，2000—2013 年年均消费增速达到 16.6%，但 2014 年增速骤降至 8.6%，2015 年估计增速只有 3.2%，年内出现较为罕见的供应过剩以及“煤代气”这种逆替代的非正常局面。一方面原因是天然气提价后与替代能源尤其是价格大幅下降的煤炭相比，经济性明显处于劣势，同等热值情况下气价是煤价的 3 倍左右，气电价格是煤电价格的 2 倍左右；另一方面原因是天然气的环境价值未得到充分体现。

2015 年 11 月，中国非居民用气门站价格每千立方米降低 700 元后，天然气利用的经济性将有所改善。无论是从天然气消费占一次能源消费比重来看，还是从应对大气污染方面考虑，天然气发电在中国都有很大的发展潜力。未来天然气市场空间和潜力依然很大。从国外天然气发展规律来看，无论是发达国家还是发展中国家，天然气发展的关键方向是替代煤炭，实现能源结构的升级和优化。“十三五”期间应该以替代分散用煤为主，同时逐步介入天然气发电，以替代小型燃煤机组。到“十四五”期间，天然气发电应该形成规模替代。

通过严格环境政策，努力降低用气成本，2020 年实现能源战略行动计划中天然气消费占一次能源 10%的目标是有可能达到的。

4. 加强供应侧管理，保障油气行业健康发展

中国经济进入新常态后，单纯依赖刺激需求已无太大增长空间，且容易造成未来更大程度的产能过剩。对于油气行业来说，既要化解过剩落后产能，又要加快现有炼化项目的升级改造；既要统筹考虑国内外两种资源，又要统筹考虑油气与替代能源的竞争问题。

中国炼油产能呈结构性过剩局面，目前全国炼厂开工率只有 75%左右，按 85%的正常开工率计算，炼油产能过剩 1 亿吨左右。“十三五”期间仍有部分大型炼化项目要“上马”，预计到 2020 年中国炼能过剩局面也难有大的改观。对于新建、扩建炼化项目，存在“地方热、地炼热、国企冷”的现象，如果不加以约束，很可能进一步加剧炼能过剩局面。况且世界和亚太地区炼油能力也是过剩状况，国内成品油向外找出路难度很大。与此同时，中国落后产能仍然较多，

深加工能力有所不足，如加氢精制能力占一次加工能力的比例虽已升至42%左右，但仍低于55%的世界平均水平。对于不同所有制的炼油企业，既要在原油进口权、使用权上体现公平竞争，也要在产品质量和税负水平上一视同仁。相关部门应大力提升监管水平，避免劣币驱良币，新上产能应以淘汰相同规模落后产能为前提，以此加快结构调整和避免新的过剩。

要统筹考虑国内国外两种资源、两个市场。在低油价时期，更多地利用国外低成本资源，充实国内储备库，可以获得较好的经济性，"一带一路"战略也为油气行业实现更高水平的"走出去"带来契机。同时，要保持国内产量的基本稳定，避免关井带来更大的损失。中国石油行业有300万职工，既要在行业不景气时期避免人才流失，又要维持大部分职工生活的基本稳定。对于国企来说，既要努力完成国家相关部门规定的硬指标，又要在发展中符合经济和市场规律，还要在非常规和深水等高成本勘探开发领域保持足够的研发和投入，积蓄未来发展潜力。在今后一段低油价带来的困难时期，减税降负是国内油气行业持续发展的关键。

要统筹考虑不同能源品种之间的竞争。以气代油、电代油符合清洁化发展方向，值得鼓励。另外一个替代方向是以煤代油，目前煤炭行业在产能过剩和煤价低迷的情况下发展煤化工，延长产业链可以理解，但规模过大将带来用煤量和碳排放量的上升，以及环境承载能力和水资源的限制，还可能加剧油气行业的过剩局面，因此应仍以示范和完善技术为主，不易大规模发展。

要通过创新提升油气行业发展水平。目前，互联网、物联网、大数据、云计算等信息化技术正与工业化深度融合，新的商业模式也在不断兴起，带来生产效率的大幅提升。通过应用物联网技术，对油田生产数据实现自动化采集，可以大幅减少人力，实现油气田智慧化运营。通过传感网络的全面覆盖，油气井与管网设备的自动化控制，可实现天然气全网自动平衡与智能调峰。利用信息技术，实现炼化、配送、油库管理、加油站管理的最优方案，提升炼化的智慧化水平。通过互联网+销售+便捷支付，可以大幅度提升销售效率。对于新技术、新业态，抓住了就是机遇，反之就可能变成挑战。

油气供应侧的优化需要相关改革来保障。发挥市场在资源配置中的决定性作用，需要与"负面清单"管理、高水平的监管能力和市场化价格机制相结合。上游矿权和下游原油进口权、使用权的放开，需要有完善的制度保障和强大的监管能力，应着力避免资源的低效、无序开采和不达标油品的流通。成品油在供应充足的情况下，已经具备了完全市场化定价的条件，但需要避免恶性竞争情况的发生和尽快淘汰落后产能。天然气价格市场化需要统筹考虑进口气的亏损问题和国内气价交叉补贴问题，以及充分发挥全国性和区域性交易中心的价格发现功能。天然气管道改革既要推进长输管道的公平准入，也要防止地方管网和燃气公司的小范围垄断，还要处理好各级管网定价问题，大幅削减不合理成本。油气行业应形成"两头放开、中间管住"、国有石油公司为主，其他所有制企业充分参与的油气市场竞争新格局，在开放中搞活，在竞争中突破，在创新中提升，在绿色中发展。

（本专题撰写人：杜　伟）

“十二五”期间国内石油公司发展分析

“十二五”时期是中国石油、中国石化、中国海油三大石油公司发展历程中极不平凡的五年，也是快速发展的五年。“十二五”期间，宏观环境发生较大变化，国内经济增速放缓，油气需求增速下降，原油价格大幅下跌，市场化改革进程加快，面对复杂多变的外部环境和一系列挑战，三大石油公司紧紧抓住重要战略机遇期，大力实施资源、市场、国际化和绿色低碳等发展战略，有效应对低油价的冲击和影响，着力从规模速度发展向质量效益发展转变，主要生产经营指标实现快速增长，资产和收入规模不断扩大，综合实力持续增强。

一、发展举措与成效

1. 规模指标快速增长，综合实力显著增强

（1）主要生产指标大幅增长，增速明显快于国际石油公司。2014 年，中国石油、中国石化、中国海油油气当量产量分别达到 2.55 亿吨、1 亿吨和 8620 万吨，自 2010 年以来年均分别增长 5.2%、9.2%和 8.6%；原油加工量分别达到 1.97 亿吨、2.37 亿吨和 2845 万吨，年均分别增长 5.3%、2.7%和 0.5%；中国石油、中国石化国内成品油销售量分别达到 1.17 亿吨、1.71 亿吨，年均分别增长 3.4%和 5.1%。相比之下，埃克森美孚、BP、壳牌、雪佛龙、道达尔五大国际石油公司同期油气产量、原油加工量、成品油销售量分别年均下降 4.6%、4%和 1.6%（图 1）。2015 年，在国际油价大幅下跌的情况下，国内石油公司克服种种困难，主要

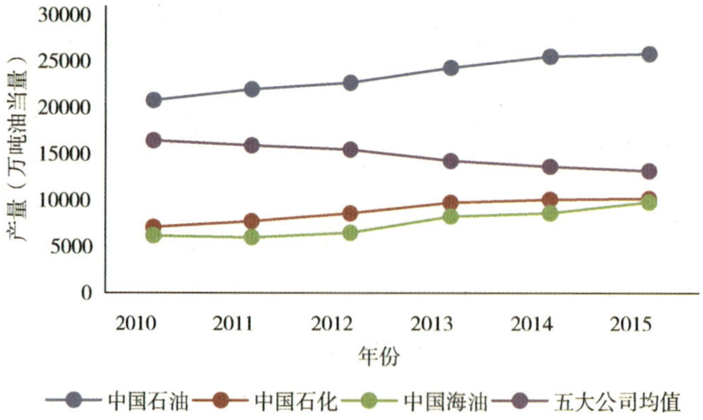

图1 2010—2015年石油公司油气产量

数据来源：根据各公司年报整理

2015 年为估计值，五大公司指埃克森美孚、BP、壳牌、雪佛龙、道达尔

生产经营指标保持稳定增长。初步估计，2015 年，中国石油、中国石化、中海油油气当量产量分别达到 2.58 亿吨、1.02 亿吨和 9810 万吨，比 2014 年分别增长 1.2%、0.9%和 13.8%。

（2）资产、收入规模不断扩大。“十二五”期间，国内三大石油公司抓住有利发展时机，不断加大投资力度，资产规模随之扩大，收入呈先增后降趋势。2014 年，中国石油、中国石化、中国海油总资产分别达到 6411 亿美元、3628 亿美元和 1822 亿美元，自 2010 年以来年均分别增长 13.3%、13.4%和 18.9%；2014 年，三大石油公司销售收入分别为 4444 亿美元、4705 亿美元和 996 亿美元，年均增长 15%、12.8%和 17.4%（图 2）。2015 年，油价下跌使三大石油公司收入有所下降。

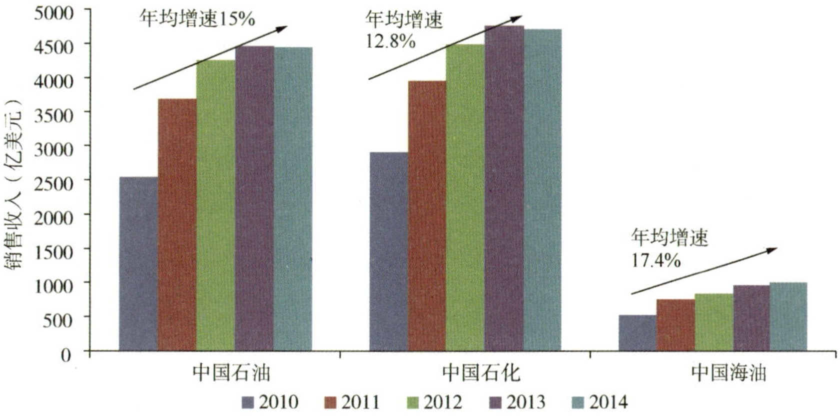

图2 2010—2014年国内三大石油公司销售收入

数据来源：根据各公司年报整理

（3）综合排名不断上升。中国石油、中国石化进入全球 500 强前 10 名，同时中国石油跻身于世界十大石油公司之列。在全球 500 强排名中，中石油从 2010 年的第 10 位上升到 2015 年的第 4 位，中国石化从第 7 位上升到第 2 位，中海油从第 252 位上升到第 72 位。在全球石油公司 50 强排名中，中国石油从 2010 年的第 5 位上升到第 3 位，中国石化从第 22 位上升到第 19 位，中国海油从第 34 位上升到第 32 位。国内三大石油公司国际竞争力和知名度大幅度提升。

（4）国内主体地位保持稳定。“十二五”期间，三大石油公司致力于缓解国内油气供需矛盾，积极履行经济、政治和社会三大责任，大力加强国内勘探开发，努力保持油气稳定供应。2014 年，三大石油公司原油产量占全国总产量 94%，天然气产量占比 98%以上，成品油产量占全国比例保持在 90%左右，在保障国内油气安全供应中发挥了主体功能，市场地位保持稳定。

（5）盈利保持较高水平，对经济社会发展贡献显著。2010—2014 年，中国石油利润从 972.5 亿元增加到 1007.9 亿元，中国石化从 516.4 亿元下降到 318.9 亿元，中国海油从 490 亿元增加到 529.4 亿元。“十二五”前四年，中国石油平均每年净利润为 1087 亿元（173 亿美元），高于 BP（161 亿美元）和道达尔（116 亿美元）（图 3）。中国石化和中国海油年均利润都在 500 亿元左右。

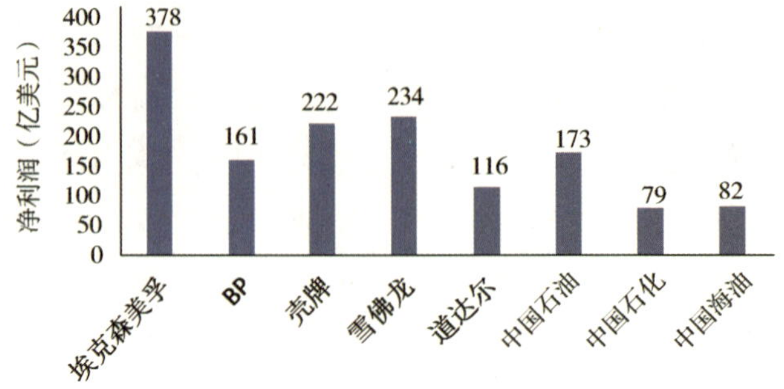

图3 2011—2014年国内外石油公司年平均净利润

数据来源：根据各公司年报整理

“十二五”的前四年，中国石油累计上缴税费总额达1.63万亿元，中国石化累计上缴税费总额1.32万亿元，中国海油上缴税费及红利5024亿元，三大石油公司每年上缴税费8500亿元以上，对国家财政贡献显著。同时，随着三大石油公司的持续发展，有力带动了国内相关产业及地方经济的增长，积极支持了国家西部大开发、振兴东北地区老工业基地和中部地区崛起等战略的实施，有力促进了沿海地区经济发展，为保障国家能源安全、促进经济社会发展作出了重要贡献。

2. 大力实施资源战略，可持续发展资源基础持续巩固

“十二五”期间，国内三大石油公司把资源战略放在首位，不断加大勘探开发力度，勘探开发成效显著。

（1）大力加强油气勘探，推进储量持续增长。中国石油持续推进油气储量增长高峰期工程，强化预探和风险勘探，加大松辽、鄂尔多斯、塔里木、四川、渤海湾盆地等重点油气区域及煤层气、页岩气等非常规油气领域的勘探工作力度，取得一批重大油气发现。“十二五”期间，新增探明石油地质储量每年保持在5亿吨以上，新增探明天然气地质储量每年保持在4000亿立方米以上（图4）。中国石化致力于弥补资源“短板”，努力实现增储上产和资源战略接替。确定了“东部硬稳定、西部快上产、天然气再翻番、非常规大发展”的战略部署。中国海油公司坚持“寻找大中型油气田”的指导思想，依靠认识创新、技术创新和管理创新，加快深海勘探步伐，稳步增加勘探工作量。

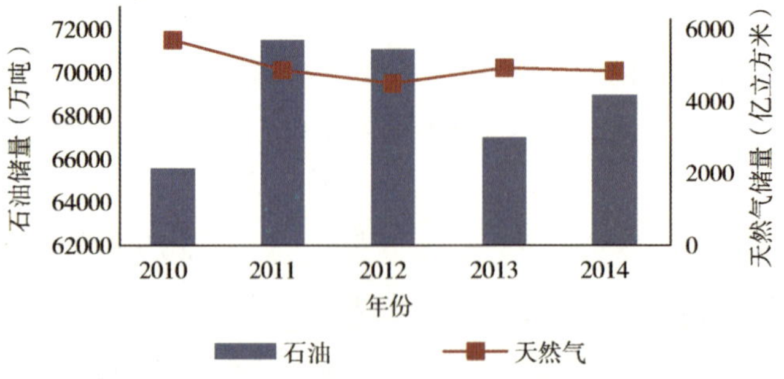

图4 2011—2014年中国石油新增探明地质储量

数据来源：根据各公司年报整理

（2）注重有效开发，保持东部稳产、海上和西部上产、天然气快发展势头。“十二五”期间，三大石油公司油气并重，加快技术创新，在东部推进精细开发，确保稳产，在西部和海上加快新区产能建设，实现持续上产。大庆油田通过精细管理，围绕技术创新和管理增效，有序推进项目建设，稳产 4000 万吨左右。长庆油田坚持“油上产、气翻番，攀登新高峰，实现新发展，再作新贡献”的发展目标，推广水平井分段压裂技术，油气当量产量超过 5000 万吨，如期建成“西部大庆”。国内三大石油公司的天然气产量快速增长。2014 年，中国石油实现天然气产量 1139 亿立方米，近五年年均增长 8.3%。中国石化国内天然气产量 202 亿立方米，年均增长 12.7%。中国海油天然气产量 219 亿立方米，年均增长 9.2%（图 5）。

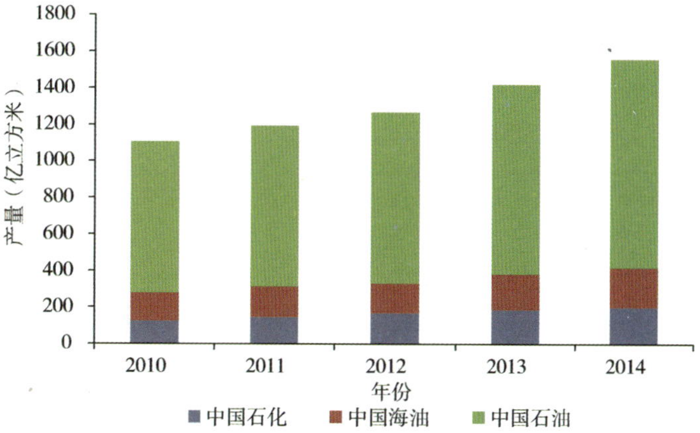

图5　2010—2014年国内三大石油公司天然气产量

数据来源：根据各公司年报整理

（3）非常规资源开发取得突破性进展。国内三大石油公司高度重视非常规油气勘探开发，以致密油气、煤层气、页岩气等非常规资源开发为主，通过技术创新以及加强合资合作，创新开发模式，实现了非常规油气勘探开发的大突破，成为常规油气的重要接替。中国石化页岩气开发取得重大进展，涪陵页岩气田是中国首个大型页岩气田，2015 年年底，涪陵页岩气田建成 50 亿立方米产能，累计产气量突破 40 亿立方米，使中国成为美国之后第二个实现页岩气商业性开发的国家，中国石化也因此荣获世界页岩油气峰会授予的“页岩油气国际先锋奖”。

3. 加快推进基础设施建设，炼化等业务布局进一步优化

（1）有序推进重点项目建设，建成一批大型炼化基地，炼油能力大幅提升。“十二五”期间，为满足国内需求，三大石油公司注重炼化业务布局结构调整，多个大型炼厂相继建成投产，一批改造项目顺利完成。

中国石油按照“集中、集合、集约、集成”原则，加快炼化业务战略布局和结构调整。统筹炼化一体化发展，重点建设具有世界级规模和区位优势、主导产品突出、技术先进、管理高效、清洁低耗的大型炼化一体化基地。同时对已有炼化基地进行改扩建，以适应新的要

求和提高技术标准等级，关停了一批低效装置。2014 年，四川石化千万吨级炼化一体化项目建成投产，“十二五”末期，中国石油已形成 10 个千万吨炼油生产基地。

中国石化大力实施一体化战略，按照贴近市场、贴近资源的原则，坚持做大做强环渤海湾、长江三角洲和珠江三角洲三大炼化企业集群、做精做优沿江及内地炼化企业的发展思路，以改扩建为主，积极调整工艺结构和产品结构，通过合资合作方式，加快一体化项目建设。先后完成了一批新建和改扩建项目，目前，在长三角、珠三角和环渤海湾地区形成了 13 个千万吨级炼油基地，炼化集群已具规模。

中国海油按照建设南北炼化双中心的发展思路，推进“两洲一湾”炼化基地建设的同时，逐渐向内陆地区挺进，推进以山东为基地的炼油和盐化工生产能力建设。

2015 年三大石油公司国内炼油能力分别达到 1.89 亿吨/年、2.66 亿吨/年和 3450 万吨/年，相比 2011 年均有较大幅度提高。同时炼厂平均规模也有所提高。通过调整炼化结构，炼化业务经营效益明显提升。中国石油在炼化结构调整优化的同时，大力实施降本增效等措施，“十二五”期间，炼化业务实现扭亏为盈。

（2）四大战略通道基本建成，国内管网不断配套完善。在管道布局方面，三大石油公司按照国家“西气东输”“北气南下”“海气登陆”的战略布局，不断加大管网投资力度，持续推进油气干线和管网建设，加快完善管网体系，基本形成了横跨东西、纵贯南北、覆盖全国、连通海外的油气管网格局。“十二五”期间，中国石油建成西气东输二线、西气东输三线西段、中亚 C 线天然气管道、中缅天然气管道，中俄东线、西线天然气管道建设达成协议，四大战略通道基本建成。

“十二五”期间，中国石油陕京三线全线投产，兰州—成都原油管道已全线贯通，呼和浩特—包头—鄂尔多斯和吉林—长春成品油管道顺利投运，“北油南调”战略工程之一的锦郑成品油管道建设有序推进。中国石化不断完善长三角地区和中原地区成品油管网，加快推进江苏、浙江等地成品油管网建设。为满足国内天然气需求，促进多气源供气格局形成，中国石化加快推进新疆、四川等地非常规气运输管道建设，新疆煤制气外输管道（新粤浙管道）获批，涪陵页岩气顺利实现管网外输，2014 年又启动了川气入粤工程。中国海油加快珠三角地区天然气内外环管网建设。“十二五”末期，珠三角天然气内外环管网初步建成，未来将接收南海深水气田、深圳 LNG、粤东 LNG、粤西 LNG 等新建项目的天然气，并汇聚西气东输、新粤浙管道等气源。

（3）有序推进加油站建设，销售网络进一步完善。为满足国内供应，中国石油、中国石化不断推进加油站建设，2010—2014 年，中国石油加油站数从 17996 座增加到 20422 座，中国石化从 30116 座增加到 30551 座，两大石油公司共新增 2861 座。随着加油站数量增加，成品油销售量不断增长。

4. 大力实施国际化战略，海外布局基本完成

“十二五”期间，三大石油公司为加快建设国际一流能源公司，适应国家加快走出去步

伐，大力推进国际业务发展。面对国际局势新挑战，三大石油公司抓住机遇，通过并购、直接投资等多种方式，积极调整优化海外业务布局，巩固扩大海外重点油气合作区，海外资源掌控能力不断增强，海外权益产量快速增长。同时，注重海外业务结构和资产结构优化，风险防控意识不断强化，海外业务发展正从规模速度型粗放增长转向质量效率型集约增长。有序推进海外业务上下游、技工贸一体化发展，基本形成了全产链的国际化经营格局。

（1）加快海外布局，初步建成海外规模合作区。三大石油公司积极采取海外并购策略，获得一批重大项目和资源。2012 年和 2013 年是三大公司海外并购最多的两年，2012 年中国海油并购金额达 214 亿美元，中国石化 72 亿美元，中国石油超过 40 亿美元。其中，中国海油以 151 亿美元收购了加拿大尼克森公司，通过收购，中国海油进入了英国北海等油气资源丰富地区和部分页岩气盆地，进一步强化了中国海油在加拿大油砂、墨西哥湾和尼日利亚深海的地位。同时公司油气储量增加约 30%，产量增加约 20%。2013 年，中国石油海外并购金额达 149 亿美元，其中，以 42 亿美元收购埃尼东非公司 28.57%的股权，成功进入东非海上领域；以 50 亿美元从哈萨克斯坦国家石油公司手中收购了中亚地区最重要的开发项目——卡沙甘油田 8.33%股权，继续扩大在中亚地区的油气合作。“十二五”末期，中国石油海外五大油气合作区布局进一步优化；中国石化初步形成非洲、中东、南美、南亚太、俄罗斯—中亚、加拿大六大油气合作基地；中国海油在印度尼西亚，澳大利亚、伊拉克、尼日利亚等主要的油区建立了生产基地，为实现中国海油“二次跨越”创造了良好条件。

（2）积极扩大国际化经营领域，一体化发展格局初步形成。“十二五”期间，三大石油公司海外上游业务实现了从陆上向海上延伸，从原油向天然气延伸，从常规向非常规延伸，海外上游业务领域不断扩大。同时，实现了从上游向下游、从油气投资向工程技术、油气贸易等业务延伸。以中国石油为例，“十二五”期间，中国石油顺应非常规和海上发展大趋势，逐步介入非常规和海上业务，如 2012 年中国石油收购了 Encana 公司在北美的页岩气资产，2013 年收购了埃尼在东非的海上资产。在油气投资的同时，中国石油注重带动工程技术、工程建设和装备制造等企业走出去，同时与油气贸易紧密结合，基本完成海外三大油气运营中心建设，形成了上下游一体、技工贸协同发展的良好格局。

（3）海外油气产量快速增长。初步估计，2015 年中国石油、中国石化、中国海油海外油气权益产量分别为 7300 万吨、4000 万吨和 2300 万吨，年均增长分别为 10%、17%和 14%（图 6），中国石油顺利实现了“海外大庆”目标。

5. 加快推进科技创新，关键技术攻关取得新成果

“十二五”期间，三大石油公司围绕主营业务发展，持续完善科技创新体系，优化完善科技体制机制，加强创新能力建设，大力实施重大科技项目攻关，加快突破一系列核心技术和专项技术，在油气资源勘探开发、炼油化工、工程技术、油气储运、安全环保等多个领域取得重要进展，积极进行新技术推广应用，取得显著成效。

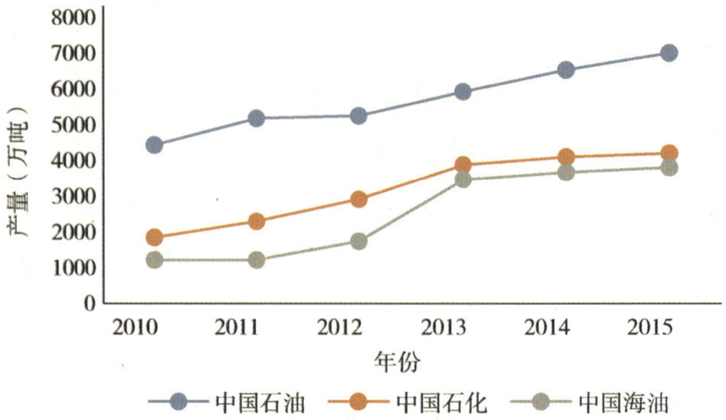

图6　2010—2014年三大石油公司海外油气产量

数据来源：根据各公司年报整理

（1）积极推进科技创新体系建设。中国石油充分发挥其直属院所、专业技术中心以及地区公司的创新优势，不断优化科技资源配置，总部直属科研院所、地区公司院所技术中心职责定位更加清晰，加速推进科技条件平台体系建设，试验/实验技术能力得到大幅提升。中海油推进“一个整体、两个层次”科技创新体系建设。

（2）关键技术攻关取得新进展。以中国石油为例，“十二五”期间，中国石油按“超前储备、技术攻关、试验配套”三个层次，以国家专项为龙头、公司专项为核心、重大现场试验为抓手，创新形成了十多项核心配套技术，关键技术及装备自给率保持80%以上。掌握了一大批关键技术和特色技术，包括特高含水油田水驱精细挖潜配套技术、聚合物驱提高采收率配套技术、三元复合驱油技术、特低渗透油藏开发技术、超浅层双水平井钻完井等关键技术，以及大型炼化配套技术、大口径管道输送技术等特色技术。

总体看，主体技术达到世界先进水平。中国石油以化学驱为主的三次采油技术、高含水油田开发技术、中深热采技术、低渗透油气田开发技术、稠油开采技术等达到世界领先水平；陆上采集、处理解释、成像测井、欠平衡钻井等一批工程技术达到世界先进水平。

6. 不断完善安全环保体系，稳健发展基础更加牢固

“十二五”期间，国家出台了耕地保护政策、新环保法和新安全生产法、大气污染治理方案等一系列政策法规。三大石油公司作为国有骨干企业，采取积极措施，保障安全生产，大力实施节能减排和环境保护，推动绿色低碳可持续发展，取得显著成效。

（1）从战略高度认识绿色低碳可持续发展，强化安全环保理念。中国石化、中国海油把绿色低碳发展作为公司战略明确提出，中国石油提出要打造绿色可持续的中国石油，三大石油公司都高度认识绿色低碳可持续发展的战略性，不断强化安全环保理念。中国石油把“环保优先、安全第一、质量至上、以人为本”的理念融入生产经营全过程，树立底线思维，强化责任意识；中国石化坚持“凡是环保方面的投入一分也不少；凡是不符合环保的事一件也不做；凡是违背环保的利益一分也不赚”发展理念；中国海油秉持“安全第一、环保至上，人为根本、设备完好”的安全环保理念。

（2）从制度建设上探索形成清洁生产长效机制。三大石油公司按照国际石油石化行业标准对公司现有的 HSE 制度进行全面梳理和修订，提高程序可操作性，全面完善 HSE 管理体系；严格落实安全生产责任制，加强隐患排查治理和应急队伍建设。中国石油执行“三同时”制度（环境保护设施与主体工程同时设计、同时施工、同时投产），规范环保隐患的治理与管理，提高对环境事件的防范和处置能力；中国石化制订《中国石化清洁生产管理办法》《中国石化环保隐患管理规定》《中国石化环境事件管理规定》《中国石化废水污染防治管理规定》等多项制度。

（3）从科技创新上促进绿色低碳可持续发展。三大石油公司积极开展天然气相关技术、页岩气开发技术的研发和应用，通过新技术推动天然气快速发展；开展节能减排技术、安全生产相关技术研发和应用，促进节能降耗、安全生产。

（4）从投资上保障安全环保项目的落实。中国石化于 2013 年启动“碧水蓝天”环保综合整治项目，现已落实 900 多个项目，总投资约 320 亿元。中国石油安全环保成效显著，废水中石油类物质排放量等指标有所下降（图 7）。

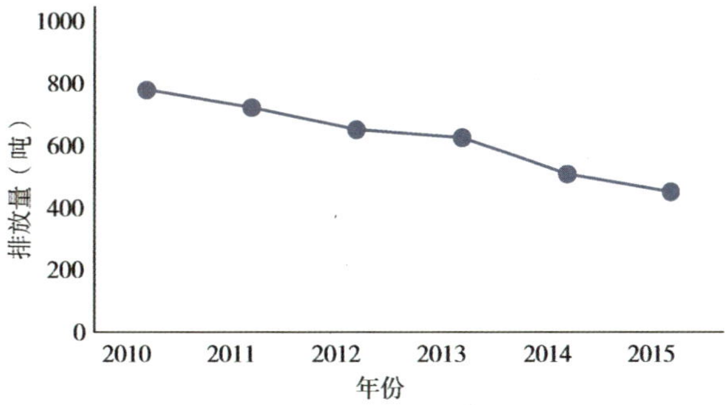

图7 2010—2015中国石油废水中石油类物质排放量

数据来源：根据公司社会责任报告整理

2015 年为估计值

7.深化体制机制改革，专业化重组和混合所有制实现突破

“十二五”期间，三大石油公司按照集约化、专业化、一体化的要求，坚持市场化改革方向，紧紧围绕公司发展目标、发展战略深入推进企业体制机制改革，特别是党的十八届三中全会以后，三大石油公司认真贯彻中央及国资委部署，全面启动深化改革工作，明确改革总体目标和主攻方向，积极稳妥推进部分领域专项改革，取得显著成效。

（1）大力推动专业化重组。中国石油按照 “两级行政、三级业务”管理体制架构的思路，积极建立和完善与综合性国际能源公司相适应的管理体制。 2011 年，调整了管道业务管理体制，实行区域化管理；2013 年，中国石油济柴动力总厂、宝鸡石油钢管厂和宝鸡石油机械厂三家专业化的装备制造子公司的资产重组完成交割，标志着 2008 年以来的装备制造系的重组工作基本完成；2015 年，天然气下游利用业务重组专项方案稳步推进。中国石化于 2011 年确立了对集团公司旗下未上市同类资产进行专业化重组的战略目标，2012 年拉开了专业化重组的大幕，开展炼化、工程、销售等领域专业化重组，到“十二五”末期先后完成了对销售公司的重组，实现油田服务公司的分拆上市，原油管道业务成立专业化子公司，在资本市场打造的“中国石化系”初现轮廓。

（2）积极发展混合所有制，扩大合资合作。中国石油坚持合资合作战略，不断创新合作模式、拓展合作领域、深化合作内容，围绕主营业务和战略布局，与各类资本开展全方位务实合作。中国石油搭建了未动用储量、非常规、油气、管道、炼化和金融六个合资合作平台，积极推进混合所有制。与新疆、黑龙江、陕西等省区签署多项合资合作协议，稳步实施合作项目。其中，2012 年的西气东输三线引入民资和社会资本参与建设，2013 年与泰康资产、国联基金签订油气管道合资合作战略协议，成立中国石油管道联合公司，引入 600 亿元社会资本（包括保险、养老金、银行、公益基金等）用于中国石油西气东输部分管道运营。2015 年，新疆销售、克拉玛依石化整体合资，混合所有制发展又向前迈进一大步。中国石化积极推进油品销售领域合资合作，2014 年 9 月，中国石化发布《中国石油化工股份有限公司关于子公司中国石化销售有限公司增资引进投资者的公告》，引进 25 家外部投资者，以现金人民币 1070.94 亿元（含等值美元）认购股权。增资完成后，中国石化将持有销售公司 70.01%的股权，投资者持有 29.99%的股权。中国石化本轮引资成为 2014 年国内最大的融资案，不仅引起社会广泛关注，更为国企混合所有制改革起到明显的试水和示范效应。

（3）规范治理结构，完善经营机制。继 2012 年中国石化、中国海油成立董事会后，2014 年，中国石油集团公司董事会正式成立，这标志着三大石油公司向健全现代企业制度、完善法人治理结构迈出实质性步伐。在放开搞活机制建设方面，中国石油在辽河、吉林油田开展扩大经营自主权试点，将投资成本一体化、储量产量指标自主确定、市场化选择施工队伍、物资采购权等 7 项经营自主权下放，并制订 5 项相关政策。两个油田积极性主动性充分调动，均取得了产量增、成本降、效益升的良好效果，扭转了原油生产被动局面。在此基础上，中国石油进一步将吉林石化、广西石化、福建销售、甘肃销售选为扩大经营自主权试点企业，通过松绑激发内部活力，建立市场化运作机制。

二、“十三五”发展展望

“十三五”期间，国内三大石油公司发展将面临新常态，内外部环境深刻变化，总体判断，三大石油公司发展仍处于战略机遇期。

主要挑战一是油气供需进入宽松期，公司的市场潜力相对缩小。石油消费增速下降，预计 2015—2020 年石油消费年均增速为 2.8%，2020—2030 年年均增速降为 1.1%。成品油供应相对过剩，预计 2020 年国内成品油供需富余量将达到 4000 万吨左右。天然气消费由高速增长转入中高速增长期，预计 2020 年中国天然气需求量为 3000 亿立方米，供应能力大于需求。二是油价低迷，公司盈利空间受到挤压。未来几年国际油价总体低位运行，呈前低后高走势。预期“十三五”期间国际油价 30~80 美元/桶，将进一步压缩三大石油公司利润空间、加剧现金流紧张。三是国内油气市场放开准入，主体增多，竞争压力加大。“十三五”期间，市场主体更加多元化，逐步形成以国有大型石油公司为主导，多种经济成分共同组成的多元化市场结构。

主要机遇一是中国经济转型升级带来发展机遇。“一带一路”建设为打造能源合作“升级版”带来战略机遇。自贸区建设全面推进，京津冀一体化发展，长江中游城市群发展规划，为三大石油公司优化区域布局带来机遇。国家实施《中国制造2025》，运用智能化、网络化、数字化的技术，结合物联网，打造服务型制造，有利于石油装备制造业务转型升级。二是深化改革为公司体制机制创新创造了良好条件。下一阶段，国家将加快推进经济体制改革。发展混合所有制经济，有利于三大石油公司实施股权多元化、资产轻量化、资产证券化改革。三是新一轮技术革命，大数据、云计算、互联网等快速发展，将加快产网融合，为三大石油公司打造新业务增长点带来新机会。

从公司内部看，“十二五”期间，国内三大石油公司实现了快速发展，但经营效益未能同步增长，规模速度与质量效益矛盾日益凸现。

资产规模扩大，净资产收益率下降。2010—2014年，中国石油、中国石化总资产平均增加了65%，而中国石油净资产收益率从7%下降到5%，中国石化从10%下降到4%。主要原因是随着资产规模扩大，低效资产增多。上游资源品质变差，低效储量增加；炼油能力增加，微利或亏损炼化企业较多；加油站数量增长，低效站较多。

投资规模增加，投资回报率下降。2010—2014年，国内三大石油公司资本支出年均增加4%以上，但中石油投资回报率从12.1%下降到7.7%；中石化从13%下降到6.1%，中海油从25%下降到12.2%（图8）。投资回报率下降有多种原因，既有国家政策调整等外部因素的影响，也有公司成本上升和投资管理问题。与国际大石油公司相比，中石油、中石化两家公司投资回报率低于国际平均水平。

在新形势下，三大石油公司将加快转变发展方式，更加突出发展油气核心业务，不断推进体制机制创新，实现从规模速度发展向质量效益发展转变，从投资拉动向创新驱动转变，从常规发展向绿色低碳发展转变。

1. 积极适应新常态，加快转型升级

三大石油公司将主动适应新常态，推动公司转型发展。实现从注重规模增长向突出价值提升、从注重生产保供向突出市场经营、从注重竞争向兼顾竞合、从主要依靠扩大增量向创新驱动增长的转变。

一是将更加注重有效发展。进一步丰富发展战略内涵，突出经济效益和价值创造，将经济责任放在突出位置，注重产业链各环节价值提升，严格控制投资规模，大力调整投资结构，投资向高价值业务倾斜，严格投资标准，提升投资回报水平。

二是更加注重创新驱动。针对业务发展需求，将继续加强关键技术攻关和推广应用，注重现有技术集成配套，进一步完善科研体系。

三是加快传统产业升级。以中国石化为例，中国石化“十三五”期间要力图实现三个转

变：由粗放型外延式发展转变为集约式内涵式发展，产业结构由“石油+化工”转变为“能源+材料”，由加工制造创造价值转向主要靠技术创新和服务增加价值。培育五大经济增长点：天然气产业链、非油品业务、节能环保产业（将工业水处理、热交换、尾气回收利用等节能环保业务打造成单独业务板块）、新能源业务、新材料业务。

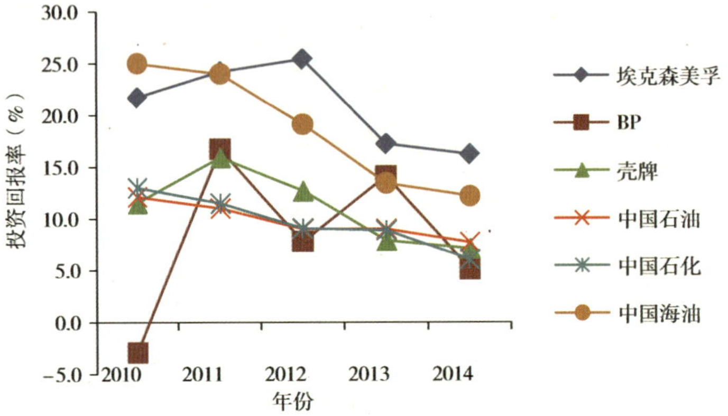

图8　2010—2014年各大石油公司投资回报率

数据来源：根据各公司年报整理

2. 突出油气主营业务，推动整体协调发展

“十三五”期间，三大石油公司坚持利用两种资源、两个市场的发展思路，大力实施资源、市场、国际化、一体化、创新等战略，突出发展油气主营业务。立足国内勘探开发，稳定东部老油田产量，加快发展西部和海上潜力区，稳油增气，常非并举，陆海并进。预计在“十三五”期间三大石油公司国内原油产量保持稳中有升、天然气产量较快增长的势头。

严格控制炼油规模，加快升级改造。在国内总体炼油能力相对过剩的背景下，三大石油公司将更加注重控制新的炼化项目建设，继续关停低效装置，对现在炼厂进行技术升级改造，努力增加高标号汽油、航煤等高附加值产品产量，控制柴油产量，降低柴汽比，积极推进汽柴油质量升级，推动炼化业务增益发展。

国内外两个市场相结合，注重高效市场开发。三大石油公司将继续优化国内资源配置，推进高效加油站建设，完善销售网络，优化物流配置，更加注重市场开发和客户管理，推动销售业务与互联网的结合，注重开拓周边国家成品油市场。

协调发展工程技术等服务业务。“十三五”期间，国内工程技术等业务工作量将有所下降，工程技术、工程建设等服务能力有所富余。三大石油公司将坚持专业化、市场化、国际化的发展方向，鼓励服务企业开拓国外市场，扩大工程技术等服务企业的发展空间。注重服务企业与油气田企业的紧密结合，推动总承包、EPC 等服务模式，实现油气主业与服务业务协调有效发展。

3. 深化体制机制改革，推进市场化发展

“十三五”将是三大石油公司深化改革的五年。三大石油公司将按市场化大方向在多个

领域、多个层面推动体制机制创新。

一是明确公司各层级职能定位，完善法人法理结构，三大石油公司将按照国有资本投资运营公司的改革要求和油气体制改革方向，完善集团公司（总公司）职能定位，突出战略规划、资本运营等功能。同时，完善集团内各层级定位，突出下属企业的市场地位和价值创造功能。

二是根据不同业务类型构建科学的管控体系。战略管控、财务管控相结合，根据不同业务定位实施差异化管控，推动管控模式科学化、现代化。

三是建立市场化经营机制，简政放权，扩大企业经营自主权。大力推动内部市场化，建立和完善上下游一体化的价格形成和传导机制，更加突出以市场为核心的生产经营机制，完善分级授权管理体制和考核机制，进一步扩大企业经营自主权。

四是推进混合有所制发展。预计“十三五”期间，三大石油公司将进一步推动非常规油气勘探开发、炼化、管道、油气销售等领域的合资合作，中国石油将加快推动工程技术、工程建设等业务重组上市，加大炼化合资合作力度，加强产融结合，进一步推进销售业务与互联网的结合。

（作者：张卫忠　王　超）

“一带一路”油气合作的机遇与挑战

2015年3月28日，国家发改委、外交部、商务部联合发布了《推动共建丝绸之路经济带和21世纪海上丝绸之路的愿景与行动》，至此，“一带一路”已经从战略提出、战略讨论，战略设计，进入战略实施阶段。进入实施阶段后，重点将是合作项目的选择、确定与推进，更需要务实分析机遇，客观认识风险。油气合作是“一带一路”行动的重要组成部分，应把握合作机遇，规避合作风险，持续有效推进。

一、油气合作在“一带一路”行动中的地位

1. 扩大“一带一路”油气合作是资源国和消费国的利益交汇点

“一带一路”区域是世界常规油气储量的主要分布区，区内油气资源丰富，供应潜力巨大。2014年，“一带一路”石油剩余探明储量1338亿吨，占世界的57%，天然气剩余探明储量155万亿立方米，占世界的78%。“一带一路”区域也是全球油气消费规模和增长潜力最大的地区。2014年，区内石油消费16.5亿吨，占世界的42.2%；天然气消费1.55万亿立方米，占世界的43.2%。预计2030年区内石油和天然气需求将达到21.9亿吨和2.3万亿立方米，分别占世界49.3%和50%。近年来，全球油气供需形势逆转，油气供应中心西移，需求东移趋势明显；欧美传统市场萎缩，中东、中亚、俄罗斯等区内油气供应大国市场安全凸显。2014年以来，国际油价走低，资源国收入下降，财政承压，更加重视需求量持续上升的亚洲市场。“一带一路”区内资源国保障市场安全的诉求与以中国、日本、韩国、印度为代表的亚洲主要油气消费大国保障供应安全的诉求高度契合，成为加快发展“一带一路”油气合作，建立共保型安全体系的利益交汇点。

2. 油气合作具有先行优势和带动作用

油气资源是中国对外直接投资和贸易的主要领域。2013年，中国采矿业对外直接投资存量为1062亿美元，占全国的16.7%；中国石油进出口占全国的7%，其中进口占13.2%。

中国与“一带一路”区内国家油气合作已经具有较好基础。中国石油企业海外投资和石油进口主要集中在“一带一路”区内国家。中国石油企业在“一带一路”区内国家的投资达到25个，油气合作项目超过90个，累计总投资超过800亿美元；已建成中亚、俄罗斯、缅甸到中国5条管线，油气输送能力分别达3500万吨和670亿立方米。2014年，中国从“一带一路”区内国家进口原油近2.0亿吨，占原油进口总量的67%，进口天然气510亿立方米，

占天然气进口总量的 85%（表 1）。

油气行业产业链长、协整性高，上、中、下游投资与贸易相互之间具有较强的正向推动作用。根据 IHS 公司数据估计，平均每 100 亿美元陆上上游资本支出，可以带动形成 37 亿美元钻井和油井服务市场及 14 亿美元管道建设市场；平均每 100 亿美元海上上游资本支出，可以带动形成 33 亿美元钻井和油井服务市场。油气投资和贸易的发展，将有效带动物资、装备、服务等相关产业的合作。

表1 投资贸易规模和投资项目（2013年）

地区	贸易和投资	主要投资项目
俄罗斯地区	原油进口量：2450万吨； 权益产量：320万吨油当量； 陆上原油运输能力：1500万吨； 累计投资：62亿美元	俄罗斯北极亚马尔LNG项目； 中俄原油、天然气管道
中亚地区	原油进口量：1100万吨； 天然气进口量：277亿立方米； 权益产量：2950万吨油当量； 陆上原油运输能力：2000万吨； 陆上天然气运输能力：550亿立方米； 累计投资：408.4亿美元	哈萨克斯坦阿克纠宾、PK、曼格什套等陆上项目和里海项目； 阿姆河气田项目； 中亚、中哈油气管道形成跨国油气管廊系统
中东地区	原油进口量：1.61亿吨； 天然气进口量：100亿立方米； 权益产量：2082万吨油当量； 累计投资：135.47亿美元	伊朗南阿、北阿、MIS油气项目； 伊拉克鲁迈拉、艾哈代布、哈法亚、米桑项目
南亚地区	权益产量：50万吨油当量； 累计投资：2.32亿美元	巴基斯坦瓜德尔港
东南亚地区	原油进口量：313万吨； 天然气进口量：73亿立方米； 权益产量：537万吨油当量； 累计投资：100亿美元； 陆上原油运输能力：2300万吨； 陆上天然气运输能力：120亿立方米	缅甸油气投资项目和中缅油气管道； 地区成品油和原油贸易业务； 印度尼西亚油气合作项目； 泰国海上天然气业务

资料来源：ETRI。

二、“一带一路”油气合作的机遇

“一带一路”区内国家油气具有很强的互补性，合作的机遇源自诉求契合。

1. 资源与市场相契合

“一带一路”有超过 600 个未建产油田，2P 石油储量 79 亿吨；主要分布于俄罗斯和中东地区。如果这些油田得到开发，其石油高峰产量累计可达 4.1 亿吨。“一带一路”区内有超过500个未建产气田，2P天然气储量19.4万亿立方米；主要分布于俄罗斯、中东和东南亚。如果这些气田得到开发，其天然气高峰产量累计可达1.59万亿立方米（表2）。

表2 “一带一路”区内未建产油气田的油气储量和高峰产量

国家和地区	石油（亿吨）		天然气（万亿立方米）	
	2P石油储量	累计高峰产量	2P天然气储量	累计高峰产量
俄罗斯	16	0.8	8.4	0.35
中亚	4	0.1	2.1	0.06
中东	56	2.8	5.8	0.84
亚太	3	0.3	2.9	0.34
合计	79	4.1	19.4	1.59

资料来源：ETRI。

中国石油企业在中东、中亚、俄罗斯大型油气田勘探开发，以及老油田提高采收率等领域参与油气合作将面临一系列新的机遇。

2. 资源国出口多元化和消费国进口多元化的需求相契合

随着“一带一路”油气资源国新的目标市场转向亚洲，在通道布局上明显暴露出不足。中亚俄罗斯地区出口通道依据传统市场的需要建立，资源市场与传统市场的连通格局已形成，陆上通道能力西向过剩、东向不足、南向空白、海上单一。中东到南亚和东南亚、中东和中亚到南亚尚无油气管道，到南亚、远东市场油气运输主要依靠海运，陆上运输能力相对较弱。

未来油气市场需求增长主要集中在东亚和南亚，主要进口国是中国、印度、新加坡和泰国。目前已有多条向东走向和向南走向的管线已进入建设或协商建设。如俄罗斯和土库曼斯坦通往中国的天然气管线，印度通往巴基斯坦的管线，以及TAPI（土库曼斯坦—阿富汗—巴基斯坦—印度）管道。

中国油气管道建设具有较强竞争能力，在X80钢管出口和油气管道建设施工领域将出现新的合作机遇。

3. 资本和产业能力输出需求与完善油气产业链的需求相契合

“一带一路”沿线资源国油气产业发展很不均衡。区域内炼化工业发展极不平衡，炼油化工技术、装备和建设施工能力较弱；多数国家油田工程技术服务、装备制造能力相对落后，油气勘探开发一直是依靠引进外部技术和进口装备。

“一带一路”区内国家现有炼厂433个，炼油能力20.4亿吨，占世界的44.5%，炼油能力总体过剩，但东南亚、南亚、中亚地区的国家下游发展相对落后，俄罗斯炼油也有较大扩能和升级改造空间，发展炼油业诉求强烈，多国均提出了炼化发展计划。东亚地区炼化能力过剩，炼油技术和装备制造在全球处于较先进水平，区内炼化合作空间较大。

2013年“一带一路”区内油气产量占世界一半以上，预计2020年将达到26.7亿吨和2.5万亿立方米；规模巨大的油气生产带动了工程技术服务需求，而当地工程技术服务能力与水平不能满足本国加快发展的要求，高端服务完全依赖西方公司。资源国石油装备需求广，粗略估计，“一带一路”区内国家石油装备年需量在300亿美元以上，所需产品涵盖石油的上、中、下游的各个业务领域（图1）。

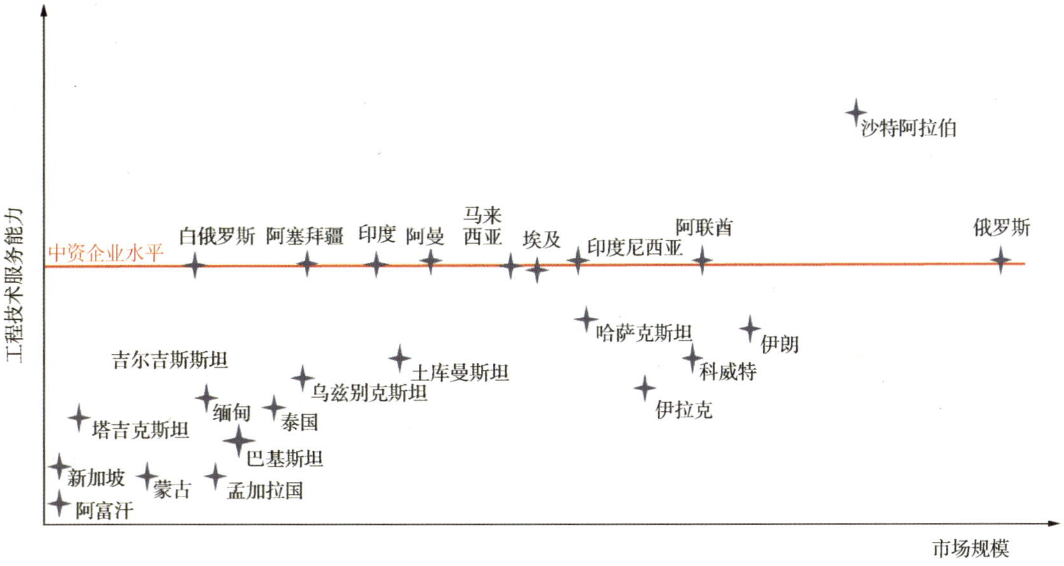

图1 “一带一路”区内国家工程技术服务能力与需求

资料来源：ETRI

中国企业在勘探开发技术、炼化技术和工程建设能力等方面具有比较优势，装备企业在中低端市场具明显的价格优势和地缘优势。区内国家将加快合作完善产业链，促进产业升级作为重要选项，在炼厂改扩建、油田工程技术服务，以及装备制造等领域都存在大量新的合作机遇。

三、“一带一路”油气合作面对的挑战

油气合作与其他合作领域相比，既有共性风险，也有个性风险。规避风险，中国企业推进有效合作面临的挑战主要有以下五类。

1.合作主导权的挑战

“一带一路”作为中国的倡议，本身就贴上了中国的标签。目前，已经有数个世界大国和本地区大国都提出了丝绸之路计划，大国之间围绕合作主导权的博弈将贯穿“一带一路”行动全过程。

2011年美国提出的“新丝路计划”，旨在形成以阿富汗为核心的中亚—阿富汗—南亚交通与经济合作网，推动阿富汗融入地区一体化，提升印度发展空间，加强与中亚经贸及油气合作，建立美国主导的中亚、南亚新秩序。1997年日本提出的丝绸之路外交战略，加强与中

亚各国经贸合作，提供大量政府开发援助，提升日本政治经济影响力。印度的“21世纪海上丝路”的“四季”（Mausam）计划，意在增强其在印度洋地区的主导权。2012年，俄罗斯提出欧亚经济联盟计划，并在俄罗斯、白俄罗斯、哈萨克斯坦三国关税同盟基础上推进欧亚经济共同体进程。

上述计划与中国提出的“一带一路”合作区域部分重叠。其中有的计划不乏针对中国的成分，害怕中国因“一带一路”合作而提升地位，削弱其在亚洲地区的影响力，美国的例子最为典型。“一带一路”倡议提出后，美国加快推动并签订了TPP协定，美国总统奥巴马明确表示另起炉灶的目的就是不能把规则制订权交给中国。此外，俄罗斯视中亚地区为其势力范围，印度谋求在南亚地区的领导地位意图也非常明显，均难以接受中国成为本地区的领导者。

处理好与区域内大国合作发展计划的对接，扮演好倡导者、助力者和共同推动者，对于中国是现实的挑战。

2. 资源民族主义的挑战

资源民族主义是推进“一带一路”油气合作中必须考虑和防范的风险。油气资源是资源国的战略资产、支柱产业和核心利益。在资源民族主义者看来，外国资本油气合作目的只是为了获取资源，合作并不利于本国油气行业发展；高油价时期，资源国认为外国资本获取了本应属于本国的资源利益。尤其是当一国与资源国合作规模所占比重较大时，资源国国内容易产生本国油气工业被外国资本所控制的担心，甚至为其国内各派政治力量斗争所利用。

国内的某些不当宣传也在一定程度上助长了资源民族主义。海外油气勘探开发合作本身是一种商业行为和企业行为，合作的重要意义在于提高全球油气安全程度。然而由于在宣传中，过分强调石油企业走出去对保障中国石油安全的意义，极易使资源国认为海外油气合作是中国的安全自保行为，从而产生负面影响，甚至成为资源民族主义的借口。

“一带一路”油气合作必须切实转变“重资源合作轻全产业链合作”方式，转变不当的宣传口径，规避资源民族主义风险。

3. 经济性的挑战

“一带一路”区内多为发展中国家，经济发展不平衡，相当一部分国家经济欠发达。区内多数国家希望通过“一带一路”合作获得资本、技术和市场；能够共同承担资本、技术输出责任的国家较少（图2）。

“一带一路”区内部分国家外汇储备不足，货币大幅贬值，债务风险骗高，存在偿付风险，如俄罗斯、哈萨克斯坦、叙利亚、南苏丹、埃及、莫桑比克、泰国和蒙古等国家（图3）。尤其在一些偿付风险高、欠发达的非洲国家，减免债务、推迟偿付时有发生。

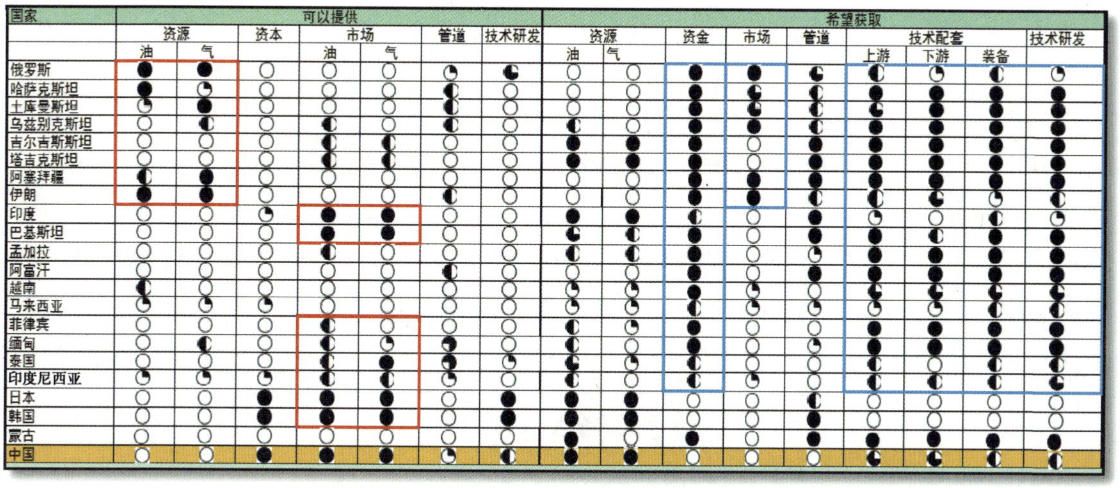

图2 “一带一路”区内国家能力与需求对比

数据来源：ETRI

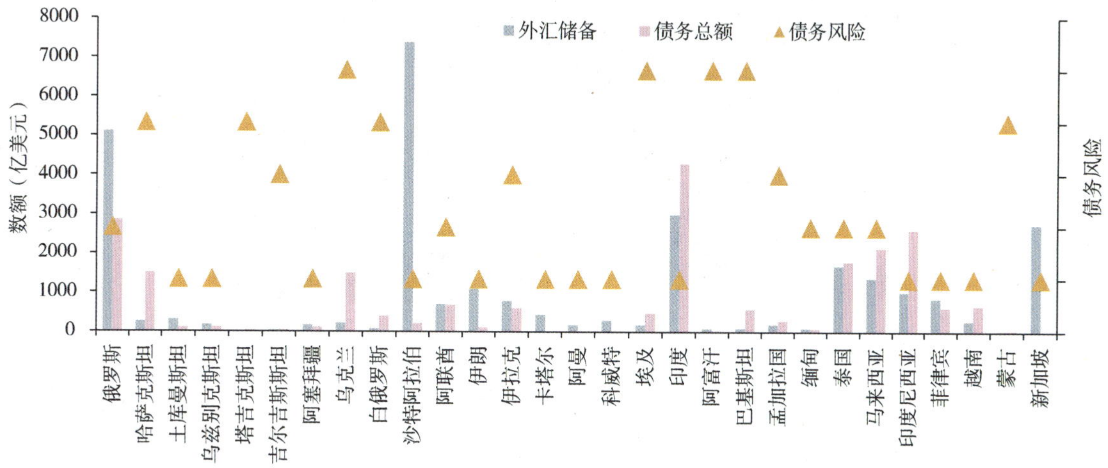

图3 “一带一路”区内国家经济指标对比

数据来源：ETRI

“一带一路”油气合作中需要充分尊重资本输出的规律，按照经济规律办事，慎重选择项目，尤其要减少政治性项目，降低债务违约风险。

4. 安全风险的挑战

“一带一路”区内国家安全风险总体偏高，主要体现在治安和恐怖袭击两个方面。

中亚地区存在“乌伊运”“东伊运”等极端组织，以及阿富汗境内恐怖势力外溢；伊拉克战争后，中东地区恐怖袭击频发，教派冲突不断，ISIS 势力猖獗；南亚地区塔利班在阿富汗和巴基斯坦都非常活跃，存在爆发武装冲突的风险。北非地区在美国和欧洲插手后乱象丛生，利比亚、叙利亚战乱，埃及政变，ISIS 乘机发展，治安形势急剧恶化。

中东、北非和南亚地区均是民族矛盾、教派矛盾交织，恐怖势力集中的地区，针对石油合作项目的恐怖袭击事件时有发生。南苏丹内战使油田设施遭受破坏，阿尔及利亚因阿迈纳斯气田项目员工遭绑架，叙利亚油田被 ISIS 占领等事件都对油气设施安全和人身安全构成了伤害。

5. 技术适用性的挑战

经历长期发展，中国目前已经掌握了高分辨率地震、山地地震、水平井、多分支井、欠平衡井、超深井、三次采油等各种先进的陆上油气勘探开发技术，滩海和中深海油气勘探开发技术；以及复杂条件下的管道施工技术等。这些技术多数与“一带一路”区内各国技术需求存在交集。但是在高寒地区勘探开发、盐下油气勘探开发、大马力压缩机制造等技术领域仍不能满足“一带一路”区内国家的需求（图 4）。

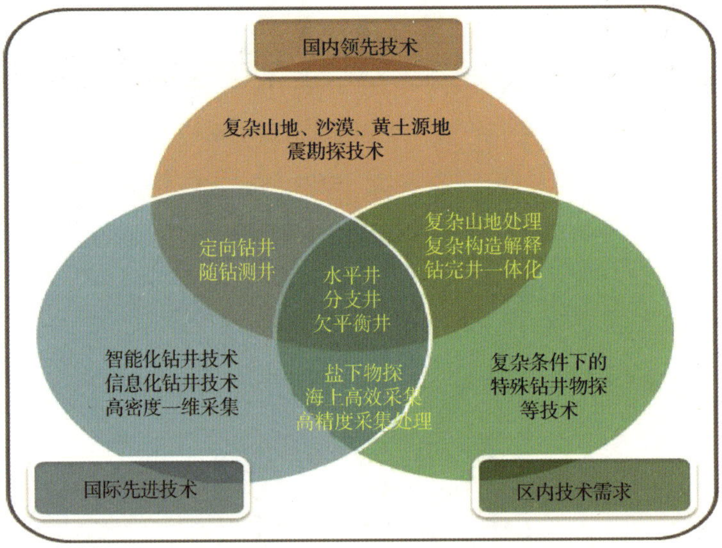

图4　技术优势及需求

数据来源：ETRI

四、务实开展“一带一路”油气合作的建议

1. 以互连互通为抓手，促进区域油气资源与市场融合

倡议共同构建“井”字形泛亚油气管网。提高中亚、中东到东亚、南亚和东南亚油气输送能力和管道网络化程度，陆运与海运互联，实现资源和市场连接，保障资源国的供应安全和消费国的需求安全。以通道为龙头，围绕保障通道安全，积极争取与日本、韩国共同推动，吸引欧洲国家参与，集合资本、技术和产业优势，加快沿线油气资源勘探开发合作。

2. 跳出资源合作，推动全产业链融合

油气合作重心从资源转向全产业链，带动合作国油气产业链完善，同时促进国内产业升级。抓住“一带一路”区内国家炼化能力普遍偏低，有改扩建需求，以及勘探开发技术、装备能力偏弱，有完善产业链诉求的机遇。充分发挥国内资本、技术和产业优势，以资本输出带动中国与“一带一路”区内相关国家炼化、技术服务，以及装备制造等领域的合作。

3. 内外兼顾，促进国内油气产业升级

加强针对“一带一路”区内国家地质条件和开发现状的技术研发和装备制造攻关，提高海相碳酸盐岩、极地、深层等油气勘探开发技术水平，以及高端技术服务、装备制造水平等。在国内或在“一带一路”区内国家布局建立若干带有辐射功能的油气技术研发或制造中心；建立技术培训中心，培养当地技术骨干，增强当地对中国技术和中国文化的认知程度。

4. 明确合作原则，按资本输出规律推动油气合作

坚持倡导不主导的原则，加快与其他合作计划的对接，形成共同推动的格局；坚持从对方关切中寻找合作机会的原则，不搞一厢情愿，更不能大包大揽；坚守“政府搭台、企业唱戏、市场运作”的原则，将合作的经济有效性放在首要位置，将项目合作决策权交给企业；坚持量力而行的原则，不急于求成，更不能一哄而上；坚持资本输出与产业合作相结合的原则，将上游投资与全产业链结合起来，在资本输出的同时加快技术服务、装备制造，以及设备、原材料出口相结合，一手投出去，一手收回来，降低资本输出整体风险。

（本专题撰写人：孙依敏　朱颖超）

对中国油品质量升级的思考与认识

近年来，随着国家对环保要求的不断提高，中国油品质量升级不断提速。目前中国油品质量标准已高于多数发展中国家，部分省市地区已达到发达国家水平。在严峻的大气污染形势面前，中国油品质量升级步伐应适度加快。但升级的过程中，生产、流通、消费和监管环环相扣，所暴露出的一些矛盾和问题也不容忽视。同时，生产者与消费者的承受能力、政府监管力度及方式，以及政策制订等问题也值得思考。

一、中国油品质量升级历程回顾

1. 中国油品质量升级步伐不断加快

中国油品质量升级历程可分为三个阶段。第一阶段是从 1993—2000 年，完成车用汽油无铅化，禁止在车用汽油中加入含铅添加剂；第二阶段是从 2000—2017 年，从相当于欧Ⅰ标准升级至国Ⅴ标准，主要以降低油品中的硫含量为主线；第三阶段是从 2017—2019 年，从国Ⅴ标准再升级至国Ⅵ标准，主要是降低油品中的烯烃、芳香烃含量（图 1）。

中国油品质量升级步伐不断加快。第一阶段，完成车用汽油无铅化用时 7 年。第二阶段，车用汽柴油标准由欧Ⅰ标准升至国Ⅱ标准、再由国Ⅱ标准升至国Ⅲ标准均用时 5 年左右。从 2010 年开始，升级步伐明显提速，每一档油品升级用时逐步递减，车用汽柴油标准由国Ⅲ标准升至国Ⅳ标准用时缩短至 4 年，车用汽柴油标准由国Ⅳ标准升至国Ⅴ标准用时分别为 3 年和 2 年。第三阶段，计划用时 2 年完成国Ⅵ标准车用汽柴油的升级。

图1 中国油品质量升级历程图

汽油方面，2000 年 1 月 1 日起，汽油质量升级为 GB 17930—1999《车用无铅汽油》，在全国范围内开始实施相当于欧Ⅰ标准的无铅车用汽油，同时硫含量由不大于 1500 微克/克降低至 1000 微克/克以下；2005 年 7 月 1 日起，全国实施国Ⅱ标准车用汽油，硫含量降低至

500微克/克以下，同时增加了烯烃、芳香烃、苯等控制指标；2010年5月1日开始，陆续在全国范围内实施国Ⅲ标准车用汽油，硫含量降低至150微克/克以下，并同时降低苯、烯烃等含量；2014年1月1日起，全国全面实施国Ⅳ标准车用汽油，硫含量降低至50微克/克以下，同时大幅降低了锰含量；2017年1月1日起，全国将全面实施国Ⅴ标准车用汽油，硫含量降低至10微克/克以下（含E10乙醇汽油），烯烃由28%降至24%，锰含量由8%降至2%（图2）。

柴油方面，2000年10月1日，颁布GB 252—2000《轻柴油》国家轻柴油标准，硫含量由10000微克/克降低至2000微克/克以下，并于2002年1月1日起，全国范围内实施相当于欧Ⅰ标准的车用柴油；2003年10月1日起，实施国Ⅱ标准的车用柴油，硫含量降低至500微克/克以下；2011年7月1日起，陆续在全国范围内实施国Ⅲ标准车用柴油，硫含量降低至350微克/克以下；2015年1月1起，全国全面实施国Ⅳ标准车用柴油，硫含量降低至50微克/克以下；2017年1月1日起，全国将全面实施国Ⅴ标准车用柴油（含B5生物柴油），硫含量降低至10微克/克以下。此外，增加高标准普通柴油供应，分别从2017年7月和2018年1月起，在全国全面供应国Ⅳ标准、国Ⅴ标准普通柴油（图3）。

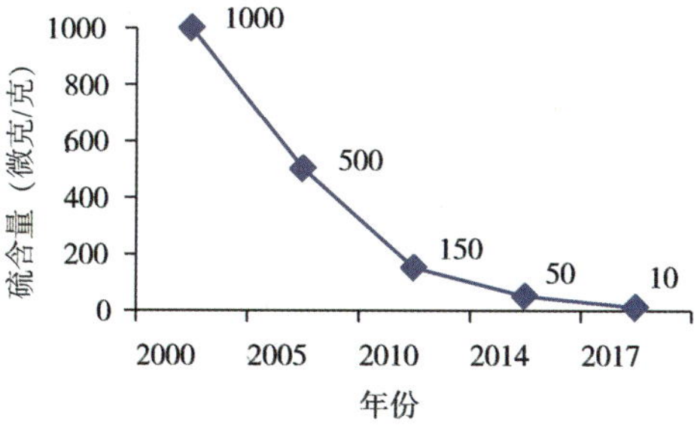

图2　中国车用汽油硫含量标准

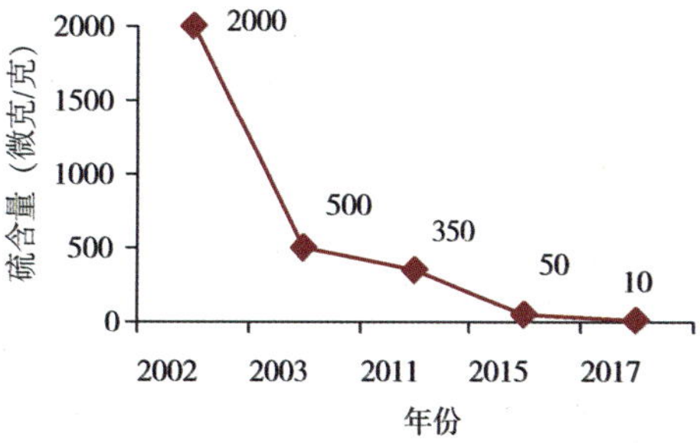

图3　中国车用柴油硫含量标准

2. 中国部分地区油品质量标准已达到发达国家水平

目前，全球尚未有燃油质量的统一标准。各国根据自身经济情况和炼油工业发展水平，以及对环境保护的不同要求，制订了不同的、分阶段的燃油质量标准。发达国家由于经济发展水平较高，且炼油工业发展时间较长，体系成熟完善，装置配套齐全，加工原料又多为低硫、低蜡的优质轻质原油，油品升级难度相对较小，油品质量标准普遍高于发展中国家。欧洲、美国加州、日本、韩国油品质量标准基本达到欧Ⅴ标准及以上，美国除加利福尼亚州以外的其他地区整体水平稍低，介于欧Ⅳ标准和欧Ⅴ标准之间（表1和表2）。

表1　部分国家和地区汽油质量标准

国家和地区	欧洲	美国		日本	韩国	中国香港	中国台湾	中国北京
		加利福尼亚州	其他					
年份	2009	2003	2006	2008	2009	2009	2011	2012
硫含量（微克/克）	≤10	≤15	≤30	≤10	≤10	≤10	≤30	≤10
苯含量（%）	≤1	≤1	≤1	≤1	≤1	≤1	≤1	≤1

表1 部分国家和地区汽油质量标准

国家和地区	欧洲	美国		日本	韩国	中国香港	中国台湾	中国北京
		加利福尼亚州	其他					
烯烃含量（%）	≤18	≤4	≤4		≤16	≤18	≤18	≤25
芳香烃含量（%）	≤35	≤22	≤25		≤24	≤35	≤35	≤35

数据来源：中国石油集团经济技术研究院。

表2 部分国家和地区柴油质量标准

国家和地区	欧洲	美国		日本	韩国	中国香港	中国台湾	中国北京
		加利福尼亚州	其他					
年份	2009	2002	2005	2008	2009	2009	2011	2012
硫含量（微克/克）	≤10	≤15	≤15	≤10	≤10	≤10	≤30	≤10
十六烷值	≥51			≥50	≥52	≥51		≥51
十六烷值指数	≥46	≥50	≥40	≥45	≥52			≥46
多环芳香烃（%）	≤8	≤10~20	≤35（总芳香烃）		≤5	≤11	≤35（总芳香烃）	≤11

数据来源：中国石油集团经济技术研究院。

比较而言，中国作为发展中国家，炼油工业发展起步较晚，水平起点较低，且加工原料多为含硫、含蜡量高的重质原油，油品质量升级难度相对要大得多。但总体看来，中国油品质量升级时间间隔与发达国家平均间隔相当，甚至在实现汽油无铅化进程方面，要明显快于美国、欧洲、日本等发达经济体。以油品质量要求最为严格的欧洲为例，其实现汽油无铅化共历时 27 年左右，而中国仅用时 7 年左右。1992—2009 年，欧洲地区油品质量陆续由欧Ⅰ标准升级至欧Ⅴ标准，共用时 17 年左右，中国计划用时长度与其相当。欧洲汽柴油由欧Ⅳ标准升级至欧Ⅴ标准用时 4 年，而中国车用汽柴油全面实施国Ⅴ标准计划用时仅为 2 年。

2012 年 6 月，北京率先全面实施京Ⅴ标准车用汽柴油，其油品质量基本达到发达国家水平。随后上海、江苏、浙江、广东、陕西、天津、海南也陆续实施国Ⅴ车用汽柴油标准。根据国家七部委 2015 年 5 月印发的《加快成品油质量升级工作方案》，自 2016 年 1 月 1 日起东部地区 11 个省市（北京、天津、河北、辽宁、上海、江苏、浙江、福建、山东、广东和海南）将全面供应符合国Ⅴ标准的车用汽柴油。北京市也将力争在 2016 年发布实施第六阶段油品质量标准。

3. 中国油品质量标准高于多数发展中国家

东北亚地区朝鲜、蒙古的汽柴油生产标准均在欧Ⅲ标准之下。东南亚地区 11 个国家，除新加坡为欧Ⅳ标准和欧Ⅴ标准，以及泰国为欧Ⅳ标准外，其余国家汽柴油基本在欧Ⅲ标准以下。整个中亚地区的汽柴油标准也均为欧Ⅲ标准。南亚地区的印度主要生产标准为欧Ⅲ标准，而孟加拉国和巴基斯坦生产的汽柴油仅勉强达到欧Ⅰ标准。中东地区伊朗和阿联酋生产标准相对较高，伊朗主要为欧Ⅳ标准，阿联酋是欧Ⅲ标准、欧Ⅳ标准、欧Ⅴ标准均有生产；

伊拉克、沙特阿拉伯均为欧III标准；科威特和阿曼主要为欧 I 标准、欧 II 标准。产油大国俄罗斯欧III标准汽柴油产能约占一半，欧IV标准和欧V标准各占 1/4 左右（表 3）。

表3　周边地区主要发展中国家汽柴油标准

标准	东北亚	东南亚	中亚	南亚	中东	俄罗斯
欧 I	√	√		√	√	
欧 II	√	√		√	√	
欧III			√	√（印度）	√	√
欧IV		√（泰国）			√	√
欧V					√（阿联酋）	√

数据来源：中国石油集团经济技术研究院。

4. 中国油品硫排放量占全国硫排放总量比重低于 1%

油品中的硫含量，是决定油品质量最为关键的因素，也是与机动车排放最为相关的指标，细颗粒物（PM2.5）、氮氧化物、碳氢化合物、一氧化碳等都会随着硫含量的降低而减少。中国油品标准从国 I 标准升至国V标准，汽油、柴油中的硫含量分别降低 99%和 99.5%。

随着近年来雾霾天气的愈演愈烈，油品质量问题成为大众关注的焦点。从科学的角度看，雾霾成因复杂，汽车尾气、烟尘、工业废气以及扬尘等均会对雾霾的生成产生影响。而其中机动车的排放，不仅与油品质量有关，与汽车发动机水平、道路扬尘、尾气减排措施以及道路拥堵都有关系。交通拥堵车辆在怠速情况下，汽油燃烧不完全，增加的排放量是平时的 6 倍以上。

随着各地汽车保有量的快速增长，尾气排放对大气污染造成的影响确实在日益增加，但并不能因此就简单将其归为主因。统计数据显示，北京市面积约 16410 平方千米，2014 年人口总数为 2152 万人，机动车保有量 559 万辆。而东京面积约 2190 平方千米，人口总数在 1333 万，机动车保有量超过 800 万辆；纽约面积约 789 平方千米，人口总数为 849 万人，机动车保有量超过 1000 万辆。不难看出，东京、纽约的人口密度及机动车保有量均远超北京，而北京油品质量也已达到发达国家水平，并不低于东京、纽约，但东京、纽约的空气质量问题却远没有北京来的严峻。经测算，中国每年消耗的汽柴油中的硫排放量实际上还不及当年全国硫排放总量的 1%（表 4）。

表4　中国汽柴油硫排放情况表

时间	硫排放总量（万吨）	汽油			柴油			汽、柴油硫排放量合计（万吨）	合计占比（%）
		表观消费量（万吨）	硫排放（万吨）	占比（%）	表观消费量（万吨）	硫排放（万吨）	占比（%）		
2005年	1274.65	4842	2.42	0.19	10967	5.48	0.43	7.9	0.62
2010年	1092.55	7158	1.07	0.10	15603	7.8	0.71	8.87	0.81
2012年	1058.8	8684	1.3	0.12	16972	5.94	0.56	7.24	0.68
2014年	987.2	10535	0.53	0.05	17272	6.05	0.61	6.58	0.67

数据来源：全国硫排放总量数据来自国家环保部；汽柴油表观消费量数据来自国家统计局。

注：2005年汽柴油含硫量均按国 II 标准计算；2010年汽油、柴油含硫量分别按国III、国 II 标准计算；2012年汽柴油含硫量均按国III标准计算；2015年汽油、柴油含硫量分别按国IV标准、国III标准计算。

二、中国油品质量升级现状及存在的问题

1. 油品升级总体按国家规定推进，但各地实际进程不一

根据国务院2013年9月印发的《关于大气污染防治行动计划的通知》要求，自2014年1月1日零时起，全国全面供应符合国家第四阶段标准的车用汽油；自2015年1月1日零时起，全国全面供应符合国家第四阶段标准的车用柴油。当前，全国31个省（市）（不含港澳台）所有主营单位在售的车用汽柴油均已达到国Ⅳ标准及以上，各主营单位在售的普通柴油均为国Ⅲ标准。截至2015年11月底，北京、上海、广东、陕西、天津、海南六省（市）已全面实施国Ⅴ车用汽柴油标准。

中国油品质量升级是在国家明确规定的全国（区域）实施日期的基础上，由各省（市）自行确定具体置换时间和实施细则。从实际执行的情况来看，2015年年初能够真正按时完成国Ⅳ标准车用柴油升级工作，且能够全面执行370元/吨加价政策的省（市）仅为21个。分区域来看，中部地区及西南地区升级置换工作进展较慢、效果不理想。

因油品置换时间不统一或者各省市政府执行力度不一致，导致各地油品置换进度存在时间差，升级置换期间置换进度较慢地区的低价低标准油品会涌入先行执行置换的地区。同时，一些经销商利用低价、跨境配送等方式，吸引一些跨省物流客户择低采购，引发优质高价地区客户大量流失到低价地区，在一定程度上造成市场的无序和混乱。而政府升级加价文件出台滞后，也造成合规经营企业效益损失和市场份额丢失。

2. 油品执行标准过多，对合规企业生产经营造成很大困难

目前中国油品国家标准和地方标准并存。其中汽油可分为车用汽油、车用乙醇汽油调和组分油、车用甲醇汽油调和组分油；柴油分为车用柴油及普通柴油。各类品种又包含国Ⅲ标准、国Ⅳ标准、国Ⅴ标准等。目前，全国31个省（市）（不含港澳台）中汽柴油均执行单一质量标准的地区仅有广东、甘肃两省。截至2015年11月底，汽油实行单一标准的省（市）有20个，实行两个标准的省（市）有8个，实行三个及以上标准的省（市）有3个；柴油实行单一标准的省（市）有3个，实行两个标准的省（市）有26个，实行三个及以上标准的省（市）有2个（表5）。如果汽柴油再细分牌号，油品种类将更多。

各地汽柴油执行标准分类过多，对企业的生产、仓储、调运以及供给都造成了很大困难。生产方面，企业需要进行装置改造、工艺改进，生产安排复杂。仓储方面，需要大量增加仓储设施，罐容有效利用率不高，库存周转率低。还不可避免地存在库站清罐置换费用和冲兑置换损失，造成经营成本明显增加。库容少的地区，油品标准过多再遇换号季节或其他一些突发情况，资源保障难度加大，很容易发生断油等情况。此外，品种过多也不利于油罐的布置安排和油库的发油协调，造成二次物流成本增加。部分油库只能使用单管线对单一品种进行分时段发油，存在混油隐患，造成经营单位效益损失，也极易导致油品质量不达标。而且，接发油时间过长也导致库存周转率下降，同时给客户造成不便。此外，运输车辆在配送不同

质量标准的油品前，也需要对车辆油罐进行清洗，同样会增加成本。

表5 各地执行的油品质量标准

省份	汽油						柴油			
	国家标准					地方标准	国家标准			地方标准
	车用汽油		车用乙醇		车用甲醇		车用柴油		普通柴油	
	国Ⅳ标准	国Ⅴ标准	国Ⅳ标准	国Ⅴ标准	M85/M100		国Ⅳ标准	国Ⅴ标准	国Ⅲ标准	
黑龙江			√				√		√	
吉林			√				√		√	
辽宁			√				√		√	
甘肃	√						√			
青海	√						√		√	
新疆	√						√		√	
内蒙古	√						√		√	
宁夏	√						√		√	
陕西		√			√			√		
四川	√						√		√	
重庆	√						√		√	
山东	√	√	√				√		√	
安徽	√		√				√		√	
江苏	√	√	√	√			√	√	√	
上海		√						√	√	
浙江	√	√					√		√	
江西	√						√		√	
广东		√						√		
福建	√						√		√	
海南		√						√	√	
北京						京Ⅴ			√	京Ⅴ
天津	√	√						√	√	
河北	√		√			京Ⅴ	√		√	京Ⅴ
山西	√				√		√		√	
河南			√				√		√	
湖北	√		√				√		√	
湖南	√						√		√	
云南	√						√		√	
贵州	√				√		√		√	
广西		√	√				√		√	
西藏	√						√		√	

数据来源：中国石油集团经济技术研究院。

注：调查时间截至2015年11月底。大连、海南海上允许销售普通柴油。

3. 普通柴油升级滞后导致混销现象普遍，优质优价难以实现

欧美发达国家均对柴油实施统一质量标准，而中国柴油分为车用柴油和普通柴油两种不同的质量标准，且普通柴油升级明显滞后于车用柴油。国家相关规定明确，2015年1月1日起，全国范围内车用柴油标准升级到国Ⅳ质量标准。2017年1月1日起，全国全面供应符合国Ⅴ标准的车用汽柴油。对普通柴油方面的要求是，2016年1月1日起，禁止向汽车和摩托车销售普通柴油以及其他非机动车用燃料，并开始在东部地区重点城市供应与国 IV 标准车用柴油相同硫含量的普通柴油；2017年7月1日，全国全面供应国 IV 标准普通柴油；2018年1月1日起，全国供应与国Ⅴ标准车用柴油相同硫含量的普通柴油。

普通柴油主要是供除汽车以外的压燃式发动机、三轮汽车和低速货车使用。从实际运用情况看，普通柴油因价格低、密度大等特点给用户留下了“价廉耐烧”的印象，受到工地、矿山、船舶等对油品品质要求相对较低的用户青睐。此外，由于近些年物流企业景气程度下降，在巨大的批零价差吸引下，物流车队用户“零转批”现象突出。据调研结果显示，大型车队普遍自建油罐，批发购入地炼等低价资源。小型车队也有“抱团取暖”，共建油罐批发购油的情况。由于普通柴油升级时间滞后于车用柴油，而市场对低价资源有需求，导致普通柴油、车用柴油混销现象普遍，低价普通柴油不断挤占优质但价高的车用柴油市场份额。为保证市场份额不丢，合规企业无法实现升级车用柴油加价到位，效益流失严重，所谓优质优价“名存实亡”。更为严重的是，这种劣币驱逐良币的恶性竞争局面，甚至导致部分地区油品升级的倒退。一些企业为了保障正常运营，无奈之下只能重新开始销售普通柴油。

据调查显示，截至2015年11月底，全国（不含港澳台）31个省（市）中，仅有陕西、海南地方政府明确禁止在省（岛）内批发环节销售普通柴油。在实际销售的过程中，除甘肃、陕西、广东省外，其他 28 个省（市）批发环节均明显有不同程度的普通柴油在售。虽然理论上普通柴油不允许在加油站销售，但仅有近 2/3 的地方政府明确禁止零售环节销售普通柴油，其中又有部分省区仅针对城区、高速公路及国省道主干道加油站做出要求。由于各环节的监管执法不严，仍有 17 个省（市）零售环节存在普通柴油车用柴油混售的情况，这其中还包括部分明确禁止零售环节销售普通柴油的地区。

普通柴油（国III标准）和车用柴油（国Ⅳ标准）零售环节政府规定价价差在 0.31 元/升左右，而统计数据显示，2015年10月，中石油、中石化两大集团在售的平均价差在0.23元/升，其中，河北、河南地区零售环节实际加价严重不到位，价差仅在0.10元/升左右，还有个别地区看似加价水平较好，但实际车用柴油零售份额占比很小。批发环节政府规定价价差在370元/吨，两大集团10月份平均实际价差在220元/吨左右。而除去东北和西北地区，其他地区的平均实际价差仅在165元/吨左右。其中，重庆、江西、福建、河南、湖南主营单位实际价差不足100元/吨。不仅如此，凡批发环节有普通柴油在售的主营单位，有超过半数省区柴油批发仍是以普通柴油为主，甚至有部分地区普通柴油销售占比达70%~80%。

4. 监管不严导致调和油、走私油持续冲击正品市场

受高额利润驱动，目前中国成品油市场上仍存在着大量的调和油和一定规模的走私油。这些低价非标油品流入市场，对主营单位销售造成较大冲击。调和油主要指用石脑油、芳香烃、MTBE、90 号汽油等原料，或者使用 93 号汽油添加其他化学成分调和而成的。调和汽油生产准入门槛较低，生产工艺简单。很多情况下偷逃缴纳消费税，成本较低。据估算，全国每年生产销售调和汽油达 2000 多万吨，主要在社会经营单位销售，对主营单位正规油品销售冲击巨大。

2015 年年初，针对成品油走私严峻形势，海关总署、中国海警局、全国打私办决定于 2015 年 3 月—2015 年 12 月联合开展打击成品油走私“春雷”专项行动。2015 年 3 月—4 月中旬，短短一个半月的时间，各地海关查获成品油走私犯罪案件 28 起，查证涉案成品油 53.8 万吨，案值 26.7 亿元。走私油的规模，可见一斑。

2015 年年初，为配合全国大气污染防治，加大消费者权益保护力度，维护公平竞争的市场秩序，全国打击侵权假冒工作领导小组办公室、中央宣传部、公安部、环境保护部、商务部、国务院国资委、工商总局、质检总局决定 2015 年 1 月—2015 年 6 月，在全国开展车用燃油专项整治。但方案公告之后，全国各地实际执行情况参差不齐，总体实施效果不甚理想。据调研结果显示，部分省份政府未能对车用燃料油专项整治工作给予足够的重视，未能积极地组织相关部门对专项整治工作及时做出具体要求和规定。一些省份组织相关部门实行了联合打击，短期内车用燃料油市场秩序也呈现一定程度好转，但受地域分布广、市场情况复杂、非标油流通环节复杂多变等因素影响，导致问题反复出现、屡禁不止。

虽然近年来国际油价不断下跌，中国油价调整也基本与国际油价涨跌同步。但由于中国成品油价格中税费占比较高，零售价中税费约占 45%左右，因而价格处于相对高地，对非法调和油、走私油有很大吸引力。

三、对中国油品质量升级的思考

1. 油品质量升级应与国民经济承受能力相一致

《国务院关于印发大气污染防治行动计划的通知》（国发〔2013〕37 号）要求，按照合理补偿成本、优质优价和污染者付费原则，在企业适当消化部分升级成本的基础上，确定车用汽、柴油（标准品）质量标准升级至第四阶段的加价标准分别为 290 元/吨和 370 元/吨；从第四阶段升级至第五阶段的加价标准分别为 170 元/吨和 160 元/吨。普通柴油价格参照同标准车用柴油价格执行。

汽油方面，从下游消费结构看，汽车、摩托车占据了汽油消费总量的 90%以上，油品升级加价直接增加了消费者支出。2014 年中国汽油表观消费量为 1.05 亿吨，粗略估算，油品加价 300~400 元/吨，全国消费者每年将多承担 315 亿~420 亿元。以一辆月跑 2000 千米，百千米油耗 8 升的私家车为例，油价上涨 0.3~0.4 元/升，车主一年需多支出 576~768 元。

柴油方面，由于中国柴油消费更多是作为生产资料，柴油价格走高势必给众多行业带来成本压力，对消费者和企业带来的影响都将明显高于汽油升级。尤其体现在运输成本方面，交通运输业占据柴油消费总量的 60%以上。2014 年中国柴油表观消费量为 1.73 亿吨，粗略估算，若油品加价 300~400 元/吨，全国消费者每年将多承担 519 亿~692 亿元。以一辆月跑 1 万千米，百千米油耗 38 升的运输车辆为例，油价上涨 0.3~0.4 元/升，车主一年需多支出 13680~18240 元，成本负担增加明显。工矿、基建等行业作为柴油消费大户，目前仍以消费普通柴油为主。用油由当前的国Ⅲ标准的普通柴油升级为国Ⅳ标准或以上并参照同标准车用柴油执行加价，不难想象其成本负担也将明显加大。而近些年物流企业、采掘业、建筑业等行业的景气程度已在下降，运营成本的进一步上升，对企业是不小的负担。

此外，油品质量升级对地方炼厂及地方车企所造成的冲击也不容忽视。一些规模较小、技术水平落后的地方炼化企业将面临被淘汰的命运，部分车企也将面临优胜劣汰。而这些本土企业往往是地方利税大户，其经济效益与地方经济密切相关。消费者对环境改善的诉求与对低价油品的需求之间的矛盾，以及政府的环保压力与经济收益之间的矛盾都亟待理顺。

2. 油品质量升级应与政府监管能力相匹配

当前中国油品质量监管体系不完善，处于“九龙治水”的多头监管状态。生产环节由质监部门负责，准入环节由商务部门负责，而流通环节主要由工商部门负责，尚未能建立一套上下一体的统一的监管体系，不能很好地实现全过程监管，且存在执法不严的现象。近几年油品质量升级的过程中，市场始终存在以次充好、不公平竞争等问题，导致消费者优价却购买不到优质的产品，或者企业提供优质油品却无法实现优价。这不仅使消费者和合规经营者的利益受损，最重要的是使得污染治理这一根本目标的实际效果大打折扣。

油品质量升级的监管工作应当贯穿从生产到流通的全过程。首先，各级政府应当切实按照国家要求的成品油质量升级安排积极推进执行，缩短多种油品并行销售的时间。其次，相关职能部门应从供应源头上把好关。切实加强流通环节的质量监管，尤其是加强对不合规经营企业的监管力度。第三，应当细化置换过渡期内的具体供应及销售细则，采取相应的措施使经营单位较好的消化油品升级所带来的成本。最后，政府还应加强环保宣传力度，建立完善的群众举报制度，让公众也参与到监管中来。明确质检、工商、税务以及环保等各部门之间的职责，实现各部门有机协调、良好协作，从生产环节到流通环节层层把关，使监管工作真正落到实处，维护好市场秩序，调动经营者与消费者的积极性，才能顺利推进油品升级的进程。

3. 油品质量升级应与生产企业实际能力相结合

据国家能源局估算，2014—2017 年，全国主要炼油企业将共投入近 2000 亿元进行油品质量升级改造。快速的油品升级，对中国炼油工业的装置改造、工艺改进和资金成本造成巨大压力。

中石油、中石化、中海油等大型国企基本能够按照国家规定的进度推进执行，地方炼厂所面临的局面则较为严峻。作为地方炼厂集中地的山东，截至2015年年底，估计有超过80%的炼厂生产国Ⅳ标准汽油，但能够生产国Ⅴ标准汽油的炼厂数量大概仅有35%~45%；约有70%左右的炼厂能够生产国Ⅳ标准柴油，但能够生产国Ⅴ标准柴油的炼厂数量仅有25%~35%。

炼化企业质量升级投入成本巨大，而后期经济回报历时长且充满不确定性。面对前期巨额的投资，对中石化、中石油这样体量的企业而言，虽然也有一定难度，但尚能够克服。但是对于规模明显小得多，且设备工艺落后的部分地方炼厂而言，升级之路十分艰难。2014年下半年以来，国际油价进入下行通道，国内成品油市场持续供大于求，不少地方炼化企业负债率较高，部分炼厂甚至出现资金链断裂现象。在整体资金流动性偏紧的情况下，很多企业都难以再在油品升级上投入巨额资金。并且，地方炼厂所生产的成品油向来依靠低价进入市场，油品升级之后所带来的成本上涨，必然会使价格优势明显弱化。此外，近些年国内整体经济形势放缓，化工产品需求也在下降，炼厂升级成本向下游高附加值化工产品转移的难度也在增加。

近年来，中国炼油产能已出现一定程度过剩。升级方案明确，以升级改造为契机，促进炼油产业结构优化。然而，炼化企业在淘汰落后产能，加速产业结构升级，响应政府号召，尽到社会责任的同时，如何消化质量升级所带来的成本压力，如何平衡环保职责与企业效益，是一个不得不思考的问题。

4. 油品质量升级应与税费政策调整相配合

参照发达国家的经验，油品升级的成本应该由政府、企业与消费者三方共同承担，并且政府应该承担较大比重。在欧美国家，政府在升级过程中往往会对炼油企业有财税政策倾斜，鼓励民众使用高标准燃油。而中国则明确按照合理补偿成本、优质优价和污染者付费的原则确定成品油价格。按照炼油企业消化一部分成本、消费者承担一部分成本的原则确定。且不论市场的实际情况是优质油品基本无法实现加价到位，即使完全加价到位，也不能完全覆盖炼厂全部的升级成本，约有20%~30%的成本仍需炼厂自行承担。而消费者在购买优质油品的同时，也承受着加税又加价的双重负担。

为推动大气污染治理和促进节能减排，2014年10月以来，政府已经三次上调了成品油消费税。对于炼油企业而言，成品油消费税的连续上调，不仅增加了企业的税负，还使得企业资金占用成本过高，增加了企业的资金压力。而对于消费者而言，在已经支付了升级加价成本基础上，仍然需要承担消费税的增加，这显然降低了消费者使用高品质油品的热情，违背了引导消费习惯的初衷。政府曾明确表示，消费税上调后产生的新增收入将重点用于“增加治理环境污染、应对气候变化的财政资金”等方面。那么政府对于成品油质量升级，理应承担起一部分成本。对农、林、牧、副、渔，城市公交，农村客运，出租车等特殊的行业进行补贴。同时，制定切实可行的政策，减轻炼油企业所需承担的升级成本，从而激发炼油企业的升级动力。并对使用优质油品的消费者实行一定的鼓励，从根本上提升市场对高品质油品的需求。

（本专题撰写人：潘志丽 戴家权）

中国天然气行业面临的挑战与机遇

中国天然气行业正面临资源过剩和基础设施不足两方面挑战，经济增速放缓和价格机制缺陷是引发这些矛盾的核心原因。尽管如此，中国天然气市场仍存在巨大的发展空间和潜力，“气代煤”及“气代油”是未来天然气市场的主要方向，市场化改革、大气污染防治和应对气候变化更是创造了难得的机遇。当前迫切需要加快完善价格机制、加强储运设施建设，同时积极推动对燃煤的清洁替代，为天然气市场的持续健康发展培育政策、市场和基础设施等多方面的良好条件。

一、中国天然气发展正面临多重严峻挑战

受经济增速放缓、产业结构调整、价格相对较高、冬季气温偏暖等多种因素影响，2014年中国天然气需求量增长速度大幅放缓，2015年市场仍呈疲软态势，给供需平衡带来了巨大挑战，也暴露了价格机制和基础设施等方面的突出问题。

1. 需求疲软触发照付不议危机

2014年中国天然气消费量增速大幅降至8.6%，创2002年以来的历史新低，远低于2000—2013年期间年均16.1%的水平。估计2015年全国天然气需求量在1910亿立方米左右，同比增速仅为3.7%，较2014年增长约70亿立方米，远低于2010—2014年期间年均增量193亿立方米。

出于对天然气需求增长的乐观判断和保障能源供应安全的考虑，中国在2010年前后签署了大量的为期20~30年的天然气进口协议，最近三年陆续进入执行的窗口期，其中仅LNG合同数量就高达2345万吨/年（约合326亿立方米），超过2014年LNG进口总量，另外中亚C线天然气管道也将增加300亿立方米/年的供应量。按照目前的需求和供应能力增长速度，未来几年每年将至少增加100亿立方米的资源富余。这给相关企业的生产运营造成了极大困难：一方面要压减低成本的国内天然气产量以消化过剩资源，另一方面又承担着进口价格倒挂造成的亏损（亚洲国家和地区在高油价时期签订的合同，定价公式导致低油价下气价偏高，日本、韩国、印度的部分合同价格比中国的还高）。据媒体报道，中石化已在2014年冬季开始寻求出售部分长贸LNG资源，中海油也在2015年冬季对外转售QC LNG资源。

“十三五”期间，中国按计划还将有中俄东线天然气管道和中亚D线天然气管道建成投产，新增管道气资源量680亿立方米/年。按照目前发展态势，如果下游市场的疲软状况在短

期内无法得到改观，资源过剩问题进一步恶化，不仅会抑制国内常规天然气产能的提升和非常规天然气的发展，甚至可能影响中国天然气对外合作战略的顺利实施（表1）。

表1 最近三年中国进入窗口期的LNG长贸合同

进口企业	气源	合同量（万吨/年）	供气年限（年）	签约时间	供气时间
中海油	BG资源组合（QC LNG）	360	20	2010年	2014年
	BG资源组合	500	20	2012年	2015年
中石油	壳牌资源组合（Gorgon）	200	20	2008年	2016年
	埃克森美孚澳大利亚Gorgon	225	20	2009年	2016年
中石化	巴布亚新几内亚PNG LNG	200	20	2009年	2014年
	澳大利亚AP LNG	430	20	2011年	2015年
	澳大利亚AP LNG	330	20	2011年	2016年

2. 体制不畅造成价格机制扭曲

2015 年 11 月 18 日，国家发改委发布通知，规定自 2015 年 11 月 20 日起非居民用天然气最高门站价格下调 0.7 元/米^3，2016 年 11 月 20 日后允许在此基础上浮 20%。此次非居民用天然气门站价格的大幅下调和市场化改革抓住了全球油气资源供应严重过剩、大宗商品价格低位徘徊的有利时机，给陷入疲软的国内天然气市场打了一针强心剂，有助于缓解资源供应过剩问题和进口长贸天然气的照付不议危机；也有助于提升天然气在一次能源消费总量中的比例，推动能源结构转型升级，加强大气污染防治和应对气候变化；还有助于减轻下游用户负担，保障实体经济的平稳健康发展。更为重要的是，此次价改打破了原本国内天然气价格与国际油价简单挂钩的模式，旨在打造像美国 Henry Hub 和英国 NBP 一样的中国天然气交易中心，为下一步全面放开天然气价格、打造亚洲价格基准奠定基础。

尽管此次天然气价格改革立足长远、意义重大，但仍有一些细节问题需要考虑，否则可能会削弱政策效果。国内天然气管输环节较多、终端定价机制尚不健全，价格传导滞后，中间配售气环节还可能会截留上游企业对下游用户的让利；此次改革后，供气成本远高于其他用气行业的居民气价倒挂问题仍未解决，还有可能发生新的直供用户气价倒挂问题；低气价还可能制约页岩气、煤层气等非常规天然气的发展，天然气供应企业效益也将受到影响；一旦上游生产企业积极性受到影响，未来供需形势很可能再度偏紧，市场也将出现波动。

3. 基础设施不足影响长期发展

1997 年建成投产的陕京一线是中国首条大口径高压输气管道，以此为里程碑，中国长输天然气管道发展至今尚不足 20 年时间。尽管目前已经初步形成了全国性的输气管网框架，但配气管网仍远未成熟，部分市级行政区还没有天然气管道连通。加上行业体制的制约，近年来管网建设速度明显不如预期，已经成为制约中国天然气市场发展和供应能力提升的重要瓶颈。截至 2014 年底，中国天然气管道总长度为 43.5 万千米，其中输气管道长度约为 6.5

万千米。与中国国土面积相当的美国，输气管道长度接近50万千米，配气管道长度超过200万千米，分别是中国的7.7倍和5.4倍。

储气调峰设施方面，受价格机制的制约，中国地下储气库的建设始终落后于长输管道的发展。截至2014年底，中国已建储气库（群）11座，调峰能力42.9亿立方米，仅占2014年全国天然气消费量的2.3%，远低于11%的世界平均水平，且大多远离重点消费地区，季节调峰能力严重不足。同时，储气调峰责任仅由上游企业承担，没有转移到下游和用户，导致主要供气企业不得不采用上游限产、采购LNG现货和中断工业用户等方式配合调峰，不但破坏气田产能、扩大进口亏损，也对天然气市场的持续健康发展造成冲击。而按照2020年全国天然气需求3000亿立方米、调峰气量占比10%的数据保守测算，至少需要300亿立方米的工作气能力才能保障均衡（表2）。

表2　2013年典型国家和地区地下储气库情况　　单位：亿立方米

国家和地区	最大工作气能力	天然气消费量	天然气产量	工作气能力占消费量比例
美国	1345	7372	6876	18%
俄罗斯	704	4135	6048	17%
欧洲	1011	6512	4282	16%
德国	233	836	82	28%
意大利	163	642	71	25%
法国	129	428	—	30%
奥地利	74	85	—	87%
匈牙利	63	86	—	73%
荷兰	53	371	687	14%
英国	50	731	365	7%
西班牙	41	290	—	14%

数据来源：EIA，CEDIGAZ，BP。

二、中国天然气行业仍存在较大的发展空间和难得机遇

尽管如此，中国天然气市场仍处于发展的早期阶段，特别是作为加强大气污染和应对气候变化的最佳接替资源，在“推动能源生产和消费革命战略”的背景下，未来仍有巨大的发展空间和潜力。

1. 国内天然气市场潜力仍然巨大

经过多年的快速增长，中国已经成为仅次于美国和俄罗斯的世界第三大天然气消费国，但主要天然气消费指标处于相对偏低水平。2014年中国人均天然气消费量135亿立方米，天然气占一次能源消费总量的比重约为5.8%；而全球平均水平分别为467立方米/人和23.7%；经合组织平均水平分别为1242立方米/人和26.1%。因此，中国天然气市场尚处于早期阶段，未来仍有较大的发展潜力。

2. 生态文明建设创造历史性机遇

中国能源结构以煤炭为主和直燃煤比重过高的特点导致了大气污染等一系列严重的环境问题，部分区域生态环境承载力已经接近极限，同时作为世界上主要的碳排放大国，中国也已多次向国际社会做出了碳减排的庄严承诺。加快推动能源消费革命、优化能源结构是解决中国能源环境问题的关键，天然气则在其中扮演着十分重要角色。在新能源和可再生能源技术取得巨大突破之前，天然气将是中国实现能源结构从高碳向低碳转型升级的最现实过渡能源。正因为如此，《能源行业加强大气污染防治工作方案》和《国家应对气候变化规划（2014—2020年）》都对天然气提出了较高的期望和要求，“煤改气”特别是天然气发电和分散式的燃煤锅炉、工业窑炉改造将成为天然气市场的重点发展方向。

截至2014年底，中国天然气发电装机容量5567万千瓦，仅占全国总装机容量的4.1%，天然气发电量1183亿千瓦时，占全国总发电量的2.2%。2012年上述两个指标的世界平均水平分别是20%和22%。此外，2013年中国煤炭消费总量为42.4亿吨，其中用于发电、供热、炼焦等加工转换的约为28.2亿吨，占比66.5%，而美国、英国、欧盟、日本、韩国的占比分别是95%、94%、90%、85%和90%。如果中国目前近12亿吨直燃煤中的一半能够被天然气替代，则还可以增加约3000亿立方米的市场空间。

3. 深化改革提供必要发展条件

《中共中央关于全面深化改革若干重大问题的决定》明确提出要“完善主要由市场决定价格的机制”。2014年6月中央财经领导小组第六次会议上，习近平总书记再次要求“推动能源体制革命，打通能源发展快车道。还原能源商品属性，构建有效竞争的市场结构和市场体系，形成主要由市场决定能源价格的机制，转变政府对能源的监管方式，建立健全能源法治体系”。

加快深化天然气市场改革，特别是天然气定价机制改革，将为中国天然气行业的持续健康发展注入新的活力。受经济增速和国际油价影响，全球天然气市场供需持续宽松、价格低位徘徊，排除了供应紧张的后顾之忧，正是推进天然气价格机制和天然气管网体制改革的最好时机。

三、天然气发展主要方向在“煤改气”及“油改气”

天然气作为一种新兴的化石能源品种在中国发展历史较短，且没有自己的市场，自始至终是通过替代其他类型能源实现自己发展的。从目前的情况看，传统的用气领域需求增长乏力，交通领域市场潜力不足，唯有替代煤炭潜力较大。

1. 煤改气凸显多重优势，经济性问题有所缓解

天然气替代煤炭具有突出的高效、清洁优势，符合国家“节约、清洁”的能源战略方针。发电领域，在能效方面，无论是普通发电机组还是热电联产机组，气电较煤电的利用转换效

率均高出 10%以上，天然气分布式能源的综合利用效率更可高达 70%。环保方面，从国家标准看，燃气机组烟尘、SO_2、NO_x 排放限值较重点地区燃煤机组特别排放限值分别低 75%、30%及 50%，汞、SO_3 等污染物排放也相对更低。近两年，国家多部委出台文件鼓励燃煤发电推行“超低排放”，2015 年 12 月 2 日的国务院常务会议决定在 2020 年前对燃煤机组全面实施超低排放和节能改造，东部和中部地区要提前至 2017 年和 2018 年达标。“超低排放”虽然技术上可以达到燃气发电的排放标准，但与燃气发电实际排放水平相比，其 SO_2 及烟尘排放仍然较高，碳排放更是高出 55%左右。此外，除大型燃煤机组外，中国仍有超过 20%的燃煤发电机组装机容量在 30 万千瓦以下，这些机组大多建成年代较早、效率低且污染物排放量大，以气电替代这部分机组意义更为重大。此外，燃气发电启停灵活利于调峰，且建设周期短、占地面积小，较其他新能源单机容量大、运行安全稳定，便于在城市等负荷中心建设。

天然气发电成本高缺乏竞争力。虽然近期天然气门站价大幅下调，发电领域气代煤的“经济性”问题将有所缓解，但由于煤价底部运行，气电成本较煤电成本仍高约 60%。虽然国家出台气电联动机制，但设立了最高电价不得超过当地煤电标杆电价或当地电网企业平均购电价格 0.35 元/（千瓦 • 时）的天花板，长期以来中国多数地区气电上网电价仅能保证电厂微利或盈亏平衡，部分电厂亏损运营。除燃料成本外，燃机装备购置和养护成本居高不下也是导致气电缺乏竞争力的重要因素。目前中国尚不完全掌握燃机核心技术，整机检修维护、改造升级、部件更换等均依赖原厂商，费用高昂。美国、英国、日本的燃气机组投资仅为煤电机组的 30%左右，因此虽然天然气价格比煤炭高不少，但由于总投资降低，使得综合天然气发电成本与煤炭发电相当甚至还低。但中国燃气机组设备费用与燃煤机组相比高达 90%，使得燃气发电的综合成本大大高于煤炭发电。另外，国家多项能源发展规划均将天然气发电定位为有序发展，而《大气污染防治行动计划》提出原则上不再新建天然气发电项目。囿于政策环境不明朗，近两年气电项目投资明显放缓。综合来看，中国气电发展仍有待环保政策、价格政策及装备制造业国产化的合力推进。

工业锅炉领域，燃气锅炉环保优势更加明显，其颗粒物、SO_2、NO_x、汞及其化合物四项指标的排放限值较新建燃煤锅炉分别低 60%、83%、33%及 100%。能效方面，燃气锅炉的利用效率也较燃煤锅炉高出 10%及以上。成本方面，尽管燃气锅炉的燃料成本大大高于燃煤锅炉，但如果考虑燃气锅炉在固定资产投资、占地面积、水电耗材、人工成本和排污费等方面的节约，燃气锅炉的综合成本与燃煤锅炉十分接近，据浙江省能源局的研究数据，天然气虽然是煤炭等热值价格的 3 倍，但综合成本仅为煤炭的 1.2 倍。随着气价下调，工业领域锅炉“煤改气”有望树立一定的竞争优势。且由于天然气燃烧高效、稳定，还能改善产品质量为企业创造附加价值。政府政策积极支持工业锅炉的改造，特别是天然气代替燃煤锅炉。继 2013 年全国《大气污染防治行动计划》后，北京、天津、山东、江苏、浙江、广东等地区纷纷出台地区行动计划，多数都制订了燃煤锅炉专项治理方案，提出了 2017 年的治理目标，但目前各地区的政策落实效果参差不齐，“气代散煤”仍需地方政府更严格的监管推动。

由于布局分散、能效较低等原因，小型燃煤锅炉及小型燃煤电厂污染物排放较大型煤电更加严重且难于治理，当前中国约有70%的燃煤锅炉容量在10吨/小时以下。此外，约22%的煤电装机低于30万千瓦，应成为天然气替代重点对象。根据我院的分析，如果按照全国10吨/小时及以下燃煤锅炉与30万千瓦及以下燃煤电厂开展“气代煤”，其中污染治理重点地区气代煤要求较高、能源输出大省（主要为煤炭资源地区）比例较低、其他地区比例适中计算，在相关配套政策的支持下，“十三五”期间中国气代煤空间约1100亿立方米。

2. 油改气经济优势再现，将重回发展快车道

与燃油汽车相比，天然气汽车清洁环保优势突出。研究表明，LNG汽车能够减少99%的一氧化碳、83%的碳氢化合物、31%的氮氧化合物排放，无颗粒物和烟尘排放，且基本不含铅、硫化物、苯等，同时还能有效减少噪声污染，可明显改善城市大气环境质量。

截至2014年，中国天然气汽车保有量已达459.5万辆，超过伊朗、巴基斯坦、阿根廷和巴西，居全球第一位。受宏观经济减速、国际油价走低等因素影响，2015年交通用气遭遇较大滑坡，天然气汽车产量下降明显，1—10月累计产量较2014年同期减少27%。本次气价下调，交通领域气代油经济性优势再次凸显。按照调价后门站价格计算，考虑液化、管输、销售等其他成本，江苏、广东等东南沿海地区LNG与汽油、柴油比价分别低于60%及70%，陕西、内蒙古等LNG产地比价更是低于55%。考虑未来中国部分省份油品质量升级，汽油标准从国Ⅳ标准升至国Ⅴ标准还将加价170元/吨，柴油标准从国Ⅲ标准升至国Ⅳ标准将加价370元/吨，从国Ⅳ标准升至国Ⅴ标准将加价160元/吨，成品油使用成本将继续提高。即使存在成品油实际销售价格不到位及燃气发动机热效率偏低的情况，天然气也仍将保持相对价格优势。

《能源发展战略行动计划》提出要加快天然气加气站设施建设，以城市出租车、公交车为重点，积极有序发展液化天然气汽车和压缩天然气汽车；江苏、山东、四川及山西等地区也出台政策对天然气汽车给予购置补贴、燃料补贴及道路通行费用补贴等。由于当前中国LNG及CNG加注网点相对较少，天然气汽车更适用于城市公交、出租、重卡等运营线路固定、使用率较高的运营车辆。未来气代油的发展空间主要取决于燃料经济性和基础设施的建设，同时受宏观经济形势下货运需求的影响。“十三五”期间，中国天然气货车、客车、出租车产量有望延续“十二五”期间快速增长的势头，预计2020年气代油需求将达到约450亿立方米。

四、主要结论与建议

综上所述，尽管当前中国天然气市场面临诸多挑战，但仍存在较大的市场潜力，同时也迎来了难得的发展机遇，关键要通过深化体制机制改革加快完善价格机制、促进市场竞争，同时积极鼓励储运设施建设，为天然气市场持续健康发展创造良好条件。

1.深化天然气市场改革

在现行的管理体系下，近期应着力解决终端气价的交叉补贴问题，使其真实、合理地反映不同用户的供气成本，体现公平负担原则，并建立终端气价与门站价格联动的调整模式。从长远看，还应推动天然气管网体制改革，加强输配气费率监管，研究推动按热值计量计价，为第三方公平准入和远期储运与销售业务分离创造条件；完善特许经营管理办法，打破配售气行业垄断，使用户能够自由选择供气商，减少中间环节和交易费用；支持鼓励全国各地区不同类型市场主体广泛参与区域天然气交易中心的建设运营，逐步放松价格管制，真正形成市场决定价格的机制。

2.加强储运设施建设

在当前经济增速放缓、市场需求低迷、价格机制不畅、投资收益难以得到保障的情况下，应主动引导财政资金流向天然气基础设施投资领域，特别是输气和配气管网以及地下储气库的建设运营。积极鼓励各类市场主体和社会资本参与天然气管道、LNG接收站、地下储气库等储运行业。需要特别强调的是，在当前的行业发展水平和市场格局下，盲目的对管网拆分重组无助于解决制约天然气行业发展的关键问题，反而会削弱上下游之间的联系，增大市场运行协调难度。

3.推动天然气代煤发展

贯彻落实《大气污染防治行动计划》和《国家应对气候变化规划（2014—2020年）》的内容精神，积极倡导天然气代煤发展路线，加快燃煤设施天然气替代步伐，并将其从沿海向内陆城市推广。建议国家制订更加严格的环保政策，特别是污染物排放标准，研究征收环境税或碳税以体现不同类型能源开发利用的生态补偿成本；同时借鉴沿海发达省市经验，争取在2020年前国内市级以上行政单位的建成区均划定“无燃煤区”，推出燃煤清洁替代的路线图和时间表。

（本专题撰写人：钱兴坤　樊　慧　王海博）

附　　录

2015 年石油大事记

1 月

1 月 5 日，中国石化发布公告称，中国石化销售有限公司 1070.94 亿元的增资项目已获得国家发改委和商务部批复。

1 月 8 日，科威特中央招标委员会宣布授出了价值 42 亿美元的重油开发合同。中标公司将开发位于其北部地区的重油油田，2018 年前重油产量可达 6 万桶/日。

1 月 12 日，甘肃省政府与中石化在兰州签署战略合作框架协议，双方将充分发挥甘肃作为丝绸之路经济带黄金段的区位优势，进一步加大合作力度，共同致力于石油、天然气、煤炭、地热等资源的开发。

1 月 20 日，古巴能矿部长签署第 299 号部令，颁布外国公司在古巴进行油气开发的资格审查办法。该办法于 2015 年 2 月 16 日正式施行。

1 月 26 日，国家发改委发布《关于加强原油加工企业商业原油库存运行管理的指导意见》（发改运行〔2015〕147 号），确定建立最低商业原油库存制度，要求所有原油加工企业均应储存不低于 15 天设计日均加工量的原油。

1 月 28 日，中缅原油管道工程预试投产暨马德岛港预开港投运仪式在仰光举行，缅甸副总统、能源部部长等出席。

2 月

2 月 1 日，美国五个州的炼厂工人因劳资双方谈判破裂而举行罢工，随后罢工不断升级，持续一个多月，是美国 35 年来最大的石油工人罢工。

2 月 9 日，国家发改委联合相关部门下发《关于进口原油使用管理有关问题的通知》（发改运行〔2015〕253 号），拥有境外油气资源、深加工和先进治污三类企业可优先使用进口原油。

2 月 10 日，中海油宣布已与韩国 SK 集团签署南海 04/20 区块和 17/03 区块产量分成合同，SK 集团担任作业者。

2 月 10 日，习近平主席主持中央财经领导小组会议时指出，保障能源安全，要狠抓落实、抓出成效，密切跟踪当前国际能源市场出现的新情况新变化，趋利避害，加快完善石油战略储备制度，推进能源价格、石油天然气体制等改革，大力发展非常规能源。

2 月 16 日，华信国际发布公告称，以现金方式收购金帝联合控股集团有限公司持有的华油天然气股份有限公司 19.67%的股份。

2 月 24 日，美国总统奥巴马正式否决由国会提交的美加输油管道项目法案，这是奥巴马

5年来首次动用否决权。

2月26日，国家发改委发布《关于理顺非居民用天然气价格的通知》（发改价格〔2015〕351号），按照现行天然气价格机制，增量气最高门站价格每千立方米降低440元，存量气最高门站价格每千立方米提高40元（广东、广西、海南、重庆、四川按与全国衔接的原则安排），实现增量气和存量气价格并轨，理顺非居民用天然气价格。

2月28日，国家发改委宣布，自2015年3月起不再公布航空煤油进口到岸完税价，改由中国石油、中国石化、中国海油和中国航油集团按现行原则办法自行计算、确认。

3月

3月10日，国家发改委和商务部发布了《外商投资产业指导目录（2015年修订）》，很多“限于合资、合作”的能源条目被取消，能源领域对外开放幅度在逐步加大。

3月11日，海南省政府与中海油总公司在北京签署深化战略合作框架协议。

3月18日，印度尼西亚能源和矿产资源部宣布，已将11个新的油气区块勘探权授予国内外公司，其中包括壳牌、挪威国家石油公司、马来西亚国家石油公司和印度尼西亚国家石油公司。

3月19日，重庆市政府印发《重庆市页岩气产业发展规划（2015－2020年）》，提出将重庆建成页岩气勘探开发、综合利用、装备制造和生态环境保护国家级综合示范区。

4月

4月8日，壳牌集团宣布以约470亿英镑（700亿美元）现金加股票方式收购BG集团，成为油气行业10年来规模最大的一笔交易，合并后的公司市值将是BP公司的两倍，并超越雪佛龙，仅次于埃克森美孚。

4月14日，国家标准化管理委员会（简称国家标准委）明确表示，车用汽柴油国V标准的全国实施日期将提前至2016年底，比原定的油品升级时间整整提前了一年。

4月14日，国家发改委正式印发《2015年循环经济推进计划》（发改环资〔2015〕769号），提出组织实施《煤层气勘探行动计划》。

4月16日，国土资源部公布了2014年中国矿产资源新增储量和节约与综合利用情况。其中页岩气新增探明地质储量1067.50亿立方米，新增技术可采储量266.88亿立方米，这是中国2011年设定页岩气新矿种后首次提交探明储量。

4月17日，财政部发布《关于页岩气开发利用财政补贴政策的通知》（财建〔2015〕112号），其中2016—2018年的补贴标准为0.3元/米^3；2019—2020年补贴标准为0.2元/米^3。

4月22日，财政部、科学技术部、工业和信息化部（简称工信部）、国家发改委联合发布《关于2016—2020年新能源汽车推广应用财政支持政策的通知》（财建〔2015〕134号），决定继续实施新能源汽车推广应用补助政策。

4月28日，国务院常务会议和国家七部委联合发布方案，要求加快清洁油品生产与供应。2016年1月1日起在东部11省市实施国V车用汽柴油质量标准；2017年1月1日将全国范围实施国V车用汽柴油质量标准。

5月

5月4日，中央宣布国内三大石油公司董事长任命，王宜林任中国石油天然气集团公司董事长、党组书记，王玉普任中国石油化工集团公司董事长、党组书记，杨华任中国海洋石油总公司董事长、党组书记。

5月8日，为贯彻落实国务院关于成品油质量升级国家专项行动的决策部署，国家标准委批准发布了第五阶段乙醇汽油、生物柴油和普通柴油国家标准，同时启动了第六阶段成品油系列国家标准制修订工作。

5月8日，国务院同意国家发改委《关于2015年深化经济体制改革重点工作的意见》（国发〔2015〕26号），其中包括石油天然气体制改革总体方案，在全产业链各环节放宽准入。

5月11日，美国政府发表声明称，有条件批准壳牌公司在阿拉斯加州附近的北极海域钻探石油。

5月11—12日，德国、美国、英国、法国、意大利、日本和加拿大七国集团能源部长会议在德国汉堡举行，会议提出了一系列提高可持续能源安全的措施。

5月14日，财政部、工信部、交通运输部联合发布消息称，明确从2015年起对城市公交车成品油价格补助政策进行调整，进一步理顺补助对象和环节，加快新能源公交车替代燃油公交车步伐。

5月19日，中国石化燃料油销售有限公司宣布，与BP公司在新加坡共同组建一家船用燃料油合资公司——BP中国石化船用燃料油合资公司，各占股50%。

5月20日，中国国家开发银行和中国的出口信贷机构商定为巴西国家石油公司（Petrobras）投资约70亿美元。

5月25日，中海油宣布称，中国海外首个世界级LNG生产基地柯蒂斯项目建成投产，这也是中国首次参与海外LNG项目上、中、下游全产业链。

5月27日，国家发改委公布《关于山东东明石化集团有限公司进口原油使用核查评估情况的公示》，初步确认山东东明石化集团有限公司可使用进口原油750万吨/年，这标志着进口原油权开闸。

5月27日，委内瑞拉总统马杜罗表示，委内瑞拉国家石油公司（PDVSA）与俄罗斯石油公司（Rosneft）达成金额约为140亿美元的石油与天然气业投资协议。

5月28日，中石油宣布在陕北姬塬发现了中国第一个亿吨级大型致密油田——新安边油田。

6月

6月1日，埃及石油部在开罗与意大利埃尼公司签署了一项价值20亿美元的能源合作协议。根据协议，埃尼公司将能够在西奈半岛、苏伊士湾、地中海和尼罗河三角洲地区进行油气勘探作业。

6月1日，中石油和中石化分别宣布，为落实国务院关于《加快成品油质量升级工作方案》要求，将提前完成油品质量升级工作。

6月5日，国家能源局发布《关于推进简政放权放管结合优化服务的实施意见》(国能法改〔2015〕199号)，提出要再砍掉一批投资审批事项，进一步减少国家层面能源项目核准。

6月8日，广汇能源宣布募集70亿元，用于哈萨克斯坦LNG清洁能源一体化项目、南通港吕四港区LNG分销转运站项目、新疆红柳河至淖毛湖铁路项目和偿还负债。

6月10日，中国石油与腾讯计算机系统有限公司在北京签署战略合作协议，双方将努力构建长期、全面的战略合作伙伴关系。

6月10日，墨西哥石油公司（Pemex）首席执行长宣布，在墨西哥湾发现大型油田，潜在日产量约为20万桶石油和1.7亿立方英尺天然气。

6月15日，新疆龙宇能源准东煤化工有限责任公司与中石化正式签署了40亿立方米/年煤制天然气购销协议，中石化将全部收购新疆龙宇公司生产的煤制天然气，并通过新粤浙管道输送内地销售。

6月20日，俄罗斯石油公司宣布，与中化集团签署每月20万吨石油供应合同，为期一年；拟收购中化集团子公司中国化工油气股份有限公司30%的股权。

6月26日，环境保护部公布一批环评结果，其中“新疆伊犁新天20亿立方米煤制气项目”和“山西潞安煤制油项目”2个项目因水污染问题未能获批。

7月

7月1日，上海石油天然气交易中心开始试运行，开展LNG和管道气交易，积极争取亚太地区天然气定价话语权。

7月2日，美国濒临墨西哥湾的五个州宣布，与英国石油公司达成187亿美元的和解协议，以赔偿2010年墨西哥湾漏油事件所造成的损失。

7月7日，国土资源部发布了《新疆石油天然气勘查区块招标出让项目（2015）公告》，首次公开招标常规油气区块勘查。

7月7日，国家能源局发布《关于规范煤制燃料示范工作的指导意见（第二次征求意见稿)》，对新建示范项目实行最严格的环保标准，包括首次对全行业提出的废水零排放要求。

7月9日，俄罗斯石油公司签署一项初步协议，购买印度第二大民营炼油企业埃萨石油公司49%股权。

7月10日，包括奥地利、罗马尼亚、克罗地亚、乌克兰在内的14个中东欧和东南欧国家签署了天然气市场一体化谅解备忘录。

7月14日，伊朗核问题六国与伊朗通过一年半多时间的谈判终于在维也纳达成了历史性的伊朗核问题全面协议《共同全面行动计划》。伊核问题协议包括解除对伊朗制裁及其行动计划、核技术合作、对协议实施的监控、对伊朗核能力的设限以及联合国安理会决议的草案等关键方面的内容。

7月18日，新疆维吾尔自治区和中石油重点推进的合资合作项目——中石油克拉玛依石化有限责任公司正式挂牌运营。

7月23日，商务部发布《关于原油加工企业申请非国营贸易进口资格有关工作的通知》（商贸函〔2015〕407号），明确符合条件的原油加工企业可获得原油进口资格，并设定了一系列前置条件。

8月

8月4日，中国石油与中国银行在北京签署“一带一路”战略合作协议，双方在融资、现金管理和国际结算等业务领域进一步扩大合作，共同支持国家“一带一路”发展战略的实施。

8月5日，上海市政府出台长江经济带发展建设实施意见，其中包括进一步完善天然气主干管网布局和长三角天然气管网互联互通设施，加快建设崇明岛—长兴岛—五号沟—临港天然气管道；实施洋山LNG接收站储罐扩建工程，优化成品油储运设施规划布局等。

8月7日，壳牌集团宣布向霍氏集团和凯雷投资集团转让壳牌所持统一润滑油75%的股权，预计交易将于2015年底或2016年初完成。

8月10日，《中海油总公司炼化产业优化整合方案》获中海油集团深化改革领导小组第七次会议审议通过，意味着中海油率先启动炼化产业整合。

8月10日，俄罗斯总统普京就俄中天然气合作协议落实情况签发总统令，要求俄罗斯政府在9月前为东线输气管道建设项目提供国家保障全面计划。

8月11日，日本九州电力公司宣布，川内核电站1号机组当日成为日本全国首座被审查符合新安全标准后重启的反应堆。日本也由此结束了近两年的“零核电”状态。

8月18日，壳牌公司表示，与中国新疆广汇能源公司签署了一项旨在共同购买和销售LNG的框架协议，这是一次罕见的全球能源巨头与中国民营企业之间的合作。

8月19日，中海油宣布已与洛克石油（中国）公司签署南海两个油气区块产量分成合同。

8月31日，中石油首次提交1635.31亿立方米页岩气探明地质储量，在四川盆地页岩气勘探获重大突破。

9月

9月1日，国家主席习近平在北京人民大会堂会见苏丹总统巴希尔时指出，双方要深化石油、可再生能源和高新技术领域合作。

9 月 2 日，俄罗斯总统普京访华并出席中国人民抗日战争暨世界反法西斯战争胜利 70 周年活动期间，中俄双方签署了包括共同开发油气田等多个能源合作协议等 30 份合作文件。

9 月 3 日，中国石化宣布，与俄罗斯石油公司签署《共同开发鲁斯科耶油气田和尤鲁勃切诺—托霍姆油气田合作框架协议》。根据协议，中石化有权收购俄罗斯石油公司所属东西伯利亚油气公司和秋明油气公司这两家公司 49%的股份。

9 月 3 日，中国丝路基金与俄罗斯亚马尔液化天然气一体化项目的最大股东诺瓦泰克公司（Novatek）在北京签署了关于购买该项目 9.9%股权的框架协议。

9 月 15 日，欧盟决定把其对美国生物柴油进口实施的反倾销税和反补贴税再延长 5 年至 2020 年，从而维护其对可再生燃料来源中贸易的防御。

9 月 16 日，俄罗斯石油公司和中国化工集团公司签署了一项谅解备忘录，根据这项谅解备忘录，两家公司将合作开发俄罗斯石油公司麾下子公司远东石化公司在俄罗斯远东联邦区靠近纳霍德卡市建造最大的综合炼油和石化联合体的计划。

9 月 16—18 日，由国家能源局与美国能源部、商务部联合主办的第十五届中美油气工业论坛在重庆举行。

9 月 18 日，国内首套百万吨级煤间接液化制油项目在陕西未来能源化工有限公司试车成功，油品各项参数完全符合要求，达到欧 V 标准。

9 月 18 日，中国石油和化学工业联合会代表中国石化行业发布《中国石油和化学工业绿色可持续发展宣言》，向全社会、全世界作出庄严承诺：坚定走绿色可持续发展之路。

9 月 23 日，国务院印发《关于国有企业发展混合所有制经济的意见》（国发〔2015〕54 号），意见明确了国有企业发展混合所有制经济的总体要求、核心思路、配套措施，并提出了组织实施的工作要求。

9 月 28 日，壳牌石油公司宣布，由于勘探未取得重大发现，决定放弃北冰洋采油计划，并准备进行数十亿美元的资产减值。

9 月 29 日，国务院常务会议明确各地不得对新能源汽车实行限行、限购。

9 月 29 日，国务院办公厅印发《关于加快电动汽车充电基础设施建设的指导意见》（国办发〔2015〕73 号），部署加快推进电动汽车充电基础设施建设工作。

10 月

10 月 2 日，国务院印发《关于实行市场准入负面清单制度的意见》（国发〔2015〕55 号），明确了实行市场准入负面清单制度的总体要求、主要任务和配套措施。

10 月 15 日，国家发改委正式核准中国石化新疆煤制气外输管道工程项目。

10 月 15 日，中共中央、国务院印发《关于推进价格机制改革的若干意见》，将推进农产品、能源、环境服务、交通运输、医疗服务、公用事业和公益性服务六大重点领域价格改革。

10 月 15 日，国家质量监督检验检疫总局、国家标准委批准发布《油气输送管道完整性管理规范》等 35 项国家标准，标志着管道完整性管理有了国家标准。

10 月 20 日，新疆石油天然气勘查区块招标出让项目招标会在北京举行，国内首次允许民资和社会资本参与油气勘探开发市场，标志着以新疆为试点的油气资源上游领域改革正式拉开序幕。

10 月 21 日，国土资源部发布《中国矿产资源报告（2015）》显示，2014 年中国地质勘查投入 1145 亿元，新发现大中型矿产地 249 处；页岩气首次探明地质储量 1068 亿立方米。

10 月 21 日，中国石油天然气集团公司董事长、党组书记王宜林与 BP 集团首席执行官戴德利在伦敦签署了《中国石油天然气集团公司与 BP 环球投资有限公司战略合作框架协议》。根据协议，双方将在上游领域进一步加强油气资源开发，不断拓展下游零售业务范围及合作模式，实现互惠互利及共同发展；双方还将继续深化伊拉克鲁迈拉油田再开发合作；此外，双方将在原油、成品油以及天然气贸易、碳排放交易等领域探讨合作机会。

10 月 23 日，BP 公司与中国华电集团签署了一份价值高达百亿美元的销售与购买协议。根据该协议，BP 公司将向中国华电供应每年高达 100 万吨的液化天然气，为期 20 年，总价值高达 100 亿美元。

10 月 28 日，尼泊尔石油公司发言人表示，尼泊尔与中国联合石油有限责任公司签署谅解备忘录，中国公司将向尼泊尔提供所需的石油产品。

11 月

11 月 9 日，中国海油与俄罗斯天然气工业股份公司在京签署了合作谅解备忘录，双方将在大陆架和陆上进行油气开发合作。

11 月 11 日，山东东明石化集团与英国石油公司（BP）签订原油长期供应协议。

11 月 12 日，日本第二大炼油商出光兴产株式会社与昭和壳牌石油公司签署了一份不具约束力的合并协议，已同意价值 40 亿美元的合并交易，两家公司最早将在明年进行合并。

11 月 16 日，国务院副总理张高丽在北京与俄罗斯副总理德沃尔科维奇举行中俄能源合作委员会第十二次会议。双方商定，要以丝绸之路经济带建设和欧亚经济联盟建设对接为契机推进能源合作对接，做好能源合作长期规划，实现双方能源合作可持续发展。

11 月 18 日，国家发改委印发《关于降低非居民用天然气门站价格并进一步推进价格市场化改革的通知》，决定将非居民用气最高门站价格每千立方米降低 700 元，并由现行最高门站价格管理改为基准门站价格管理，降低后的门站价格作为基准门站价格，供需双方可在上浮 20%、下浮不限的范围内协商确定具体门站价格。

11 月 18 日，国际能源署（IEA）部长级会议在法国巴黎召开，中国正式成为国际能源署联盟国。

11 月 19 日，中国海油称已建成包括深水旗舰“海洋石油 981”在内的各类深水平台船舶 57 艘，其中达到 3000 米作业水深的深海装备有 7 艘。

11 月 20 日，美国休斯敦一家咨询公司称，截至目前全球油气行业裁员人数已经高达 25 万人。

11 月 25 日，商务部和海关总署联合发布通知，给予中化泉州炼厂 2015 年加工贸易成品油出口配额共计 45 万吨，其中汽油 20 万吨，柴油 15 万吨，航煤 10 万吨。

11 月 25 日，中国石油发公告称，与昆仑能源有限公司签订整合意向书，通过昆仑能源收购中石油昆仑燃气有限公司股权、资产或其他方式实现整合。

11 月 28 日，商务部公布《2016 年原油非国营贸易进口允许量总量、申请条件和申请程序》，2016 年原油非国营贸易进口允许量为 8760 万吨。

11 月 28 日，伊朗宣布一套新的石油产量分成合同，提出了一系列优惠合同条款，以吸引外国石油公司前往伊朗从事石油天然气勘探开发。

11 月 30 日，俄罗斯石油公司称已向英国石油公司（BP）出售了其麾下的石油子公司 Taas-YuryakhNeftegazodobycha 公司的 20%股份。

12 月

12 月 1 日，土耳其总统埃尔多安访问卡塔尔，两国签署了 15 项协议和谅解备忘录，土耳其将长期从卡塔尔进口液化天然气。

12 月 2 日，长庆油田油气产量当量突破 5000 万吨，达到 5007.6 万吨。

12 月 2 日，俄罗斯石油公司发表声明称，已经完成从道达尔公司购买德国 AET 炼油公司 66.75%股份的交易。

12 月 3 日，中海油宣布，母公司已与赫斯基石油作业（中国）有限公司就南海 15/33 区块签订了产品分成合同。

12 月 4 日，石油输出国组织（OPEC）部长会议宣布就不减产达成共识，国际油价大幅下挫。

12 月 9 日，中化集团与安哥拉国家石油公司签署了原油贸易协议。根据协议，未来十多年中，安哥拉国家石油公司将为中化集团提供稳定的西非原油供应。

12 月 11 日，中国国家统计局公布数据显示，截至 2015 年年中，中国共建成八个国家石油储备基地，总储备库容为 2860 万立方米；利用上述储备库及部分社会库容，储备原油 2610 万吨。

12 月 11 日，美国化工业巨头杜邦公司和陶氏化学公司正式宣布合并，合并后的公司将被命名为陶氏杜邦公司，双方各持 50%的股份，总市值约 1300 亿美元。

12 月 11 日，国家发改委新闻发言人表示，中国石油天然气等重点行业改革方案已上报国务院，标志着油气改革方案即将出台。

12 月 12 日，巴黎气候大会主席、法国外长法比尤斯宣告里程碑式的《巴黎协定》诞生。

根据协定，各方将加强对气候变化威胁的全球应对，把全球平均气温较工业化前水平升高幅度控制在2℃内。

12月13日，土库曼斯坦—阿富汗—巴基斯坦—印度天然气管道（简称“TAPI管道”）动工仪式在土库曼斯坦马雷州举行。该管道起自土库曼斯坦东部道列塔巴德气田，经阿富汗坎大哈、巴基斯坦奎达至印巴边境的印度小镇法济尔加，全长1814千米，年输气能力设计为330亿立方米，耗资超过100亿美元，计划于2019年建成投入使用。

12月14日，哈萨克斯坦主权财富基金Samruk-Kazyna表示，该国与中资企业签署了总计价值40亿美元的协议，涉及油气、通讯和核电领域。

12月14日，哈萨克斯坦国家石油天然气公司和中国华信能源公司在人民大会堂签署转让哈萨克斯坦国家石油国际公司51%股权合同书。

12月17日，中国石化收购俄罗斯最大的天然气加工及石化产品公司西布尔公司10%股权顺利交割。

12月17日，中国丝路基金与俄罗斯诺瓦泰克公司（Novatek）在北京签署了关于亚马尔LNG一体化项目的股权转让及贷款相关协议。

12月17日，中国石油董事长王宜林与俄罗斯天然气工业股份公司总裁米勒在北京签署了《中俄东线天然气管道项目跨境段设计和建设协议》和《中国石油和俄气石油合作谅解备忘录》，双方将共同研究在俄罗斯和第三国开展上游领域合作，在勘探、开发、油气产品销售、工程技术服务和装备贸易等领域开展合作。

12月18日，美国总统奥巴马签署了国会通过的2016财年综合拨款及税收优惠法案，其中包括解除美国原油出口禁令的条款。

12月21日，欧盟宣布将对俄罗斯的经济制裁再次延长半年至2016年7月31日。

12月23日，中国气候变化事务特别代表解振华表示，准备2017年开始全面启动中国碳市场，尽可能采取一些激励性的政策鼓励节能减排。

12月24日，中国海关总署署长称，2015年1月—11月全国海关共查获成品油走私犯罪案件129起，查证的涉案走私成品油99.5万吨。

12月24日，中石油发布公告称，董事会批准以中石油管道有限责任公司为平台，整合中石油东部管道有限公司、中石油管道联合有限公司和中石油西北联合管道有限责任公司。

12月28日，沙特阿拉伯对外宣布，决定在2016年将国内成品油价格上调40%，其中91号汽油的加价幅度甚至高达67%。

12月28日，中石油宣布以148.27亿元人民币将昆仑燃气全部股权转让予昆仑能源。

12月29日，中国石化宣布，涪陵页岩气田顺利完成50亿立方米/年产能建设目标。标志着中国首个实现商业开发的大型页岩气田一期正式建成投产。

12月29日，国务院国有资产监督管理委员会、财政部、国家发改委联合发布《关于国有企业功能界定与分类的指导意见》，明确将国有企业界定为商业类和公益类，国企分类改革大幕即将开启。

参考文献

［1］国务院发展研究中心资源与环境政策研究所.天然气价格是高啦还是低啦——论市场化改革路线.中国能源报，2015-01-19（14）.

［2］李北陵.环保税法将促进“主动节能减排”.中国能源报，2015-06-22（5）.

［3］张凡.从“破冰”到“提速”——2015 年天然气价改回顾.南方周末，2015-12-23.

［4］李润生，朱建军.油气体制改革要奔着问题去，应有明确目标导向.中国能源报，2015-11-16（3）.

［5］李伟，张园园.中国天然气管道行业改革动向及发展趋势.国际石油经济，2015，23（9）：57-67.

［6］石宝明.亚太炼油业及成品油贸易的发展和未来.[2015-03-24].http：//www.oilobserver.com/tendency/article/1506.

［7］柯晓明,袁建团,乞孟迪.全球炼油格局变化以及成品油贸易新趋势.[2015-07-21].http：//oil.in-en.com/html/oil-2366649.shtml.

［8］John McKay.LNG Import Terminal.LNG Journal,2015（10）.

［9］Paul O’Donnell. Global Upstream Performance Review US. [2015-10-07]. http://www.ihs.com.

［10］Claudia E.Pessagno.Global Upstream Performance Review South & Central America. [2015-10-07]. http://www.ihs.com.

［11］Leta Smith，Graham Bliss，Nick Holloway. 2015 Conventional Discoveries Update. [2015-10-05]. http://www.ihs.com.

［12］Matti Teittinen. Global Upstream Performance Review Worldwide. [2015-11-09]. http://www.ihs.com.

［13］魏新强，郭瑶. 全球油气发现呈现下降趋势，但累积待开发储量依旧巨大. 世界石油工业，2015（3）：19-25.

［14］美国页岩油存亡的真正主宰者：资本市场 2015. [2015-09-08]. http://wallstreetcn.com/node/223362.

［15］中国页岩气网新闻中心.油砂产业的“内忧外患”. [2015-09-08]. http://www.csgcn.com.cn/news/show-60384.html.

［16］低油价拖累美国页岩油开发，美国石油产量将继续下滑. [2015-09-08]. http://www.chinabgao.com/info/83834.html.

［17］国际油价暴跌重创美国经济：页岩油公司开启破产模式. [2015-01-09]. http://wallstreetcn.com/node/212907.

［18］吕建中. 基于创新驱动的石油公司成本领先战略.国际石油经济，2015, 23（7）：1-7.

［19］康康. 低油价对美国非常规油气公司的影响及启示.国际石油经济，2015, 23（10）：13-14.

［20］鲁东侯. 跨国油企为低油价回暖热身.中国石油石化，2015（22）：47-49.

［21］济民. 跨国巨头褪色的年报.中国石油石化，2015（9）：49.

［22］BP.Statistical Review of World Energy.London：BP, 2015.

［23］国家统计局.中国能源统计年鉴.北京：中国统计出版社，2015.

［24］国家统计局.2014 年国民经济和社会发展统计公报.2015.

［25］CEDIGAZ.Gas Storage in Europe, Recent Developments and Outlook to 2035.2015.

［26］国家发展改革委.国家应对气候变化规划（2014—2020 年）.2014.

［27］国家发展改革委,国家能源局，国家环境保护部.能源行业加强大气污染防治工作方案.2014.

［28］International Energy Agency.World Energy Outlook 2014.2014.

［29］李永昌.中国天然气汽车保有量升至世界第一.［2015-05-13］. 中国能源网.

［30］冯陈玥，段兆芳，单卫国.LNG 汽车发展现状及相关问题分析.中国能源，2014，36（2）：32-35.

［31］John McKay. LNG Import Terminal.LNG Journal,2015(10):67-70.